U0495126

方舟

数字经济创新史

赵小兵 著

中信出版集团 | 北京

图书在版编目（CIP）数据

方舟：数字经济创新史 / 赵小兵著 . -- 北京：中信出版社，2020.10（2021.2重印）

ISBN 978-7-5217-2202-4

Ⅰ. ①方… Ⅱ. ①赵… Ⅲ. ①企业创新—研究 Ⅳ. ① F273.1

中国版本图书馆 CIP 数据核字（2020）第 166860 号

方舟：数字经济创新史

著　　者：赵小兵
出版发行：中信出版集团股份有限公司
（北京市朝阳区惠新东街甲 4 号富盛大厦 2 座　邮编　100029）
承 印 者：三河市中晟雅豪印务有限公司

开　　本：787mm × 1092mm　1/16　　印　　张：30　　字　　数：420 千字
版　　次：2020 年 10 月第 1 版　　印　　次：2021 年 2 月第 3 次印刷
书　　号：ISBN 978-7-5217-2202-4
定　　价：79.00 元

服务热线：400-600-8099
投稿邮箱：author@citicpub.com

中国数字经济的集大成者——华为、阿里巴巴、腾讯等公司，是自1765年西方工业革命以来，中国人第一次在技术创新领域和世界保持同步。

目

录

第三章　方舟铸成

第四章　被抛下方舟的巨头

自序

创新即财富

我试图给创新的本质下一个粗浅的定义：通过创造一个优秀于对手十倍的新产品来提升商业运营效率，借此开创并引领一个新的行业，并在这个过程中创造巨大的财富。当“十倍创新”叠加在一个难得一遇的创新风口之上时，这种创新可能就外化为一个“方舟”，所在行业通常会发生重大转型和激烈震荡。

本书的初衷，就是揭示创新和财富之间的秘密。一项创新，如果不能直接创造财富，就会消耗社会资源，同时无法为持续创新提供资金支持。

获得财富的方式有很多种，例如垄断资源、把握商机、利用强大的管理或销售能力等。但是，从国家层面来看，最有价值的财富获取方式是技术创新。蒸汽机引发了工业革命，内燃机催生了汽车革命，半导体的发明带动了计算机革命，我们想象一下，如果能够拥有上述技术当中的任何一种，我们就能在引领一个新行业的同时创造巨大的财富，这是何等幸福的事情。遗憾的是，在过往的几百年中，因为种种原因，中国错失了发明和应用这些技术来创造财富的机会，甚至在晚清，我们还不幸成了技术创新的受害者：在海岸线用大刀抵御枪炮。

几年前，我萌生了一个想法：技术创新是推动一个国家经济发展的引擎。尽管这个想法在经济学领域可能只是个常识，我却像发现了新大陆一样兴奋。因为与经济学家不同的是，我更注重从执行层面推演创新是如何对经济施加正向影响的。

读了金庸先生的文章《为什么历史上没有一个国家能吞并中国》后，我似乎找到了更多证据。先生说，他在牛津大学遇到一位研究东亚经济的著名学者，这位学者在谈到中国经济发展时认为，16 世纪以前，中国的人均收入一直高居世界第一，之后才慢慢被英国赶超，而中国的国民总体收入更是到了 1820 年才被英国超过。

这位学者总结道，中国国力领先全球的地位居然保持了两三千年之久。这是为什么？

我的假想是，中国在经济和财富方面领先于他国时，一定也保持了科学技术领域的领先地位。

金庸先生说，中国古代在科技方面是先进的，到宋朝尤甚。如造纸、印刷、火药、指南针等技术在宋朝已经很发达了，甚至纸币也是中国人发明的，在宋朝，钞票已经非常流行了。这再次印证了我的想法：财富领先的背后，一定是科技领先。这是古代中国财富积累的重要前提。

过往，我一直感到疑惑，英国的李约瑟先生作为一名化学家，为何花了比中国人自己还多的时间来研究中国的科技史呢？我想，李约瑟也许希望能借此揭开中国古代经济经久不衰的缘由。

从 20 世纪 50 年代起，李约瑟先生开始编写《中国科学技术史》，历时45年，全书共七卷三十四册，内容涉及天文、地理、物理、化学、生物等各个领域。此书第一次全面系统地向全世界展示了中国古代的科技成就。李约瑟在《中国科学技术史》的序言中写道："中国的这些发明和发现往往远远超过同时代的欧洲，在15世纪之前更是如此。"提到中国古代的科技，大多数中国人都会立刻想到造纸术、指南针、火药和印刷术这四大发明。但在李约瑟看来，中国的古代科技显然要比四大发明更加丰富多彩。

有一次，马云去拜访金庸先生，看到先生案头放了一部厚厚的《明史》。为何先生到了晚年还要花力气研究《明史》呢？我想可能是因为金庸先生曾说过，欧洲和中国经济此消彼长的分界是在明朝。先生可能在试图寻找，明朝到底发生了什么，导致中国落后于欧洲？

我想其中一个重要原因，一定是中国科技先于经济，更早落后于其他国家了。证据就是，大约在中国的明清时期，欧洲开始了人类历史上第一次大规模的技术创新潮：文艺复兴和随后的工业革命。而明朝则把自己彻底封闭起来，几乎无视如同星星之火的文艺复兴。此后数百年，中国经济式微，是必然的结果。

在开始写本书之前，我先想好了写在献词页上的话：中国数字经济的集大成者——华为、阿里巴巴、腾讯等公司，是自1765年西方工业革命以来，中国人第一次在技术创新领域和世界保持同步。正是这个想法激励我撰写本书。

幸运的是，我是早期中国数字时代创业的参与者之一，曾任中国第一个知名的互联网公司——瀛海威公司的高管。那时候，大家刚刚读罢由尼葛洛庞帝教授撰写，由我的同学胡泳翻译的数字时代开山之作——《数字化生存》一书，我们有如意气风发、雄心勃勃的少年。1996年，我的一本拙著成为出版史上第一本电子版和纸质版同时出版的作品，当时新华社等数十家媒体发布的消息可以为证。1998年，我撰写了中国第一份互联网研究报告。次年，我在深圳清华研究院发表了一次关于互联网的演讲，还应邀为深圳市的一位老领导单独汇报了互联网的发展现状。此后数年，我以投资者的身份投入互联网的发展浪潮，完整见证了波澜壮阔的中国数字经济创新史。

有一次，我问一位刚刚和马化腾一起参加了信息技术高峰论坛的投资集团董事长："你认为，马化腾会预想到，腾讯能成长为如此巨大的公司吗？"他迟疑了一下，说："应该没有想到。"此后，我在一家著名投资基金的会议上，听到该基金创始人表述了类似的结论，他和马化腾也有颇多交集。连当事人都无法预想，足见数字经济的发展速度之快，规模之大，这一切可能超出了所有人的想象。

这一次，中国和数字经济的源头美国携手领导了风靡全球的数字经济技术革命。只用了区区 20 年，中国的阿里巴巴和腾讯就跻身全球企业市值前 10 名之列。中国的华为则在 5G（第五代移动通信技术）技术储备方面厚积薄发，超越西方。在数字时代，中国能拥有华为、阿里巴巴和腾讯这样世界级的重要科技公司，是何等幸福之事呢。放眼望去，在数字经济的领先榜中，除了美国、中国，我们几乎看不到老牌的西方强国，如英国、德国和日本的身影。只有把这一成就放到历史长河之中审视，我们才会体会到，对这一刻的到来，中国人望眼欲穿。作为一个副产品，在这次数字经济的技术创新中，涌现出为数众多的科技公司和一大批阳光下的富豪，他们积累财富的规模和速度，同样堪称史无前例。

有一次，我看到一个论坛上两位嘉宾的发言，中信资本控股有限公司董事长张懿宸谈道，中国经济增长进入 6% 这个区域，这意味着很多行业发展陷入负增长，听上去似乎不太乐观。随后，红杉资本的创始人沈南鹏则说，中国新经济的发展速度令人感到兴奋，很多大体量的新经济公司，年营收增长都超过了 50%，甚至达到 100%。多年以来，两人发言所形成的鲜明对比，一直在我心中挥之不去。这意味着，中国经济正面临着冰火两重天的局面，一边是传统经济部门 L 形增长的新常态，一边是新经济部门的高歌猛进。造成这种局面的原因何在呢？我认为就是技术创新。技术创新给新经济部门带来巨大的活力，而技术相对落后的传统行业则陷入窘境。

这样看来，我们又找到了另一个可能被学者忽略了的中国经济崛起的原因：以数字技术为核心的科技进步。这是非常宝贵的引擎，这个巨大的引擎可能推动我们的经济发展进入一个新的10年。从这个意义上说，我们周遭正在发生的惊心动魄的数字技术革命，正源于中国人一场绵延数百年的等待。

在本书中，我试图从投资人的视角，回顾一段人类历史荡气回肠的创新史诗，借此提炼一些创新的规律和方法论，让人们可以清晰地看到创新带来的更加持久、恒远的财富。

在今天，创新的重要性无须赘言。著名企业家宁高宁先生就曾说过，未来，中国一定会变成一个由研发驱动的国家。由研发驱动的现象正在中国企业中发生，而且是大面积地、非常强烈地发生。通过大规模、长周期研发的驱动成长为世界科技巨头的华为公司，就是其中可以载入史册的样板。

高瓴资本创始人张磊的选择是，为创新的源头提供助力。因此他不仅捐资支持母校中国人民大学成立人工智能学院，还是研究型的西湖大学的创始捐赠人、未来科学大奖的捐赠人之一。张磊充满激情地说，他始终相信教育的力量，重仓人才。你看，阿里巴巴和腾讯斥巨资兴建的研究中心，多像美国当年的“贝尔实验室”。创新的种子，正在越过烟波浩渺的大洋，在中华大地生根发芽，破土而出。

美国商学院的教授有一个优势，就是他们可以近距离地在硅谷观察创新是如何发生的，进而总结出一些可行的创新方法论，比如克莱顿·克里斯坦森。我发现，研究创新的方法论还有一个很好的视角：投资。因为股权投资者为创新提供了资本，可以从内部考察创新的孕育过程和成败经验。这样看来，我在国内一流投资机构的工作经验就能用上了。多年来，我参与投资决策的项目超过了 400 个。我从实战角度看到，当资本投入创新企业之后，它能够带来怎样的财富变化。在国内，能够指导创新实践的研究成果尚不多见，本书也许可作引玉之砖吧。

我想说，创新即财富。

前言

百年风口——商业史上罕见的指数增长时代

一直以来，我都有一些疑惑：移动互联网是如何兴起的？其源头究竟在哪里？是谁发动了这一切？为何诺基亚、摩托罗拉这些通信巨头会突然倒下？如果说，诺基亚的倒下是因为智能手机 iPhone（苹果手机）的崛起，那么，柯达和西尔斯这些和网络风马牛不相及的百年老店，怎么也骤然消失在我们的视野当中？用克里斯坦森的颠覆性创新理论似乎也无法解释清楚。为何阿里巴巴和腾讯突然脱颖而出，变得如此强大和具有影响力？为何那些曾经的互联网的象征——门户网站，突然变成了小公司，从美国的雅虎，到中国的新浪和搜狐，莫不如是？为何出现了今日头条、美团和滴滴这样的公司，它们仿佛在一夜之间拔地而起，成为巨人？还有更离谱的是，拼多多，这个成立仅仅几年的公司竟可以在纳斯达克上市，并获得投资者的热烈追捧。公司市值从零到数百亿美元，拼多多也许创造了一项财富增值的世界纪录！

为何这一切的奇迹发生在现在，就在我们的眼前？为何以往处于创新中心的电信运营商似乎走下神坛，失去了魅力？我们的生活方式也出现了巨变，以前闻所未闻的产品占据了年轻人的生活：快手和抖音。从拉萨到上海滩，每天上亿名年轻人沉迷在这些无穷无尽的短视频里，乐不可支、欲罢不能，这是为什么？“双十一”，这个被阿里巴巴人为制造的节日，突然变成有史以来全球最大的万众购物狂欢，交易额屡创新高。在2019年的“双十一”，阿里云支持的订单创建峰值达54.4万笔/秒。阿里巴巴的CEO（首席执行官）张勇评论说：“这相当于消费者坐满了6个鸟巢体育场，在同一秒在网上下单。钱不能算错，库存不能算错，这是‘双十一’从11年前的一个网站活动到消费者节日的基础，它甚至变成了全球商业的奥林匹克，变成社会现象，这背后是创新的力量。”在胡润的财富排行榜上，一夜暴富的名单迅速变长，财富积累之多之快，上榜的创业者之年轻，如同变戏法一样。此外，现金几乎消失了，我们出门的时候，用微信和支付宝一扫，即可完成付款。

企业的崛起和衰落甚至消失，突然变得如此快速和不可思议。基业长青，百年老店，这些企业家以往笃信的理念，似乎在现实面前不堪一击。难道，在商业层面，我们猝不及防地突然闯进了原子时代？在今天，一位“90后”创办的企业可能被寄予厚望，一下子就拿到数亿美元。同时，一些绵延百年的行业却突然整体陷入困境，这些式微的行业无论聚集了多少教授、学者和获奖者，往日获得过多少荣光，都宛若沉船，被资本市场弃若敝屣。

这个时候，我就想起奥地利诗人里尔克所写的《预感》一诗：“我认出风暴而激动如大海。我舒展开来又蜷缩回去，我挣脱自身，独自置身于伟大的风暴中！”这就是对我们这个伟大时代入木三分的刻画，无论人们是选择迎接，还是躲避，创新风暴都在那里。

那么，这些创新风暴都已经过去了吗，抑或会沉寂片刻，再度卷土重来？

令人瞠目结舌的消费场景和生活方式就像空气一样笼罩着我们，我们似乎麻木地接受了这一切，所有种种不可思议的奇迹，又仿佛都是理所应当的一样。关键是，我们似乎已经飞快地熟悉和适应了这一切突变，就好像我们一开始就生活在这个不可思议的数字时代一样。在我教会 80 多岁的老父亲使用微信后，他就时常颤颤巍巍地在微信群里分享他的见闻，甚至冷不丁地给我拨个微信电话。我常常扪心自问，我们还能离开这样的生活吗？

在京城迷人秋日的一个早晨，我坐在书桌前，聆听着钢琴曲，品一口茶，开始重温这一切疑惑，并试图找到更好的答案。

有一阵子，我彷徨于浩如烟海的史料之中无法自拔，直到我重新回到原点，构建了一些创新工具。借用这些工具，这段人类最伟大的创新史的脉络才逐渐清晰起来，各自都找到了答案。

当我们问，这次创新潮为何引发了商业史上罕见的指数级增长时，本书的“风口创新模型”就可以做出解释。“风口”一词源自雷军，但是我已经将其完善为一个创新理论模型（详见本书第一章）。当我们问，我们为何如此快速地进入了数字时代时，本书的“万物创新模型”也可以给出答案。这个模型来自老子的《道德经》，所谓的“三生万物”，就是指搭建在数字方舟之上的开放生态。凭借全球的数字软件工匠，开放生态已繁衍出一个绚丽多彩的数字世界。

好了，我们这就揭开移动互联网的谜底。

通信技术、计算技术和网络技术相互作用、蓄势百年，终于形成一股创新飓风，席卷全球，在摧毁了诸多绵延百年的行业巨头，攻破诸多坚不可摧的商业城池的同时，这股创新飓风快速催生了一个巨大无比的崭新行业：移动互联网！

这个百年创新风口已至，它是人类历史上最宏大、最快速的一次创新盛宴，它将突破人类过往的哲学、数学、物理学乃至所有商业理论层面的众多原则。比如，之前人们说罗马不是一天建成的，但现在就有人在“一日”内建成了“罗马”：成立不到 7 年的今日头条母公司字节跳动，上一轮融资的估值是 750 亿美元！如果我们把字节跳动看作一家数字媒体公司，那么对比一下，媒体行业的标杆和鼻祖之一，创办超过百年的《纽约时报》的市值却不足 50 亿美元！我们暂且不论《纽约时报》在历史上曾经有过多么显赫的地位和荣光，即使在今天，《纽约时报》的各类高级人才也是车载斗量。而字节跳动的创办者张一鸣，只是一位毕业于南开大学的中国“80 后”软件工程师。以他此前的简历，他可能都无法获得《纽约时报》网站部门的职位。然而，张一鸣只用了不到 7 年的时间，就创办了一家相当于《纽约时报》财富价值 15 倍的媒体公司！如果这都不能称作传奇，我真不知道传奇为何物了。我们应该进一步追问，这样的商业传奇在人类商业史上曾经出现过吗？答案当然是没有。糟糕的是，我们根本没有找寻答案的时间，可能还把这样的商业传奇视为理所当然，这是非常危险的信号。

2019 年夏天，就在中美贸易摩擦激烈之时，美国以国家机器之力打压华为，任正非却以宽阔的胸襟赞叹一家美国公司，他说：“苹果是这个世界上最伟大的公司，没有苹果就没有移动互联网。如果没有苹果来展现这个互联网世界，我们也无法领略这个世界的美。”华为作为世界顶级的电信设备公司，其实是数字世界诸多创新的源头，任先生的见解正是打开创新领域诸多谜团的一把钥匙。

的确，关于移动互联网，如果只是言及一人之功，这个人就非乔布斯莫属。当 3G（第三代移动通信技术）网络铺设完毕时，通信终端还停留在 2G（第二代移动通信技术）时代，诺基亚和摩托罗拉的生意正处在历史的巅峰。与此同时，创新停滞了，在豪华的 3G 网络之上，只有日本的一些零星的微创新带来的小打小闹。整个地球的电信运营商凝视着3G巨大的沉没成本，压力巨大。这个时候，刚刚拿到3G牌照的中国联通还找到我，试图共同寻找一些破解3G难题的解决方案。

正当世界陷入沉寂的时候，苹果公司总部正在秘密打造一款智能手机——iPhone。埋头于产品创新的乔布斯并不知晓，其实，iPhone正叠加在通信技术、计算技术和网络技术积聚百年的创新风口上。滔天洪水将至，这是数字洪水，它对一些人意味着灾难，对另一些人则意味着传奇。世界需要一艘伟大的数字方舟，来承载人类，将人类整体迁徙到数字世界。而iPhone，就是这艘数字之舟。

本书试图追溯至数字世界的源头，找到一块块最早的界碑，咀嚼那些淹没于历史洪流之中的伟大事件和人物。又或者，我们可以沿着乔布斯先生的足迹，去窥探历史何以选择此人锻造数字方舟，他又是如何百炼成钢，铸就如此大业的。

如果谈论1976年的乔布斯，我们会说，他只是无数早期创业者中的一个，和其他创业者不同的是，他打算和斯蒂夫·沃兹尼亚克（简称“沃兹”）一起创办一家叫苹果的电脑公司。

如果谈论1981年的乔布斯，我们会说，他是个人电脑的缔造者之一，苹果公司的Apple Ⅱ（苹果第二代个人电脑）是如此成功，主流媒体会众口一词地称乔布斯是电脑天才。

如果谈论1985年的乔布斯，主流媒体又会说，他是个被他雇来的约翰·斯卡利开除出苹果公司的失败者，他需要对苹果的困境背负大部分责任。

如果谈论1990年的乔布斯，我们会说，他再度创办的NeXT电脑公司并不成功，他投资的皮克斯还不错，但是，他只是其中的出资人和大股东而已。这个时候的乔布斯还是那个万众瞩目的创业家吗？多数主流媒体会表示怀疑。

如果谈论1995年的乔布斯，主流媒体会说，他看上去很难拯救濒临倒闭的苹果公司。甚至就像迈克尔·戴尔所言，他还不如把公司关闭，把钱还给股东们算了。经历了坐过山车般的创业之后，乔布斯也不能确定自己是否可以成功挽救苹果，他一度不敢担任苹果公司的CEO，而是以顾问的身份试探性地管理公司。

如果谈论2009年的乔布斯，主流媒体会说，他是苹果公司的救世主，他正在把苹果公司带至巅峰，关于他是天才的评价又卷土重来。

如果谈论2011年的乔布斯，主流媒体会说，他是有史以来最伟大的发明家和创业家之一，他改变了很多行业，甚至，他真的改变了世界。

如果今天谈论乔布斯，我们会维持2011年的说法，人人都对他充满了敬意，说他太了不起了，他的成就无人能望其项背。这个时候，我们似乎忘了，乔布斯曾经被他创办的公司解雇，他陷入过长期的低迷，甚至对自己是否能够拯救苹果迟疑不决。我们对乔布斯曾经的低潮，选择性地遗忘了，好像乔布斯从始至终都非常伟大，从未经历过挫折。这个时候，乔布斯就被神化了。

事实上，乔布斯创业早期太过顺利，事业在其身心尚未成熟时即达到巅峰。此后，因迷失方向而坠入事业低谷，他就一点一点地，从被人们遗忘的山谷深处向上攀爬，他在这种攀爬中得到了历练和成长。幸运的是，他手中握有一块让他回归苹果的“鱼符”——NeXT，这是苹果之幸事，也是乔布斯之幸事。当他重返苹果时，公司已经濒临倒闭，奄奄一息。

乔布斯一生最辉煌的事业也正是从这一刻开始的。他辗转腾挪，拯救苹果于水火。在苹果站稳之后，乔布斯才涉足自己最擅长的领域：产品创新。乔布斯为苹果召集了各个领域的顶尖人才，他带领这些一流高手绝地反击，做出了革命性的“i系列”产品，这些伟大的产品彼此勾连，相互成就，凭借积聚百年的创新风口，真正地改变了世界，也将苹果公司推向了全球之巅。因此，在我看来，乔布斯的故事是厚积薄发、十年磨一剑、毕其功于一役和英雄归来的传奇。过往，他曾经跌落深渊，后来他却登上了比谁都更高的巅峰。

乔布斯重回巅峰，是基于他倾其一生的积累，以及与移动互联网创新风口的相互加持和成就。这就像移动互联网在等待乔布斯的王者归来，而乔布斯则历经磨难，不辱使命，在恰当的时间祭出了石破天惊的十倍创新巨作：iPhone 和 iOS（苹果操作系统）。

我们都屏住呼吸，等待这个时刻的到来。

乔布斯带领团队缔造了数字方舟 iPhone，通过一部手机，把世界子民迁徙到美丽的数字世界之中。而谷歌富有远见并且及时地复制了苹果的创意，乔布斯固守一生的封闭系统恰好就为谷歌留下了这样的空间。数字方舟是苹果和安卓所建，可称"苹安方舟"。当它落成之际，有远见的企业家立刻意识到创新的飓风将至。"船票争夺战"是一场资源和赛道的博弈，其中的赢家，连同苹果和安卓一起，进一步拓展了数字世界的疆域。

iPhone 封闭，安卓开放，它们如同阴阳两极，共建了史上最大的数字舟楫，而 iOS、安卓，连同应用商店就是方舟的船体。同时，它们向世界开放了软件应用商店，召集全球数字工匠，相约打造一个万花筒般的数字世界。中国数字工匠也闻风而动，在"船票争夺战"中雄冠全球。迅即，价值数万亿美元的新兴产业随之诞生，中国企业傲然跻身其中，整个世界的商业体系也为之重塑。此时，全球的子民蜂拥而至，迁徙到数字方舟之上，感受数字世界的美好，2008 年到 2018 年，"苹安方舟"恰好运行十载。

过往，乔布斯常常把改变世界挂在嘴边，这一次，改变世界的期许终于如愿，他将把整个世界带入移动数字时代！此时，我不禁想起孙中山先生的名句："天下大势，浩浩汤汤，顺之者昌，逆之者亡。"在这场史无前例的移动数字洪流席卷而来之时，眼见得，获得船票者昌，未获得船票者或式微或消亡。那登堂入室的昌者中，就有寂寂无名之辈；而那被无情掀翻的亡者中，抑或就有度过了世界大战和经济大萧条，历经百年风雨而不倒的行业巨头。

待伟大舟楫建成后，乔布斯却像是完成了上天托付的伟大使命，那么早就撒手人寰。王兴知晓美团缘何而起，缘何而大。在美团上市那天，他意味深长地说，感谢乔布斯，如果没有乔布斯，没有移动互联网，今天所有的一切都不可能实现。读到此，我报以笑意。马化腾一直说要搞到船票，否则腾讯危矣，只是他并未言明，微信这张堪比天大的船票在手，舟楫安在呢？是了是了，我相信，在“小马哥”心中，他早就看到了这艘石破天惊的数字方舟了吧。

我认为，iPhone 可能是人类发明的最伟大的单一产品，我们如何赞美它都不为过，而且与此相关的成功的创新者，都以不可思议的火箭般的速度获得了巨额财富。人类和一款创新产品的连接，从未如此密不可分。你听，美国电动车及能源公司特斯拉的创始人埃隆·马斯克就说：“现在我们已经和手机、电脑连在一起了，我们已经成为带有机器特征的人了，机器相当于你生命的延伸，你离开手机就好像少了一条手臂。”那是因为，超过半数的世界子民看到持一部智能手机就能迁徙至数字方舟，搭乘这艘无远弗届的舟楫，数字世界如同一个绚丽多彩的万花筒，令人目不暇接。正如任正非所言，我们得以“领略了这个世界之美”。

正当沉浸于移动互联网这首气势磅礴的世纪交响曲之时，我翻开《黄河之旅》这本书。一个美国人，从黄河入海口出发，一路追寻到黄河的源头。这给我带来巨大的启示：如果我们将人类数字经济也比作一条大河，这条河的源头安在呢？我发现，移动互联网创新史，其实是一条浩浩荡荡的数字河流，当接近入海口时，我们唯有逆流而上，才能追溯到这条数字大河的真正源头。我相信，数字河流自电脑和电脑的普及开始，接着是 PC（个人电脑）互联网，最后是移动互联网。我发现，数字经济的历史，可以归结为一条人工数字河流和一艘数字方舟的创新史。于是，本书就从数字河流的源头 IBM（国际商业机器公司）和其研发的大型计算机写起，一直写到精彩纷呈的移动互联网船票争夺战。终局，数字河流积聚磅礴之力，托着承载了全体人类的数字方舟，奋力涌入烟波浩渺的大海，一切戛然而止!

积聚百年的创新风口，因3G网络的铺设而聚集起堰塞湖般的巨大势能，十倍创新产品iPhone击穿了堰塞湖的坚实外壁，软件应用商店的千万名开发者制造了海陆空的破壁工具，而安卓呢，它是一个神奇的加速器，与iPhone合并成舟。

这场创新风暴从2007年起，于2020年终。

当然，下一场创新风暴又开始蓄力，我分明听到，十倍创新大作和新的方舟正在叮叮当当地铸造中，科技就是这样迭代轮回。

生于此时，受惠于此，是何等幸福之事呢。

第一章 创新工具箱

撰写移动互联网创新史，一直是我的梦想。我开始阅读浩如烟海的史料、书籍、公司年报、研究报告和案例时，突然意识到，我给自己出了一个巨大的难题。尽管是新闻科班出身，我却丝毫没有兴趣按照记者的逻辑来写。重复那些大家耳熟能详的创新故事，实在不是我的初衷。当然，我并非学者，也很难按照学术的逻辑来写。

我的写作角度其实只有一个，就是投资人的角度。因为在最近几年，我一直在一些著名的投资机构工作。从投资角度看创新，其实有一个很好的标尺：创新如何带来更高的企业价值。为何有些企业能在很短的时间内创造数百亿美元，甚至数千亿美元的企业价值？为何我错过了一些伟大企业的投资机会？

我从投资的角度写移动互联网创新史，其实就是想对自己或是投资机构的朋友们亲历的创新投资案例做一个有价值的复盘。

随着时间的推移，我的信心又稍微高涨了一些，仅仅对移动互联网创新进行复盘似乎还不够，我能否再往前走一步？温故知新，我能不能通过复盘创新的历史，对未来的创新做些前瞻性的分析呢？这看上去像是还没学会走就想要飞的意思。这时候我就给自己打气，马云不是说过，梦想还是要有的，万一实现了呢。

写移动互联网创新史不易，因为几乎所有当事人都在；而预测创新的未来更难，你很难找到预测未来的逻辑依据。于是我想到了一些大师的创新理论，我对自己说，也许不难，我只要根据大师们的创新理论，就可以梳理移动互联网的创新史，同时也就能够做到温故知新了。

克莱顿·克里斯坦森是公认的创新研究大师，于是我重新阅读了他的那本如雷贯耳的《创新者的窘境》。克里斯坦森提出了一个振聋发聩的概念：颠覆性创新。我在投资机构工作时，雄心勃勃的创业者坐在桌子的另一边，几乎每个人在打开演示文稿介绍他们的创业项目时，都会说他们的创新是具有颠覆性的。这当然不是事实，颠覆性创新是非常稀有的，如同日月一样难能可贵。对绝大多数企业管理者而言，他们往往穷其一生，也无法获得颠覆性技术。

克里斯坦森的重要发现是，那些看上去大而不倒的企业巨头可能会在面对行业中的颠覆性技术时轰然倒下。这个观点看上去耸人听闻，却是被人们忽略的重要事实。克里斯坦森的另一个发现是，创新应该是分级的，包括延续性创新和颠覆性创新。延续性创新是指，企业对已有的创新进行修修补补，做出局部的改良。应该说，创新领域中 99% 都是延续性创新。几乎每个企业都会说到创新，多数企业还注册了许多专利，试图保护自己研发部门的创新成果。但事实是，这些创新几乎都是延续性创新。延续性创新虽然不如颠覆性创新那么“性感”，但也是非常必要的，因为颠覆性创新非常罕见，持续不断的延续性创新也能帮助企业建立足够的竞争壁垒。然而一旦颠覆性创新出现，延续性创新者就无法抵挡气势如虹的巨大威力，即使是《财富》世界500强企业，抑或百年老店，也可能骤然倒下。

也许可以这样说，当颠覆性创新不期而至的时候，行业的变革就开始了。通常来说，行业的变革会异常迅猛，就像自然界的飓风呼啸而来。但是，我们知道，飓风通常不会持续太久。待到雨过天晴，行业变革结束，企业就又会回到正常的轨道当中，这时候，延续性创新又开始了。从某种意义上说，颠覆性创新是饕餮盛宴，而延续性创新就是一日三餐，不可或缺。

这样看来，克里斯坦森是第一个明确阐述了颠覆性创新的秘密，以及颠覆性创新和延续性创新的关系的人。但是，当我继续阅读《创新者的窘境》时，我感到有些失望。因为作者举出的颠覆性创新的案例，是我非常难以苟同的。当我试图用颠覆性创新理论来解释移动互联网的创新史时，我感到更加吃力。比如，关于什么级别的创新可以被称作颠覆性创新，克里斯坦森并没有给出明确的定义。如果放低门槛，我们就会发现颠覆性创新随处可见，这个概念完全失去了意义。事实上，我发现克里斯坦森自己也混淆了颠覆性创新和延续性创新。又比如，当我试图追溯移动互联网创新源头的时候，我在那本书中很难找到可以信赖的分析模型。

就在孤立无援的时候，我突然想起了《从0到1》的作者彼得·蒂尔，他是硅谷非常厉害的创业家和投资家。彼得说，创新其实分为两种：一种是从0到1，创造一种从无到有的新事物，这是一种垂直进步，这样的创新最有价值，也最难；另外一种是水平进步，是广泛的进步，就是从1到N。

彼得对创新的描述简洁而有力，对我而言犹如醍醐灌顶。其实，我们可以把彼得的理论和克里斯坦森的理论放在一起来看，颠覆性创新就如同从 0 到 1 的创新，从无到有地创造了一种全新的事物，会立刻对现有的市场造成巨大的冲击。而延续性创新就好像从 1 到 N，是一种水平领域的创新，更多是对现有产品的改良和修补，这种创新难以形成壁垒，更不会颠覆现有市场。

但是，当我试图用彼得的理论分析个人电脑领域的创新案例时，我发现根本行不通。从 0 到 1 地发明了第一个个人电脑操作系统，并且将之推向市场的人是加里·基尔代尔，而不是比尔·盖茨。按照彼得的理论，我们应该投资基尔代尔才对，因为他才是个人电脑操作系统的发明人，并且他的系统首先在市场上获得更加广泛的应用。而比尔·盖茨则是个人电脑操作系统从 1 到 N 的模仿者，相对价值较小。但我们都知道，基尔代尔的公司早已经不复存在，比尔·盖茨的微软却穿越历史的长河，在今天仍然如日中天。我们如果投资基尔代尔就会血本无归，而投资微软则会赚得盆满钵满。这说明，从 0 到 1 的理论固然重要，但面对现实的创新案例，我们还需要对这个理论进行补充和完善。

既然在寻求大师帮助时遇到了一些困难，我就决定斗胆在他们的理论基础上搭建一个创新研究工具箱，以便采用这个工具箱里的各种工具，复盘移动互联网的创新史。

我的创新工具箱，包括两个模型类工具和一些定律或定义类工具。我创建这些创新分析工具，是希望可以借此分析移动互联网创新史的源头；在创新发生的过程中，企业兴衰的密码；未来会有哪些创新机会发生以及发生的缘由等。我除了会在本章阐述工具箱中的各种创新工具，还会在其他章节中，不时用到这些工具，以便对各种案例进行实证分析。当然，我还有一个愿望，就是在这个创新工具箱中还可以有一些通用类别的工具，可以用来预测分析其他领域的创新，成为通用创新工具。

01 风口创新模型

众所周知，“风口”这个词是小米创始人雷军先生首先提出的。他说，在风口上，猪也可以飞起来，借以形容在创新领域顺势而为的重要性。这几年，风口理论成为创新投资领域大多数人的口头禅，说得多了，似乎风口随处可见。雷军并未详细阐述何谓风口，其实我们谁也没有见过猪在风口之上飞起来这种离奇景象。在很长一段时间里，我甚至有些反感这种耸人听闻的说法，因为它不够严谨，逻辑上漏洞百出，似乎在鼓励人们投机，这和我笃信的价值投资理念背道而驰。但是无论我是否喜欢，创新投资领域的同行，甚至财经记者都会屡屡提及所谓的风口理论。重要人物的一句话，可以被演绎成一种理论，我也是很无奈。当我听到大家说，这个或者那个机会是一个风口时，我虽然觉得不太入耳，但也只好一笑了之。

我在研究移动互联网的创新史时，发现了一个无法解释的现象，即这次创新潮的速度、广度、深度和威力，就如同一股席卷全球的创新飓风，迅速把地球各个角落的人们和商业体系包裹进来。

在农耕时代，可能历经千年都没有重大创新发生。而大多数工业革命以来的创新，虽然速度比农耕时代快了许多，但都是在渐进和从容不迫的状态下进行的。一项创新，要惠及全球的芸芸众生，往往要历经数十年乃至上百年的漫长岁月。

我试图向一些大师的典籍寻求帮助，解释这种奇异的创新景象，然而无果。在彷徨之间，我又想到了雷军的“风口说”。我冷静下来，第一次认真推敲风口这个词，我突然发现，以风口来描绘移动互联网创新潮，居然非常贴切。在一次次的实证研究之后，我终于把风口这个词完善成为一个创新模型：风口创新。自然界中形成飓风，一定是有一些特定的气象条件相互叠加。创新的风口也应如此，一定是有一些特定的条件相互作用，才导致创新风口最终堆积而成。

在推演整个数字经济的形成过程中，我逐渐发现，创新风口应该包括两种："时代创新风口"和"行业创新风口"。

时代创新风口的内涵是，整个时代、全体人类以及各行各业都得到惠及的创新。在历史上，蒸汽机的发明把人类带至蒸汽时代，电的发明则把人类带至电气时代。同理，互联网的发明把人类带至数字时代。

我们不妨继续追问，时代创新风口究竟是如何出现的呢？

在人类历史上，在大河交汇之处，常常有伟大文明诞生。这个时候，我就想到了一个成语：泾渭分明。泾河和渭河是我家乡陕西的两条河流，泾河清，渭河浊，两河相交之处顿成千古奇观。泾渭之畔，就孕育了一座承载华夏最璀璨文明的秦汉唐之都——西安。

我发现，时代创新风口也常常发轫于行业的交汇之处！过往，电信行业和电脑行业是两条平行线，电信其实是一张通信网络，电脑则是孤立的计算终端。每当这样两个平行行业相交之时，就会孕育出巨大的行业变革：两者第一次交汇发生于1994年，PC互联网横空出世；两者第二次交汇发生于2007年，移动互联网呼啸而至。电信行业和电脑行业的交汇，其实只做了一件事：通信网络把孤立的电脑终端连接起来。陡然间，数字时代的创新风口就从天而降！

我认为，我们对"连接"本身的认知还非常粗浅，这种连接，就犹如人类一下子跃入原子时代，旧的商业体系被粗暴地撕裂，一个新的商业体系随之诞生。

如此看来，数字时代的两次创新风口，皆来自电信行业和电脑行业之交汇。

那么，一个衍生的宏大设问就是：上述两个行业的下一次交汇会在何时，它们又将孕育何种惊天的创新风口呢？

相比之下，行业创新风口只是行业内部的创新，只和本行业及产业链上下游相关。由皮克斯主导的电脑动画制作替代了电影工业中的手绘动漫，这就是一个典型的行业创新风口。皮克斯面临的风口，就是动漫制作的数字化。

在反复进行沙盘推演之后，我认为风口创新模型有下列5个特征，应该说明的是，下列特征更多地体现在时代创新风口中。

风口创新是一个基础设施级别的创新

创新几乎无处不在，就如同“不是所有的牛奶都是特仑苏”一样，只有非常稀有的创新才可以被称为基础设施级别的创新。提到基础设施，我们会立刻想到水、电、燃气，基础设施就是和每个国家、每个城市、每个家庭、每个人都息息相关的事物。如今，在创新投资领域，基础设施也变成一个时髦的词，既然投资人喜欢听，创业者就会投其所好，说自己的创业项目是一个基础设施，暗示这个机会是下一个微信。

显然，互联网就是一个基础设施级别的创新。从投资角度看，基础设施意味着一个价值数万亿元且没有边界的大市场。水大，鱼才能大；赛道宽阔，车手才能纵横驰骋。投资者的梦想当然是下一个阿里巴巴或者腾讯，这些机遇，只能存在于基础设施级别的创新领域。

我常想，鱼，游弋于鱼缸、水塘、江湖和大海中，基础设施级别的创新就是大洋，此处的鱼则是创新项目，在大洋中我们才能看到鲨鱼，而非缸中的金鱼。

风口创新会出现从0%到100%的大迁徙

如果查阅百度百科，我们会看到，“迁徙”这个词是指动物从寒冷干涸的地方，迁移到气候温润和水草丰美的去处。似乎迁徙只是动物界吃喝拉撒、稀松平常之事罢了。但是，当我看BBC（英国广播公司）的纪录片《地球脉动》时，我看到了动人心魄的航拍画面：数百万头犀牛像是遇到地球末日般，惊天动地地朝着地平线席卷而去。哪怕遇到遮天蔽日的沙尘暴，庞大的犀牛群也没有丝毫的迟疑，依旧朝着既定的方向绝尘而去。迁徙，往往意味着数千公里的长途奔袭，即使对于犀牛这样体壮的庞然大物，迁徙也比人类进行的所有极限运动要难上百倍。令人惊叹的是，我们没看见犀牛中有指挥者，也看不到信息传递。没有集结号或显而易见的宣传鼓动，犀牛们好像末日将至一样，个个奋不顾身、争先恐后地飞奔不止。

迁徙的目的地往往是千里之外的一片温润如春的世外桃源，水草茂盛，莺歌燕舞，这时候，犀牛群画风突然一变，像被集体点了穴一样，放慢脚步，温顺优雅起来，怡然地甩着尾巴，看天喝水，追逐嬉闹。看到这幅画面，我就觉得，前面让它们苦不堪言的迁徙之旅是物有所值的。

我的实证研究表明，风口创新也会引发人类非常类似的大迁徙。和动物的迁徙不同的是，由风口创新引发的人类大迁徙，是指人类像没有征兆一样，突然离开原有的基础设施产品，迅速奔向风口创新的新奇产品阵营，少顷，就会出现一个从 0% 到 100% 的大迁徙。对于原有产品的运营者而言，这个景象不期而至、猝不及防，客户突然走得干干净净，从门庭若市到人走茶凉，似乎只过了一袋烟的工夫。风口创新企业一夜之间，在新客户云集、水草茂盛、莺歌燕舞之处，以迅雷不及掩耳盗铃之势搭建了一个“新世界”。人们有了风口创新产品这个爱不释手的“新欢”，立刻抛弃了原有产品那个“旧爱”。此时，原有产品的运营者门可罗雀，大势已去。

风口创新会突然引爆一个指数级别的新增市场

通常而言，企业获得30%的年度营收增速就很不错了。多数情形之下，企业的年度营收增长非常不确定，这往往是过度竞争、企业的创新停滞或是目标市场面临天花板导致的。我们机构投资者常常需要做功课，搭建一个财务模型，来预测拟投资公司的未来财务表现。

我的实证研究发现，如果做一个匿名的财务模型，预测风口创新企业的未来财务报表，我们就会发现这个财务模型好到令人难以置信，就像假的一样。原因何在呢?

我们前面谈到，风口创新意味着基础设施级别的创新，以及创新带来的客户从 0% 到 100% 的大迁徙，这两个假设指向了一个事实：风口创新迅速启动了一个价值数万亿元的天量新增市场！无疑，这个价值数万亿元的新增市场只能出现在基础设施级别的创新领域。

我们不妨看看汽车的发明和商用：福特公司发明了在流水线上生产的 T 型车，从此开启了汽车走入工薪阶层家庭的伟大历程。即便如此，美国从无到有地变成“车轮上的国家”，也历时数十年。而汽车在全球范围的普及，又花费了上百年之久。汽车的创新堪称伟大，它又是人人需要的物品，但是普及的过程异常缓慢，这其实是工业革命以来多数创新的共同规律。可以说，汽车的创新并不是一个风口。

风口创新一定伴随着一个指数级别的新增市场。我们看看个人电脑，从 20 世纪 70 年代出现，到普及全球每个家庭、学校、公司和政府，它也就花了 20 年的光景，这迅即激发了一个价值万亿美元的新增市场。个人电脑从出现到普及，引爆了一个指数级别的新增市场。

我们想象一下，风口创新激发了一个指数级别的新增市场，这相当于是物理学一下子从牛顿时代跳跃到爱因斯坦时代，与相对论原理催生的原子弹相比，常规武器就像是小孩子的玩具枪一样不堪一击。这种神奇的增长，也进一步打破了很多传统商业常识和传统文化理念。比如，我们常说，“欲速则不达”“罗马不是一天建成的”，这是一些有经验的长者对那些乳臭未干、不知天高地厚的年轻人的告诫。但是，当我们真正面对指数级别的增长时，就好像看到电影中的快进镜头，波澜壮阔的城市景观、花草树木，就在眼前一夜间出现。

风口创新有一个稍纵即逝的跟随者效应

当风口创新从天而降之时，会出现一个较短的时间窗口，我称之为

“上帝窗口期”。这时候，我们需要闻风而动、顺势而为，必须毫不迟疑地加入风口创新的滚滚洪流当中。

风口创新，意味着新的基础设施加速形成，接着会出现客户从 0% 到 100% 的快速迁徙，以及一个从天而降的大馅饼——新增市场会以指数级别高速增长。我们需要跟随创新主导者的脚步，加入创新大潮。这其实就相当于一个原子时代，原先缓慢的脚步突然变成了蒙眼狂奔。甚至，那些加入创新风口的创新者会感受到一种强大的外力，在推动自己以不可思议的加速度快速前行，有一刻人们像孙悟空一样，突然腾身而起、直上青天。

这个时候，我觉得雷军用“风口”这个词来描绘某种创新即将带来不可思议的高速增长，是一个天才式的发现。指数级别的新增市场，就如同核裂变一样令人感到不可思议。当我们茫然四顾之时，似乎只有雷军看到了指数增长的瑰丽景观，他不禁喃喃自语：你看，风口上的猪也飞起来了。雷军不仅仅是事后诸葛而已，他当年突然要创办小米，就是看到了移动互联网即将到来的指数级风口。

我大体测算了一下，跟随者效应出现在客户从 10% 到 20% 的迁徙途中，跟随得过早可能会成为“先烈”，过晚则黄花菜都凉了。我们会理所当然地想到，这应该还是那些武装到牙齿的大公司的游戏，大公司的研发人才多如过江之鲫，当然不会放弃这样的天赐良机。但是，现实的情况则是，在风口创新中晃动的身影常常是那些名不见经传、赤手空拳的小人物。

你看，雷军虽然早就是成名人物，但是，当时在手机终端行业，他也只是个新人而已。他还不得不屈尊拿起电话，打给我的朋友——晨兴资本的合伙人刘芹，像新人那样讲述自己的创业梦想。

当然，并非所有风口创新的跟随者最后都能成功。但是，最终登堂入室的跟随者会一夜成名，跻身一线企业家的行列，其企业价值像气泡一样迅速膨胀起来。这里面是否会有泡沫？当然会有，但是假设泡沫最大时企业价值是 500 亿美元，泡沫破裂时，企业价值降到了 300 亿美元，对一个初创企业而言，这难道不是天上掉馅饼的美事吗？

待到风口创新停歇之时，我们就又回到了“罗马不是一天建成的”那种状态，那种亦步亦趋的时代。人们梦想要成为风口创新的主导者，而不是跟随者，这是人之常情。但我们需要面对一个残酷的事实，那就是风口创新的主导者，是我们这个世界与日月争辉的人中龙凤，对大多数人而言，那是可望而不可即的。但是，风口创新的跟随者是可以训练而成的。

风口创新可能会导致上一代市场领先企业迅速崩溃

在风口创新的早期，新增市场尚未形成，新产品往往像是一个没有客户、不接地气的新奇玩具。而上一代领先企业面对成熟的市场，利润丰厚，他们往往抱着看笑话的心态看待这些幼稚的创新者。上一代领先企业对风口创新者的态度通常会经历这样几个阶段：早期嘲笑，按兵不动；中期紧张嘴硬，仓促应战；后期感到大祸降临，匆忙斥巨资收购另一个落后企业，直到最后败下阵来。

我们可以想象，当个人电脑刚刚问世的时候，大型计算机的巨擘 IBM 连眼也不会眨一下。彼时，人家几百亿美元的营收，都来自民航、银行、军队、政府和《财富》世界 500 强那些腰缠万贯的大客户。个人电脑像个玩具，除了那些蓬头垢面的爱好者，谁会要呢？如果 IBM 认真起来，做个市场调查，结果可能令人笑掉大牙，谁会买一台他从未见过的个人电脑呢？市场调查的结果一定是根本不存在所谓的个人电脑市场。因此，IBM 董事会无视几个硅谷毛头小子捣鼓的个人电脑，就太正常不过了。

当然，克里斯坦森最早发现，也描绘过类似的场景，他将其称为“创新者的窘境”。不同的是，我强调的是风口创新这种极端的情形。这种创新蕴含着原子那样的巨大能量，伴随着指数级别的快速增长，像海啸一样突如其来，上一代领先企业发现情况不妙时，通常大势已去，人去楼空，难以翻盘了。

02　万物创新模型

克里斯坦森谈到颠覆性创新时，对于何谓“颠覆性”其实没有一个清晰的定义。这就导致一个问题，即他在自己的大作《创新者的窘境》中，也把颠覆性创新和延续性创新混为一谈。另外，我们对于创新者的动机也应该做一些讨论，创新者的原动力是“颠覆”他人，还是创造一个新事物呢？

当我翻开《他们创造了美国》这本书，我看到，那些为美国的强盛付出过巨大努力的创业家并非为了“干掉”他人而努力工作。大多数创业家的初衷是通过创造一个新事物来提高人类的生活水平。你看，莱特兄弟拼命想造一架飞机，以便人类摆脱地球的束缚，在蓝天翱翔，难道莱特兄弟是为了打败火车吗？在黑黢黢的暗房里创办柯达公司的乔治·伊士曼先生夜以继日地试验影像技术，希望能够通过摄影来记录人类的美丽瞬间，难道伊士曼先生是为了打败画家而夜以继日地工作吗？最伟大的发明家爱迪生先生带领团队在昏暗的实验室里研究电灯，他们的梦想一定是照亮漫漫长夜，为人类带来光明，而不是把煤油灯产业连锅端掉。怀着敌意去创造新事物的人可能也有，但是似乎不会获得大家长久的尊敬。

这样看来，大家常挂在嘴边的颠覆性创新，虽然出自大师，也揭示了一些有价值的商业理念，但其局限性也显而易见：没有清晰的定义。更重要的是，它可能会误导创新者的动机。

相对而言，我更偏爱彼得·蒂尔提出的理论，他用从0到1这样的全新概念定义了一种从无到有的创新的发生。如果每个创新者都把颠覆性创新挂在嘴边，就会让整个创新领域显得杀气腾腾。而从0到1则不同，我们都着眼于改变人类生活，创造新事物，这样看来，创新者的动机就是建设性的，而不是破坏性的。

我有时会想，要是我早一些接触《从0到1》这本书，可能会大幅度提升我的投资业绩。但是，仔细思考之后，我又发现了新的问题。如果按照从 0 到 1 的理念，去追逐那些最先创造新事物的企业，我们会成功吗?如果我们建立这样一个投资组合，看上去一定很酷：世界上第一台个人电脑“牛郎星”所在的公司，世界上第一个浏览器“导航者”所在的公司，世界上第一款即时通信软件 ICQ 所在的公司。然而，令人唏嘘的是，这种从 0 到 1 的行业缔造者大多数已经消失了，这样的投资组合无疑是不成功的。

在衡量创新所带来的价值时，彼得·蒂尔总结说，实现从 0 到 1 的企业纵向创造了一个全新事物，其创造的价值要远远大于从 1 到 N 的横向复制者。当我读到这样振聋发聩的观点时，感到非常受用。

但是，现实的情形有时恰恰相反：从 1 到 N 的复制者剥夺了原本属于从 0 到 1 的创新者的价值。当今，世界上最大的个人电脑厂商已经被微软操作系统所控制，世界上最大的浏览器是微软的 IE 和谷歌的 Chrome，世界上最大的即时通信软件是腾讯的 QQ（电脑端）。

这就是说，虽然你从 0 到 1 创造了一个新事物，甚至缔造了一个新的行业，但是最大的受益者有时是复制者。只要回顾个人电脑的历史，你就会发现微软早期其实是寄生在牛郎星这个产品之上的，难怪个人电脑之父罗伯茨在其后半生一直责怪公众低估了他个人的价值。

问题出在哪里了呢? 克里斯坦森和彼得·蒂尔都没有告诉我们答案。我对此也感到困惑不已。

显然，我们需要创造一个新的模型来揭示创新本身的复杂性，并说明为何会出现上述让人费解的难题。

我既斗胆挑战了大师们的观点，又试图通过创造一个模型来完善创新理论，我被绊住了好久，甚至开始怀疑，凭借一己之力可能根本没有办法完成这个任务。但是，实证的案例就在那里，问题既然已经提出，我如何自圆其说? 我甚至想把这些问题悄悄删除，就好像它们从来就不存在一样。这个念头一起，我立刻觉得无聊至极，和那些伟大的创新者相比，我这样稍遇挫折就半途而废，岂不可笑？

无奈之时，我只好暂停创新研究，再次求助史书典籍。这次，我翻开了老子的《道德经》。我的古文不好，已经借助王蒙等人的解读看过多次。当念到“道生一，一生二，二生三，三生万物”这一句时，我突然一惊。几乎每个宗教典籍都曾言及人类的诞生，包括在西方影响至深的《圣经》。看上去，老子这寥寥13个字，也是在谈世间万物的诞生过程。过去，我读到这句，都是一扫而过，并没有觉得有任何精妙之处。

但是且慢，我们谈创新，也就是研究新事物的创造规律。其实我的困惑正在于，新事物的创造，必有规律可循，可是这个规律究竟是什么呢？所谓模型，不就是规律吗？我们且不论各种宗教关于人类世界诞生的论述之短长，仅就论述之简洁，老子当然鹤立鸡群。此13个字，可谓字字珠玑啊！

我的惊叹之处在于，无论老子这一言论的初衷如何，将其用于总结创新事物诞生的规律，不是也很贴切吗？你看，“道生一”就好像一个创新事物从0到1的诞生。老子讲到此处并未停滞，而是又说“一生二”。这个阶段似乎是说，“道生一”之后，终于发生了一个跨越，新事物从一升级到了二。接下来，老子又说，“二生三”，即新事物具备了小规模的复制能力。新事物的能量聚集得差不多了，这才开始“三生万物”，世间万物终于开始繁衍，“世界”的大规模复制终于拉开帷幕，开始有了花草、树木、高山和河流，小鸟在山间鸣叫，鱼儿在水中游弋。人们纷纷站起来，走向田间播种，盖起房屋，唱起歌谣。有了男人和女人，有了老人和孩子，世界开始动起来，万籁俱寂的地球灵动了，显得生机勃勃。万物周而复始，生生不息。

想到此，我不禁感叹不已：老子不愧为伟大的思想家，他只凭借想象，用寥寥13个字，就高屋建瓴地勾勒出我们赖以生存的这个世界的诞生！而且，这似乎是隐藏在《道德经》当中的“万物生长密码”！我发现，将其用于创新领域的研究，也是很合适的。

根据老子这开天辟地的 13 个字，我又反复推演，终于照猫画虎地临摹出“万物创新模型”。

横空出世（“道生一”）：诞生

关键词：创新主导者，从无到有的新产品问世，新市场形成，尚未建立有效壁垒。

“横空出世”这个阶段的要点：诞生。一个足以引发行业变革的全新事物诞生了。创新主导者研发出一个从无到有的新产品，一个新增市场正在形成。但是，这个新产品还有些稚嫩，尚未形成完整的商业体系和强大的管理团队，更无法建立有效的竞争壁垒。一些有远见的人开始嗅到了新蛋糕的美味，准备行动起来。

群雄逐鹿（“一生二”）：竞争

关键词：新旧之争，复制者入场，风口效应。

“群雄逐鹿”这个阶段的要点：竞争。创新主导者在“横空出世”阶段遇到的窘境是，稚嫩的新产品和具有广阔前景的新兴市场必然激起群雄跃跃欲试地加入战团。包括上一代行业领导者和复制者在内的群雄，会开始围猎创新主导者。创新主导者如果带来的是一个基础设施级别的市场，还会引发风口效应，即带动起一个更大范围的市场创新运动。于是，由众多“看不见的手”武装起来的群雄，开始追逐新市场这只丰腴的“鹿”。在古人看来，鹿即天下。

问鼎中原（“二生三”）：垄断

关键词：垄断者形成，复制者分食蛋糕，“拉平效应”产生。

“问鼎中原”这个阶段的要点：垄断。经过上个阶段的鏖战，新的行业巨头产生了，并且对新市场形成了垄断。这时候，“看不见的手”会起作用，让复制者也能分到一杯羹。这里要指出的是，我的实证研究发现，最后尘埃落定时，终局阶段的垄断者有时并非创新主导者。

这个阶段还隐藏着另外一个风险：垄断者获得丰厚利润之时，往往会傲慢起来，觉得自己无所不能，因此放慢了创新的步伐。这个时候，复制者就会乘虚而入，加紧创新，从而产生我提到的“拉平效应”，即复制者通过不断模仿垄断者的产品，并且更加快速地迭代改进，拉平垄断者的利润。这样的案例，在创新史上屡见不鲜。

生态搭建（“三生万物”）：繁衍

关键词：生态布局，网络效应，自生长能力。

“生态搭建”这个阶段的要点：繁衍。垄断者攫取了行业大部分利润，自然令人垂涎不已。但是，比起生态布局，垄断者仍然稍逊一筹。在 BBC 的纪录片《地球脉动》中，亚马孙河流域的热带雨林令我印象深刻。那里水草茂盛，大树参天，共同构筑了一个天然屏障，各种珍奇动物和植物无须人工种植，自顾自地生长，勾勒出一幅万物繁衍的生动画面。

我们几乎可以得出这样的结论：并非所有从 0 到 1 的创新都会自然而然地抵达“三生万物”的阶段。在这个阶段，创新者必须围绕垄断产品形成一个完整的生态，这样就会产生自生长能力，带来神奇的景象。正所谓无心插柳柳成荫，柳树的种子落在岸边，水草丰润之时，就可以自顾自地成长起来。

网络效应的威力也是非同小可，它有点像蜘蛛网一样到处蔓延，会以指数级速度自动扩张自己的地盘。遗憾的是，这个同样神奇的效应只会发生在领先的软件和互联网行业。其他行业的人，纵使三头六臂，也只能坐观垂钓者，徒有羡鱼情了。

这里需要解释的是，对于老子的“十三字真经”，我只借鉴了其对事物形成的阶段性表达，并未拘泥原意，让熟悉《道德经》的朋友见笑了。

万物创新模型其实揭示了创新者必须面对的现实世界：当你从无到有地发明了一个新产品，只要证明了潜在市场存在，你就不能假定其他人会作壁上观，竞争必然会像飓风一样不期而至。汽车的发明者只要做出第一款汽车，就会有其他人跟进，发明者必须面对从天而降的竞争者。而万物创新模型进一步指出，任何一种有价值的创新，必然会经历一个残酷的竞争周期才能分出胜负，才知道谁是最后的赢家。世界的不公平在于，即使你呕心沥血、倾家荡产，创造出一个新产品以及随之而来的巨大的新兴市场，最终从竞争周期中胜出的也不一定是你。

现在，我们就可以应用万物创新模型，复盘以下三个案例。

1975 年，偏居一隅的 MITS（美国微型仪器与自动测量系统公司）推出了石破天惊的微型电脑牛郎星，从 0 到 1，开创了价值万亿美元的个人电脑产业。仅仅几年之后，更厉害的竞争者就出现了，所谓的“1977 三巨头”现身，三台第二代个人电脑在半年之内先后推出，即苹果公司的 Apple Ⅱ，坦迪公司（Tandy）的 TRS–80 以及康懋达公司（Commodore）的 PET，它们全部是开箱即用的产品。这些产品一问世，立刻终结了牛郎星一枝独秀的美好时光，接下来，这些公司迫使牛郎星退出了市场。但是“1977 三巨头”也不是个人电脑的最终赢家，后来更加漫长残酷的竞争远远超出了人们的想象。

从万物创新模型来看，牛郎星更像是个人电脑时代的序曲，早在竞争的初期就出局了。而最终获得垄断地位的厂商之一，则是被牛郎星的缔造者爱德华 · 罗伯茨一手培育起来的微软公司，这是罗伯茨做梦也想不到的事情。

马克 · 安德森发明了世界上最早的浏览器——导航者，我们如何赞美这项发明也不为过。因为从某种意义上来说，导航者浏览器开启了一个价值数万亿美元的互联网产业。但是，此时的微软公司已经成长为个人电脑领域的霸主，比尔·盖茨被导航者不可遏制的势头惊呆了，他决心倾微软之力封杀导航者！因此，导航者所面对的竞争是异常惨烈的，微软强行把自己的IE浏览器和Windows（视窗操作系统）捆绑。当这个局面发生时，导航者的安装量就像雪崩一样下滑，最终以网景公司被收购告终。微软为了赢得竞争，同样付出了惨痛的代价：以此为诱因，微软不得不面对美国政府严厉的反垄断诉讼，差点儿被强行分拆。

从万物创新模型来看，导航者开创了价值数万亿美元的互联网产业，但是不幸遇到如日中天的微软和强势的比尔·盖茨，并在正面交锋时败下阵来。否则，以马克·安德森的格局和睿智，网景可能早就转型成为一家互联网巨头。遗憾的是，历史没有假设，就在导航者消失的同时，价值数万亿美元的互联网产业已经成为现实。

1996年的一天，维斯格、瓦迪和高德芬格三个以色列人碰到了一起，一番头脑风暴之后，他们开发了一款可以让人与人在互联网上随时交流的软件，并将其命名为"ICQ"，意思是"I seek you"（我找你）。不出所料的是，ICQ这个世界上第一款社交软件迅速流行起来。次年，身在深圳的马化腾就看到了ICQ的独特价值，迅速跟进，开发出了OICQ，即QQ的前身。由于地域的限制，ICQ并没有与OICQ发生短兵相接的竞争。但是，ICQ这个社交鼻祖在被出售给美国在线之后，就退出了主流市场之列。

但在中国，腾讯还是遇到一位世界级的竞争者——被获准进入中国市场的微软公司的MSN。恰好，我与这场竞争还有一点关联。2006年初，我接受微软公司的委托，为他们研究MSN在中国的发展策略。我提出的建议之一是把MSN和QQ合并，并且由微软战略投资已经在香港上市的腾讯公司。当时，腾讯公司的市值还不足1 000亿港币。而MSN是一款全球性的即时通信产品，如果MSN和QQ合并，腾讯将成为一家拥有全球产品线的公司，如果腾讯有机会运营MSN全球业务，那么腾讯就会成为一家真正的跨国公司，而我的客户微软公司则可以把自己不擅长的产品交给世界上最好的团队运营，这样MSN此后也不会停止运营。另外，如果在那个时候投资腾讯，微软的投资收益现在也会超过万亿人民币吧！当时为了促成这次合作，我还专门跑去找到腾讯公司的大股东——MIH（米拉德国际控股集团公司），询问他们是否愿意出让腾讯公司的控股地位，记得当时MIH中国公司的负责人对我说，他们不愿意出售腾讯股权。

“为什么呢？”我不甘心地追问道。

“没有为什么，我们就是不愿意卖腾讯。”她淡淡地答道。

“如果我们能给你们一些显著的溢价呢？”我继续努力道。

“那也不卖！”她依然语气坚决，却不告知缘由。

这样，错过这次交易的微软公司最后关闭了MSN业务，他们不仅在中国输给了腾讯，在全球范围内也不擅长运营即时通信这项业务，这不得不说是一件遗憾的事情。

在即时通信竞争的丛林中，复制者腾讯公司逐渐成长为社交领域的世界级互联网巨头。事实证明，在全球范围内，马化腾的团队是唯一擅长运营这项业务的人选，没有之一。

从万物创新模型看，社交领域的开创者ICQ并未进入主流，而其复制者腾讯公司获得了巨大的成功，并且成为这个行业的垄断者之一。

这个时刻，我就很想向彼得·蒂尔当面求教。在上述案例中，为何从0到1的创新者牛郎星电脑、导航者浏览器和ICQ都消失了，它们从1到N的复制者却脱颖而出，笑到了最后呢？我无意贬低从0到1的原始创新者的独特价值，以及彼得·蒂尔对此的重要发现。我不否认，在从0到1的原始创新者中，也有开创并引领一个行业的案例，比如柯达公司。但是，很多现实案例告诉我们，常常是复制创新者接过原始创新者的接力棒，最后跑到了终点。由此看来，万物创新模型其实是中性的，无论是从0到1的原始创新者，还是从1到N的复制创新者，都有可能走向终局，成为一个新兴行业的垄断者。这个模型进一步表明，原始创新者“横空出世”固然不易，但是，它还必须在接下来的“群雄逐鹿”阶段经过一番厮杀并脱颖而出，才能享受胜利果实。创新者不要奢求在呕心沥血地创造一个全新的事物时，其他复制者会仁慈地看着你占领一个新兴市场。别逗了，在看清楚市场规模之后，他们一定会一哄而上。商业的残酷性正在于此。

我的更大发现在于，对创新者而言，无论是在“道生一”阶段创造了一个新事物，还是在“一生二”阶段复制创新，最终能够抵达“二生三”获得垄断地位的，都属不易。但是，“三生万物”才是创新领域的珠穆朗玛峰！在人类创新史上，能够登顶这一高度的创新者凤毛麟角。但是，乔布斯带领苹果公司实现了这一宏大目标，作为一个最高奖赏，苹果公司的市值在 2018 年超过万亿美元，雄冠全球。

“三生万物”就是主导创新者创建一个可以海纳百川的超级商业平台，然后，让全球的创新者自动加入，共建一个宏大的商业生态，最终把地球人尽可能多地包裹进来。这个过程像极了亚马孙热带雨林的生长过程，如果气候和土壤适宜，植物和动物就自顾自地繁衍生息。听上去，这像是痴人说梦，世间有这等好事？我将在本书第三章“方舟铸成”中揭开谜底。

03　创新定律类工具

互联网 +

原本，“互联网 +”这个概念不属于我的创新工具箱，我也不便掠人之美。

2012 年易观国际集团董事长于扬首先提出了“互联网 +”这个概念。后来，马化腾进一步阐述了传统行业叠加互联网之后，由于运营效率的极大提升以及企业战略定位带来脱胎换骨的变革，可能带来的意想不到的增长潜力。

但是后来我看到我非常敬重的学者，阿里巴巴集团学术委员会主席曾鸣先生在他的大作《智能时代》中说："虽然互联网+的概念非常吸引人，但到目前为止，业界似乎尚未出现公认的成功案例。"这时我就想，"业界"的同人有时可能真的太忙了，当雷军提出风口的概念时，没有人愿意停下来思考一番到底有没有风口，何为风口。如果不是为了撰写本书，我也是"业界"群体中的一员，我当初一方面反感风口这个概念，一方面又不得不将其挂在嘴边，颇有些口是心非的意味。

当马化腾提出互联网+这个概念，"业界"的同人又是言必称互联网+，似乎也没有人停下来思考一下，到底有没有互联网+，何为互联网+。曾鸣这样重量级的人物也说，在互联网+风行数年之后，"业界"也没有找到一个互联网+的成功案例。我就想，"业界"的人可能忙于耕耘，我既然从忙碌的耕耘中停下来了，为"业界"多做些思考，无论对错，也是有益的吧。

于是，深思之后，我就为互联网+找到了一个著名案例。我的结论是：苹果公司就是互联网+领域最成功的案例。

我们先看看苹果在资本市场的定位。其实，关于苹果在资本市场的行业归属，人们没有形成共识。大多数美国分析师认为，苹果公司的业务本质上是硬件，这从苹果公司的收入结构就可以看出来，公司的大部分收入来自 iPhone、iPad（苹果平板电脑）以及麦金塔电脑的销售额。这时有人会说，苹果的互联网服务收入增速很快，但是聪明的分析师立刻就会指出症结所在：那么苹果的互联网服务收入占比呢？当然很低。因此，苹果业务的实质还是硬件。还有一些分析师干脆把苹果定义为科技公司，这总没错吧？但是，科技是一个太宽泛的概念了，这会令投资者在分析苹果业务时无从下手。

令人感到惊奇的是，苹果公司的主要机构投资者巴菲特先生认为，苹果是一家消费品公司。苹果的 iPhone 就是公司的一条极深的"护城河"。巴菲特先生说，他宁可放弃私人飞机，也不会放弃苹果。初次听到这个说法，我突然觉得巴菲特可能把一些复杂问题简单化了，我们到苹果商店去选购产品，确实很像是在逛一家消费品店。

当我冷静下来时，我立刻否定了把苹果产品当作消费品的说法，因为这一说法可能给我们带来更大的困惑。我们看看巴菲特青睐的可口可乐，一个配方，一个品牌，风行百年。显然，对大多数消费品而言，技术创新几乎很少发生。对可口可乐而言，配方的技术创新甚至是灾难。人类奇特的“味觉记忆”对入口的饮品和香烟类消费品发挥着巨大魔力。只要强大的品牌建立起来，剩下的事情就是维持这种味觉的一致性，这是我从一位消费品巨头的高管那里学到的。

有一次，我在一个茶叶高层聚会上发表了一点对自己不熟悉的行业的“高见”，使我自己十分窘迫。我说，中国是茶叶的发源地，是最大的茶叶产地，也是最大的茶叶消费国，难道，我们还干不过一个立顿吗？我的语气铿锵有力，言罢，身边一位先生小声对我说：“我就是立顿管理层的。”接着，这位先生反问我：“你知道立顿最难的是什么吗？”看我摇摇头，这位先生接着说：“我们的消费者有上亿人，茶叶的来源是世界各地，每一年，各地的气候条件各不相同，导致我们收到的茶叶原料品质不一致。但是，消费者的需求不变，无论何时何地，他们都想喝到口味一致的立顿茶。”从这点看，立顿和可口可乐这种消费品的核心就是不变，这非常契合巴菲特这种超长期价值投资者的理念。

然而，面对科技类消费品时，人类“喜新厌旧”的品性扮演了重要角色。iPhone 这个科技类消费品，正处在创新最为频繁的科技行业当中。我们回顾一下移动终端设备的历史，从摩托罗拉、诺基亚，到苹果、三星，它们各领风骚数年，构成了一部创新替代史。我们展望未来，10 年之后，iPhone 还能处在目前的垄断地位吗？似乎没有人能够回答这样的问题，即使苹果的 CEO 库克也不行。而这对于可口可乐绝对不是问题，10 年乃至更久以后，人们依然会喝口味一致的可乐。

这样看来，巴菲特假定目前人们如此喜爱 iPhone 的这种消费行为是可以一直持续的，就如同人们喜爱可口可乐一样。岂不知，要是 iPhone 未能赶上下一个创新潮，消费者一夜之间就会离去，就像当初大家抛弃诺基亚那些品牌一样。

因此，把苹果归为消费品行业，将会让人们误以为 iPhone 的垄断优势会年复一年地持续保持下去。如果把这个假设作为投资原则，将会把投资者置于非常危险的境地。

其实，对一些看上去无解的问题，我们只要回到最基本的分析框架当中，问题就会迎刃而解。乔布斯为苹果手机起了一个名字：iPhone。iPhone 不就是 Internet（互联网）+phone（手机）吗？在 iPhone 发布会上，乔布斯反复强调，苹果手机就是一部互联网手机。

这样，我们非常轻松地就为苹果公司在资本市场的行业归属找到了清晰的定位：互联网 + 手机。在苹果的收入结构中，占比较高的是手机硬件销售，互联网服务收入占比虽低，但是增速表现不俗。一个互联网 + 手机的企业，其收入结构就应该是手机硬件 + 互联网服务，对吗？我们再看看小米，它也是一家互联网 + 手机的企业，其收入结构也是手机硬件 + 互联网服务。

这样看来，我们就完成了一个简单的论证：苹果，就是互联网 + 手机行业的成功案例。为何“互联网 +”的概念风行一时，“业界”却没有为其找到一个成功案例呢？我觉得，我们正处在一个“名人云，众人皆云”的时代。马化腾提出互联网 + 的概念，我们就言必称互联网 +。岂不知，互联网 + 这个概念威力之强劲，对于传统行业而言，面对波涛汹涌的互联网行业巨头，要实现逆转，核心还是在于产品创新。面对红海，苹果祭出了划时代的十倍创新产品——iPhone，就转型成为互联网 + 手机行业的巨头，公司市值一举登顶全球之冠。为何美国分析师没有把苹果归为互联网 + 这个行业呢？因为互联网 + 虽然在中国热度很高，但美国人并没有这样的概念。当小米在香港上市之时，从雷军和分析师之间的争论我们也可以看出小米到底是一家什么公司，它最后还是不出所料地落到了手机硬件这个不太“性感”的行业归属。雷军想极力分辨手机硬件和互联网服务，人家早已经走开。在市场给出小米“手机硬件厂商”这个消极的定位之后，小米的股价就开始用下跌回应：手机硬件厂商的估值为何这么高呢？

如果说，苹果只是从单一产品 iPhone 成功切入互联网业务，那么中国的平安保险集团则是整体系、整建制地构建了一个互联网 + 创新业务矩阵，这在全球范围看，也堪称奇迹吧。

在中国的金融集团当中，平安集团是非常稀有的综合性金融控股集团。从单一金融业务看，平安集团也许并未领先，银行业的龙头是“宇宙银行”——中国工商银行，寿险领域的老大是大名鼎鼎的中国人寿保险公司，财产险业的翘楚则是中国人民保险集团股份有限公司。我们在此稍做停留就会发现，上述公司都是金融行业中的“国家队”，虽然它们在单一业务上都是鹤立鸡群，却都没有形成能够均衡发展的综合性金融业务。从投资的角度看，综合性金融业务的优势在于业务的协同效应。

很多年以前，我曾经问美国道琼斯集团的一位高管：“道琼斯的业务线看上去非常繁杂，看不出有任何内在联系，对吗？”这位高管不紧不慢地回答说：“我们的业务是‘一鱼七吃’，就是把同一则财经资讯用不同的载体卖给受众 7 次，这就是我们业务的内在逻辑。”后来，我还曾经担任道琼斯集团中国的并购顾问，对道琼斯集团的“一鱼七吃”也有了更深的认识。

异曲同工的是，中国平安作为综合性金融集团的优势非常明显，可以为同一客户提供不同的金融服务，包括银行、寿险、财产险和证券服务等。但是要真正实现这种跨行业的综合性金融业务，其实是知易行难，每个细分市场都有如狼似虎的对手环伺，而业务协同则需要内部强大的管理体系作为后援，可以想象，建立并成功运行这样的金控集团已经实属不易！

当你大功告成，正想伸伸懒腰，稍做休息的时候，互联网对金融业的攻伐却已经兵临城下，中国平安的创始人马明哲先生呕心沥血构建的金控帝国，看上去固若金汤，却已经悄然被蚂蚁金服这种互联网新贵的火力所笼罩了。

今天，鹤立鸡群的平安大厦是深圳的地标建筑和楼王，矗立于福田新区的车水马龙当中，我多次在夜色中凝视这幢华丽的大厦，不禁想起从无到有创建中国平安的马明哲先生和这座城市的传奇经历。马先生历经数年构建平安金融控股业务，我并不感到意外。令我震惊的是，马先生接下来围绕平安核心业务做出的系列互联网＋的布局，高屋建瓴、犀利果断，如此远见卓识和超强的执行力，即使放眼全球，也堪称一时无两吧。

中国平安的根是保险业务。过往，我在投资机构工作时，就对保险业务有些了解。我发现，林林总总的保险产品其实就是一份份卖给消费者的合约。翻开任何一家保险公司的财务报表，你都会看到非常高的销售成本。我进一步了解到，像中国平安这样的大保险公司，销售团队的人数可能多达几十万之众。互联网对传统行业的重构，最厉害的一招就是：让产品直接触达客户，去掉所有中间环节。从长期看，这些庞大的销售团队是否会被更为高效的互联网公司所替代呢？保险行业数千亿元保费这个诱人的蛋糕，互联网巨头们不会视而不见。保险公司最担心的两家互联网巨头就是阿里巴巴和腾讯，只要这两家公司不涉足互联网保险业务，保险公司的老板们就可以安然入睡。

老谋深算的马明哲干脆把他最担心的对手直接搞定，阿里巴巴、腾讯和中国平安一起成为众安财产险的发起人股东。这就是2013年，轰动一时的“三马”（即马明哲、马云、马化腾）创办众安保险——中国首家互联网保险公司的背景。虽然年轻的众安只主营财产险，还非常稚嫩，尚不能挑战传统保险巨头中国平安的地位，但是这个布局为深藏其后的中国平安建立了一道很高的防护屏障，这样阿里巴巴和腾讯可能就不会轻易涉足互联网保险，这枚投在保险这一棋盘中央的棋子显得意味深长。

紧接着，马明哲为平安集团系统地构建了多个产业互联网+项目。

互联网+金融：陆金所。当互联网金融巨头蚂蚁金服狂飙突进之时，陆金所像是传统金融体系中难得一见的一片创新绿洲，身后是依然健康的平安银行。

互联网+医疗：平安好医生。平安寿险积累的众多用户，可以和平安好医生产生高效协同。

互联网+汽车：汽车之家（收购）。平安车险和汽车之家的协同，可以让汽车之家走得更远。

再加上，互联网+保险：众安保险。

你看，马化腾提出了互联网+这个概念，同在深圳的马明哲近水楼台先得月，他觉得这一概念听上去言之有理，就有模有样地种下了几株互联网+的树苗，众人眼看着这些树苗成长发芽，马上就要开花结果了。这倒是有趣得很。

数字化率

数字化率和互联网+，像是数字经济这枚硬币的两面。数字化率是互联网对传统商业体系的侵蚀，是进攻的部分；而互联网+则是传统商业体系主动向互联网转型，是防守的部分。

数字化率＝线上市场÷行业整体市场

广告业是我研究多年并且比较了解的行业，我们不妨以此为例来看看数字化率对这个行业产生的巨大影响。在消费者和商品之间，一直都有广告花费存在，即使现代广告业也有数百年的漫长历史。当商品供过于求，品类极大丰富之时，广告就扮演了至关重要的角色。

在互联网尚未诞生的年代，广告花费已经多年维持均衡，无非是电视、报纸、广播、杂志和户外这些投放渠道，广告花费在 GDP（国内生产总值）中占有一个相对固定的比例。假设 GDP 不增长，一个国家或区域的年度广告花费则相对变化不大。记得很多年以前，在中央电视台的一次广告推介会上，我被央视邀请作为演讲嘉宾，发言题目是《为何要在中央电视台做广告》。台下的听众主要是广告主和广告代理商的代表。我说，如果你想打开整个中国市场，最简单的投放就是在央视投放广告。否则，你就会面对一个非常复杂的投放组合，而且你很难对这个复杂的投放组合的效果进行评估。广告行业最让人崩溃的一句名言就是：我知道我浪费了 80% 的广告预算，但是我不知道是哪 80%。投放越复杂，就意味着效果越难以评估。选择央视投放，虽然看上去广告价格很高，但效果易于评估，广告投放也会立竿见影。

当时一位很厉害的创业家——步步高的段永平，显然看到了这一点。他生产的产品其实很难卖，无非是学习机、复读机之类的电子产品。步步高就主要在央视投放广告，这对一家初创企业而言，是非常大胆的。步步高凭借央视的广告和恰当的产品，一举打开市场。现在看来，学习机这样的产品很难建立真正的壁垒，此时，广告营销就起到了巨大作用。在央视投放广告，还有一个独特作用，那就是消费者会在广告和央视的公信力之间建立某种联系，这就把央视背书巧妙地植入广告当中了，这对一个新的产品品牌而言是非常微妙的。显然，段永平早就意识到了在央视投放广告这一隐形价值。

那是广告行业的黄金年代，也是电视时代，而央视就是那个时代的王者。此时，互联网行业开始骤然形成一股力量，正在觊觎广告行业这块巨大的蛋糕。

有这样一句话揭示了广告的实质：把内容卖给读者，把读者卖给广告主。早在PC互联网时代，互联网公司就开发了定位迥异的产品，从而覆盖了大量用户。这些公司背后的风险投资人于是开始逼问："你们的产品占据了很大的用户群和大量时间，这个不错，但是如何挣钱呢？这是我们设立公司的最终目的啊。"

于是，当时所有的互联网公司都把目光投向了广告这块诱人的蛋糕。从全球来看，整个广告市场大约价值5 000亿美元！这些公司有门户网站，包括雅虎、新浪、搜狐、网易等；有搜索引擎，包括谷歌、百度；有即时通信和社交软件，包括QQ、MSN和脸书等。互联网公司开始把广告分为数字广告和传统广告，互联网对广告行业的围猎开始了。

门户网站对广告主说，从眼球经济看，我们的广告可以按照每次点击来出售，这个价格的千人成本可比电视台和报纸便宜多了。门户网站发明了旗帜广告，这种广告分布于首页和按照访问量排序的各个内容频道。相关的第三方数据监测公司也应运而生，为广告主的投放提供数据支持。

搜索引擎对广告主说，我们的用户搜索关键词，其实就表示用户对某种商品感兴趣，这个时候投放的广告就是精准投放。搜索引擎发明了竞价排名，广告主按照竞价模式购买关键词，用户就可能点击排名靠前的广告，进而产生购买。

就在那个年代，我还撰写了一篇文章《新浪网与中央台》，我第一次提出，仅就影响力而言，新浪网可能是仅次于中央台的媒体。因为我发现，互联网媒体不仅仅覆盖了为数众多的用户，而且在逐渐形成巨大的社会影响力。

从互联网公司整体觊觎并且围猎广告行业至今，广告就成为几乎所有大型互联网公司的核心商业模式。对美国的大型互联网公司谷歌、脸书来说，广告一直是它们的主营业务，它们的广告业务占据了美国数字广告的主要份额。就在最近，主营业务为电商的亚马逊也开始进攻广告行业，而且营收增速不慢。

中国的大型互联网公司 BAT（百度、阿里巴巴和腾讯），每一家都有广告收入。百度的主营业务是搜索和信息流广告，这并不令人感到意外。其实，当今中国最大的广告平台是阿里巴巴，这是因为阿里巴巴作为最大的电商平台，本身并不售卖商品，而是攫取广告营销收入。腾讯作为国内最大的社交平台，一直是最大的流量入口，自然也不会放过广告收入。

从现在的结果看，美国的数字广告花费大约占全部广告花费的 46%，中国数字广告的占比可能也差不多。也就是说，年轻的互联网行业经过 20 年左右的耕耘，几乎占据了整个广告行业的半壁江山。

广告行业的数字化率达到了 46%。我之前提到过，广告花费占 GDP 的比例相对固定，也就是说，除非 GDP 保持高速增长，否则一个国家或者区域的广告花费会相对不变。那么，在互联网觊觎广告这块蛋糕 20 年之后，它就吞掉了这块蛋糕的几乎一半。

我们进一步看，谁的蛋糕变小了呢？结论是，印刷媒体、广播媒体、电视媒体以及户外媒体的蛋糕都在逐年萎缩。我们看到的趋势是，从过去数年来看，数字广告的增速依旧，而传统广告还在继续萎缩，这表明，广告行业的数字化仍在进行。

我仿佛可以听到有人漫不经心地说，哇，是吗？只有处在传统广告的阵营当中，阁下才会感到真切的痛楚。因为，广告数字化率每增长一个百分点，就意味着传统广告阵营失去了一个百分点。在美国，这个失去的百分点可能意味着数十亿美元，传统媒体平台可能会面临巨额亏损，甚至倒闭出局。

令人唏嘘的是，互联网企业对传统广告的侵蚀并非直接动手。它们没有创办任何印刷媒体、广播媒体或是电视媒体。甚至，在公司创办之初，这些互联网公司根本都不知道如何赚钱以及从何处赚钱。在 2000 年纳斯达克泡沫破灭，互联网公司股票大跌时，大多数公司仍然没法回答如何赚钱以及何时赚钱的问题。彼时，传统媒体还会揣测这些互联网公司何时会被摘牌。但是，等这些互联网公司从寒冬中真正复苏过来，它们就在春天明媚的阳光中看到了广告这块诱人的蛋糕，对传统广告平台而言，接下来的事情就一点也不好玩儿了。

孙子早就说过，不战而屈人之兵，是说未见硝烟和刀光剑影，敌方已经偃旗息鼓、弃城而去。互联网的进攻武器就是：数字化率。

数字化率之所以被人们低估，就是因为它像是一把无影刀，互联网公司未战即胜。敌方突然被缴械，匪夷所思的是，至死未见杀手身在何方。于是有人仰天长叹说："我赢了对手，却输给了时代。"

我给数字化率的定义是：假以时日，一个行业最终可以被数字化的百分比。一个行业被 100% 数字化，意味着这个行业将整体消失，任你是百年老店、行业翘楚，都无法幸免。100% 被数字化的行业，其产品的生产、销售，以及消费者的购买和使用都可以数字化。如果阁下所在行业的数字化率是 100%，那么无论你多么优秀，多么勤奋，资金实力如何雄厚，都已经无济于事，等待你的只有行业萎缩，直至行业消失。

好消息是，并非所有行业都会被 100% 数字化。因此，我在此提出数字化率这个概念，其实是想强调，在数字经济这枚硬币的一面，几乎所有人都要关注数字化率这个工具。这直接关乎阁下所在行业的生死存亡。本书还要不时用到数字化率这个工具，在此就不赘述了。

临界点

我最初想到临界点时，是想强调，我们烧水的时候，等到 100 摄氏度，结果就不言而喻，水在这个温度烧开，这是一种真理的力量，谁也无法阻挡。我强调的就是这个时点。

再比如你在登山时，忽然看到远处的雪崩，那种山崩地裂、摧枯拉朽的力量从天而降，这时候，你只能庆幸自己没有走到那里。在雪崩的那一刻，你会想，那么洁白如玉、晶莹剔透的雪片，怎么就突然变成了巨大的威胁？这其实是一种聚合的力量，很弱小的事物聚合在一处，利用从天而降的势能，就能形成风暴。

没有人会试图阻止水开，也没有人会以肉身去抵挡雪崩。因为我们知道，这种临界点到了的时候，我们只能顺应。

回到创新领域的话题，临界点出现多半是风口创新来临的前兆。在自然界，飓风也总会有一些前兆。我们常说，一个人很有远见，就是说他能先人一步，识别出这些前兆的真正含义。

我对临界点的定义就是，行业巨变前夜，出现了一系列标志性的事件，这些事件其实就表明，行业巨变的大幕即将拉开，而且这种势能的力量无法阻挡，就像水开之前发出滋滋的响声，或者雪山突然落下巨石，打破了某种平衡。其实，我提出创新临界点这个概念，是期望我们一方面能利用这个工具追溯过往创新的源头，另一方面能发现并识别未来的创新风口。

今天，我们处在互联网无处不在的数字世界当中。数字世界缔造了如此了不起的成就，催生了许多令人难以置信的大公司，也改变了我们每个人的生活。

我的问题是，互联网并非从天而降，其源头何在呢？

1990 年 12 月 25 日这天，圣诞节，蒂姆·伯纳斯·李爵士通过互联网发了一封邮件给他的朋友罗伯特·卡里奥教授，这是人类第一封电子邮件。伯纳斯·李爵士是公认的万维网之父，这位出生于英国的物理学家成功地把美国国防部用于连接各研究中心的互联网，以及泰德·尼尔森和道格拉斯·恩格尔巴特发明的超文本融合在一起，同时发明了三个关键的 Web（网络）工具：超文本标记语言 HTML，使电脑之间能够相互通信的超文本传输协议 HTTP，以及给每个网页唯一地址的统一资源定位符 URL。伯纳斯·李爵士这些伟大的发明为互联网的崛起奠定了基础。

此时的互联网已经可以扬帆起航了，但是要迅速普及大众，仍欠一丝东风。在美国国家超级运算应用中心实习时，马克·安德森接触了互联网，他觉得互联网只能传输文本，不能传输图像、声音，还是缺乏吸引力。他说："这是这个虚拟世界的一个巨大缺陷。"而缺陷就意味着机会，缺陷越大，机会就越大。

1993 年 1 月，马克·安德森和他的小伙伴写出了 9 000 多行代码，终于完成了马赛克浏览器（NCSA Mosaic）的开发，马赛克浏览器集成了声音、视频和图片文件，可以在个人电脑上运行。后来，网景公司成立，马赛克被更名为导航者，这款浏览器刚一上市，就获得了巨大成功，占据了 80% 以上的市场份额。

这样，我们就找到了互联网的源头：其一，由伯纳斯·李爵士发明的三大 Web 工具，以及 1990 年伯纳斯·李爵士发出的全球第一封电子邮件；其二，1993 年，网景的导航者浏览器上市，并大获成功。我们可以肯定的是，伯纳斯·李爵士打开了互联网这壶"水"的烧水开关，马克·安德森的浏览器则直接让互联网抵达了临界点。这样，烧开互联网这壶水，就是自然而然的事情了。

比尔·盖茨看到导航者浏览器时一定大吃一惊！此时，微软早已是功成名就的大公司，而网景公司只不过是开发了一个爆款产品的无名小辈而已。但是，比尔·盖茨显然看到了导航者浏览器启动的这个临界点，未来互联网将要掀起的滔天巨浪可能会把微软这艘看上去稳如泰山的巨轮打翻，因此，微软必须倾公司之力，将其扼杀于摇篮之中。

虽然微软有能力封杀网景，但网景导航者浏览器触发的互联网的临界点不可逆转，互联网不仅仅只是浏览器，微软无法全面遏制这股即将像火山一样爆发的创新力量。

那时候，杨致远和斯坦福大学的小伙伴创办了雅虎，一个互联网搜索和导航网站。

中国人在这个时点，也几乎和美国处在同一个创新时区，只是稍稍滞后两年而已。1996 年，我坐在一家当时国内最大的互联网公司内容总经理的位置，我的身边坐着一位技术同事庄丹阳，他正在教我如何上网。我们应该如何开始呢？我问。他说，我们先登录雅虎。接着，他流畅地输入网址，然后，我就看到了雅虎的网页。

我问道，我们为什么要登录雅虎呢？

因为我们要先去搜索引擎，他说。

为什么呢？我再问。

他说，互联网上网址太多了。

互联网上有多少网址呢？我继续问。

庄丹阳犹豫了一下说，可能有数百万个网址。

这是美国人开发的吗？我又问。

庄丹阳说，其中一个创始人是华人，叫杨致远。

我问，中国有雅虎吗？

庄丹阳回答没有。

那么，我们和杨致远联系一下，和他合作开发中国的雅虎，怎么样？当时我意识到，搜索引擎可能是一个重要的上网工具，而中国没有，与雅虎合作可能是一个捷径。就这样，我可能是中国大陆第一个和杨致远联系洽谈商务合作的人。我记得杨致远的回复很简单，他说，来吧，飞到美国我们详细谈。当时，公司内部认为我这个想法太过超前了，无人支持，我只能作罢。

网景导航者浏览器触发了 PC 互联网临界点。虽然微软疯狂封杀了导航者，迫使后者被出售给美国在线，但是雅虎等公司的崛起则无人可以阻拦。因为 PC 互联网的创新风口已经浩浩荡荡地越过临界点，正以气势磅礴之势席卷而来！处在风口的创新者，包括雅虎、易贝、谷歌、亚马逊和脸书。

创新分级：十倍创新、复制创新、迭代创新、改良创新

我发现，谈到创新，每个人心中所想的未必是同一件事。这个时候，我就想起了乔布斯的产品发布会，他穿着三宅一生设计的T恤和牛仔裤，站在巨大的液晶显示屏前面，介绍一款由苹果公司设计和研发的新产品。有人认为，这可能是苹果公司成功的一部分。于是，国内一些创业者就照猫画虎地学起来。我参加过很多这种乔布斯式的产品发布会，其中一个就是介绍一款新手机。我很好奇，推介一款手机一定是枯燥无味的吧，我准备一旦觉得无聊，就提前离场。

让我大跌眼镜的是，这位发布会主讲人，同时也是有名的创业者，真是口才了得，可能只有他才能把一款稀松平常的手机介绍得如此妙趣横生。那些冷冰冰的手机性能指标，在他口中都变成无比有趣的谈资。几个小时之后，他总结说，今天时间有限，发布会只能到此为止。我也和坐满一个体育馆的其他听众一样，有一种依依不舍的感觉。

随着人流走出发布会现场，投资人理性的一面重新占据了我的心智。我开始问自己，这款手机有什么创新之处呢？我是否愿意购买这样一款手机？如果愿意购买，理由是什么？我坐在那里没有中途离去，唯一原因就是这位创业者的口才太厉害了。仅就听众大笑的次数来判断，这位创业者一定超过了乔布斯。但是，笑声并不代表对新产品的惊叹。虽然他洋洋洒洒谈了几个钟头，但是这款新手机和市场上的其他手机并无太大差异，只是做了一些不太显著的改进，这不足以激发我的购买兴趣。得出这个结论之后，我稍微有些吃惊，事后该手机的销量也证实了我的想法。这位创业者真的不知道他的新手机其实没有新奇之处吗？为何还有像我这样的人赶来捧场呢？我们一开始不能对此做出分辨吗？

带着这些问题，我坐在桌前思考了起来。看来，问题出在我们对创新的认知上了。就像"并非所有的牛奶都是特仑苏"一样，并非所有的创新都具有革命性，这其中，一定有人一开始就知道这一点。但现实的情况是，很多非常成功的企业家都深陷智能手机这个泥潭而不能自拔，还有更多的投资人争先恐后地投资。

如何才能避免或者减少对此类创新者的无效追逐呢？我的解决方案是创新分级。

1. 十倍创新

十倍创新来自《孙子兵法》的“十则围之”。彼得·蒂尔也说，十倍创新的最好方法就是创造一个全新的事物。就是说，你的创新要比现有产品好上十倍，无须花时间讲上几个钟头，普通消费者也能感受得到。

关于十倍创新，有一个非常好的例子。在iPad出现之前，很多电脑厂商试图做出轻便的手持电脑，但都没有成功，原因很简单，这些手持电脑没有比当时已有的产品好上10倍。在iPad生产出来之后，你随便把它递给一个几岁的小孩，不用教他如何使用，只要几分钟，几乎所有小孩都能自己开心地玩起来。因为iPad的交互方式就是按照人类身体的本能来设计的，其交互媒介是连小孩都能操控自如的手指。因此我们说，当iPad比同类的手持电脑好上十倍，一切就都简单了。无论是乔布斯的iPad新产品发布会，还是事后碾压式的销量，都不会出人意料。

相反，如果你没有做出十倍创新的产品，只是按照乔布斯产品发布会的模式来发布一款稍微改进的产品，结果当然也会在意料之中，这浪费了发布会的经费，对销量提升也不会有任何帮助。

我们继续推演下去：高铁是对绿皮火车的十倍创新，汽车是对马车的十倍创新，微信是对短信的十倍创新。

由此可见，十倍创新是最高级别的创新，是颠覆性创新，是从0到1的创新，或者说革命性创新。它如同日月一般稀有，一旦出现，常常会以压倒性优势终结竞争。正因为十倍创新之难，所以只有获得十倍创新，产业变革的序幕才能真正拉开。

我看到任正非先生在接受采访时说，可以做好5G的公司，有几家，可以做好微波传输的公司，也有几家。但是，可以把5G和微波传输放在一起，组成5G传输网络的，全球只有华为可以做到。这意味着，一家覆盖面积广的电信运营商，一旦采用了华为的设备，就可能节省数以百亿美元的基建投资。因此我们可以断言，华为的这项技术就是一项十倍创新。一些国家为了限制华为的产品，就要付出更多基建成本，这就是创新的真正价值所在。

2. 复制创新

当一个十倍创新产品出现之时，它可能诱发复制者跟进创新。这些复制者既包括那些腰缠万贯的大公司，也可能包括那些初出茅庐的年轻创业者。

听上去，复制创新没有十倍创新那么有吸引力。复制创新者作为模仿者，创造的社会价值远远没有十倍创新那么大。彼得·蒂尔不太喜欢复制创新，他称这些创新像是从1到N，只是横向扩张，难度远逊于从0到1的十倍创新，事实也的确如此。

但是，如果我们真正站在投资角度看，复制创新有时也能创造出不同凡响的资本价值。十倍创新是如此之难，可能需要十年磨一剑，以及一位天才人物的降临。这样，我们更多时候就不得不面对复制创新。

如果我们深入观察一下微软公司就会发现，其实微软从没有发明过任何重要的原创软件，他们的几乎每次创新都来自对他人产品的复制。

微软的第一桶金——编程语言BASIC，是美国达特茅斯大学的教授发明的；微软的立身之本PC–DOS操作系统是对基尔代尔CP/M系统的仿造；微软开发的MS Word文字处理软件效仿的是WordPerfect；微软的MS Excel表格处理软件效仿了莲花公司的软件；微软的Windows操作系统效仿了苹果公司麦金塔图形用户界面；微软的Windows CE掌上操作系统效仿了 PalmPilot；微软的 IE 浏览器效仿了网景公司的导航者；微软的 MSN 效仿了美国在线的同类产品；微软的 Xbox 游戏机效仿了世嘉及索尼的家用电子游戏系统；微软的搜索引擎必应则效仿了谷歌的产品等。

由此可见，微软可能是有史以来最大的复制创新的受益者。它是市值最高的科技公司之一，这一荣誉一直保持到了今天，比尔·盖茨作为微软的创始人则长期位居世界首富的地位。

我在这里无意赞赏微软这样的复制创新者，在任何时候，社会进步的真正引擎都一定是十倍创新的驱动者。但是，要把一项创新转化成为一家具有长期资本价值的大公司，创始人不仅仅要具备创新能力，还要具备商业能力，带领团队的能力，以及做出关键性决策的能力。即使要赢得复制创新这场战役，也需要像比尔·盖茨那样富有远见、超级聪明、能驾驭商业游戏、拥有强势的性格以及大格局观的领导者。从这个意义上说，复制创新并非简单的捷径，同样需要强大的综合运营能力。

许多初创公司都通过复制创新进入市场，随后逐渐培养起自己的原始创新能力，最终一旦获得十倍创新的机会，就能一举占据行业垄断者的地位。华为的成长经历应该就是这样的。初创之时，华为面对思科、爱立信这样的行业巨头，复制创新几乎是唯一的选择。一旦羽翼丰满，华为可以推出自己的十倍创新之时，领导地位也随之确立。

3. 迭代创新

无论是十倍创新，还是复制创新，我们都需要明确，创新不是一次性的游戏，而是必须不断迭代改进的。一旦这种迭代创新停滞，公司就可能被对手超越。

在制造业，迭代创新比较少见，尤其是在汽车工业，即使以 100 年的维度来看，创新的进展也非常缓慢。如果汽车行业没有马斯克和他的特斯拉，这个行业可能还处于创新休眠中。特斯拉可能是过去几十年中，汽车行业唯一的十倍创新产品，从乘坐体验来看，特斯拉的创新不仅仅体现在电力驱动方面，它在软件和联网方面的改进也令人称道。也许是受到特斯拉的鼓励，谷歌和百度这样的互联网公司也开始进入自动驾驶这样的十倍创新领域。

我仔细琢磨了一下特斯拉、谷歌和百度这些外来的创新者，它们都来自互联网领域，这绝对不是偶然的。迭代创新的源头来自软件领域，这是受到了摩尔定律的驱动，不迭代的软件必死。摩尔定律好像一匹狼，而软件行业则像是一群羊，在这匹奔跑能力越来越强的狼的追逐之下，软件行业这群羊必须跑得更快，以适应这种致命的追逐。久而久之，软件行业的迭代创新能力就养成了，几乎变成了一种本能。软件产品发布之后，接下来就是迭代。同样，运算能力的提升和软件行业的迭代创新相得益彰、珠联璧合，共同提升了用户体验。

可以想象，马斯克早在贝宝工作时就已经练就了这样的迭代能力，他以这样的眼光来审视一辆汽车，汽车行业研发部门的人可能会发抖。石破天惊的特斯拉一问世，沉睡的汽车行业就被惊醒了，这可是一个价值数万亿美元的巨大行业。

谷歌和百度则看到了另一个创新机会：自动驾驶。目前，在美国加州指定的公路上，谷歌、百度和特斯拉的自动驾驶汽车正在公路上积累驾驶里程，通过自动驾驶软件的迭代创新，飞速提高自动驾驶技能。通过电动汽车、互联网、自动驾驶，沉寂百年的汽车工业被十倍创新唤醒了，而这些创新又受到迭代创新的持续推动。

在今天，迭代创新又遇到了人工智能，机器学习就是一种永不停歇的自我迭代，这种迭代的速度往往是指数级别的，远远超出了人类想象。谷歌公司开发的围棋软件阿尔法围棋（AlphaGo）的学习能力就是最好的证明。短短几年，阿尔法围棋的棋力就超越了人类数百年的智慧和经验，打遍天下无敌手。如果说阿尔法围棋的棋力迭代是飞，那么人类的棋力迭代只是走而已。看到此，谷歌只好把阿尔法围棋封盘，这种机器和人类的比赛已经失去了意义。

这个时候，李彦宏就说，互联网只是前菜，人工智能才是大餐。如果真有人工智能这顿大餐，那么迭代创新就是其秘密武器。现在，人类在睡眠，而机器通过迭代的方式夜以继日、不知疲倦地工作。

4. 改良创新

十倍创新如同攀登喜马拉雅山，是毕其功于一役之举。改良创新则是一日三餐，是攀登城市周边触手可及的小山，是创新日复一日的功课。

改良创新很难建立起真正的壁垒，会让企业陷入旷日持久的竞争。在十倍创新的风暴停歇之后，改良创新不期而至。有时候，改良创新者会把自己装扮成十倍创新者，以吸引投资者的注意。这就像那些模仿乔布斯发布会的创业者一样，他们编织了一个十倍创新的假象，似乎自己也相信了，于是准备了一个万人会场，用几个小时的时间来阐述自己的十倍创新产品，但是事实上，这只是一次改良创新而已。

几乎可以肯定的是，在企业创新行为当中，99% 都是改良创新。这些创新，虽然不能成为真正的竞争壁垒，但也是不得不进行的每日功课。有时，这样的创新只是针对客户的一些卖点而已。我们无法苛求企业常常进行十倍创新，但是如果一家企业在存续期内，只是由一系列改良创新组成，这家企业就无法回避持续不断的竞争，一直面对处于生存线边缘的极低利润率。

摩尔定律魔咒

摩尔定律的定义是：当价格不变时，集成电路上可容纳的元器件的数量每隔 18~24 个月便会增加一倍，性能也将提升一倍。摩尔定律就是在说，计算机硬件将更快、更小、更便宜。应当指出的是，摩尔定律不会自动发生，半个多世纪以来，英特尔公司通过艰苦卓绝的创新才维持了摩尔定律的有效性。

可能我们都低估了摩尔定律的巨大威力和强大的内在逻辑。巨大威力是说，摩尔定律是一种近乎超自然的能力，与之正面博弈，一定会输得很惨。内在逻辑是说，摩尔定律就是一个创新时钟，数字时代的迭代速度是被内定了的，延迟者必然会被这辆战车无情抛弃。

我进一步发现，摩尔定律就像物理世界的万有引力一样，一直左右着整个数字时代的运行。在重温计算机行业的创新史后，我猛然发现了一个由此衍生的商业规律，我称之为“摩尔定律魔咒”，即从长期来看，与计算相关的终端设备无法建立有效壁垒。这表明，与计算相关的终端市场中，很难出现一个长期垄断者，充分竞争是一个常态。即使与计算相关的终端领域发生了革命性创新，最终壁垒也会被跟随者打破，导致这个领域再度呈现出充分竞争的格局。

我的老家陕西有一个著名的自然奇观——泾渭分明，也就是说泾河和渭河的两河交汇处有一条明显的分界线。在计算机工业当中，我找到了这个边界：硬件行业和软件行业也是泾渭分明的两个行业。

还有一些很难剥离的企业，既做硬件也做软件，如何区分呢？如果在这些企业的营收当中，硬件占比较高，这家企业仍然归属于硬件行业。IBM 和苹果的分类就是如此。换句话说，IBM 和苹果仍然会受到摩尔定律魔咒的左右。那发明了摩尔定律的英特尔公司呢？英特尔也有一些软件业务，但是硬件才是主营业务，它也应该归属于硬件相关行业。尽管有所谓的 Wintel 联盟（“文泰来”，即微软与英特尔的商业联盟），我们也必须把微软和英特尔按照软件和硬件剥离开来。

在剥离工作完成之后，摩尔定律魔咒就是那条泾渭分明的边界！IBM、英特尔和苹果公司都曾经经历了十倍创新，但是这种厉害的创新都没能保持太久，就被复制创新者追上了。

几乎每一次，美团创始人王兴发表一个言论的时候，我都会洗耳恭听。

我认为，他是创业者中难得一见的谋略家。这一次，王兴说，为何媒体不称 HAT（华为、阿里巴巴、腾讯）呢？此时，他刚从华为访问归来，提出了这个颇为犀利的观点。王兴的潜台词可能是，既然百度已经落后了，而华为是真正有技术含量的跨国公司，为何不把华为、阿里巴巴和腾讯这三家伟大的公司并列呢？刚听到这个说法时，我为之一惊，是啊，把这三家公司放在一起才更加合适。

但我认真琢磨之后，就感到这个提法有些不妥。华为是典型的与计算相关的硬件公司，而阿里巴巴和腾讯则是与计算相关的软件公司，它们处在不同行业当中，是不同类项，无法合并。就是说，华为会受到摩尔定律魔咒的制约，无法建立长期有效的竞争壁垒，所以华为不得不花费巨额研发费用，构建这种壁垒。换句话说，华为是非常辛苦的，需要在主营业务上花费巨大的研发费用，而且这一行为必须是长期的。一旦研发费用下降，就意味着此前构筑的竞争壁垒不复存在，华为就会陷入竞争的泥潭。

相较而言，阿里巴巴和腾讯就不受摩尔定律魔咒的制约，它们在各自领域都享有巨大的竞争壁垒。阿里巴巴和腾讯的最大风险不是来自现有的竞争者，而是来自未知领域的创新者，所以它们就在新兴的创新领域花费巨资，进行投资布局，而不仅仅是围绕核心业务支出研发费用。有媒体比较了华为和阿里巴巴、腾讯的研发投入之后就说，华为更重视研发。从研发支出的绝对数字看，这当然是对的。但是，我们把摩尔定律魔咒考虑进去之后就会发现，华为是必须这样做才能维持竞争壁垒，阿里巴巴和腾讯则没有这样的压力。

“1-99”法则

彼得·蒂尔提出，在风险投资行业中，普遍存在一个幂次法则：只要时间足够长，投资组合当中就会有一两家企业脱颖而出，让投资者收回整个基金，甚至创造出超额投资回报，而其他投资要么失败，要么得到了一般回报。这个规律几乎存在于每个风险投资基金的内部收益率（IRR）当中。令人感到惊奇的是，那些创造了超额投资回报的企业，其企业价值获得了指数级别的增长。

我自己参与管理的一只基金就是如此，在这只基金的早期，我们先后投资了十几家企业，开始的几年，这些投资组合的回报预期比较平均。当这些投资组合到了第 8 年时，幂次法则开始发挥作用了：我主导投资的一家企业创造了超额回报，几乎收回了整个基金的投资。因为工作的关系，我几乎接触过所有国内以及国外最好的股权投资基金合伙人，我发现，在这些最为卓越的投资基金当中，它们的投资组合基本都符合幂次法则。

关于幂次法则，彼得·蒂尔举出了经济学家维尔弗雷多·帕累托提出的“80–20”法则，帕累托发现，意大利 80% 的土地掌握在 20% 人手里，这个现象就好像他花园里 20% 的豌豆荚产出了占总量 80% 的豌豆一样自然。我发现，采用“80–20”法则来说明风险投资的回报还不够准确。风险投资的回报甚至更为极端，在 100 个已有的投资组合当中，可能只有一个获得了超额回报。我将其称为“1–99”法则。

统计市场上卓越的投资基金，只要它们的投资组合足够多，超过 100 个，平均持有这些投资组合的时间足够长，超过 10 年，你就会发现“1–99”法则的威力。你能立刻找到这家创造了超额回报的冠军企业。我只对科技类的超额回报企业感兴趣，因为我们可以想办法追溯这家企业成功的规律。

这也是我撰写本书的主要动力之一：试图揭示那些获得超额回报的科技企业的普遍规律。

我的主要发现是：获得超额回报的科技企业，一定有成功的内在原因，它一定是风口创新的主要推动者或受益者，而它之所以会是风口级别创新的受益者，一定是因为它有十倍创新的产品，以及可以借此在中长期垄断一个潜在的价值数千亿乃至万亿元级别的市场。具备这一特质的企业，就几乎肯定是创造超额回报的科技企业。在早期，这样的企业就是鲨鱼苗，如果能够筛选出这个鲨鱼苗，你一定要多给它一些时间，让它长大。IDG（美国国际数据集团）是国内风险投资基金的开创者，如果你去过 IDG 在北京的办公室，你就会看到，他们几乎投资了国内所有的早期互联网公司，除了阿里巴巴。这当然是一项非常了不起的成就。如果按照“1–99”法则来看，我们就会立刻发现，IDG 的投资组合当中有一个非常厉害的企业：腾讯。但是，IDG 提前出售了腾讯，它就必然错失了腾讯成为领导者后所带来的巨大的价值提升。无论事后如何努力，IDG 也无法弥补这一过早出售带来的账面损失。

对几乎所有人而言，逮到早期的鲨鱼苗，都可能是一生才会出现一次的历史性机遇。那些声称机会还会有的人，终将面对竹篮打水一场空的局面，只是自欺欺人而已。一旦错过，就意味着永远失去，即使你日后夜以继日地拼命，也无济于事，这和勤奋无关，只和严酷的“1–99”法则有关。因为你已经错失了那无比稀有的“1”，伟大的永远是稀有的，而司空见惯的则是扑面而来的属于“99”的芸芸众生。

因此，我提出“1–99”法则，就是为了在创新领域提供一个工具，让人们可以像使用雷达一样，预先扫描、识别未来冠军级别的伟大企业。创新带来的财富可以惠及一个企业、一只投资基金、一个新首富和一批百万富翁，乃至我们这个时代。我更愿意相信，只有创新才是一切有价值的财富的源泉，而打造或找出创新领域的那个鹤立鸡群、卓尔不凡的“1”，是一项非同凡响的工作。小到一只风险投资基金，大到一个国家，莫不如是。

我发现，一些提出惊世观点或者法则的人非常了不起。19 世纪末，意大利经济学家巴莱多提出了“二八定律”，他认为，在任何一组东西中，最重要的只占其中一小部分。比如，在市场经济体系中，20% 的富有人群常常占据 80% 的社会财富，又或者在投资基金中，20% 的项目回报占到了整个基金投资回报的 80% 等。这一法则非常神奇，但是巴莱多并未告诉我们造成“二八定律”的原因是什么。

我进一步想到，如果我们无法知晓“二八法则”的内在规律，这就意味着，在投资基金内部，我们无法预先了解如何找到贡献了大部分回报的少数优质项目，这让投资行为看起来更像是赌博。

美国风险管理理论学者纳西姆·尼古拉斯·塔勒布的《黑天鹅》是一本伟大的著作，我仍然记得初读此书时它给我带来的强烈震撼。稍稍令人遗憾的是，纳西姆让我们深刻认知了黑天鹅事件可能引发的巨大危害，却没有告知我们预先识别黑天鹅的方法。

本书提出了投资的“1–99”法则，我相信读者和我一样，都想预先知道，获得“1”这样的超级回报项目的深层原因是什么。

假设我们将所有创新领域的投资项目视为“100”，那么，其中“1”这样的超级投资回报项目是谁创造的呢？我们甚至可以进一步追问，在整个数字经济创新史上，单一投资回报的最高纪录是多少，是由谁创造的，来自对哪家公司的投资？

我的结论是，有人仅仅在一个投资项目上就赚取了上万亿人民币！这一成就，堪称数字经济创新投资领域的珠穆朗玛峰。我相信，在市场上99.9% 的投资基金的存续期内，累计投资回报都不会超过 10 000 亿人民币。神奇的是，有人在一个单一投资项目上却做到了。

我梳理了一个单一项目超级投资回报名单，然后请我的前同事——现在华兴资本投行部任职的何牧，帮我做出了相对准确的测算。何牧对我说，这些测算只是根据公开资料整理的，由于信息不全，只是概算而已。

借用魔术师刘谦的一句“包袱”：见证奇迹的时刻到了。

在数字经济创新史上，“1”这样的超级投资回报项目的冠军是：南非 MIH 对腾讯的投资。

2001 年，南非 MIH 向腾讯投资了 3 400 万美元，这笔投资在 2019 年 12 月 31 日收盘时价值 1 440 亿美元，账面回报约为 4 200 倍！在 2008 年，

MIH 仅仅出售了腾讯 2% 的股票，就套现了 769 亿港元。迄今，MIH 持有腾讯 31.1% 的股票，仍是公司第一大股东。

在数字经济创新史上，“1”这样的超级投资回报项目的亚军是：日本软银集团对阿里巴巴的投资。

2000 年，日本软银集团向阿里巴巴投资了 2 000 万美元，此后又追加了 6 000 万美元，这两笔投资在 2019 年 12 月 31 日收盘时价值约 1 470 亿美元，投资回报约 1 800 倍！ 2016 年，软银集团仅仅出售了一小部分阿里巴巴股票，就套现了 79 亿美元！至今软银集团持有 25.8% 的阿里巴巴股票，仍是公司第一大股东。

据我所知，上述两项投资可能占据了数字经济创新史上的最高回报纪录前两位！

现在问题来了，南非 MIH 和日本软银集团是如何做到的？

1. 超级投资回报项目，必然搭载在整个创新风口之上

高瓴资本的张磊总是说，他要做企业超长期的合伙人，他还说，最好的投资就是永远不需要退出的投资。高瓴资本对腾讯的投资就践行了这样的理念，这笔投资的持有期可能超过了 10 年，为高瓴资本创造了不可思议的超额回报。

MIH 和软银集团更是超长期投资的守护者。MIH 对腾讯的投资期超过了 18 年，而软银集团对阿里巴巴的投资期则超过了 19 年。就在这一时间周期内，出现了两个风口创新机遇：一是 1996 年至 2007 年的 PC 互联网创新风口，这是使腾讯和阿里巴巴估值提升的“一级火箭”；二是 2009 年至 2019 年的移动互联网创新风口，这是使腾讯和阿里巴巴估值提升的“二级火箭”。

按照本章风口创新模型的定义，风口创新会突然引爆一个指数级别的新增市场，腾讯和阿里巴巴正是这一指数级别的新增市场的最大受益者。

在这个过程中，它们的估值飙升得不可思议。

我非常好奇的是，在 PC 互联网创新风口这个阶段，腾讯和阿里巴巴的估值先后都到达了数百亿美元，已经为投资者带来了巨大的回报，但是为什么 MIH 和软银集团都没有出售手中的股份？

我曾提到过，在 2006 年，我代表我的客户微软征询过 MIH 的意见，问他们是否愿意将腾讯第一大股东的地位转让给微软。MIH 不为所动，也并未言明理由，反正就是不卖。

在移动互联网创新风口这个阶段，腾讯和阿里巴巴的估值超过了 4 000 亿美元，MIH 和软银集团仍没有大规模出售的意愿。

我想强调的是，对 MIH 和软银集团而言，腾讯和阿里巴巴都成了他们集团有史以来最大的一笔可变现优质资产。对软银集团而言，出售更多阿里巴巴股票的理由非常充分：软银集团在 WeWork（全球联合办公空间）和优步两个项目上的账面损失让掌门人孙正义备感压力，如果出售阿里巴巴的股票，会让软银集团的损益表好看一些，但是孙正义在巨大的压力之下仍然持股不动。

在漫长的十八九年中，MIH 和软银集团有无数个理由出售腾讯和阿里巴巴的股票，当腾讯和阿里巴巴股价出现较大波动时，难道不是很好的出售时机吗？但是，MIH 和软银集团就是不卖。

在投资基金领域，按照不同的阶段性，投资被划分为下列类别：天使投资，即此时的创业公司只是一个初创团队，只有一纸计划；A 轮的风险投资，即此时的创业公司刚刚有了产品，还没有形成规模收入；B 轮的成长期投资，即此时的创业公司已经形成规模收入，商业模式得到验证；C 轮以后的晚期投资，即此时创业公司的产品较为成熟，收入较为稳定，在市场上取得了较大份额，营收增长较快，有完整的团队和成熟的组织结构；二级市场投资，即创业公司在首次公开募股后，会有专门的股票投资基金投资。

在国内，投资的每个阶段都有回报卓越的基金。在A轮的风险投资者中，金沙江、经纬和达晨等基金业绩显著；在B轮和C轮的成长期和晚期投资者中，红杉、晨星、高榕和IDG资本等表现超群；在晚期乃至二级市场投资者中，高瓴、DST投资集团、华平和中信资本等基金是佼佼者。

我们现在可以发现，MIH和软银集团在腾讯和阿里巴巴的项目上超越了上述的人为区隔，它们的投资周期从A轮一直延伸到了二级市场，真正做到了超长期投资，或者张磊所说的永远不需要退出的投资。

我们由此可以得出结论：超长期投资，正是“1”这样的超级回报项目的必要条件之一。

2. 超级投资回报项目，必须覆盖最大的人群或商业赛道

问题是，腾讯和阿里巴巴为何能成为PC互联网和移动互联网这两个创新风口的最大受益者呢？

我的结论是，它们通过产品创新占据了最大的商业赛道。

腾讯通过产品创新，覆盖了最大的人群，而人流即商流是亘古不变的商业法则。在PC互联网时代，腾讯的创新产品是QQ，在移动互联网时代，腾讯的创新产品则是微信。这两款国民级社交产品，几乎将所有中国的互联网用户一网打尽。腾讯就在这个有史以来最大的用户覆盖基础上，进行商业化发展，开发了游戏和数字广告业务。

阿里巴巴通过产品创新，覆盖了最大的商业赛道：线上零售和线上金融。这些市场的潜在规模都超过了几十万亿人民币。在PC互联网时代，阿里巴巴的创新产品是淘宝和支付宝，在移动互联网时代，阿里巴巴则通过“ALL in 无线”（全力押注无线）的策略，成功地将淘宝和支付宝迁徙到移动端。

当腾讯和阿里巴巴覆盖了最大的人群或商业赛道时，它们又在各自的领域搭建了“三生万物”的生态系统。为了进一步突破边界，马化腾和马云似乎仍然不满足。腾讯通过流量+现金的方式，战略投资了移动电商领域的京东、拼多多，移动生活服务领域的美团，以及移动出行领域的滴滴等。阿里巴巴则富有远见地布局了蚂蚁金服、云和菜鸟物流这样的超级赛道。

这样一来，我们几乎可以将腾讯和阿里巴巴想象为没有天花板的、可以长期保持高速增长的企业。这才达到了张磊所说的“最好的投资就是永远不需要退出的投资”的严苛标准，也只有这样的企业才能让投资者通过永远不退出，享受到年复一年、累积到天文数字的复利投资回报。

3. 超级投资回报项目，必须使创业者和投资者的利益高度一致

我刚刚进入投资行业时，就目睹了创业者的内讧，以及投资者和创业者之间的内讧。处理这些矛盾，曾经让我苦不堪言、夜不能寐。痛定思痛，我提出了一个投资者和创业者利益一致的理论。每当上述矛盾激化之时，我都会兜售自己的利益一致理论。此时有人就会说，小兵，你是一位理想主义者。但是在屡败屡战之后，我还是固守自己的原则。

在MIH投资腾讯和软银集团投资阿里巴巴的案例中，我找到了能够证明利益一致理论的证据。从法律意义上说，MIH是腾讯的第一大股东，MIH的团队必然会和马化腾的管理团队产生冲突。而软银集团是阿里巴巴的第一大股东，软银的团队必然会和以马云为首的管理团队产生冲突。

有一次，我遇到一位腾讯的创始人。当谈到大股东MIH之时，这位创始人充满了敬意。就在2019年，孙正义接受了记者采访，谈到马云时，他也是充满了敬意。我们知道的是，孙正义曾是阿里巴巴的董事，而马云曾担任软银集团的董事。

这个时候，我就想起了列夫·托尔斯泰的名言：幸福的家庭都是相似的，而不幸的家庭各有各的不幸。

我的利益一致理论只是阐明了一个简单的事实：投资人和创始人都是

公司股权的持有者，公司估值提升时，他们都是同等的受益者。矛盾因何而来呢？当然是利益不一致时矛盾才会发生。

我们进一步追问，投资者和创始人何时会利益不一致呢？无非是名和利二字罢了。对MIH和腾讯而言，谁才是企业的主人呢？MIH的答案非常简单：腾讯依然是马化腾的企业，虽然我们的股份比他的更多，是所谓的实际控制人。当马化腾的团队通过创新，持续不断地为股东创造价值时，作为第一大股东的MIH才是经济利益的最大受益者。这还不够吗？这样的想法难道不够聪明吗？

软银集团和阿里巴巴的关系也是异曲同工吧，对孙正义而言，软银集团虽然是阿里巴巴的第一大股东，但是孙正义认为阿里巴巴仍然是马云的公司，当马云带领团队为阿里巴巴疯狂地创造价值时，孙正义同样明白，软银集团才是最大的经济利益的受益者。

此时，我就想到了价值投资的鼻祖沃伦·巴菲特，为何巴菲特总是对他长期持有股票的公司的CEO赞赏有加呢？

我们常常说，投资就是投人。MIH和软银集团都非常幸运地投资了我们这个时代最伟大的创业家：马化腾和马云。但是我们反过来看，马化腾选择了MIH的CEO库斯·贝克，以及马云选择了软银集团的CEO孙正义，也是同样伟大的决定。我们可以说，腾讯和阿里巴巴的美好姻缘，正是最伟大的创业家和最伟大的投资家共同缔造的！

答案不言自明，这些都是利益一致理论的最佳注脚。

如此一来，我们就为数字经济创新史上堪称“1”的超级投资回报项目找到了成功的深层原因：

> 其一，超级投资回报项目，必然搭载在整个创新风口之上。
>
> 其二，超级投资回报项目，必须覆盖最大的人群或商业赛道。

> 其三，超级投资回报项目，必须使创业者和投资者的利益高度一致。

按照同样的逻辑，我们又找到了在船票争夺战中，几个超级投资回报项目：

> 晨星对小米的投资，创造了大约77亿美元的价值。
> 红杉对美团的投资，创造了大约47亿美元的价值。
> 红杉对今日头条的投资，创造了大约75亿美元的价值。
> 高榕对拼多多的投资，创造了大约23亿美元的价值。

上述超级投资回报项目同样值得载入史册，它们成功的深层原因何其相似。如此一来，我们对“1–99”法则做出了进一步解释，找到了“1”这样的超级投资回报项目成功的原因。

“乔布斯产品创新法则”

本书的核心是像庖丁解牛一样解构苹果公司，因为“方舟”就是乔布斯带领团队打造的，我们搞懂了苹果公司，就能逼近建造“方舟”的真相。谈及乔布斯，人们都会赞叹他那种非凡的产品创新能力。但是，我们难道不应该追问一个问题：乔布斯的产品创新能力是从哪里来的？他创造出伟大的产品，是否有规律可循呢？

我猜想，假设我们有机会问乔布斯先生本人这个问题，他可能会感到非常疑惑。因为在每次产品创新中，乔布斯从来都是从直觉出发的，哪有规律可循啊。但是我还是想逼迫自己找到这个答案，因为我想读者一定同样对此感兴趣。于是，我就反复阅读乔布斯每次产品创新的过程，以及一些人们通常不会关注的细节，既包括成功的产品，也包括那些失败的产品。

然后，我就发现，乔布斯有一条神奇的产品创新路径。每当乔布斯带领团队创造出伟大产品时，他都遵循了这一路径。而每当他做出失败的产品时，他都没有遵循这条路径。我将这条路径称为“乔布斯产品创新法则”。法则的内容如下。

第一步，产品影像。乔布斯总是会事先在脑海里建立一种未来革命性产品的影像，这种能力很可能来自他多年的禅宗实践，投资专家李国飞就专门撰写了一篇文章，试图追溯乔布斯这种神奇能力的源泉。比尔·盖茨在谈到乔布斯时，也赞叹他这种神奇的能力。

第二步，上帝视角。在产品开发过程中，乔布斯会扮演上帝视角的角色。起初，他脑海当中革命性产品的影像是非常模糊的。在产品开发阶段，他就凭借直觉行事。他就像上帝一样评判产品开发当中的每一个方向选择和细枝末节，判断这个是“狗屎”，那个“很棒”。非常神奇的是，乔布斯的大多数判断都是对的。他的上帝视角还包括了一种艺术家品位，他能同时把技术和艺术完美地融合在一起，这就为产品带来了一种时尚的格调。

第三步，现实扭曲力场。乔布斯对研发团队的管理模式也是独一无二的，安迪·赫兹菲尔德认为乔布斯拥有一种现实扭曲力场，具体表现是，乔布斯能凭借口若悬河的表达和过人的意志力来扭曲事实，以达到目的，从而形成混淆视听的现实扭曲力场。当陷入乔布斯的现实扭曲力场时，研发团队的成员就像被催眠了一样，不由自主地期待自己能得到他“天才”的嘉奖，而极力避免得到他“饭桶”的呵斥。这样一来，拼命实现乔布斯设定的一个又一个几乎不可能完成的目标，就成为研发团队的使命。所以，现实扭曲力场就是乔布斯专属的威力无比的管理工具。

第四步，产品发布大师。乔布斯几乎创造了一种电子产品营销模式：精心设计的产品发布会，出神入化的演讲，石破天惊的视频和平面广告，以及多家主流媒体的封面文章。这样的营销如果能和同样值得赞美的产品创新相得益彰，就会引领一个新的时代。

我们看看，乔布斯主导开发的 Apple Ⅲ（苹果第三代个人电脑）、丽萨（Lisa）和 NeXT 等产品为何失败了？因为从始至终，乔布斯在开发上述产品时，都没有建立起一个未来伟大的产品影像，失败当然在情理之中。而乔布斯最伟大的三款产品—— 麦金塔、iPod（苹果播放器）和 iPhone，则是他在脑海里建立了未来产品影像的。乔布斯在开发麦金塔时的产品影像是图形用户界面，在开发 iPod 时的产品影像是滚轴交互，在开发 iPhone 时的产品影像是触屏交互。我进一步发现，乔布斯脑海中的未来产品影像，几乎都与用户的产品交互方式相关！我们甚至可以断言，乔布斯每次引领伟大创新时，都不是从某项技术突破入手，而是从用户体验出发的。

我常常想，如果乔布斯尚在人世，他脑海里的未来产品影像又将是什么呢？这不仅仅关乎苹果公司的未来，更关乎未来“方舟”的建造。难道，在失去了乔布斯的世界，未来“方舟”的建造就会停滞不前吗？

我非常好奇的是，中国创业家们能否追随乔布斯的产品创新法则，屏气凝神、全神贯注地参与建造改变世界的下一代“方舟”呢？

第二章 方舟前传：个人电脑革命

04 计算机行业的缔造者：IBM

马车制造商的预言

内燃机的发明，就是标志着汽车行业即将到来的临界点。机械作为动力，一定会超过人力和畜力，这是迟早的事。亨利·福特当然看到了这一点，于是他从一个小作坊开始，追逐自己的造车梦想。

就在福特埋头造车时，大街上的主要交通工具还是马车。马车制造商是彼时的霸主，他们对粗制滥造、时常抛锚的汽车不以为意。你听，1899年，在一次马车制造商协会大会上，针对汽车将会替代马车的断言，一位马车制造商大声说："这是荒唐绝伦，不值得聪明人一提的……除了铁路这种机械轨道，从各方面看，马车不但在现在是最经济的动力，在若干年后也会如此。"接下来，这位发言者拿出一个有力的数据："在过去5年中，仅纽约市就出售了35万辆马车，同期出售的汽车仅仅125辆。难道这不能说明一切吗？"

据说只有一家马车制造商——斯塔德贝克公司，过渡到了汽车时代，但是也只是个寂寂无名的小厂商。该公司最后一辆汽车于1967年下线，然后公司就不知所终了。

纽约市的汽车销量从125辆开始逐渐攀升。我在想，一定有一段时间，纽约市的马车和汽车并驾齐驱，这个场景一定非常有趣，直到后来的某一天，马车突然从人们眼前消失了。这意味着，所有的马车制造商都破产了，其中也包括那位说起话来信誓旦旦的马车制造商。这个时候，福特汽车则从一个小作坊成长为世界级的汽车巨头，福特的T型车自如地穿行在纽约的大街小巷，看上去就像从来没有马车光顾过这座繁华的都市一样。

当我把马车制造商的预言讲给一位朋友听时，她扑哧一声笑了出来。其实，我们只要把马车替换成现在处于主导地位的赢利产品，而把汽车替换成代表未来的产品，那位马车制造商的故事就会在商业史上不断重演！

在20世纪40年代末，计算机行业的巨头IBM就面临着和马车制造商同样的选择。

1914年，IBM在托马斯·沃森，即老沃森的带领下，已经成为萌芽时期的计算机行业的垄断者。这源于老沃森的远见，他认为，未来商业的重点在于信息、信息、信息！因此，他从早期IBM（那时还是更名前的CTR公司）的众多产品中，一眼就看中了制表机这个不起眼的小东西，当时制表机的销量远逊于其他产品。

IBM公司制表机的发明，源于政府和大公司要处理越来越多的海量数据。举例来说，美国早期人口普查需要耗时9年才能完成统计，不仅要耗费巨大的人力，而且在统计完成时，那些数据早已经过时了。美国人口普查局购买了IBM的制表机服务之后，仅仅用了6个星期就完成了对当时6 000多万名美国人的人口统计工作，而且普查内容还包括更多信息，比如调查对象的性别、婚姻状况、居住地，以及是否为白种人，是否为移民等。IBM只出租而不销售制表机，同时要求客户只能购买IBM特制的穿孔卡。这种独特的商业模式非常成功，在维护了和客户的长期关系的同时，还实现了重复购买。其实，客户不得不买的穿孔卡就是一个不起眼的暴利产品。

到了20世纪40年代，制表机和穿孔卡已经发展成为IBM的核心业务，其客户包括政府、军队、航空公司等，营收和利润屡创新高，这一切把IBM带至一线公司之列。最多时，IBM一年售出的穿孔卡能达到数十亿张。

从某种意义上说，制表机和穿孔卡就相当于IBM的“马车”业务。我们把制表机和穿孔卡比作计算机行业的“马车”倒是很贴切，因为计算能力超强、计算速度风驰电掣的计算行业的“汽车”——大型电子计算机，正在孕育当中。

制表机替代的是人力，而大型电子计算机替代的就是制表机。

小沃森小试牛刀：踏入电子时代

IBM的老沃森是和亨利·福特一样强势的领导者，任何与他共事的人都会感到巨大的压力，“二战”后刚刚到IBM上班的小沃森同样如此。小沃森也想建立自己在公司中的权威地位。

父亲老沃森的爱将查理·柯克和小沃森并肩站在宾夕法尼亚大学的摩尔电动工程学院实验室里，想看看ENIAC（电子数字积分计算机）能干些什么，它是由五角大楼委托的秘密任务，用于计算炮弹在空中的弹道轨迹。负责研发的工程师约翰·普瑞斯伯·埃克特和物理学家约翰·莫奇利热情地介绍起来，ENIAC的计算速度比哈佛大学的“马克一号”快1 000倍，甚至在炮弹发射后，它也能追踪并预测其飞行轨迹。

虽然 ENIAC 的运算速度令人印象深刻，但是小沃森他们看到的是一个庞然大物：ENIAC 居然占满了一个房间，由 18 000 个真空管、70 000 个电阻、10 000 个电容器和 1 500 个继电器组成。房间里面热浪滚滚，汗水打湿了小沃森的衣衫。据说，18 000 个真空管中经常会有个别管子报废，你必须从大量真空管中找到报废的，并进行更换。ENIAC 能执行不同的程序，但是拔插那几百根连通不同机组电子信号的软线则相当费力。

我们假设自己就是小沃森，看到眼前这个怪物，我们能否立刻意识到，这个产品将会带来一场计算机革命？事后，小沃森在自己的回忆录里坦言："我觉得真的难以想象，上帝啊，那东西竟然是 IBM 的未来。不过老实说，当时我认为这个巨大而昂贵的、性能又不太稳定的机器无法成为商业产品。"

但是，负责 ENIAC 研发的两位科学家莫奇利和埃克特则显得雄心勃勃，他们认为，只要继续投入研发资金，下一代产品就可以解决很多小沃森担心的问题。因此，他们从宾夕法尼亚大学辞职，决定开始创业，全力开发下一代电子计算机。几个月后，莫奇利和埃克特走进了老沃森的办公室，试图再次说服 IBM 支持他们。IBM 方面参加会谈的有老沃森、小沃森和一位叫吉姆·比肯施托克的年轻销售员。老沃森手握赚钱机器——制表机和穿孔卡，对两位发明家的介绍不以为然，拒绝了他们加入 IBM 的要求。IBM 为这次拒绝付出了巨大的代价。因为，两位发明家后来研制出了通用自动计算机 UNIVAC，并且把这个产品卖给了雷明顿兰德公司，后者借此一跃成为未来计算机行业的一个重要的玩家，可以说，是 IBM 为自己培养了雷明顿兰德公司这个竞争对手。

老沃森多次强调说："IBM 这个机构，永远都要依靠穿孔卡。"此时，正是穿孔卡如日中天、财源滚滚的时候，依靠穿孔卡当然没错，问题出在"永远"这个判断上，永远是多远呢？如果永远是 10 年的话，IBM 可能就会迅速沦为一家二流公司，直到退出市场，就像那些被福特公司拉下马的马车制造商一样。

看起来，老沃森十分青睐自己亲手打造的制表机和穿孔卡这辆“马车”，所以 IBM 的转型重任就自然落在了小沃森的肩上。幸好，有几个积极的因素改变了小沃森对电子计算机的看法，这当然是 IBM 的福音。

当莫奇利和埃克特在老沃森的办公室里介绍他们的 UNIVAC 时，那位在一旁倾听但不敢插话的 IBM 的年轻销售员比肯施托克，是在场的人当中唯一听懂并且看到未来的人。比肯施托克是小沃森的同龄人，也是他无话不谈、非常青睐的智囊。送走客人之后，比肯施托克就对小沃森说，穿孔卡已经成为过去，将来肯定会被淘汰。这个说法在当时 IBM 的办公室里可谓大逆不道，和公司的精神领袖老沃森的看法背道而驰。比肯施托克并非工程师，然而他理解客户需求，对技术有深刻的理解力。小沃森后来在回忆录里写道：“IBM 转型为计算机公司，比肯施托克的贡献最大。”

有一次，一位保险公司的高管把小沃森请到办公室，对他说，穿孔卡肯定有问题，他们公司的穿孔卡已经占满了整整三层楼，继续下去，还将占据更多空间。另外，未来检索这些越来越多的穿孔卡也是个巨大的工程。显然，IBM 的客户正在寻求快速进行大量计算并且能够高效存储的机器。小沃森意识到，一旦电子计算机成熟起来，客户可能就会抛弃制表机和穿孔卡，如果按这个趋势发展，IBM 的核心业务将顷刻瓦解。但是，IBM 已经拒绝了 UNIVAC 这个天赐良机，怎么办呢？

带着这些思考，1946 年的一天，小沃森与父亲、查理·柯克一起造访了公司的“专利技术开发”办公室，看看那里的研发人员在做些什么。只见台面上放着一台穿孔卡制表机，并连接着一个钢琴大小的黑色箱子。每分钟制表机要向黑色箱子输送 100 张穿孔卡，同时黑色箱子记录下卡片数据，并在 1/1 000 秒内进行乘法运算。小沃森注意到，那台乘法运算器里面居然有 300 根真空管。这个机器看上去像是一台穿孔卡 + 电子计算机。小沃森震惊了，这不正是他在寻找的东西吗？小沃森事后对人说：“那台貌似简单的机器给我留下的印象太深了，就像有人用锤子敲打我的头部。”

这一次，小沃森没有犹豫，走出房间立刻就对父亲说：“那东西太奇妙了，它完全凭借真空管就能进行乘法运算。爸爸，我们应该把它推向市场，即使我们只能卖出几件，那也是很好的广告，表示我们推出了世界上第一台商业电子计算机。”小沃森事后总结说，正是这件事，最终让 IBM 进入了电子领域。

但是，就在小沃森决定带领 IBM 进军电子计算机领域时，全美国已经有 30 家左右的公司打算做同样的事，IBM 已经失去先机。1950 年的一天，小沃森听到一个坏消息：雷明顿兰德公司即将卖给美国人口普查局一台最新研制的 UNIVAC！这正是 IBM 当年错过的由莫奇利和埃克特开发的那台机器，几年之后，IBM 终于为自己的决策失误付出了代价。实际上，UNIVAC 延迟交付，直到 1951 年才完成验收测试。这无疑为 IBM 赢得了时间。

这个消息激发了小沃森的斗志，为了对付顽固的老沃森，他把秘密研制的计算机命名为“国防计算器”，这听上去像是一台更加先进的穿孔卡制表机，同时迎合了老沃森对杜鲁门总统支持战争的承诺。为了加快研发速度，小沃森命令工程师团队每天 24 小时轮流加班。但是，他们还是慢了一步。1952 年 11 月的一天，小沃森收看哥伦比亚广播公司的电视新闻时，看到记者正在使用 UNIVAC 对总统大选进行预测，结果，由雷明顿兰德公司的工程师操作的 UNIVAC 计算机对大选结果预测十分准确，德怀特·艾森豪威尔以压倒性的胜利当选总统。

IBM 的“国防计算器”姗姗来迟，最终投放市场时，这台机器被称作 IBM 701 电子计算机。

但是好饭不怕晚，在小沃森的支持下，IBM 的机器在性能上已然超越了 UNIVAC 第一代产品。在 1956 年大选时，媒体就采用了 IBM 的计算机来预测大选结果。加上 IBM 一直以来强大的销售和售后服务能力，IBM

701计算机逐渐超越了UNIVAC等竞品。

最初，IBM 701计算机虽然风光无限，但只是公司的附属业务，因为穿孔卡作为公司的主要收入，一直持续到20世纪60年代。但是，此后IBM大型计算机就完全取代了已经衰落的穿孔卡。至此，IBM成功转型为一家大型计算机公司，并且凭借多款机型，在这个新兴领域获得了领导地位。多年以后，当总结这次惊心动魄的转型时，比肯施托克说："小沃森是IBM的救世主。"

小沃森的十倍创新：360系统

1956年6月20日，《纽约时报》头版头条的标题是"IBM董事长托马斯·沃森辞世，享年82岁"，副标题是"世界上最伟大的推销员打造了价值6.29亿美元的企业——该公司的口号是'思考'"。《纽约时报》作为美国最具影响力的报纸，用头版头条来刊登一位企业家的讣告是非常罕见的。出席老沃森葬礼的名人包括政府、军队和商界的大人物，这表明老沃森在商界的声誉堪比亨利·福特这样的企业家。

反过来看，老沃森的继任者无论是谁，都会承担巨大的压力。从经营的成绩单看，1914年老沃森接手时，作为IBM前身的CTR公司只是一家年收入刚过100万美元的小公司。到了老沃森辞世的1956年，IBM已经成为销售额8.92亿美元、利润8 700万美元的一线大公司。这个时候，老沃森充满激情地告诉下属："IBM不仅仅是一个组织，更是一个将永远生生不息的机构。"我们看到，当今即使非常有抱负的企业家，他们提出的口号也只是希望自己创办的企业能够跻身百年老店。而老沃森呢，他宣称IBM能够永生，这是何等的气魄！

作为声名显赫的老沃森的接班人，小沃森在和父亲共事的9年中，通过主导开发电子计算机，已经逐渐确立了自己在公司中的领导地位。甚至IBM的元老们也确信，小沃森就是一位合格的继任者。

我们再看看小沃森单飞以后的经营成绩单。从 1956 年 6 月 20 日开始，小沃森从父亲手中接过 IBM 的权杖，之后的每一年，公司的收入和利润都保持了高速增长，由小沃森领导的电子计算机业务就是公司营收增长的引擎。5 年后，到了 1961 年，公司的销售额已经高达 22 亿美元，利润则增长到不可思议的 2.54 亿美元。这个时候，小沃森已经羽翼丰满，大步走出了巨人父亲的阴影，正在开创属于自己的时代。

此时，大型电子计算机时代来临，幸好小沃森几年前已经做好周密的布局。媒体在总结当时大型电子计算机市场的竞争格局时风趣地说，这是"白雪公主和 7 个小矮人"，白雪公主就是 IBM，而 7 个小矮人则是指雷明顿兰德等 7 个主要竞争对手。显然，在这场大型电子计算机的角逐中，IBM 获得了压倒性的胜利。看上去，小沃森不仅仅是出色的接班人，还为 IBM 开创了一个盛世。

可以说，小沃森上次领导的改革，是因为他看到了大型电子计算机即将到来的临界点，这源于他看到了未来将至的压迫力。但是，小沃森即将发动一场对于 IBM 乃至整个商业史来说最大的变革，他选择的时机是 IBM 一派莺歌燕舞的太平盛世：1961 年。

我百思不得其解，很想当面向小沃森讨教，为何在没有任何内部及外部压力的情况下，他要倾全公司之力完成一场豪赌式的创新呢？毕其功于一役，也应该是在破釜沉舟的危难之时啊。直到我想起一个成语——风起于青萍之末，顿时释然起来。

风，最初只是在小草头上轻轻飞旋，最后却呼啸为劲猛狂吹的大风，狂风是自微风发展而来的。用这个成语来形容小沃森在 1961 年推动的那场摧枯拉朽的创新，再贴切不过了。

在显赫的成绩面前，小沃森不仅没有迷失，而且格外警觉起来。他发现，萦绕于 IBM 青萍之上的微风是来自客户的抱怨：大型电子计算虽然赢得了市场，但是一个普遍存在的问题是各个系统彼此不兼容。仅仅 IBM 一家公司就生产了7种不同类别的系统（1400、1620、7030、7040、7070、7080和7090），系统之间完全不兼容。这相当于每一台价值不菲的大型计算机都是一座孤岛，每个计算机系统都有自己的计算机外围设备，例如打印机和磁带机。这意味着，如果客户想让某台计算机升级或者利用某些新技术，他们就不得不抛弃自己拥有的全部硬件和软件，重新购买一台新的计算机。客户进一步告诉IBM，不兼容造成的成本增加和产品系列越来越复杂，让他们感到不爽。IBM完全可以对此置之不理，因为产品不兼容的问题是整个行业的通病，客户虽然不满，但是也别无选择，还得继续购买IBM的机器。

小沃森发现，这股青萍上的微风假以时日就会形成巨大的风暴，最终可能掀翻IBM这艘貌似大而不倒的巨轮。意料之中的是，这些盛世危言在IBM内部转化为行动时却阻力重重，虽然客户认为IBM的产品令人眼花缭乱，但是每个负责开发的工程师团队都对自己的产品喜爱有加，不容他人染指。在无数次的内部讨论和催促无效后，负责本次开发的副总裁文森特·利尔森终于发怒了。1961年圣诞节前，他把相关的高级经理召集到康涅狄格州的新英格兰人汽车旅馆，命令说，如果不能制订出兼容产品计划，任何人都不许离开！1961年12月28日，这些经理向利尔森和小沃森提交了一份80页的报告《处理器产品——SPREAD任务组最终报告》。这就是360系统的“出生证明”，这个家族的计算机将与未来的产品保持兼容，而且将淘汰此前所有的计算机，包括IBM公司自己的产品。

说穿了，360系统就是要革IBM现有产品的命！而现有产品仍然是IBM现在的王牌产品。不仅如此，小沃森还想把事情进一步搞大。他宣称，IBM将一次性全盘推出新系列的所有产品，而不是逐一推出新品，其中共包括6台计算机和44件外围设备。小沃森掀起了一场创新风暴，完全是破釜沉舟的打法，彻底断了自己和整个公司的后路。

360系统的研发代价创下了商业史的最高纪录：4年，50亿美元！仅工程开发就要用掉7.5亿美元，其中大半是系统软件的开发费用，建工厂、购买设备则要用掉45亿美元，公司计划为此招募6万名员工。这项超级研发预算，甚至超出了美国政府制造原子弹的投资。要知道在1961年，IBM公司的年收入才22亿美元，这难道不是一场世纪豪赌吗？

小沃森拥有的筹码，除了天文数字的研发投入之外，就是押宝刚刚发明出来的集成电路。虽然小沃森不是技术专家，但他一直密切关注半导体行业的最新发明。早在他领导大型电子计算机开发时，小沃森就反复要求工程师用晶体管替代真空管，这取得了很好的成效。现在，小沃森及其同事看到了集成电路技术的重大意义。在没有集成电路的时代，计算机功率不够，可靠性差，价格也十分高昂。有了高密度的集成电路，许多这样的问题就迎刃而解了。传统大型计算机常常要用成千上万个真空管，而集成电路可以将这些元器件集成到一块小小的芯片上。

1964年4月7日是老沃森创建IBM的50周年纪念日，历尽艰辛，IBM终于交出了自己的答卷：360系统全兼容计算机和外围设备第一代系列产品正式发布！这个系统使用高性能集成电路建造，可以兼容多款微处理器，客户能够轻松实现系统升级，同时所有的计算机外围设备，如打印机、磁带机、读卡机等，也能和家族中的任何一个处理器兼容。

360系列产品几乎不用借助公司庞大的销售团队，订单就如雪片一样飞来，这还是IBM成立以来第一次遇到这样的情况。小沃森始料不及的是，公司现在最大的难题不是销售，而是无法按时交付产品！为此，小沃森甚至不得不挥泪斩马谡，把负责360产品生产的弟弟迪克·沃森换掉，才算解决了问题。从此郁郁寡欢的迪克后来不幸英年早逝，有人说，迪克的去世和小沃森这次绝情的人事安排有关，小沃森对此也是懊悔不已。

巨大代价换来了斐然的业绩：1965年，数百台360系统计算机出厂交付使用。到1966年底，已有8 000台360系统计算机出厂，使IBM年收入超过40亿美元，税前利润高达10亿美元。小沃森用近乎残酷的方式实现了转型，用360系列产品替代了自己和竞争对手的非兼容产品。当然，老沃森时代的王牌产品穿孔卡，已经完全退出历史舞台。

正所谓风起于青萍之末，追溯起来，这是小沃森从客户投诉的微风入手，掀起的一场自杀式创新风暴。

可以说，360系统是计算机行业诞生以来的第一个十倍创新，这一革命性产品建立起一个新的行业标准：兼容。这就意味着，360系统比同时代所有的竞品优越10倍，客户会毫不犹豫地选择360系统，而放弃其他产品。顺理成章的是，IBM凭借360系统主宰了大型计算机行业接近30年的漫长岁月！

手握360系统这个十倍创新产品，市场的力量再也无法阻止IBM高速增长的步伐。之后，让IBM高管们伤透脑筋的已经不是竞争对手，而是始于1969年的长达13年的反垄断诉讼。360系统是如此成功，它扼杀了几乎所有对手，更为厉害的是，此后再也没有人试图染指大型计算机这个行业，这是商业史上非常罕见的事情。

1971年，小沃森因病提前退休，IBM半个多世纪的家族式管理结束了。在沃森家族管理IBM接近60年的漫长岁月里，IBM经历了大萧条、第二次世界大战，以及其他许多重大历史事件。但是，IBM像汽车工业当中的福特一样，倔强地成长为计算机行业的翘楚。正因为这一点，关于IBM的书籍可谓汗牛充栋。

我们从创新这个维度看，IBM的赢利模式并不复杂。一句话：老沃森的穿孔卡，小沃森的大型计算机以及十倍创新巨作360系统，就是IBM第一个60年的简史，正是这些产品构成了IBM的增长引擎。

在我看来，过去的IBM研究者共同的疏漏，就是漠视了IBM创新史这条线，我们以创新创造的价值为纲，就能轻易得出结论，小沃森才是那位把IBM带至巅峰的伟大企业家，我们可以盖棺定论，小沃森的成就已经远远超过了他的父亲。由伟大创新带来的更加巨大的财富本身就是一个很好的标尺。

小沃森退休后，来自公司内部的职业经理人弗兰克·卡里接替小沃森担任了 IBM 的 CEO。对于这位继任者，小沃森评价说："他没有史诗般的壮举，也没有滔天的大错；遇到问题时，他想的只有如何解决。"但是，和小沃森不同的是，卡里手中有一张王牌——360 系列产品，而这正是小沃森的伟大遗产，这个系列产品为 IBM 构筑了巨大的竞争壁垒，卡里有什么理由担心呢？

正在 IBM 面临新老交替，手握竞争利器，面对烦人的反垄断诉讼，营收不断创下新高的时候，下一次计算机行业的技术变革正在酝酿当中。

05 行业巨变的临界点

无疑，小沃森把 IBM 带至巅峰，此时的 IBM 可谓傲视同侪，正在怡然享受大型计算机时代风和日丽的阳光，而这个时代，正是 IBM 自己开创的。

就在这个时候，一些对大型计算机市场不利的事件正要发生。

半导体行业的技术突破：晶体管和集成电路的发明

这些不利事件的源头，就是正在蓄势的半导体行业。有一次，我看到任正非先生对记者说，创新首先来自基础科学的突破。所以，华为的研发投入就包括雇用很多顶尖的科学家，华为希望能够更早借助科学家在基础科学方面的突破，扼住创新的入口。这样的布局，需要长期并且巨大的资本投入，以及无比的耐心。

半导体行业的基础科学突破，正是源自 20 世纪物理学的两项彼此紧密关联的重要发明：晶体管和集成电路。

晶体管是由美国贝尔实验室的三位科学家——沃尔特·布拉顿、约翰·巴丁和威廉·肖克利发明的，时间大约是 1947 年至 1950 年，这项发明在 1956 年被授予诺贝尔物理学奖。在晶体管之前，雷达、IBM 的大型计算机、收音机等电子产品使用的都是真空管。贝尔实验室的第一批晶体管样品犹如来自石器时代，非常粗糙简陋，但是这些晶体管居然可以工作。显然，晶体管将成为替代真空管的革命性产品，它比真空管更快、更小，消耗的电量更少，价格更低，可以被用于多种新型电子设备。

恰好，20 世纪 70 年代末，我在大学所学的专业是无线电，老师告诉我们，真空管收音机将会被晶体管收音机淘汰。在第一个学期，我就在老师的指导下，在实验室里组装了一台晶体管收音机。在大学毕业时，我们甚至组装了一台晶体管彩色电视机，要知道，当时电视机在国内尚未普及。在那个炎热无比的夏天，当我看到自己组装的电视机开始工作时，我就能感受到，晶体管将替代所有电子设备中的真空管。

在美国，晶体管的商业化则很快就开始了。早在 1953 年，德州仪器公司就开始量产晶体管。这激发了晶体管发明人之一威廉·肖克利的创业冲动。他发现，硅将是晶体管的未来，硅不仅可以通过提炼达到更高的纯度，而且广泛存在于地球上最普通的物质中，这意味着晶体管的成本极低，将惠及更多行业。想到此，肖克利就下决心离开贝尔实验室，他要走出象牙塔，组建自己的实验室，制造世界上最先进的晶体管，他同时开始在全美寻找最优秀、最聪明的科学家来帮他改变世界。肖克利遴选了全美最厉害的年轻科学家，创办了大名鼎鼎的肖克利实验室，这些被肖克利选中的科学家和共同创业者，此后悉数成为美国半导体行业的栋梁之材。

对肖克利本人而言，这次创业以失败告终。因为他慧眼识珠所聘请的 8 位年轻科学家选择集体背叛他，另起炉灶，创办了美国半导体行业的黄埔军校——影响深远的仙童公司（Fairchild Semiconductor）。无论如何，作为晶体管的发明人之一，肖克利预见到硅所蕴含的巨大商业价值，遴选出半导体行业最厉害的年轻科学家和创业者，这些栋梁之材几乎是未来半导体行业的半壁江山。

从这些维度看，肖克利依然是半导体行业虽败犹荣的奠基者。公允地说，这 8 位背叛者并非忘恩负义之辈，他们之所以选择背叛肖克利，只是因为肖克利作为创业者的局限性，他生性多疑、不善管理、善变傲慢、罔顾他人，凡此种种，都是创业领袖的大忌。

晶体管可以替代真空管，这已经是电子工业的巨大进步，但还有一件事，如果能成功，它就能真正为半导体行业插上翅膀，那就是集成电路的科研突破。这项发明源于 1958 年夏天，德州仪器公司大部分员工都去享受假期，而一个倒霉蛋，刚入职不久的初级工程师杰克·基尔比被留在公司值班。在百无聊赖之时，基尔比想到设计上一些新的点子，就随手在本子上写起来。基尔比的想法是，在单个半导体上用更小的导线来连接多个晶体管。正是在这个想法的基础上，基尔比发明了集成电路。

几乎与此同时，肖克利那 8 位叛将的领袖，被誉为半导体工业的缔造者之一的罗伯特·诺伊斯，也在仙童公司开始研发集成电路。诺伊斯的构思和基尔比的异曲同工，也是设法把多个相连的晶体管放到同一块硅片上。只是两人在具体实现路径上有所不同，基尔比用的是“平顶山”晶体管技术，而诺伊斯则采用了平面处理工艺。

当看到诺伊斯的设计时，仙童公司的科学家们突然意识到，一个芯片上可以放置不止一个晶体管，而是 10 个甚至是 100 个，也许是 100 万个，这个想法令人不禁毛骨悚然！这个芯片的原材料就是硅，仙童公司把硅带进了硅谷，这也是名冠天下的硅谷名称的由来。

晶体管比真空管小，性能也更优越，相当于十倍创新，已经非常了得。但是，随之而来的集成电路比晶体管更小，集成电路又相当于对真空管的百倍创新！这些由硅组成的超级集成电路，虽然还在襁褓之中，却如同电子产业的原子弹，即将引爆整个电子工业。

令人唏嘘的是，颁发给集成电路发明人的诺贝尔奖姗姗来迟。2000

年，杰克·基尔比因发明了集成电路而获得诺贝尔奖，而另一位发明人罗伯特·诺伊斯早在那之前10年就英年早逝了，原本他可以和基尔比一起分享这个巨大的荣誉。基尔比的老东家，德州仪器公司的董事长汤姆·安吉伯充满激情地评论说："我认为，只有爱迪生、福特、怀特兄弟和基尔比等屈指可数的人物，真正改变了世界和我们的生活方式，"他又说，"如果说，有一种创新不仅改变了半导体产业，而且也改变了世界，那就是基尔比发明的第一块集成电路。"

的确，如果我们要为整个波澜壮阔的数字时代找到一个源头，那应该就是集成电路的发明了。如果没有集成电路，就不会有个人电脑，也不会有互联网，数字时代的一切都将无从谈起。从这个意义上说，杰克·基尔比和罗伯特·诺伊斯这项伟大的发明，就是数字时代这条高速公路的第一块界碑，世界由此开始变得惊心动魄起来了。

小沃森并非技术出身，但是他比IBM的工程师们更早意识到晶体管和集成电路对于计算机的重大意义，是他最先督促工程师们在IBM的大型计算机中用上晶体管和集成电路。遗憾的是，小沃森过早退休了，IBM再也没有人想到，集成电路的发明仅仅是一个开局，你如果静态地看待集成电路，可能就会铸成大错。

摩尔定律：罕见的创新时钟

戈登·摩尔是肖克利实验室的"八叛将"之一，也是仙童公司以及随后英特尔公司的创始人之一。1965年4月19日，美国《电子》杂志上发表了一篇摩尔先生的文章《把更多元器件塞进集成电路》。摩尔写道："我在实验室里看到的情况是，半导体设备可以让电子产品变得越来越廉价。那就是我试图通过电路传达的信息，我看到电路的复杂度是逐年翻番的。事实证明，这是个令人惊讶的精确预言，比我曾经设想的要精确得多。我试图让人们理解这样一个观点——这些复杂的电路会让晶体管和其他元器件的成本大幅下降。”

显然，摩尔在这篇文章中希望表达的观点是，在集成电路发明以后，最初的设计是在一个芯片中放入尽可能多的晶体管，但是，一个芯片中可以放入多少个晶体管呢？对于这个问题，集成电路的发明人基尔比和诺伊斯显然并不知道。

为人严谨理性的摩尔在这篇文章中提出了一个石破天惊的假设：当价格不变时，集成电路上可以容纳的元器件数目，每 18~24 个月增加一倍，性能也将提升一倍。换言之，每一美元能买到的计算能力，将每隔 18~24 个月增加一倍。这就是闻名遐迩的摩尔定律。

我们不妨把时间拉回到 1965 年，即摩尔定律被提出的那一年。一个芯片中到底能放入多少个晶体管呢？记得我当年在组装收音机的时候会用到晶体管，一个晶体管的体积大约有一颗玉米粒那么大。集成电路的威力再大，理论上说，一个芯片上可以容纳的晶体管数也应该有极限，这个极限是多少呢？如果摩尔定律持续有效，未来一个芯片上可以容纳的晶体管数将可能达到令人瞠目结舌的上百万、上千万，甚至上亿个！而且，摩尔说，当如此海量的晶体管被塞进芯片中时，成本不变。这一预言如果成真，将会对整个电子产业带来海啸般的冲击！

可以想象，这在当时的确是非常疯狂的想法，而且令人难以置信！

我们知道的事实是，摩尔定律在跨越两个世纪，历经 50 年之后，至今仍然有效。对此，迈克尔·马隆在《三位一体：英特尔传奇》一书中充满敬意地写道：“当时，摩尔定律已经成为电子世界决定性的力量。任何有能力的公司，不管是做计算机的、做仪器的，还是做软件的，都在摩尔定律的指引下一路狂飙。摩尔定律不仅带来了快速创新和爆炸式增长，而且最重要的是，这种发展是可以预测的。你可以利用下一代芯片和处理器的能力来制造产品，而且如果你能给自己设定正确的时间，未来芯片就会在那里供你使用。”

在酝酿本书的一个个漫漫长夜里，我曾经反复问过自己两个问题。第一个问题：在全球创新史上，是否出现过比移动互联网发展更加快速的创新领域？我迅速找到了答案，没有。移动互联网的创新速度以及创造的财富规模都是空前的，历史上没有比这次创新更快的领域了。第二个问题：为什么移动互联网的创新速度是空前的呢？对这个问题，我一直没有找到答案，直到我发现并且搞懂了摩尔定律的真正内涵。

在我看来，摩尔定律就是史上第一个“创新时钟”，当摩尔把芯片的创新时间设定为每两年翻一番，而且价格不变时，以英特尔为代表的芯片行业就开始照这个速度制定研发时间表。在芯片为自己找到了个人电脑这个最大的单一市场之后，个人电脑的创新速度也和摩尔定律保持同步。这样，比尔·盖茨设想的让每个家庭的桌面上都有一台个人电脑的梦想就加速实现了。

此后，当使用了英特尔芯片的网络设备和个人电脑按照摩尔定律的速度升级时，叠加在PC互联网上的软件公司也同步升级了自己的产品，这样一来摩尔定律同样适用于PC互联网的增速。

接下来，智能手机和以此为基础的移动互联网复制了PC互联网的发展路径，同样也遵循了摩尔定律。只是智能手机的出货量远比个人电脑要大得多，这又为移动互联网的发展速度提供了更多额外的助力，但是其中的内在逻辑还是摩尔定律。

在摩尔定律这个“创新时钟”被设置好之后，整个数字世界的运转规律就是摩尔定律了。如此一来，我们就为移动互联网为何具有空前的爆发性增长速度，找到了一个恰当的答案：这是拜摩尔定律所赐。

在摩尔定律发布的那个年代，IBM也许无暇顾及当时还是小公司的仙童和其创始人戈登·摩尔的言论。但是，这个数字世界的“创新时钟”开始发出滴滴答答的声响，就在大型计算机巨头IBM酣睡的床边响彻起来，这种开始轻微的滴滴答答的声音，如果不留意，甚至感觉不到它的存在。

但是，摩尔定律所设想的芯片上的计算能力每两年翻一番的创新速度累积到一定程度，必将化作一声惊雷，炸响在IBM高管的耳畔。

微处理器的问世

《三位一体：英特尔传奇》一书多次强调，英特尔是全球最重要的公司，对此我起初只是笑笑，并没有当真。但是，在我读完这部著作后，我觉得这个观点并不过分。

你看，在个人电脑临界点当中，居然有三个事件和英特尔有关！英特尔创始人之一，罗伯特·诺伊斯是集成电路的发明人之一；摩尔定律的创建者戈登·摩尔，也是英特尔创始人之一；接下来，全球第一款堪称个人电脑“心脏”的微处理器，也是英特尔最早研发出来的。这样看来，我们也许可以说，没有英特尔，就没有个人电脑行业，而个人电脑又是整个数字世界的基石。从这个意义上讲，说英特尔是全球最重要的公司也不为过，这个观点至少在20世纪七八十年代是完全成立的。彼时的英特尔，就是未来数字世界的发动机。

集成电路虽然是一项伟大的发明，但最初在商业化的过程中并不顺利。我们今天都知道，微处理器才是集成电路的最大市场。但在当时，作为集成电路发明者之一的英特尔公司并不知道这一点。1969年，微处理器正在跨越从理论到实践的界限，开始显现产品化的曙光。此时的英特尔公司陷在存储器的泥潭当中，危机四伏，根本无暇顾及微处理器这个新兴市场。

这个时候，英特尔的好运降临了。20世纪60年代，半导体行业在消费电子领域的主要应用是一个过渡性产品：电子计算器（不是电子计算机）。在这个没有技术壁垒的行业中，竟然有上百家公司在这个狭小的战场拼杀。在竞争中处于劣势地位的一家日本公司比吉康（Busicom）还保留着最后一笔资金，准备孤注一掷，悉数投到对计算能力的研发当中。比吉康希望通过具有更强大的计算能力的产品，一举降维干掉竞争对手。他们找到了自己的偶像，英特尔公司的创始人罗伯特·诺伊斯，承诺付给英特尔一笔资金，让他们帮助研发微处理器，然后将其放入自己的计算器产品。

显然，比吉康和英特尔公司都没有意识到，这是历史上第一个关于微处理器的开发委托。合同签署之后，正被存储器业务搞得焦头烂额的英特尔甚至没有派出足够的团队人员主导微处理器的开发。

我们今天知道，微处理器就是半导体工业的未来，假以时日，也将是英特尔的立身之本。但在当时，这个微处理器项目在英特尔被彻底边缘化了。在签约之后，诺伊斯就没有过多过问此项目，摩尔嘴上说看好，却没有时间顾及。负责公司运营的格鲁夫则暴跳如雷，要求把全部精力放在存储器业务上。有一次，当比吉康的团队来到英特尔时，发现开发工作无专人负责，毫无进展，他们还在公司大发雷霆。

为了救火，英特尔才勉强派出特德·霍夫（还要兼顾其他工作）、费德里克·法金、一位研究助理，再加上来自比吉康的技术骨干岛正利，组建了“三个半人”的研发团队，负责微处理器的开发。重温这段历史，我不禁唏嘘，微处理器作为未来整个数字时代的国之重器，在开局之时，却并未受到应有的眷顾，双方只是草草派出“三个半人”的小团队而已。但是，几位堪称天才的研发团队成员硬生生攻克了诸多我们难以想象的技术难关，开发出了世界上第一款微处理器——4000 系列芯片，并且交付给委托方比吉康公司。对此，英特尔中国研究院前院长吴甘沙先生总结说：“如果要为微处理器的发明立名人堂的话，应该有第一代架构师霍夫，第二代也是主要架构师法金，来自比吉康的干了许多脏活儿累活儿的岛正利，程序员坦·梅泽尔。”

此时，又一个意想不到的事件发生了：世界上第一款微处理器 4000 系列芯片的委托方比吉康公司，居然无法接收由自己委托开发的产品。因为此时，计算器市场格局大变，他们没有信心凭借更强大的微处理器来赢得市场。经过艰苦的谈判，双方达成的共识居然是：比吉康拥有 4000 系列芯片在计算器领域的独家使用权，而英特尔拥有4000系列芯片在其他领域的独家使用权。

有人说，这个协议是商业史上最大的失误之一，如果比吉康坚持保留4000系列芯片在其他领域的所有权，仅仅靠收取专利费用，比吉康就可能获得数十亿美元。然而，历史没有如果，做出错误决定的比吉康早已消失在历史的尘埃中了。

令我感慨不已的是，比吉康公司委托英特尔开发世界上第一款微处理器，应该说是非常具有远见的英明决策。但是，比吉康的目光只局限于当时的热销产品计算器上，没有看到微处理器更加广阔的未来。更加匪夷所思的是，既然计算器当时已经日薄西山，他们为何还要坚持芯片在计算器领域的独家使用权呢？既然4000系列芯片已经在手中，无须支付更多研发成本，为何不赌一把，而是拱手把更大的未来交给英特尔公司呢？更何况，比吉康还拥有岛正利这样一流的研发人才。

公允地说，当时英特尔也同样没有看到微处理器的巨大前景，我们从他们的研发投入就可以看出来。如此看来，英特尔坚持索要4000系列芯片除了计算器以外领域的独家权利，更多是出于对自身利益的保护这一直觉罢了。

此后，英特尔根据另一家美国公司——计算机终端公司的委托，开发出了8008微处理器芯片。与比吉康公司异曲同工的是，计算机终端公司也由于内部问题和英特尔终止了合同。英特尔公司照猫画虎，通过谈判拥有了这款芯片的全部商业权利。很快，英特尔找到日本精工公司，把这款名为8008的芯片用到了电子手表上。

如此一来，英特尔突然拥有了4000和8008微处理器芯片的商业使用权，可谓是天上掉馅饼的美事。这个时候，英特尔董事会才开始默许英特尔管理层给微处理器小组开了绿灯，才华横溢并且积累了丰富微处理器开发经验的费德里克·法金及其团队已经在实验室里跃跃欲试了。迈克尔·马隆写道："他们承诺要做出世界上第一个单芯片微处理器，这种设备极具革命性，简直可以改变整个电子世界。"由于有了前面两款芯片的开发经验，这款名为 8080 的芯片开发得非常顺利。

1974 年 3 月，在法金和他的团队开始产品设计仅仅 9 个月后，英特尔公司就正式向市场推出了万众瞩目的 8080 微处理器。3 个月内，德州仪器和摩托罗拉公司迅速跟进，分别推出了自己的微处理器产品。

如果说晶体管和集成电路是半导体行业基础研究的重大突破，摩尔定律揭示了未来数字世界的运行规律，那么微处理产品的问世，则是个人电脑产业的集结号，那些有远见卓识的人正在暗自庆幸。他们知道，尽管还有很多工作需要完成，但是个人电脑时代的历史洪流正在上游积聚巨大的能量。

我似乎看到，微处理器卷起的滔天大浪已经向 IBM 这个大型计算机行业的巨轮席卷而来。这个时候，IBM 大厦里西装革履、谈笑风生的高管们，也许正在怡然享受这一年一度的春光，品一口咖啡，对即将到来的历史洪流浑然不觉。

个人电脑的最后一个重要发明：操作系统

按照计算机之父冯·诺依曼的构想，计算机可以分为控制器（CPU）、运算器、存储器（内存）、输入设备（键盘与鼠标）和输出设备（显示器或打印机）几个部分。如果想让这几个部分协调运作，则需要一个总指挥，即操作系统，来负责电脑中各种硬件资源的分配和调度。其中，最难的部分是控制器，也就是微处理器，这部分已经被英特尔、摩托罗拉等公司搞定了，其他部分都没有太多技术壁垒。现在还差一个操作系统，个人电脑就能形成最后的成品。

在英特尔内部，大家都为功能强大的微处理器兴奋不已，但是一个现实的问题随之而来：谁是微处理器的客户？没人能给出答案。英特尔为了推销微处理器，还成立了市场团队，向各行各业的潜在客户展示微处理器的威力，看上去这些市场活动似乎也收效甚微。

其实，微处理器就是一个功能强大的半成品，需要操作系统这样的软件才能驱动。幸运的是，上天已经为解决这个世纪难题储备了一位天才级的人物，那就是今天几乎被人们遗忘的加里·基尔代尔。他被誉为个人电脑革命的奠基人，是DOS之父和PC软件之父。基尔代尔为何被冠以天才的称号？有一个被广泛接受的说法是，他的编程技术比他所处的时代整整领先了10年。

1972年，加里·基尔代尔正在美国华盛顿大学攻读博士学位，有人给他看了《电子工程专辑》上刊登的一则广告：英特尔公司在出售4004芯片。这正是英特尔为日本比吉康公司研发的4000系列微处理器芯片中的一个，正如上文所述，英特尔拿到了这款芯片在计算器以外的市场的独家使用权。英特尔的特德·霍夫认为可以向市场零售这款芯片，这就是这则广告产生的背景。看到这则广告，基尔代尔不禁心动。他是一个超级电脑编程迷，总是在夜里使用大学计算机房里的IBM大型计算机，这个庞然大物的售价高达300万美元，体积有一个房间那么大。因为使用频率太高，基尔代尔感觉很不方便。

和4004芯片一起打包销售的套件是一个约30厘米见方的盒子，叫SIM4–01，芯片上有2 300个晶体管和只读存储器（ROM），要价1 000美元，如果需要电传打印机，还要再加700美元。这个套件很像一个初级版本的个人电脑，比IBM大型计算机便宜太多了，但是基尔代尔还是买不起，这个编程迷多么想坐在家里，独享一台属于自己的个人电脑啊。

此时，基尔代尔感慨地说道："按照任何人的标准，4004套件都是一款非常粗糙的电脑，但是它预言了个人电脑的可能性，自己拥有而无须与他人分享，这也许令人难以置信，这款小处理器开启了这个产业，"迟疑了一下，他又补充道，"看来要让它实际运转起来，还需要一些主要的编程工作。”

想到此，基尔代尔就开始行动起来，他打定主意，为 4004 芯片编写一个模拟器程序，说不定还可以用这个程序从英特尔那里换点什么呢。几个月后，基尔代尔搞定了 4004 芯片的模拟器程序，忐忑地拨通了他在英特尔工作的一位朋友的电话，提出用编好的模拟器程序换取一套价值 1 000 美元的 SIM4–01 套件，没想到这位朋友立刻就答应了。于是双方成交，英特尔得到了模拟器程序，基尔代尔得到了 SIM4–01 套件。

基尔代尔正好弥补了英特尔在软件方面的不足，看到了这一点，英特尔就聘请他作为兼职咨询师，负责英特尔芯片的软件开发工作。这样一来，基尔代尔甚至有机会接触鼎鼎有名的罗伯特·诺伊斯了。有一次，当基尔代尔正兴致勃勃地向诺伊斯演示基于 4004 芯片功能开发的电子游戏时，诺伊斯颇有礼貌地评论说：“老实说，微处理器的未来属于电子表，不属于电子游戏。”我一直在想，为何英特尔的高管们早期一直无视个人电脑市场呢？一个理由就是，当时个人电脑市场只存在于个人爱好者层面，广大消费者对这个尚未问世的产品毫不知情，更别提踊跃购买了。相较之下，计算器和电子表市场却是已经存在的消费电子市场。

这是大约 1972 年的事。

1973 年，8008 芯片的成功上市既让英特尔上下欢呼雀跃，也让基尔代尔兴奋不已，他在英特尔公司夜以继日地干了起来，想看看围绕着这款芯片到底还能干些什么。有一天，基尔代尔敲开了软件小组经理汉克·史密斯的门，他告诉汉克，自己想为 8008 芯片编写编译程序，这样汉克的客户就不再需要冗长的低级编写语言了。汉克征询了客户需求之后对基尔代尔说：“去干吧！”基尔代尔为 8008 芯片编写的新程序叫作 PL/M，即微机程序语言，用于编写处理器应用程序。为这个后来被英特尔使用了数十年的程序语言，基尔代尔得到的酬劳只有一套英特尔新款的小型电脑系统 Intellec–8。一方面，这笔交易对基尔代尔有失公允；另一方面，这也反映出英特尔对软件的不重视，即使这个软件极大地提升了其芯片的易用性。

基尔代尔没有就此停下脚步，他想继续攻克软件行业的珠穆朗玛峰：操作系统。他独自一人坐在计算机房里面，开始在一台 DEC（美国数字设备公司）小型机上编写操作系统。通过夜以继日的奋战，基尔代尔在没有任何实验室和他人支持的情况下，编写出了世界上第一款用于微机的操作系统——CP/M。当大功告成时，基尔代尔说："我们把我的 CP/M 程序从纸带加载到磁盘上，然后从磁盘上启动 CP/M，出现了提示符！这可能是我一生中最激动的一天。"

这是 1973 年的事。

CP/M 不仅仅是世界上第一款功能强大的操作系统，而且是由基尔代尔一个人独立开发出来的。即使在今天，世界上能被称作操作系统的软件也屈指可数，可见开发操作系统之难，以及操作系统在商业上无可比拟的重要性。设想一下，一家拥有操作系统的公司意味着什么呢？答案是一棵长期的摇钱树，只要看看微软历年的财务报表就知道了。从这个角度看，基尔代尔单枪匹马开发出 CP/M，就如同电影《第一滴血》中忍无可忍、突然发飙的史泰龙扮演的角色一样，在丛林中进行着一个人和一支军队的战争。基尔代尔一个人用一台稀松平常的 DEC 电脑开发出一款操作系统，这样的事作为一个传奇，应该是前无古人后无来者了吧。不仅如此，其实 CP/M 更重要的意义在于，它作为个人电脑问世前的最后一个重要发明，同时也开创了一个价值数万亿美元的行业：软件。后世能以软件为生的公司和个人其实都应该了解到这一点，在基尔代尔之前，并没有软件这个行当。

此时，和基尔代尔有诸多交集的英特尔还没有看到即将到来的个人电脑革命，当然对于核武器一般重要的 CP/M 操作系统也毫无感觉。更奇怪的是，IBM 对这一历史事件也是选择性失明。《他们创造了美国》一书中提到，全世界和电脑相关的人都知道 CP/M，除了 IBM 的人。最终，IBM 居然从比尔 · 盖茨口中第一次听说 CP/M 和基尔代尔的大名。那时，CP/M 已经卖出了数千份授权，是当时最大的第三方操作系统，它几乎和当时所有的重要微处理器厂商的芯片保持兼容。

现在，有了 CP/M 操作系统这个东风，万事俱备的个人电脑几乎要呼之欲出了。

重温基尔代尔和他发明的操作系统，我不禁想起另一位酷似基尔代尔的伟大发明家：特斯拉。

我认为，19 世纪最伟大的发明就是电。因为，之后几乎所有的制造业和整个城市生活都建立在电网之上。电的发明源于人类最伟大的发明家爱迪生，他一生做出了 1 000 多项重要发明，这个成绩迄今无人可以比肩。在 19 世纪末，爱迪生经过无数次试验，改进了白炽灯，在他找到一种可以在灯泡中长期使用的材料后，灯泡作为一种产品才终于可以量产了。逐渐冷静下来之后，爱迪生发现了更大的难题，如果要在整个城市甚至乡村推广白炽灯，还需要一个庞大的电力网络，而这个电力网络还没有被发明出来。

这很像我童年的一次经历。在我 7 岁的时候，我被家里送到陕西北部山区的一个山村赵家塬，和爷爷一起生活。到达爷爷家的第一个夜晚，屋子里挤满了村里的人，他们想听听从省城西安来的小孩讲讲城里人的生活是怎么样的，因为他们当中的大部分人都没有去过省城。我记得自己像小兵张嘎一样，插着腰站在爷爷的炕头，开始满脸通红地“演讲”起来，在讲完汽车等新奇事物后，我开始在村民们的热情中膨胀起来，准备给大家发福利，说道：“回头，我让我爸给你们每人买一个电灯，这样你们晚上就不用点煤油灯了！”一个 7 岁的小孩子，哪里知道电灯的后面需要一个电力网络作为能源支持呢？

爱迪生呕心沥血发明的电力解决方案是直流电，在直流电发电系统试验完成以后，爱迪生开始在美国一些城市建设直流电发电站，电灯也同时被推广出去了。

就在直流电发电站开始风行的时候，特斯拉登场了，当时他还在欧洲。特斯拉发现，直流电的局限性非常明显，发电站只能供给约 1.6 千米半径范围内的区域，无法实现长距离供电。于是，特斯拉就像基尔代尔一样，凭借一人之力，发明了交流电，他孤身一人，带着他的伟大发明来到美国。当爱迪生看到特斯拉的交流电设计方案时，他立刻就否定了这个方向。之后，这就演变成了爱迪生的直流电和特斯拉的交流电的“战争”。

这场耗资巨大、异常惨烈的电力“战争”，对两位当事人而言，几乎没有赢家。爱迪生固守的直流电以失败告终，他伟大的实验室被董事会接管，更名为大名鼎鼎的通用电气，爱迪生出局。而特斯拉在资金拮据之时，放弃了自己数百万美元的授权费，最后因病英年早逝。之后，就像我们知道的那样，特斯拉发明的交流电改变了世界，不仅仅如此，这项伟大的发明还改变了世界的运行方式，是基础设施中的基础设施，或者说，整个现代工业和城市生活都建立在特斯拉发明的交流电网络之上，包括计算机工业。现在，支撑整个世界 99.99% 的电力网络都使用交流电。当我们享受这一伟大发明所带来的好处时，我们应该知道，这都是拜特斯拉先生所赐。我听说，今天大名鼎鼎的新能源汽车“特斯拉”，就是为了纪念特斯拉先生的成就而命名的，如果真是这样，我们应该感谢马斯克做出这样的决定。

从这个意义上看，基尔代尔和特斯拉是何其相似，他们都是孤身一人，做出改变世界的伟大发明，却并未享受到这项发明所带来的等值财富，有些人甚至都不知道他们的存在。我借这一节，向这两位名垂青史的发明家脱帽致敬。

“牛郎星”：世界上第一台个人电脑终于问世

就像我们不应该遗忘发明了世界上第一款计算机操作系统的加里·基尔代尔一样，我们也应该铭记另一个名字——爱德华·罗伯茨，世界上第一台个人电脑的发明者，甚至连个人电脑这个词都是他首次提出的。

1974 年，看到英特尔 8080 芯片问世的消息，MITS 的老板爱德华·罗伯茨不禁怦然心动。当时，德州仪器公司突然攻占了罗伯茨赖以生存的计算器市场，公司一下子陷入困境。超级计算机迷罗伯茨突然意识到，如果用英特尔这款微处理器芯片制造一台个人电脑，身边的电脑爱好者一定会喜出望外。在罗伯茨生活的新墨西哥州，风险投资还像外星人一样稀有。于是他费了九牛二虎之力才从银行申请到贷款，并决定将其全部砸到个人电脑项目当中。

考虑到电脑爱好者大多是学生和工薪族，为了一举打开市场，罗伯茨咬牙把个人电脑的售价设定在 400 美元之内。这样，他立刻就遇到了一个难题：英特尔 8080 微处理器的对外报价是 359 美元，加上其他设备成本，他的个人电脑根本无法实现 400 美元以内的定价，而且银行贷款的压力让他无法做亏本买卖。于是，罗伯茨开始和英特尔讨价还价，当听到罗伯茨可以订 1 000 个 8080 微处理器时，英特尔终于松口了，双方以每个 75 美元的价格成交。

正在罗伯茨夜以继日地研发他的个人电脑之时，他的好运降临了。《大众电子》杂志的编辑所罗门正在苦苦搜寻下一期杂志的选题，详细听了罗伯茨的介绍后，所罗门立刻意识到，这是一个爆炸性的新闻。于是，两人兴奋不已地约定，1975 年 1 月的封面故事就报道 MITS 推出的个人电脑。

接下来的故事充满戏剧性，所罗门认为 MITS 为新产品起的名字不太“性感”，只要看看罗伯茨古怪的公司名称，我们就知道作为理工男的他实在不擅长起名。回到家中，所罗门就问正在客厅看《星际旅行》电视剧的女儿：“一个朋友的公司正在生产一台个人电脑，应该叫什么名字比较好呢？”他女儿指着电视剧刚刚演到的剧情脱口而出：“为何不叫牛郎星呢？”

罗伯茨一听到这个名字就立刻喜欢上了，于是世界上第一台个人电脑的名称就这样定了下来。罗伯茨按照事先的约定，把制作好的唯一一台样机寄往杂志社。虽然罗伯茨说得天花乱坠，但杂志社坚持要求看到样机，这样才能放心刊登这篇报道，正当所罗门妙笔生花地写好文字稿，将要交稿付印的时候，他才发现罗伯茨寄出的样机在邮寄的途中丢失了！

发生了这样的事情，《大众电子》杂志陷入了两难境地。撤掉这篇封面故事，意味着失去一个爆炸性新闻。要是冒险刊登出来，万一罗伯茨的样机根本就不能工作怎么办？情急之下，杂志社决定赌一把，让罗伯茨重新邮寄一台样机的外壳用于拍照，1975 年 1 月的《大众电子》如期发行，杂志封面上正是世界上第一台个人电脑牛郎星的外壳照片和耸人听闻的标题，但是读者对照片背后的故事毫不知情。不出所料，这期杂志大卖！

现在，我盯着这一期《大众电子》杂志的封面标题：

> 大突破！
>
> 世界上首台微型计算机挑战商业计算机！
>
> “牛郎星 8800”可节省 1 000 美元！

随后，我久久凝视着载入史册的牛郎星 8800 电脑的图片。从这张图片看，闻名遐迩的牛郎星 8800 更像是一台工业检测设备，和今天大家司空见惯的个人电脑相去甚远。即使按照冯·诺依曼的设计，牛郎星 8800 也是残缺不全的半成品。这是一台电脑吗？我不禁问自己，虽然答案是肯定的，但其外观看上去没有任何吸引力。

细究起来，牛郎星 8800 拥有一个英特尔的微处理器，一个电源，一个机箱，内存只有可怜巴巴的 256 个字节。输入部分不是键盘和鼠标，而是一个有很多指示灯的开关面板。输出部分更没有显示器，什么也没有，你只有自己想办法外接显示器了。它使用起来更加麻烦，你要拨动面板上的开关，看着指示灯闪烁，才能完成操作复杂的输入。

当我听闻世界上第一台个人电脑牛郎星 8800 的时候，我几乎和那个时代的人一样感到激情澎湃。但是当我了解到上述细节时，我就感到有些失望，这样简陋不堪的机器会有人买吗？

事实是，其貌不扬的牛郎星 8800 总共卖出了 50 000 多台，比罗伯茨最乐观的预期还高出很多倍。

罗伯茨的牛郎星 8800 的最大贡献并不是产品销量超出预期，而是激发了史蒂夫·乔布斯和比尔·盖茨对个人电脑领域的巨大兴趣。灵光一现的牛郎星 8800 只是一个华丽的开场，随后波澜壮阔的个人电脑革命的高潮部分，是由即将登场的这两位天才人物创造的。

此时还寂寂无名的乔布斯和沃兹被这期杂志深深吸引。1975 年 3 月，沃兹受邀参加硅谷"家酿计算机俱乐部"的一次活动，主题是牛郎星 8800 个人电脑，正是这次活动改变了他和乔布斯的人生轨迹。沃兹和其他参加活动的人想法不同，大家都是想凑钱买一台牛郎星 8800 玩玩，而沃兹想自己做一台更好的个人电脑。活动之后，兴奋不已的沃兹找到乔布斯，说道："仿佛我的一生就是在等待这一刻的来临，我终于能制造自己的电脑，终于能拥有一台电脑并用余生去设计它，让它做到我想做的事了。"乔布斯和沃兹一拍即合，决定组建一家公司来生产沃兹设想的产品，这家公司就是后来如日中天的苹果公司。

在这年冬天，保罗·艾伦迎着刺骨的寒风，站在波士顿一家报刊亭前寻找最新一期的《大众电子》杂志，他立刻就看到了那个引人注目的封面图片。醒目的标题一下子就击中了艾伦的心，居然有人造出了一台真正的个人电脑！这正是他和比尔·盖茨日思夜想的产品。

我仿佛看到，长满络腮胡须的艾伦匆匆掏出 75 美分，买下这本终将改变他和比尔·盖茨命运的杂志，经过 6 个泥泞的街区，他气喘吁吁地跑到盖茨在哈佛大学的宿舍楼。正如沃兹对乔布斯那番肺腑之言一样，艾伦也放大嗓门对比尔·盖茨说道："还记得你是怎么对我说的吗？要是有人用 8080 芯片做出了电脑，就告诉你！"

“是，我记得。”盖茨回答道。

“哈，现在有了！”艾伦把杂志递给满脸狐疑的盖茨。

盖茨看完这篇文章，和艾伦一样兴奋起来。他们讨论后发现，牛郎星可能还没有来得及开发计算机编程语言，这对客户而言非常不方便，但也是一个巨大的商机。他们决定立刻开始行动起来，由胆子更大的比尔·盖茨给罗伯茨打电话，但是盖茨在电话里装作艾伦，因为艾伦显得比他更成熟一些。

比尔·盖茨在电话里怯生生地说：“我们为牛郎星编写了 BASIC 语言，就要完成了，我们想把它带给你看一下。”比尔·盖茨这样说的目的是独占这次商机，其实当时他们连一行代码都没写呢。罗伯茨告诉盖茨，很多人都打来这样的电话，但只有最先交付程序并让程序顺利运行的人，才有机会赢得 MITS 的编程合同。

结果众所周知，盖茨和艾伦夜以继日地完成了 BASIC 语言程序的开发，并且程序可以在牛郎星上运行，他们赢得了罗伯茨的编程合同。考虑到他们完成编程时还尚未真正见过牛郎星，足见开发工作之难，他们似乎是在做不可能完成的任务。从这个意义上说，罗伯茨改变了比尔·盖茨和保罗·艾伦的人生轨迹，并且直接影响了微软公司的诞生。

令人遗憾的是，当乔布斯这些天才人物登场时，个人电脑的市场竞争开始变得惨烈起来，罗伯茨的公司终于无法支撑下去，他不得不关掉公司，回到家乡，改行当了一名医生，一直到去世。幸运的是，罗伯茨并未被人们遗忘，在他去世前几天，比尔·盖茨还特地飞过去看望他。在 2010 年 4 月，他去世后，《纽约时报》在头版刊登了他的讣告。报纸上刊载的新闻照片意味深长：罗伯茨身穿医生的白大褂，斜靠在一台牛郎星 8800 上。这显示出他去世前的身份，以及他曾经作为个人电脑的开创者所做出的巨大贡献。

我们事后回味一个事实，倒是很有趣。

都是第一次看到《大众电子》杂志报道牛郎星的那篇封面文章，乔布斯和沃兹立刻决定要做出一台更好的个人电脑，超过牛郎星，并为此组建了苹果公司；而盖茨和艾伦则立刻决定为牛郎星开发一款编程语言，并为此组建了微软公司。做出这样的选择，和他们少年时期的爱好相关，乔布斯和沃兹喜欢在车库里捣鼓电子产品，并且试图出售这些电子产品获利；而盖茨和艾伦则整夜钻进湖滨中学的计算机房里编程，想把他们的编程作品卖给需要的人。

令人震惊的是，在随后的数十年里，他们都没有改变初衷，苹果公司励志要做一家硬件公司，生产和销售完整的个人电脑，而微软则只为个人电脑开发软件。这样，两个业界巨头在个人电脑领域选择了不同的道路，相爱相杀，缠斗多年，这都是后话了。

如果说，集成电路、摩尔定律、微处理器和操作系统这些事件还是一些不易识别的征兆，那么《大众电子》杂志的封面文章已经够直白了，世界上第一台个人电脑问世，这样的消息就是炸响在 IBM 大厦上空的晴天霹雳。显然，大厦里面的人像失聪了一样，没人听到。沉醉于上一代核心业务依然风光无限的繁荣里不能自拔，IBM 对即将到来的创新风暴浑然不觉。幸好，小沃森主导的惊世大作 360 系统让他们可以暂时安然无恙。

与此同时，临界点上的几个事件正在相互发酵，已经为大型计算机这个行业敲响了丧钟。

这一次，个人电脑革命的临界点无可争议地到来了！

06　微软：史上第一个标准的售卖者

1975 年，IBM 凭借小沃森的伟大遗产——360 系统的十倍创新，扫清了大型计算机的所有竞争对手，正在独享这个领域的垄断利润。IBM 内部持续半个多世纪的家族统治终结了，换上了职业经理人掌舵，在小沃森这位退休巨人的虎视之下，亦步亦趋的经营策略几乎是继任者的必然选择。在 IBM 外部，美国政府和强悍的反垄断诉讼令公司备受折磨，不敢轻易越雷池一步。因此，小心守护主营业务的利润不受侵蚀，就是那时 IBM 管理层的首要任务。

就在这个时点，计算机行业发生巨变的临界点不可逆转地到来了！越过这个临界点，人类将会迎来数字时代的第一个创新风口——个人电脑行业。时钟拨回到 1975 年，只有极少数有远见的人看到了这一点，并且兴奋不已地开始行动起来。无一例外，看到未来的人都是微不足道的毛头小子，他们外表看上去也极不靠谱。

蜗居池塘的鲨鱼

比尔·盖茨在评价创业初期最重要的合作伙伴保罗·艾伦时说："艾伦在微软的创建和发展过程中居功至伟，没有他就没有微软。"当我拜读保罗·艾伦的自传《我用微软改变世界》时，我就知道盖茨所言不虚。

艾伦是那个时代最有远见的人之一。他的后半生之所以如此富有，是因为他在正确的时间认识了正确的人，同时做了正确的事，随后的结果就是水到渠成的事情了。正确的时间和正确的事是指识别出个人电脑这个千载难逢的创新风口，正确的人则是指比尔·盖茨，这些条件缺一不可。

在读到关于牛郎星的报道后，艾伦和盖茨立刻意识到，以最快速度开发出牛郎星的 BASIC 编程语言，是他们介入个人电脑这个伟大时代的唯一机会。他们的难题是，必须在没有牛郎星实物的前提下，为这台机器开发编程语言。这个时候，他们只能通过租用大型计算机模拟牛郎星的运行来编写 BASIC，这足以体现出他们的编程天赋。

随后，艾伦拿着开发好的 BASIC 前往 MITS 公司的所在地新墨西哥州，为他们演示软件，整个过程有惊无险。显然，这是第一个让罗伯茨感到满意的编程语言。对罗伯茨而言，他终于可以销售带有软件的电脑产品了，而对艾伦和盖茨而言，这意味着他们的软件可以和世界上第一台个人电脑捆绑销售，这个时候，他们还没有注册公司，盖茨还只是哈佛大学的一年级学生。

如果艾伦和盖茨只是借助牛郎星这个平台销售他们的软件，他们就只能赚取一点小钱，早就消失在历史的长河当中了。在如何与MITS公司合作这件事上，盖茨的天赋再次显现，他的父亲是西雅图地区鼎鼎有名的大律师，耳濡目染，盖茨了解到法律合同的重要性。这一纸合同，不仅仅事关当下的利益分配，更将决定他们和微软的未来。

盖茨的设想是，要做一家独立的软件公司，和任何一家硬件公司保持合作关系的同时，又要确保公司的独立性。考虑到当时微软刚刚成立，只有区区几名员工，盖茨的想法可谓高屋建瓴，他好像已经穿越时空，看到了软件行业的未来。要知道，当时的个人电脑硬件才刚刚起步，软件作为硬件的附属，更不能算是一个行业。这样看来，这份合同不仅仅对微软这家小公司十分重要，它对整个软件行业而言都是一个基石。

对罗伯茨而言，微软对他的全部意义就是开发出合格的软件产品，增加牛郎星的卖点，只要能卖出更多牛郎星电脑，他就能归还银行贷款，也能超越同时代的竞争对手，公司就可以获得可观的赢利。微软的软件开发费用其实是MITS公司支付的，罗伯茨没有想到的是，当下这两位年轻的合伙人如果离开他，甚至都无法支付生活费用，更别提开发软件和维持公司运营了。显而易见，罗伯茨的谈判筹码更多。

但是，罗伯茨被牛郎星暂时的大量订单，以及BASIC编程语言对牛郎星销量的帮助冲昏了头。

当艾伦把盖茨起草好的合同递给罗伯茨时，罗伯茨甚至都没有认真审阅合同就立刻说："我相信你们，我们马上就签署吧，这没有问题。"就这样，这份对微软甚至整个软件行业都十分重要的法律文件，签约方甚至没有审阅就草草签订了。罗伯茨作为甲方，作为个人电脑的开创者，之所以没能走得更远，是因为在这个事关公司未来的重大事项上，他竟然输给了盖茨这个大学一年级学生。日后大浪淘沙，也是历史的必然。

这份合同的分账比例其实还算公允，双方按照销售额五五分账。关键在于，盖茨在合同中提出可以把软件销售给第三方硬件公司，双方分账比例不变。表面看，这个条款对 MITS 公司也是公平的，但是隐藏了一个问题，那就是只有微软有软件开发能力，未来微软可以脱离 MITS 公司独立销售软件产品，而 MITS 公司离开微软，则不会有任何软件收入，因为他们没有这个能力。果然，这一看似公平的条款，为日后微软的独立提供了法律依据。

比尔·盖茨的精明和强势不仅仅体现在公司外部。在一个合理的时机，他严肃地对艾伦说，他要求把自己和合伙人艾伦的股份比例，从 5% ：5% 调整为 6% ：4%。这个时机就是艾伦在 MITS 公司担任了全职工作，并且有薪水，而盖茨担任了更多软件开发工作，没有薪水。

从今天来看，这项谈判价值几百亿美元。

两个合伙人虽然一起创办了公司，但是谁也无法预知未来谁对公司的贡献更大。几乎可以肯定的是，未来双方对公司的贡献不均等，这种不均等还是动态的，有时候你多一些，有时候我多一些。这次，软弱一些的艾伦为了息事宁人，选择了妥协。其实，艾伦也有不妥协的理由，虽然自己拿了 MITS 公司的薪水，但是他如果不去 MITS 公司全职工作，就很难完成 MITS 与微软的合作。设想一下，如果艾伦和盖茨都待在波士顿，一个兼职（艾伦本来还有一份全职工作），一个在大学读书，又是异地，如何完成对新墨西哥州的技术支持呢？况且，那时盖茨还有后路，他并未从哈佛大学退学。如果事情不顺利，盖茨还可以继续读书，也没什么损失，而艾伦没有任何退路。另外，罗伯茨如果严格起来，也可以不给艾伦支付薪水，因为已经有合作分账了，罗伯茨并未从双方的分账中减去艾伦的薪水。但是，艾伦并没有坚持这些理由。

在微软从新墨西哥州搬回西雅图后，有一次艾伦为公司立了大功，他试图学着盖茨的方式，重新谈判双方的股份比例，他刚一开口，就被盖茨拒绝了，不喜欢冲突的艾伦顿时感到尴尬不已。

后来，艾伦早早就离开了微软，他的股份再没有被减少。而盖茨则在微软工作了很多年，盖茨才是把微软带到数千亿美元估值的那个人。因此盖茨当年的谈判虽然有些不近情理，但是事后看，艾伦才是最大的受益者，谁让他认识并且选择了比尔·盖茨作为合作伙伴呢！也许艾伦应该感谢他的父母，他们节衣缩食，才把艾伦送进湖畔中学，而艾伦则看上了湖畔中学的那个计算机房，总是在那里学习编程。这时候，一个低年级学生怯生生地走上前来，想和他一起玩玩计算机，这个戴着眼镜的瘦弱男生就是比尔·盖茨。很快，这两位就成为湖畔中学鹤立鸡群的编程高手。看上去弱不禁风的盖茨其实十分强势，而看上去身材高大的艾伦则有些懦弱。他们相识，是彼此的福分，一个富有远见，一个精明强势，微软不成功才怪。

纵使比尔·盖茨有鸿鹄之志，早期的微软也只是在牛郎星羽翼之下的一家小供应商而已，与牛郎星一荣俱荣，一损俱损。这个时候，一场巨大的危机降临了。第一批购买牛郎星的客户大多是电脑发烧友，他们多数是低收入阶层，购买一台牛郎星已经有些捉襟见肘了，就不愿意为了软件再付钱，于是这些客户就想出一个办法：免费复制微软公司的 BASIC 程序，并且彼此分享这种复制软件。这个趋势一旦形成，就会把微软公司扼杀在摇篮当中。如果大多数客户选择不购买微软公司的软件，微软就无法从 MITS 分到钱，公司就无法正常维持下去，这使微软在早期就可能倒闭。

有一次，我和华谊兄弟的老板王中军探讨电影行业的问题，他说，其实人们喜欢电影，但是我们要解决电影的盗版问题，如果盗版问题解决了，电影就会成为一个很好的行业。那时候盗版电影光盘横行，电影制作公司举步维艰。设想一下，你花费巨资拍摄一部电影，但是观众通过盗版观赏了影片，没有人到电影院付费观看。这样电影这个行业就会陷入整体性危机，没有人能够置身于危机之外。当中国电影走出阴霾，甚至票房开始超越美国电影的时候，很多人遗忘了一个事实：是政府出面把盗版铲除了，这才是电影行业能够繁荣的最大保障。

比尔·盖茨当时就意识到，盗版软件将会扼杀整个软件行业。而彼时的微软只是一家小公司，甚至难以进行法律诉讼，因为分享盗版软件的都是个人，具有很好的隐蔽性，微软也请不起律师。盖茨觉得不能任由这种行为蔓延，他沉思良久，就写了一封致电脑爱好者的公开信。

从短期看，盖茨的公开信并未立刻终止盗版。但从长期看，这封信是软件行业的立身之本，厘清了开发者和用户之间的法律关系：只有购买软件的用户才是合法的使用者，否则就是“窃贼”。硬件的盗版成本很高，而且易于调查取证，而软件的盗版则非常隐蔽，难以追溯。在未来必然会发生的法律诉讼中，这封信无疑就是一份法官进行判决的指南，它让法官理解了软件行业的商业模式，甚至指导了法官该如何判决。

由此可见，一旦有人触及微软或者比尔·盖茨的利益，盖茨就会立刻站出来维护自己的权益，难以想象，当时盖茨只是一个刚刚退学的大学生创业者。有一次，艾伦发现盖茨居然和罗伯茨发生了剧烈的争执，站在退伍军人、身高有一米九几的罗伯茨面前，盖茨看上去像个孩子一样，但是，盖茨毫不示弱、咄咄逼人。这显示出盖茨强势的性格，而这正是一位大公司 CEO 应该具备的。

在早期，微软搭上了 MITS 这辆快车，并且完善了自己在 BASIC 编程语言中的产品线。但是，当牛郎星的轰动效应惊醒了众多更厉害的竞争者时，罗伯茨就有些扛不住了，牛郎星的好日子并未持续太久，销量就开始下滑，直到被其他竞争者反超。

这种情形，比尔·盖茨早就预想到了，在和 MITS 的合同中，他早就声明微软可以出售软件产品给其他电脑厂商。随着牛郎星在市场中节节溃败，微软公司的日子反而越来越好过了。直到有一天，盖茨突然意识到微软甚至不再需要 MITS 了。更让人意想不到的是，MITS 不堪重负，居然被其他公司收购了。

如果没有独立销售软件产品的权利，微软就会变成其他公司的一个软件部门，盖茨当然不会让这样的事情发生。这些不可预见的事情，在合同中早有约定。就这样，微软迎来了公司成立以来第一次，也是事关公司生死存亡的法律诉讼。在庭审外，盖茨和艾伦的减压方式居然是飙车，看谁能更快地从法庭开回公司，这才让我们想起，虽然从事的是改变世界的大事业，但是当时微软的两位创始人其实还只是毛头小子。

和大公司对簿公堂，微软居然获胜了，他们有权独立销售软件产品。这就意味着，原本在 MITS 羽翼之下的微软公司，在 MITS 被收购之后，仍然可以保持独立。此时，微软已经具备了独立的资本，他们的软件产品开始热销起来。这样一来，公司就没有必要继续待在新墨西哥州了，他们毅然决定搬回自己的家乡——风景秀丽、绿树成荫的西雅图。盖茨讨厌硅谷走马灯似的人才流动，他喜欢稳定的创业团队，而西雅图温润的气候更适合软件工程师安心工作。

微软只是暂时蜗居在 MITS 这个小池塘里的鲨鱼，现在它摇晃着还稍显稚嫩的身躯，独自游弋出来了。鲨鱼，迟早属于烟波浩渺的大洋，比尔·盖茨有足够的耐心等待大水的到来。

生死选择题

有时候，天降馅饼的事情会突然发生，但最终结果取决于你当时是否真的能够识别出这个馅饼，以及你是否会全力以赴地迎接它。个人电脑史上最大的一块馅饼从天而降时，基尔代尔和比尔·盖茨采取了截然不同的态度：一位不痛不痒，一位竭尽全力，直接导致了两人此后天壤之别的境遇，这是令人唏嘘不已的故事。

1980 年，IBM 这头计算机领域的大象终于决定进入个人电脑市场。和以往由高层驱动的创新不同，这次 IBM 打算进入个人电脑市场的动议是由初级工程师发起的，他们并未获得更多公司资源的支持。更重要的是，个人电脑市场已经有了以 Apple Ⅱ 为主的第二代产品，牛郎星这样的初级产品已经逐渐消失了。IBM 虽然是世界上最大的计算机公司，但在个人电脑领域没有任何技术积累，市场的快速发展已经让他们没有进行自主研发的时间了。这时，IBM 提出了一个不可思议的时间表：一年内推出 IBM 的个人电脑品牌。这样一来，IBM 只有一条路可以选择——寻找外部供应商，组装自己的电脑。我们需要进一步理解的是 IBM 和一般初创公司的不同，这时 IBM 的员工总数已达数十万人，年营收超过百亿美元，公司有完整的业务流程和法律体系。为了保密，IBM 把自己的个人电脑业务命名为“象棋项目”，组建了一个小组，开始紧锣密鼓地筹备起来。

从老沃森开始，IBM 就建立起西装革履、彬彬有礼的销售驱动的企业文化，这样无疑是对客户的尊重，但和开放随意的硅谷文化大相径庭。有时候，硅谷的创始人会蓬头垢面，穿着拖鞋短裤，把脚搭在桌子上和客户交谈，这种行为在 IBM 的人看来是粗俗无礼的不雅行为。我们下面即将看到，这种文化差异也会成为双方合作的巨大鸿沟。

此时，市场上有一家公司几乎铁定可以成为 IBM 的核心软件供应商：加里·基尔代尔的 DRI 公司，因为他们的操作系统 CP/M 已经占据了个人电脑 90% 的市场，其他的操作系统大都是 CP/M 的克隆版本，甚至是盗版。

微软公司的业务还是围绕着老本行 BASIC 程序展开，当时苹果公司的 Apple Ⅱ已经成为个人电脑的领头羊。为了曲线分享苹果公司这块蛋糕，微软捣鼓出一个外挂产品——微软软卡，把 BASIC 集成到软卡中，因为 CP/M 几乎已经成为操作系统的行业标准，盖茨于是找到基尔代尔，购买了 CP/M 的授权，把 CP/M 和 BASIC 集成到一起。这样，Apple Ⅱ 的用户就可以通过微软软卡使用 CP/M 操作系统和 BASIC 程序，一时间，微软软卡大卖。这让乔布斯不胜其烦，因为有人绕过了苹果公司的软件，让他感到很不爽。

与此同时，IBM 的“象棋项目”小组开始秘密寻找软件供应商。按照一般逻辑，IBM 应该先进行一番市场调查，看看谁家的操作系统好，谁家的语言程序好，然后再逐一拜访。如此，他们很容易就可以了解到，基尔代尔的 DRI 公司是唯一的操作系统合作伙伴。但令人大跌眼镜的是，“象棋项目”小组的成员选择的第一个拜访对象居然是微软的比尔·盖茨。

对此，《他们创造了美国》的作者写道，全世界和电脑相关的人都知道 CP/M，除了 IBM 的人。我读到这段历史时就在揣测，到底是 IBM 的人没有认真调研，所以没有发现 DRI 公司呢，还是有意回避呢？

我们无从知晓，幸运的天平为何一开始就朝着微软倾斜过来。

当比尔·盖茨接到 IBM 的预约电话时，虽然还不知道会谈内容，但是他立刻就意识到这次会面对微软来说将是千载难逢的历史机遇。微软只生产个人电脑的相关软件产品，IBM 找到微软，只能有一个话题：个人电脑软件！比尔·盖茨深谙 IBM 的礼仪文化，自然是带头穿西装打领带参会，过程也会以礼相待，同时还要把自己软件天才的暴脾气小心掩藏起来。

“象棋项目”团队由杰克·萨姆斯带领，包括律师在内的 5 人就坐在比尔·盖茨的对面，看到微软的人也是正装出席，杰克感到很舒服。IBM 的律师拿出一份预先准备好的保密协议，要求微软的人签署以后才能进行会谈。比尔·盖茨随即审阅起这份协议。

在投资机构工作的经验告诉我，这是典型的大公司流程。记得在一次跨国并购陷入僵局之时，交易方的董事长坐在沙发里，摇头晃脑地说：“何谓律师？律师就是交易杀手！”此后，由于律师的坚持而终止交易的案例，我自己就经历了很多，每到那时我就会想起这句名言。在交易中律师是不可或缺的，但是雇主自己要判断哪些法律问题属于细枝末节，不能本末倒置，影响了交易大局。

完全可以想象，IBM 律师提供的这份保密协议是单方面保护自身权益的文件，如果比尔·盖茨不签署，或者试图当场修改这份保密协议，刚刚倾向于微软的幸运天平就会立刻消失。盖茨意识到和 IBM 合作的重要性，以及这种保密协议属于大公司流程，不会对微软造成实质性伤害，于是他立刻在保密协议上签了字，杰克的团队松了一口气，会谈正式开始了。IBM 的需求是，他们正在寻找个人电脑软件供应商，要求供应商能够提供操作系统以及包括 BASIC 在内的各种编程语言。比尔·盖茨心跳加速，他意识到 IBM 一旦进入个人电脑领域，一定不是小打小闹，而是大手笔。但是，此时微软只有 BASIC 程序，显然无法立刻满足 IBM 的需求。盖茨就想，如果不能拿到 IBM 的全部软件订单，拿到一部分也行啊。想到此，盖茨就告诉杰克的团队，基尔代尔的 DRI 公司有 CP/M 操作系统，自己可以帮助 IBM 联系并提供方便，盖茨的如意算盘是，IBM 采购 DRI 公司的 CP/M 操作系统，同时采购微软的 BASIC，微软虽不能吃到整块蛋糕，但能吃到其中一部分也好啊。

送走杰克的团队，盖茨就给基尔代尔打电话说："有个大客户要拜访你们，这是一笔大生意，我们可以合作大赚一笔，你可要好好接待。"盖茨没有提到 IBM 的名字和对方的需求，可能是顾及他刚刚签署的保密协议，不想造成违约。

基尔代尔拥有市场上最好的操作系统，应该是 IBM 当时唯一可以选择的操作系统供应商。但他一开始就没有意识到与 IBM 合作的重要性。证据是，基尔代尔这样安排和 IBM 的会谈：早上，由他的太太和律师先和 IBM 的人商谈，而他则去拜访了一位代理商，下午基尔代尔才加入和 IBM 的会谈。IBM 的重要性，还比不上区区一个代理商吗？基尔代尔为何不把代理商的会议取消，专注于和 IBM 的会谈呢？这就是他和比尔·盖茨之间的差距。可以预想，当 IBM 的"象棋项目"团队走进 DRI 公司，他们就会感到自己被怠慢了。和拜访微软的流程一样，IBM 律师拿出了准备好的保密协议，基尔代尔的太太多萝西和律师一番协商，觉得不能签署这份保密协议，认为这对 DRI 公司来说风险太大了。整整一个上午，双方陷入谈判僵局，多萝西不肯签署保密协议，IBM 则不肯透露来意。可以想象，IBM 的人感到很不爽。

还好，基尔代尔下午回到公司，加入谈判，经过反复磋商，基尔代尔终于在保密协议上签字了。此时，IBM 才开始表明来意：他们要选择个人电脑操作系统供应商，想看看 DRI 公司的 CP/M 怎么样。接下来的演示环节倒还顺利,CP/M产品本身很过硬。但是，双方在商务环节再次陷入僵局。DRI 公司的销售模式一直是按照终端数收取授权费，而 IBM 坚持只能一次性支付授权费。

看上去, IBM 和 DRI 公司的谈判进展不错，已经到了讨价还价的环节，而 IBM 和微软的合作还处在礼节性拜访阶段。微软眼看着要丢掉这场改变个人电脑历史的合作了。

如果这个时候，基尔代尔一松口，答应 IBM 一次性支付软件授权费用，微软就可能出局，或是仅仅拿到一笔 BASIC 程序的小订单。此后微软能否取得今天的成就，将成为疑问。但是，基尔代尔不愿意妥协，他压根儿就没有看出和 IBM 合作的战略意义和长期价值，只是把 IBM 当作一个 CP/M 的大客户来看待。另外，基尔代尔更不会像比尔·盖茨所做的那样，为了见 IBM 的人而更换西装，表现出一副彬彬有礼的样子。恰恰相反，基尔代尔表现出非常傲慢的神态，他认为，IBM 其实没有其他选择，因为 CP/M 操作系统在市场上具有压倒性的优势，大名鼎鼎的 IBM 总不能退而求其次，选择一个克隆版的操作系统吧。想到此，基尔代尔更觉得无所谓了。

当 IBM 的人离开 DRI 公司的时候，基尔代尔想，这笔交易迟早是 DRI 公司的，所以并不着急。

我们如果是 IBM 的谈判代表杰克，将会做出怎样的选择呢？十有八九，还会找到 DRI 公司，这样对 IBM 最有保障，虽然这些人看上去不好沟通，但是他们的产品最好，对于 IBM 个人电脑性能也最有保障。作为职业经理人，安全可靠难道不是第一要务吗？

但是，IBM 团队并没有做出这样更加符合常理的选择，而是飞到西雅图，再次找到比尔·盖茨。杰克的谈判小组显然对基尔代尔和 DRI 公司很不满意，他们问比尔·盖茨，除了 BASIC 程序之外，微软是否可以提供操作系统？这个问题十分令人震惊，因为微软是否有能力完成操作系统的开发，能否按时交付，以及交付时操作系统能否正常工作，这些都是未知的。这些巨大的不确定性，可能会给 IBM 的个人电脑产品带来巨大的风险。这个突如其来的问题也让比尔·盖茨感到难以置信。谁会拒绝这样天大的好处呢？比尔·盖茨当然是先答应下来再想办法。

现在，接到烫手山芋的微软开始焦虑了，如何在短时间内“变出”一个能够使用的操作系统呢？在讨论中，艾伦想到了一个解决方案，他知道西雅图计算机公司（SCP）手中有一款叫 QDOS 的操作系统，QDOS 的全称直译成中文叫作“快速又肮脏的操作系统”。盖茨听到这个操作系统的名字直皱眉头。原来，西雅图计算机公司的老板罗德·布洛克想出售更多个人电脑硬件，发现只有预装了操作系统的电脑才更好卖后，他和基尔代尔的 DRI 公司没有谈拢，就咬牙聘请程序员蒂姆·帕特森，编写了一个新的操作系统，帕特森给自己编写的操作系统起了 QDOS 这个古怪的名字。艾伦的设想是，微软可以买断 QDOS，然后以这个版本为基础重新修改，应该能赶上产品交付时间。

可以想象，只要隐瞒真正的买家 IBM，微软和西雅图计算机公司的谈判就没有任何难度。本来，他们的 QDOS 只是给自己电脑硬件的配套，没有人会单独购买，那个生意一直是属于基尔代尔的。只有一个风险：帕特森开发的 QDOS 和基尔代尔的 CP/M 是否有某种关联？直截了当地说，QODS 是否盗版了 CP/M？因为在那个年代，除了 CP/M，鲜有其他独立开发的操作系统存在，市场上绝大多数独立操作系统都是 CP/M 的克隆版本，只是克隆的程度不同罢了。听说基尔代尔的一个日常工作就是亲自上门打击盗版，他会熟练地打开你的软件，快速找到CP/M的加密信息，让你哑口无言。

不过无论风险如何，盖茨都决定冒险买下QDOS，因为他觉得自己别无选择。在和西雅图计算机公司谈妥购买QDOS的协议之后，盖茨就带人飞往IBM“象棋项目”小组所在地，去展示他们的一揽子软件解决方案，临近目的地的时候，盖茨突然发现自己没戴领带，特意在途经百货商店时买了一条。如果是基尔代尔，他才不会这么做呢。这些细节，也是盖茨能赢得交易的一部分原因。这次展示非常成功，会谈随即进入合同谈判阶段。

这个时候，微软遇到了和DRI公司类似的问题：IBM只愿意一次性支付软件授权费用，否则免谈。基尔代尔遇到这个问题时就不愿意妥协，坚持要按照终端数支付软件授权费用，因为DRI公司对所有客户都是如此，必须一视同仁。但是，IBM可不是一般客户啊，在这里退一步绝对是海阔天空。遗憾的是，基尔代尔看不到这一点，而盖茨则异常清醒，他知道在这里必须让步。

盖茨在软件支付方式上佯装退让，漫不经心地提出一个额外条款：微软有权将软件销售给第三方，而IBM则没有对等的权利。在等待IBM回复时，盖茨的心跳开始加速，他太想要这个条款了！也许是IBM的谈判小组觉得盖茨已经答应了一次性支付软件费用，这样就可以应对内部管理流程的要求，另外，IBM觉得很难和DRI公司达成类似的交易，于是就同意了盖茨的这个条款。

我们此时不妨设想一下，IBM为软件开发支付了所有的费用，报价已经包含了微软的赢利。这样看，IBM应该全部或者至少部分拥有软件版权才对。反过来看，如果微软自己承担成本，就像基尔代尔那样开发出完全属于自己的软件，微软当然有权利将自己的软件卖给第三方。然而，在这个个案中，微软实际上就是IBM的软件外包商。

IBM同意微软有权将其开发的软件出售给第三方，这个条款的商业价值可能超过了千亿美元，直接把微软送上了个人电脑领域王者的地位！微软的价值此后超越了IBM和同时代的其他任何科技公司，都是仰仗这个小小的条款。如果没有这个条款，可能微软今天还是西雅图一家小小的软件公司，或者早已经不复存在了。

这个时候再看软件支付方式这个条款，它就显得微不足道了。盖茨在这里稍做退让，却赢得了整个天下。高瓴资本创始人张磊常说，他要寻找有大格局观的企业家。我一直在思考，如何具体识别这种大格局观呢？显然，盖茨在这个条款上的运筹帷幄，就体现出张磊所说的那种大格局观。盖茨独自一人就像穿越了时空，看到个人电脑将会出现在每个人的书桌上，并且电脑厂商必将出现百花齐放的局面，而微软则会向所有厂商销售标准软件，成为最大的软件公司。如果那个未来可以实现，那么IBM已经为微软的第一款软件支付了开发费用，这不是很好吗？我们为基尔代尔感到遗憾，但我们也能发现，虽然基尔代尔在软件开发方面傲视同侪，就像一代枭雄项羽一样，但和盖茨相比，他输在了格局观上。盖茨可以着眼于未来，而基尔代尔只能看到当下，败是必然的。

我们再为IBM设想一下，他们之所以答应微软这个条款，是因为他们对于美国政府的反垄断诉讼有心理阴影。他们担心IBM会因此再次遭到反垄断诉讼。回顾历史，我们往往最想说的一句话就是，世界上没有后悔药，你做出决定，就要承担后果。

会谈后的午餐上，IBM的人似乎漫不经心地对盖茨说，IBM的总裁听说公司正在和微软洽谈合作，很高兴地问："是玛丽·盖茨儿子的那家公司吗？"看上去IBM的总裁很有些力挺微软的意思。盖茨的母亲在这次交易中起了多大作用，我们不得而知，但这层关系对微软赢得合作无疑是加分的。

微软拿下了IBM个人电脑软件外包的所有合同，包括操作系统和

BASIC程序等。此时微软倾全公司之力，开足马力、夜以继日地秘密开发，这是IBM的独特要求。从当时的一些征兆看，IBM个人电脑的前景似乎不妙。他们送给微软的硬件设备看上去是东拼西凑而来的，故障频出，常常会影响微软的开发进度，而IBM以必须按时交付的强硬态度著称。微软买来的QDOS操作系统能否适用于IBM电脑也是个未知数，这毕竟不是微软自己熟悉的产品。此时，微软已经将买来的操作系统更名为PC–DOS。

拼凑的硬件加上拼凑的软件，能打造一台热销的电脑吗？这时苹果公司推出的第二代个人电脑Apple Ⅱ正是炙手可热之时，IBM这个杂牌军行吗？

基尔代尔可能持有同样的看法，他一直没有等到IBM的合作回复，但也不是很着急，当时DRI公司的销售表现还不错。一天，有人给基尔代尔发来IBM个人电脑使用手册，他认真研读之后，不禁勃然大怒，他意识到这个电脑的操作系统来自QDOS，一定是微软买了这款软件，并做出了改编。基尔代尔认为，IBM的PC–DOS操作系统有很多地方完全照搬了自己的CP/M，为此，他立刻致电IBM团队，威胁要起诉IBM侵权。IBM这样的大公司当然会重视这样的投诉，他们立刻派了一位律师和一位项目经理前往DRI公司了解详情。基尔代尔给IBM的人演示了两家公司产品的很多相似之处，IBM的律师当下就紧张起来，问题看上去的确很严重。

基尔代尔认为，帕特森的QDOS是对CP/M的一种剽窃。虽然帕特森重新写了源代码，但还是在逻辑结构上参照了CP/M的很多设计。对此，基尔代尔在英特尔的一位工程师朋友也表示声援，认为QDOS就是盗版了CP/M的设计。

IBM与DRI公司的和解方案是这样的：同时推出PC–DOS版本和CP/M版本的IBM电脑，条件是DRI公司放弃对IBM的诉讼。IBM的人对基尔代尔解释说，你看，我们让市场来决定谁的操作系统更好。也许是这句话激起了软件高手基尔代尔的斗志——难道我的CP/M还不如你们的盗版软件好用吗？是骡子是马拉出来遛遛好了，他想到这一点就答应了 IBM 的条件，但是他补充道："DRI 公司将不会放弃对微软的诉讼。"IBM 对此也有些担心，微软毕竟是他们的供应商，起诉微软也会间接影响 IBM，但是他们没有理由反对 DRI 公司的这个诉求。

1981 年 8 月，万众瞩目的 IBM 个人电脑高调面世，大家都想看看姗姗来迟的"蓝色巨人"的产品究竟如何。在这些参观人流当中，就有基尔代尔和他的同事，他们也想亲自看看客户对 IBM 产品的反馈，基尔代尔非常自信，认为他们的 CP/M–IBM 电脑，肯定可以打败微软的 PC–DOS IBM 电脑！ 因为 CP/M 作为当时最大的第三方操作系统，已经成功地在众多的电脑上运行数年，况且这次他们对 CP/M 做了很多改进。相较而言，微软的 PC–DOS 则是从抄袭 CP/M 的 QDOS 匆忙改编而来的，想必会问题多多。基尔代尔一边想，一边把身体凑近展台，当他看到两个产品的标价时，顿时惊呆了！

CP/M–IBM 电脑的标价为 240 美元，而 PC–DOS IBM 电脑的标价是 40 美元。天哪，怎么会这样！基尔代尔立刻觉得自己被 IBM 骗了！这样的标价，无疑是想扼杀 CP/M，而扶持 PC–DOS，谁会买贵出 6 倍的 CP/M–IBM 电脑呢？

基尔代尔立刻想到，IBM 用这种所谓公平竞争的方式，成功诱使 DRI 公司放弃对 IBM 的诉讼，但是这样的价格策略算是公平吗？基尔代尔被算计之后感到无力，他已经失去针对 IBM 的诉讼权。

比尔·盖茨事后对媒体说，是 DRI 公司自己定价太高，才导致他们的产品失去竞争力。但基尔代尔则争辩说，他们根本没有定价权，他们是在商场才发现两个产品存在如此之大的差价。IBM 没有人站出来说话，从始至终他们都在偏袒微软。在这场角逐中，即使到最后一刻，DRI 公司仍然有机会获胜，如果 IBM 为两个产品的标价一样，会出现什么情况呢？如果做出这个选择，反而会对 IBM 更加有利，因为他们在操作系统供应商方面会有更多选择，而不会被微软绑架。

然而，历史没有假设！ DRI 公司没有被 IBM 选中，也有自己的原因。如果我们一定要找到这个原因的话，那就是基尔代尔和盖茨在格局观上存在巨大差距。基尔代尔一直把 IBM 当作一个大客户，而盖茨则认为这是千载难逢的大机遇，甚至就是天上掉下来的大馅饼！而其他的，就是运气了。也有那么多人喜欢基尔代尔，比如英特尔就有很多基尔代尔的“粉丝”，DRI 公司的众多客户都很喜欢基尔代尔。但是，IBM 的人就是不待见他，这真没有办法解释。

更加令人震惊的是，IBM 个人电脑大卖，远远超出了所有人的预期。具体来说，就是 PC–DOS IBM 电脑大卖，这当然和基尔代尔的 DRI 公司没有关系了，这一属于他人的好消息，就像在给基尔代尔的伤口上撒盐。

管理的重要性，已经有无数书籍阐述了。但是，选择的重要性显然是管理无法替代的，重大历史机遇有时就是一道生死选择题。选对为王，选错为寇。回顾这段历史，我不禁感叹。

我们继续深究一下，在 IBM 这道突如其来的生死选择题面前，盖茨为何能够一下子就意识到这是机遇，并且竭尽全力去争取呢？这是因为早在 1975 年创建微软时，盖茨就对行业有着非同寻常的见解：电脑行业中真正的摇钱树是软件。但其实在那个时候，相对于高大上的硬件公司来说，软件公司只是小小的供应商，软件根本算不上一个行业。可是在这个观点形成后，当时电脑行业几乎所有的大公司都集中在硬件生产上，只有盖茨一直不为所动，坚持只做软件。

盖茨在回忆他当时的想法时这样总结说：“我想我们应该只做软件。微处理器的性能每两年就翻一番，在一定程度上说，你可以把计算能力想象成几乎免费的。这样你就该问自己，为什么要掺和制造几乎是免费的东西呢？什么是稀缺资源？是什么限制了对无限计算能力的利用？软件！”这个振聋发聩的总结，几乎可以被视为盖茨针对个人电脑行业哲学级别的洞察，颇有些众人皆醉我独醒的味道。

当IBM这个巨人计划进入个人电脑领域时，深思熟虑的盖茨立刻意识到，这台电脑可能将建立个人电脑硬件的行业标准，而参与其中的微软就能成为软件领域的行业标准。作为行业标准的建立者，微软应该作为独立软件公司存在，而不应该成为IBM的附属。于是，盖茨不动声色地写下了这个具有历史意义的商业条款：微软有权向第三方出售PC–DOS软件产品。

盖茨之所以能做对这道选择题，是因为他先于同时代的所有人，独自看清了个人电脑行业的未来。他没有把与IBM的交易视为一个商机，而是将其视为一个跳板，一举跃入更大的“龙门”，成为万亿美元级别的软件行业霸主。

微软的成功，绝非运气那么简单，PC–DOS IBM电脑大卖，微软居功至伟。要知道，他们虽然买断了QDOS，但是将其改造成适用于IBM的新软件，以及和其他软件兼容，并且必须按时交付给IBM，是微软成立以来从未遇到过的复杂工程。结果，所有交付软件都能运行良好，这显示出，盖茨的执行力和软件研发组织能力与他对机遇的把握能力一样出色。

IBM个人电脑迅速超越了所有竞争对手，成为市场的领导者。而微软的操作系统则逐渐取代了基尔代尔的CP/M，成为电脑软件的行业标准。看到更大市场潜力的微软把操作系统更名为MS–DOS，将其作为微软软件的旗舰产品。这个时候，一家叫康柏（Compaq）的公司推出了和IBM兼容的个人电脑，他们大量采购了微软的MS–DOS软件。有了微软的加持，康柏迅速占领了市场。康柏的成功，迅速激发了一个远比IBM电脑更加巨大的兼容机市场。这时的微软作为几乎唯一的操作系统软件商，开始变得如鱼得水，随着个人电脑市场的崛起而不可抑制地成长起来。

就在微软高歌猛进之时，基尔代尔感到从未有过的巨大压力。他发明了世界上第一个操作系统，并且第一个占领了市场。而且，当时他们的操作系统的升级版本功能强大，据说领先市场10年。谁能想到，当他们错过了 IBM 这班车后，DRI 公司和微软公司的地位开始出现了戏剧性的反转。

本来，基尔代尔还有一个撒手锏：DRI 公司仍然保留了对微软的诉讼权。他们既然能找到 IBM 侵权的证据，那么同样可以指证微软，因为 IBM 的软件正是由微软提供的。令人百思不得其解的是，基尔代尔曾怒气冲冲地威胁 IBM，也曾经多次亲自上门指证众多盗版 CP/M 的小公司。但当他看到 IBM 对 CP/M–IBM 的奇葩标价时，他觉得自己被人在背后捅了一刀。基尔代尔在一阵狂怒之后就好像变了一个人，再也没有采取任何行动保护自己的权益。

基尔代尔为何选择隐忍，保持沉默？我找到的一些证据证明，他看不起 IBM 个人电脑。基尔代尔的合伙人罗兰达说："和其他电脑相比，IBM 的那款电脑就是废物一个。我敢说，在 20 年前的 IT（信息技术）界，你找不到别的人会认为 IBM 能够成功。"此时，基尔代尔正和罗兰达一起开发更加先进的下一代操作系统，这个系统能够提供多任务处理。另外，当时 DRI 公司的财务表现还不错，1981 年的销售收入是 6 000 000 美元，而到了 1983 年，销售收入则到达了创纪录的 44 600 000 美元。这就是基尔代尔保持沉默的理由，他的日子过得还不错，他看不起 IBM 电脑，并且在计划开发出更好的操作系统。但是他没有意识到，这是 DRI 公司最后的辉煌了。

在 IBM 个人电脑和微软真正联手控制了市场后，对 DRI 公司而言，一切都晚了。也许，DRI 公司在产品方面仍然具有优势，但是它无法抵抗 IBM 和微软的霸权。DRI 公司的陨落其实就只有一个原因：当微软的 MS–DOS 独占了 IBM 个人电脑和所有兼容机之后，市场就只需要一个操作系统。不仅如此，除了苹果公司之外，几乎所有和 MS–DOS 不兼容的个人电脑，在几年之后，全都从市场上消失了，这也彻底铲除了 CP/M 立身的根基。

谁能想到，有一天，骄傲的基尔代尔会屈尊找到盖茨，请求他收购

DRI 公司，报价是 2 600 万美元。盖茨沉吟片刻回复说："也许你们只值 1 000 万美元。"基尔代尔可能感到了莫大的羞辱，拂袖而去。也许这一次是盖茨错过了一笔很好的买卖，因为基尔代尔的下一代操作系统真的不错，MS–DOS 虽然占领了市场，但更多是凭借市场的力量，而不是产品本身的领先性。数年之后，诺勒有限公司（Novell）收购了 DRI 公司，出价是 1.2 亿美元。

然而，基尔代尔无法接受自己开创的软件行业被他人夺走的事实，DRI 公司也日薄西山，门可罗雀。甚至在 DRI 公司落寞之时，基尔代尔还发明了风靡一时的 CD–ROM（光盘只读存储器），2000 年之前的电脑使用者都享用过这项发明所带来的便利。但是，这无法阻挡 DRI 公司陨落的趋势。基尔代尔开始郁郁寡欢起来，并且因为一个意外英年早逝，享年 52 岁。微软还发文感叹说：这是业界的损失。

虽然，基尔代尔并不是那个使个人电脑普及寻常百姓家的人，但《他们创造了美国》一书总结说，他才是个人电脑革命的奠基人。我觉得这个评价是十分公允的。

而在这个时候，微软这头鲨鱼终于等来了大海：IBM 电脑和兼容机。它扭动着身躯，一个猛子扎进了个人电脑这个烟波浩渺的汪洋之中。现在，已经没有谁可以阻挡微软的前路了。

07 微软的十倍创新：大杀器 Windows

比尔·盖茨给自己设定的棋局是这样的：微软给 IBM 提供操作系统 MS–DOS 和各种语言类软件，更多是想借 IBM 这艘大船出海，盖茨真正要捕捞的"大鱼"其实是随后蜂拥而至的众多兼容机厂商，此时，IBM 已经为微软消化了软件开发成本，微软只要稍微修改一下代码，将软件母盘卖给这些饥不择食的兼容机厂商就可以坐收渔利。和 IBM 不同的是，兼容机厂商在软件购买方面没有选择权和议价权，市场上几乎只有一个供应商：微软。

当订单如潮水般涌来之时，盖茨并没有迷失自我，他咬牙告诉自己，微软此时还不是赚大钱的时候，只要压低软件授权价格，给兼容机厂商留足赢利空间，微软就可以成为软件市场的唯一行业标准。盖茨不图一时之利，而是谋求占领整个软件市场。只有这样，微软才可以把基尔代尔的CP/M彻底清除，并且打消后来者侵入市场的企图。于是，盖茨把软件的批发价定得很低，而零售价则定得很高。在这样的利益驱动下，MS–DOS的销售势如破竹，微软的营收开始进入高速增长的阶段。

来自乔布斯的电话：第二次天降馅饼

1982年初的一天，盖茨突然接到了乔布斯打来的电话，乔布斯听上去情绪不错，他语气神秘地邀请盖茨到苹果公司来看样东西。从事后看，这个电话对于微软的重要性，完全不亚于两年前IBM团队的突然造访。保罗·艾伦在自己的传记《我用微软改变世界》中提到，当时他和盖茨坐在苹果的会议室里，看乔布斯演示一个"伟大的产品"——即将面世的麦金塔电脑。然而刚一开机，那台电脑就黑屏了，乔布斯立刻当众责骂苹果公司的那位操作员。艾伦是一个非常诚实善良的人，但是此刻他大大低估了这次会晤对于微软的重大意义。艾伦笔下的这次会晤，就是一次乔布斯丢尽颜面的演示，显示出乔布斯肆意当众羞辱员工的恶劣品行。

但是艾伦没有提及的是，那名员工重新开启了麦金塔电脑后，盖茨看到这台电脑所呈现的华丽、流畅的图形用户界面时，那种醍醐灌顶的感觉！乔布斯很满意这样的效果，他骄傲地说，麦金塔电脑的图形用户界面将在电脑行业掀起一场革命，用户将会摒弃以前糟糕透顶的操作系统。乔布斯完全沉浸在志得意满的情绪当中，他似乎忘了微软正是他所说的那种糟糕透顶的操作系统——MS–DOS的开发者。一位《福布斯》杂志的记者事后总结说，乔布斯迟早要为这次会晤付出代价，他相当于把狐狸放进了鸡笼，只是他当时没有意识到而已。

乔布斯想起他召集这次会议的目的后就煽情地总结说，盖茨，你们难道不愿意为这样伟大的电脑开发最好的应用软件吗？接下来，乔布斯大度地说，他将“允许”微软开发三个桌面应用软件：一个电子表格软件、一个商业图形软件和一个数据库软件。

盖茨完全不需要乔布斯说服就欣然应允了他的邀约：为苹果即将推向市场的麦金塔电脑开发上述桌面应用软件。因为盖茨的目标始终如一，微软要成为最大的软件厂商，就要和所有的电脑硬件厂商合作。此前，微软已经为苹果公司提供了 BASIC 语言软件，现在乔布斯抛出了橄榄枝，这意味着微软可以从语言类软件、操作系统软件，进入桌面应用软件领域。以盖茨争霸天下的格局观，这个新领域当然也必将成为微软的地盘。

鱼和熊掌兼得的协议

在双方热情洋溢地展望未来之后，又到了盖茨擅长的合作协议谈判阶段。

乔布斯打的算盘是，委托微软开发最好的桌面应用软件，以便提升麦金塔电脑的销售。从 Apple Ⅱ 的销售经验看，好的桌面应用软件可以极大地提升电脑的销量。在乔布斯看来，麦金塔电脑的硬件和设计精美绝伦，操作系统 Mac OS 更是石破天惊的图形用户界面。现在，只要搞定桌面应用软件，麦金塔的销售必然势如破竹。

一向深谋远虑的盖茨的想法则是，为苹果开发桌面应用软件当然是件好事。他极力压制自己对 Mac OS 图形用户界面的觊觎之意。在乔布斯演示这个软件时，他就立刻意识到，图形用户界面将会是操作系统的未来。这个趋势一旦形成，将会对微软的 MS–DOS 操作系统造成毁灭性打击，而 MS–DOS 是微软的立足之本！由 MS–DOS 开创的大好时光才刚刚开始，微软就不得不面对 Mac OS 这个革命性创新产品。对此，微软必须有所行动。

表面上看，乔布斯和盖茨都沉浸在合作意向达成的喜悦当中，但他们笑盈盈地开始讨论委托开发协议时，都小心翼翼地藏起自己的意图。

我记得，一位律师朋友曾经对我说过一句意味深长的话："合作协议签署之后通常没有用，一旦使用，就是给法官看的。"这表明，合作协议是一个不带有情感色彩的理性工具。合作双方的谈判气氛无论多么融洽，到了合作协议这个阶段，都必须打起百分之百的精神。今天其乐融融，并不意味着未来不会撕破脸，在法庭上唇枪舌剑。如果走到那一步，双方签署的合作协议就是最大的制胜武器。

可以预料到的是，苹果和微软在桌面应用软件委托开发部分不会有太多争议。盖茨可以在这个地方放弃一部分现实利益，给足乔布斯面子。当然，乔布斯在商业谈判中的强势完全不输于盖茨，他也意识到，未来微软有可能为他人开发图形用户界面的操作系统，那样的话，Mac OS 的先发优势将荡然无存。对此，苹果设计了这样的条款：微软必须同意在麦金塔电脑的交货日期前或 1983 年 1 月 1 日之后 12 个月内（以日期先到为准），不为任何非苹果公司制造的电脑开发类似的使用鼠标或者跟踪球的程序。此处所谓的"使用鼠标或者跟踪球的程序"，就是指 Mac OS，也就是图形用户界面操作系统。

乔布斯和盖茨有一个很大的差异，那就是乔布斯不懂技术。他在软件开发方面是个门外汉，而盖茨则是一等一的软件编程高手。这个差异让盖茨意识到，软件开发周期常常会超出预期的时间表；而乔布斯对此认识不深，经常制定出无法完成的软件开发进度表，最后不得不一再延期。

盖茨意识到，乔布斯可能低估了麦金塔电脑的开发难度。他们很可能无法如期把这款产品推向市场，这次演示时突然出现黑屏就是一个佐证。既然如此，盖茨不如送乔布斯一个人情，尽快把这份合作协议签下来。此时微软更需要这份合同，而苹果还有更多的选择。因为市场上只有一款麦金塔电脑，而应用软件开发商不止微软一家。盖茨进一步想到，如果麦金塔电脑延期交付，那么微软开发自己的图形用户界面操作系统，就不会受到麦金塔交货日期这个条款的约束。于是，盖茨欣然同意了这一他最看重的条款。

在某种意义上说，苹果相当于在委托微软开发桌面应用软件的同时，赠送了一份额外大礼：让微软这个未来的竞争对手近距离了解 Mac OS 系统，为以后微软独立开发图形用户界面提供了可能。在签署合同之后，盖茨就可以抱着一台苹果呕心沥血开发出的麦金塔电脑样机回公司了，因为他们要为其开发应用软件，这份大礼简直让人无法拒绝。

这个时候，保罗·艾伦再次“选择性失忆”，他在自传中写道，微软是通过一位之前在施乐帕克研究中心（Xerox PARC）工作的员工查尔斯·西蒙尼了解到图形用户界面操作系统的，彼时西蒙尼决定加入微软。艾伦信誓旦旦地说，西蒙尼曾经带盖茨到施乐，亲自为他演示了图形用户界面，他感到无比震撼云云。这也许属实，但是这个行为显然值得商榷：微软计划挖走施乐的员工，还搂草打兔子——未经允许去窥探施乐的商业机密，这种行为符合商业道德吗？

我更愿意相信《福布斯》杂志记者的推断，微软了解图形用户界面的合法渠道是苹果公司。西蒙尼也许是一个渠道，但这种行为应该是在私下里进行的。苹果和微软签署的委托开发合同可以作证。

果然如盖茨所料，麦金塔电脑的开发进度非常缓慢，上市时间远比乔布斯预计的要晚得多，直到 1984 年 1 月才发布上市。此时再看苹果和微软公司协议中的相关约定，时间限制已过，也就是说，在麦金塔电脑的正式发布之日，微软就已经是自由身了。

此时微软承诺为苹果公司开发的桌面应用程序却还不见踪影，这让乔布斯大为光火。这意味着，已经上市的麦金塔没有应用软件可用，这将极大影响电脑的销量。乔布斯一气之下取消了和微软开发应用软件的排他性协议，这就为其他应用软件公司与苹果合作打开了大门。

这次，微软并非有意拖延为苹果开发应用软件的进程，而是他们之前开发的 Multiplan 表格软件实在拿不出手，Multiplan 正是那位施乐帕克研究中心的前工程师西蒙尼领衔开发的，西蒙尼虽然在施乐参与过类似软件的开发，但是他只是工程师之一，真正要独挑大梁还需要一些时间历练。更加糟糕的是，微软还有一位强大的竞争对手：Lotus1–2–3 电子表格软件。Lotus1–2–3 是电子表格软件市场的领导者，而且这款软件的拥有者莲花公司（Lotus）当时的规模要大于微软。一旦乔布斯解除和微软的排他性协议，就意味着莲花公司将乘虚而入，这对微软而言就等于煮熟的鸭子飞了。如果翻阅此后两年微软公司的年报，我们就会发现，未来，微软为苹果开发的应用软件是微软仅次于 MS–DOS 的第二大收入来源。

在盖茨的字典当中，从未有“退却”二字。虽然乔布斯撤销了排他性协议，但盖茨不会放弃这笔交易。他向微软的工程师发起一项挑战：谁能为麦金塔设计出一款比 Lotus1–2–3 更好的表格软件？于是，微软的顶级程序员之一道格·昆德领衔开发的下一代表格软件正是如今大名鼎鼎的 Excel！昆德充分发挥了微软强大的复制创新能力，以 Lotus1–2–3 为蓝本，尽量覆盖了竞品的所有功能。不同的是，Excel 有更漂亮的界面和更精致的外观。Excel 还有一个重大创新：智能化的重计算功能。这给商业级别的用户提供了更多方便，使得创建表格的商业用户可以大大提高工作效率。以往，苹果公司只吸引了消费者用户，Excel 的流畅和易用性却会加大麦金塔电脑对商业用户的吸引力，而这正是乔布斯所需要的。

尽管这个时候，微软内部已经将自己的图形用户界面操作系统命名为 Windows，但盖茨并没有在这个项目上投入更多资源。因为，此时的微软已经在多条战线上作战：MS–DOS 升级陷入僵局，为苹果开发应用软件已火烧眉毛，为 IBM 开发应用软件也箭在弦上等。Windows 如果上马，也需要布局重兵才行。盖茨的胃口实在太大了，软件的任何一个局部战场他都不想放弃，而优秀的软件工程师是有限的。还有一个原因，盖茨还没有产生紧迫感，他觉得在这个领域没人可以和微软竞争，他们手里早就有麦金塔样机，所以并不着急。

盖茨的10年赌注：终结所有竞争的研发

有趣的是，帮助盖茨下决心大规模押注Windows的地方居然是赌城拉斯韦加斯。1982年，COMDEX（计算机经销商博览会）在拉斯韦加斯召开，盖茨本来就是这里的常客。这次，盖茨被可视公司（VisiCorp）演示的一款软件所吸引，该公司以电子表格软件VisiCalc起家，销售收入远大于那时的微软。而他们此时演示的软件叫作VisiOn，是一款计划在个人电脑里运行的操作系统。它居然与盖茨看到的麦金塔电脑的操作系统像极了，也有鼠标和图形用户界面。可视公司的人继续说，VisiOn不仅可以用于IBM电脑机型，还可以把一系列应用软件联合在一个统一的用户界面之下，甚至可以在微软的MS–DOS上运行。听到这里，盖茨完全惊呆了！他原本以为，微软已经手握麦金塔样机，是乔布斯以外唯一知晓图形用户界面操作系统如何运行的公司，这样微软开发非苹果电脑的图形用户界面操作系统就能占得先机。但是现在，VisiOn的图形用户界面居然和麦金塔保持了同步，它一旦进入市场，可视公司就将和苹果联手控制操作系统的未来！

盖茨的竞争意识瞬间被激发出来：微软必须立刻启动Windows项目。为了激发团队的斗志，盖茨像身先士卒的元帅一样，也撸起袖子开始编写代码。老板的加入一下子让Windows开发团队士气高涨起来。

就在微软团队开始奋力开发Windows时，盖茨的好运气再度降临。手握王牌的可视公司出现了内讧，公司管理层和负责开发VisiOn操作系统的员工因为如何分配版权费用的事争吵起来，双方互不妥协，居然打起了官司。如此一来，VisiOn的开发工作自然停滞不前。可视公司这样一折腾，就让Windows的开发进程慢慢赶了上来。看来，所谓不“作”不死，美国人也概莫能外。

盖茨发现 Windows 的开发并不能一蹴而就，但他在 Windows 还没有演示程序的时候就开始“周游列国”了。盖茨逐一游说 MS–DOS 的硬件厂商，向这些客户描述即将问世的Windows的卓越功能。盖茨的目的很简单，他希望客户不要用 VisiOn，而是耐心等待微软即将问世的大作 Windows。为此，盖茨承诺，Windows 将提供菜单和多个屏幕上的窗口功能、图形用户界面的骨架和一个鼠标。我相信，可视公司可能也向同样的客户演示过自己的 VisiOn，与盖茨画饼充饥的游说不同的是，可视公司拿出了真刀真枪的实物。但是，MS–DOS 的客户见过两家公司之后也许会倾向于微软。原因很简单，微软的优势在于他们有运行良好的 MS–DOS 系统，万一 Windows 不太靠谱的话，客户还有 MS–DOS 可用。但是，万一 VisiOn 崩溃，整台电脑就会罢工。

显然，盖茨游说的目的初步达成。但是，他还想再“放一把火”，把 VisiOn 的市场彻底烧掉。1983 年 11 月 10 日，微软在纽约的广场饭店举行盛大的软件大展，盖茨演示了 Windows 软件，并且郑重宣布：Windows 将在 1984 年春天交货。有 23 家硬件厂商参会，耐人寻味的是，微软最重要的合作伙伴 IBM 缺席会议。盖茨知道，VisiOn 即将在月底发布，而麦金塔电脑也将在 1984 年 1 月发布，他要抢在所有人前面，向世人宣布 Windows 将是首个发布的图形用户界面操作系统。即使这样会激怒乔布斯，盖茨也在所不惜。事实上，蹩脚的 Windows 1.0 真正的发布时间是 1985 年。

在一周以后的 COMDEX 大展上，更奇葩的事情出现了。VisiOn 第一款产品准备在这次展会上正式发货（注意：不是发布）。但是，尚在襁褓中的 Windows 的宣传攻势铺天盖地，从街上的旗帜广告到酒店房间里的彩页，Windows 的广告无处不在。而手握现货的 VisiOn 完全被淹没在 Windows 的汪洋大海中，几乎没人注意到这款革命性的产品。搅黄对手，看来也是一个狠招。

1984 年末的一天，盖茨坐在乔布斯面前，他手里有一颗糖果和一根大棒。他的糖果是非常诱人的 Excel，这是乔布斯所需要的。盖茨当然想把大棒藏起来，这根大棒就是抢先发布的 Windows 系统。乔布斯当然不会放过这次教训盖茨的机会，他咆哮着对盖茨说，Windows 是披着麦金塔外衣的电脑软件，严重违反了双方的协议约定，而且这是赤裸裸的偷窃！盖茨想把糖果 Excel 卖给乔布斯，但又不想丢掉自己的大棒 Windows，因此他只是耐着性子任由乔布斯发泄怒气。乔布斯对此事不打算罢休，苹果迅速聘请了知识产权律师欧文·拉巴波特，负责解决 Windows 涉嫌侵权的问题。

这个时候，盖茨的好运气又一次降临。正打算和微软战斗到底的乔布斯在与时任苹果 CEO 约翰·斯卡利的斗争中，被强行调离了麦金塔电脑分部。熟谙法律的盖茨认为，要确保 Windows 万无一失，还需要一份苹果签署的授权协议。他开始运作起来，先是给斯卡利写信建议说，苹果不如把麦金塔电脑操作系统授权给所有的电脑厂商，以扩大苹果的市场边界。不过斯卡利并没有回信。

盖茨当然不会轻易罢手。他要求斯卡利做出保证，在 Windows 发布时，苹果不会制造麻烦。否则，微软就将为麦金塔电脑开发的软件全部撤回，同时终止所有正在开发的软件。斯卡利仍然不为所动。

锲而不舍的盖茨和法律顾问一起飞往苹果公司总部，与斯卡利共进晚餐，此后达成一个新的协议：苹果同意发放 Windows 1.0 版的许可证，同时允许微软向第三方发放麦金塔界面的 Windows 版的许可；作为回报，微软保证 Excel 归麦金塔独家使用至少一年，同时微软还承诺为麦金塔开发另一个更好的 Word 版本。显而易见，盖茨成功地用糖果消解了苹果公司的怒火，初步解除了 Windows 的法律隐患。事实上，微软 Windows 版本的 Excel 两年后才开发完成，这等于说苹果公司交出了图形用户界面的版权，但什么也没有得到，完全被微软耍了。

为何盖茨会对图形用户界面如此执着？

这是因为MS–DOS操作系统的交互方式属于字符界面，即在计算机屏幕上显示字母和数字，用户与电脑的交互方式是英文命令等一系列敲击键盘的动作，非专业用户很难记住大部分指令。但是，在图形用户界面被发明出来以后，用户与电脑的交互方式就变成了图形和鼠标，无论是启动程序还是开始工作，用户只需用鼠标点击相应的任务图形就能轻松完成操作。

能够熟练掌握字符界面操作系统的用户一定是那些电脑高手，因此，字符界面就成了个人电脑普及大众层面最大的障碍！显然，盖茨意识到，图形用户界面操作系统一旦投入使用，不仅会加快个人电脑的普及，还会淘汰掉字符用户界面操作系统。

当我在投资机构工作时，要评价一位企业家很厉害，大家常常会说，他很聪明。我进一步想到，何为聪明呢？盖茨的聪明在于，当行业变化到来或是一件对行业影响巨大的产品被发明出来时，他总是能够意识到这些变化将会对微软造成什么影响，并且立刻采取行动，迅速跟进。哪怕整个跟进的过程充满了曲折和艰辛，盖茨也会始终如一地坚持，因为他始终相信自己的判断。这种跟进，有时就是复制创新。这一次，盖茨要复制的对象正是来自麦金塔的图形用户界面。

微软全力以赴，又有麦金塔的产品作为参照，但Windows的开发过程之曲折远远超出了盖茨的想象。Windows 1.0版本在1985年11月COMDEX大展上发布上市，比微软预告的交付时间推迟了将近两年！《福布斯》杂志干脆说，Windows 1.0最开始像个破烂儿，它实在太差劲了。只有孤零零的一个应用软件和Windows 1.0配套使用，微软自己的应用软件Word、Excel、File在一年以后才准备好。Windows 1.0的界面没有采用麦金塔的窗口重复隐含技术，而是平分屏幕区域显示每个窗口，这搞得人眼花缭乱。还有，鼠标和电脑的配合也很不友好。微软对Windows 1.0大张旗鼓的宣传反而变成人们的笑柄。Windows 1.0和MS–DOS强行捆绑销售，勉强卖出了50万份，而且大部分都被用户弃用了。

只有盖茨坚信 Windows 系统一定会成功。在两年之后的 1987 年，微软发布 Windows 2.0 版本，它唯一的亮点是可以运行微软的 Excel。总体而言，媒体说它仍然是一个破烂儿。除了招来分析家和顾问的讥笑之外，它什么也没有得到，大多数用户仍然继续使用 MS–DOS。

Windows 2.0 作为同样失败的产品，不仅没有如愿打开市场，反而惹来了官司：苹果公司终于忍无可忍，在 1988 年正式起诉微软侵权。事实证明，这场旷日持久的官司一点也不好玩儿，无论对于备受煎熬的原告苹果，还是对于不堪重负的被告微软，甚至对于法庭也好不到哪里去——这场官司直接拖垮了两位主审法官。

审判的天平回到了一个关键性条款：苹果既然给 Windows 1.0 发了许可证，后来就不能更改主意，这不符合起诉微软的逻辑。于是，天平倒向微软，盖茨再次获胜！

Windows 真是命运多舛，前面两个版本完败，还屡屡让微软名声扫地，接着就是惊心动魄的官司。但这些接二连三的挫折无法压倒盖茨，他并未停止继续开发 Windows 新版本的脚步，因为他坚信，图形用户界面一定代表着未来，微软不能错失良机。

也许我们还记得，在 1983 年微软第一次 Windows 产品发布会上，IBM 并未出席，因为他们对微软的所作所为非常不满。在 IBM 眼中，最初的微软只是一个小小的软件供应商而已，但他们看到，微软在 IBM 的羽翼之下变得越来越强大，并且利用协议条款将 MS–DOS 售卖给兼容机厂商。在 IBM 看来，微软就像同时给交战双方提供武器的军火商，非常狡诈。但令人郁闷的是，IBM 又无法离开微软。于是，IBM 想到一个解决方案：联合微软开发一款 IBM 专属的操作系统 OS/2，微软可以将 MS–DOS 卖给其他厂商，但是 OS/2 操作系统只能用于 IBM 电脑。

这个看上去完美的方案其实糟糕透顶。首先，跨公司合作开发软件是很难协调人力的，1+1 没能大于 2，反而小于 1，开发工作演化为文山会海和互相推诿，开发进度慢如蜗牛。另外，盖茨从始至终都不看好 OS/2 系统，答应联合开发只是碍于 IBM 的情面，以及想赚点开发费用，但是在行为上就是出工不出力。盖茨开辟的软件战场已经够多了，人力资源早已经捉襟见肘。这样同床异梦的合作注定不会成功，最终双方还是分道扬镳。在几乎每次和大公司的博弈中，微软都是赢家，《福布斯》杂志甚至说这已经成为定式。这次也不例外，微软和 IBM 散伙，却得到几百万美元的开发费用，还将从 OS/2 的每个拷贝上收取授权费。

甩掉 OS/2 这个包袱之后，盖茨反而更加轻松，他可以在 Windows 的开发上投入更多精力了。Windows 3.0 版本的发布时间是在 1990 年 5 月，这距离微软开始开发这款软件已经过去了将近 8 年，前面两次“狼来了”的故事已经让市场麻木起来。但这一次，Windows 3.0 版本赢得了广泛的赞誉。这一个版本的 Windows 系统终于运行平稳，功能齐全。而且，以前拖后腿的电脑硬件已经变得非常强大，足以处理图形用户界面了，同时内存价格直线下跌。在 Windows 3.0 的一片叫好声中，盖茨为其设定了远低于竞品的超低定价——每份 100 美元。相较之下，性能更差的 OS/2 的定价反而是每份 500 美元。更厉害的是，与 Windows 配套的各种应用软件也准备好了，这对于那些在 MS–DOS 上运行的应用软件厂商而言是一场灾难。因为他们没有时间为 Windows 系统开发应用软件，从而搭上这辆赚钱的快车。

Windows 代表着未来，它更加易用，性能稳定，价格优惠，还有成熟的应用软件可用。几乎一夜之间，Windows 系统从先前被人嘲笑的对象变成了众人追捧的对象，大多数电脑厂商都准备升级到 Windows 3.0。虽然姗姗来迟，但是图形用户界面的革命终于在 IBM 和兼容机市场形成了燎原之势。1990 年，微软的营收也是好风凭借力，公司年收入达到创纪录的 15 亿美元，一举成为最大的软件公司。

起初多数人不看好 Windows 系统，唯独盖茨一意孤行。现在，当 Windows 终于成功之时，微软自然是人人顶礼膜拜。但是，盖茨显示出杀手般的冷静。他认为，Winows 3.0 只是站稳了脚跟，还需要一次更大的洗礼方能大成。为此，盖茨组建了一个代号为“芝加哥”的项目小组，计划开发出一个更为强大的 Windows 版本，使图形用户界面真正得到普及。

“芝加哥”指代的就是里程碑式的 Windows 95！它又增加了更为卓越的新功能——多任务处理能力，允许多个应用互不干扰地同时运行；引入“开始”按钮，方便用户更为便捷地打开应用程序，管理电脑文档；微软还请麦金塔的图标设计师优化了 Windows 界面等。

1995 年 8 月 24 日发行的 Windows 95 使桌面图形用户界面变得更强大、更稳定、更实用。Windows 系统终于在系统性能和易用性上与麦金塔旗鼓相当了。在滚石乐队震耳欲聋的音乐之后，盖茨信心满满地走到舞台中央，开始发布万众瞩目的 Windows 95。全球 43 个城市通过卫星直播观看了这场发布会。盖茨真正的意图是让 Windows 系统成为下一代图形用户界面操作系统的行业标准，要达到这个目标，Windows 必须在性能上傲视同侪。现在，盖茨认为 Windows 95 已经达到了自己心目中的水准。为了这一天的到来，从 1985 年 Windows 1.0 正式发布开始，盖茨和 Windows 开发团队一起度过了漫长的 10 年时光！甚至一开始，盖茨还撸起袖子亲自编写代码。这 10 年间，他经历了多次逾期发布、失败的产品上市和他人的冷嘲热讽，更不消说旷日持久的法律诉讼。所谓十年磨一剑，盖茨终于拿出了惊艳华丽的产品：Windows 95！

盖茨为 Windows 95 这一款单一产品开出的营销预算是创纪录的 3 亿美元！在铺天盖地的媒体报道和广告的推动下，Windows 95 系统一年之内就卖出了数千万份拷贝。几年之后，它就牢牢占据了 80% 以上的市场份额。也许我们不应该称 Windows 95 为单一产品，它其实代表着一个新的时代——图形用户界面时代到来了。Windows 95 终结了微软自己吸金无数的 MS–DOS 系统，又建立了个人电脑时代软件行业的新标准，这个标准的威力一直延续到了今天。

从这个意义上说，Windows 95 堪称个人电脑时代唯一的十倍创新，它开创了未来，又终结了竞争，微软的软件霸业就此铸成。与此同时，麦金塔的销量开始暴跌。到了 Windows 95 发布的第二年，即 1996 年，苹果的市场份额从 20 世纪 80 年代末的 16% 下降到 4%。此时已经是局外人的乔布斯咬牙切齿地总结说："Windows 赢了，很不幸，它打败了麦金塔，打败了 Unix，打败了 OS/2。一个低劣产品诞生了。"

盖茨在事后总结说："微软公司的赌注下在图形界面上……图形界面成为主流所用的时间比我原先预计的要长，但是今天我们可以说这是人们使用计算机的主导方式。我们只要看看 DOS 应用软件和 Windows 应用软件的销售对比情况就会发现，在过去的两年半时间里，字符软件从占市场 80% 降到不足 20%……当最后一种主要字符软件更新版出品时，即使这 20% 也将大幅下降，行业的所有资源最终都转向图形应用软件。"

比尔·盖茨可能是商业史上最早意识到"标准制定者"是一种最高级别的垄断，并且成功地把微软系列软件打造成行业标准的人。当然，对于 Windows 95 这种显而易见的暴利软件产品，觊觎者一定会前赴后继。但是，当微软把 Windows 95 打造成个人电脑操作系统的行业标准时，微软相当于建造了软件行业的珠穆朗玛峰！

然而，"标准"这种稀有的商业产品究竟为何物？

对此，专栏作家迈克尔·施拉格总结说："谁比其他人更理解标准的意义？可能是比尔·盖茨和微软。微软实际上不是在做软件生意，而是在做标准生意。微软成功不是因为它编写了最好的程序，而是因为它确立了最好的标准。微软的 Windows，使盖茨成为亿万富翁的这种计算机软件，被培育发展成一种标准，而不仅仅是另一种操作系统。微软的目标绝非收入甚至市场份额的最大化，它是在与消费者、软件开发商和英特尔这样的微处理器生产商建立关系，以给予微软操作系统最充分的支持，在战略上、财务上和技术上的支持。这些关系网络正是使得标准成为标准，而不仅是一件产品的东西。标准不是一个公司的产品，而是这些网络的副产品。支配标准，意味着支配这些网络。”

Wintel 联盟的微妙之处在于，Windows 的图形用户界面需要更大的微处理器，而摩尔定律让微处理器的计算能力每 24 个月翻一番。这样一来，几乎每过两年，英特尔就会发布新一代微处理器，而微软则会根据这款新的微处理器升级自己的软件产品。久而久之，Wintel 联盟就成为个人电脑领域的创新时钟，他们按照摩尔定律预设的时间表推出新的微处理器和软件产品，这时硬件厂商就不得不闻风而动，推出升级版的电脑。而我们消费者，则被迫按照同样的时间表买单，更换我们的电脑。每当我想到家里的家用电器通常可以使用 10 年左右，我就不禁感慨起来。

在世界创新史上，可能除了服装之外，从来就没有如此频繁的产品更换率。在这个产业链的最顶端，就是 Wintel 联盟的两位盟主：微软和英特尔。从创造的商业价值而言，微软要远胜于英特尔，因为每次微处理器升级，英特尔都要投入巨大的研发成本和制造成本；而微软的软件开发费用早已经分摊完毕，只要额外投入一点人力，改写代码并进行测试即可。微软公司前 CEO 兼总裁史蒂夫 · 鲍尔默忍不住泄露了天机：软件是固定成本生意。作为消费者，我们每次更换并未损坏的电脑时，硬件厂商就能赚一点蝇头小利，英特尔赚的利润当然比硬件厂商丰厚，而微软攫取了我们每次更换电脑时的大部分行业利润，直到今天也如此。

迈克尔 · 施拉格强调了 Wintel 这种联盟对于建立标准的重要性，这显然不够全面。20 世纪 70 年代，施乐帕克研究中心用“上帝之手”设计好一款必将统治个人电脑的图形用户界面之后，图形用户界面就一直待在深闺之中，等待一位伟大伯乐的降临。乔布斯本来扮演了这个伯乐的角色，但是乔布斯只是沉醉于打造专属于苹果的炫酷的电脑产品，对于所谓的标准并无兴趣。比尔 · 盖茨当然不会放弃这个时间窗口，他不惜耗费 10 年漫长的时光，使微软的 Windows 95 终于逼近了图形用户界面所能达到的最高境界。在我看来，Windows 95 是个人电脑领域唯一一个十倍创新，从产品本身而言，Windows 95 就是一款厉害的大杀器，它的问世几乎立刻终结了所有关于操作系统的竞争。盖茨还不放心，又为 Windows 95 支付了微软史上最大一笔营销费用，通过大众媒体的狂轰滥炸，让 Windows 95 成为全球有史以来最受关注的软件产品。通过商业合作，盖茨让 Windows 95 的市场份额超过 80%，除了特立独行的苹果公司，几乎所有的电脑硬件厂商都不得不拜倒在 Windows 95 的“石榴裙”下。

此后，个人电脑操作系统再也没有伟大的创新发生，因为 Windows 95 已经成为操作系统唯一的标准，直到几十年后的今天，也无人试图在这个领域挑战微软的地位。在我看来，Windows 95 之后的各种升级版本，只是迭代创新而已。

此时，我想起微软公司的一句口号：每个写字台和每个家庭都有一台电脑，都用微软的软件。大多数公司都设定了愿景，可是只有极少数的公司能够实现，微软甚至超出预期地实现了自己的愿景，微软的软件成为个人电脑领域唯一的标准，通过售卖标准软件，微软垄断这个行业已达数十年之久。

我们应该铭记的是，Windows 95 是通过复制成为十倍创新的产品，正是它帮助微软终结了竞争，同时使微软的软件成为行业标准。

08　苹果：个人电脑的开山者

我发现，个人电脑时代的主角之一苹果和一系列谜团相关，如果认识并解开这些谜团，苹果的早期足迹才会清晰起来，这些足迹就是个人电脑革命兴起之时的模糊影像。

谜团之一：为何看上去最不靠谱的苹果成为个人电脑的缔造者？

1975 年，正是爱德华·罗伯茨的牛郎星扛起了个人电脑革命的大旗之时，但几乎所有的大公司都选择无视这个新兴市场。

IBM 作为计算机行业的鼻祖，其实也是个人电脑革命的对象，当牛郎星这一个人电脑的革命临界点到来时，IBM 的警钟就已经敲响了。有一次，乔布斯在发布大名鼎鼎的麦金塔电脑时，把 IBM 比作一头愚钝的大象。他说，1958 年，有几个人走进 IBM，向 IBM 展示一项新技术。老沃森接待了他们，没有听懂他们想要搞什么，就打发他们走了。其实，当时 IBM 有一位年轻的工程师听懂了，可是他人微言轻，没能说服老板再评估一下这项技术。结果，这项技术催生了复印机这款产品和施乐这家大公司。乔布斯接着说，又过了 10 年，一家叫 DEC 的公司发明了微型计算机，IBM 继续选择了无视，结果诞生了微型计算机这个独立市场，分食了 IBM 的大型计算机市场。乔布斯其实是在嘲笑 IBM 总是错失计算机行业重大变革所带来的机遇。

1975 年，IBM 的员工数达十几万人，营收达数十亿美元，客户遍及全美国和欧洲。

在 IBM 羽翼之下长大的施乐公司开创了复印机行业，然后又独占了这个自己开创的市场，因为他们发明了复印机技术。匪夷所思的是，作为单一产品的垄断性公司，施乐为了显示对潜在新兴市场的重视，在千里之外的加州成立了一家著名的研究所——帕克研究中心，试图通过基础研究把握未来信息技术的变革。仅仅在帕克，就聚集着数百位顶级科学家。有人说，帕克聚集了全美国 50% 的顶级计算机科学家。

帕克聚集了最好的计算机科学家，那么他们的成果呢？他们的成果就是一台足以主宰未来的超级发明：奥托计算机（Alto）。稍后，我们将详细说明这项发明。但是，施乐公司的管理层只是把奥托当作一个玩具，发给内部的每个人，甚至赠送给大学。施乐的管理层比老沃森更过分，他们斥巨资聚集了这群顶级科学家，这些科学家发明了奥托，管理层却从未想过把奥托发展成为一个商业产品。商业史上竟有如此奇葩的事情！令人遗憾的是，这并非虚构，而是残酷的事实。这个时候我就想到，奥托就像皇帝后宫中三千佳丽中的一位，虽风情万种、倾国倾城，却无人问津。难怪乔布斯发现奥托这位“绝世佳人”之时，不禁喃喃自语，心潮澎湃。

1975 年，施乐的帕克研究中心有几百号人，他们把费尽心思研发的奥托藏在深闺当中。

另外，1966 年，硅谷第一家大型科技公司惠普设立了惠普实验室，稍后他们就研制出了第一台计算机产品。20 世纪 70 年代，惠普研发了一系列和计算机相关的产品，包括第一部个人计算工具：掌上科学计算器。他们已经无限逼近个人电脑行业这一领域了。要知道，罗伯茨正是从计算器业务转型到个人电脑这一新兴市场的，二者之间只有一层窗户纸的距离。

惠普以虚怀若谷闻名。当时还是中学生的乔布斯突发奇想，要捣鼓一个电子产品，他又没有钱。于是，这位少年就拿起电话，打给惠普公司的创始人，问他要一些电子零件。结果，乔布斯不仅要到了他所需要的电子零件，而且得到了一份惠普暑期实习的工作机会。我们不能仅仅把这样的奇遇归因为乔布斯是个天才，惠普的老板其实随时可以挂断这个毛头小子的电话，但是他老人家耐心听完，还给予了乔布斯超出预期的帮助。惠普创始人的行为，其实就折射出惠普强大的文化内涵：平等。

那时，惠普的地位相当于今天的谷歌，它是年轻工程师的梦想之地。毫不奇怪，在当年人才济济的惠普中潜伏了一位不起眼的、胡子拉碴的工程师，他叫斯蒂夫·盖瑞·沃兹尼亚克，他正在和自己的小伙伴乔布斯捣鼓一台叫苹果的个人电脑。这位诚实的工程师认为，他还在惠普工作，并且利用惠普的工作环境做出了这台电脑，因此他应该问问惠普是否对这台个人电脑感兴趣。当他兴致勃勃地给自己的上司演示了苹果电脑之后，上司露出不太感兴趣的神情，沃兹有些失望。尽管沃兹在惠普只是从事一些打杂的工作，但他还是乐此不疲。1975 年，惠普年收入达数亿美元，拥有上万名员工，沃兹就是其中的一员。

沃兹事后回忆道："那些大公司、投资人和分析师经验丰富，训练有素，比我们聪明得多，他们认为我的想法只是小打小闹，就像家用机器人或业余无线电那样，只有那些技术迷才会感兴趣。"显然，这些聪明的人错过了沃兹和他的天才发明，等惠普日后想进入个人电脑行业时，将要付出百倍甚至千倍的代价才可以入门。

这样看来，沃兹不得不和乔布斯出去创业，离开自己心爱的惠普公司。

就在 IBM、施乐和惠普这些大公司无视牛郎星带来的个人电脑革命临界点时，从印度朝圣归来并在家待业的、看上去吊儿郎当的乔布斯，和内向害羞、满脸络腮胡子的极客沃兹一起创办了一家叫苹果的公司。新公司为何叫这个名字呢？只是因为那时乔布斯恰好喜欢吃苹果，刚从一家苹果园归来。他们的投资人是一位从英特尔离开的年轻销售主管，名叫迈克·马库拉，也是硅谷名不见经传的小人物。

正是这几位看上去不太靠谱的年轻人，掀起了个人电脑革命的滔天大浪。这有点像中国历史上的农民起义，最后问鼎中原者往往是一介布衣。

苹果的缘起，正和牛郎星电脑相关。沃兹的家乡新成立了一家叫"家酿计算机俱乐部"的社团，在牛郎星发布之后，这家俱乐部举办了一次聚会，主题就是分享刚刚上市的牛郎星，沃兹恰好受邀参加了这次聚会。当聚会者对牛郎星赞不绝口之时，沃兹却有些不屑。他迅速做出判断：自己立刻就可以做出一台比牛郎星更棒的个人电脑！

沃兹每天下班之后，重新潜回自己在惠普的办公室，开始独自捣鼓心目中的个人电脑。沃兹发现，牛郎星的致命问题在于，这台机器看上去像一个工业产品，而不是一个易用的消费级别的产品。人们如何在属于自己的电脑上输入交互呢？牛郎星的选择是一些指示灯和按钮开关，这显然不对。更好的交互方式其实早就有了，就在西方风行数百年的打字机中。沃兹进一步意识到，打字机键盘显然是更加完美的交互方式。那么输出交互部分呢？沃兹觉得没有什么比自己家里的电视机更好。你输入一行指令，立刻就能显示在屏幕上，这样不是很好吗？当然，没有任何研发资本的沃兹，选择了市场上最廉价的微处理器。个人电脑的用户还可能需要用于编程的计算机语言。但是什么是计算机语言呢？沃兹买了一本 BASIC 相关的书籍，开始现学现卖，他不能使用大型计算机，干脆就用一个笔记本手写编写 BASIC 语言程序。沃兹的这段经历，可谓空前绝后。

就这样，沃兹夜以继日地做出了一台个人电脑样机，他的计划是向家酿计算机俱乐部的朋友们展示一番：大家看，我沃兹亲手做出了比牛郎星更棒的个人电脑！但这只是沃兹心中所想而已，其实，他甚至羞于向大家演示这台机器。很有可能，他只是把这台机器放在讲台上，害羞地等待大家上来观赏、提问。

这时候，老朋友乔布斯走进了沃兹的房间。当他看到这台机器时，他立刻说服沃兹完善这台机器。乔布斯再次发挥他空手套白狼的本事，为沃兹弄来一些急缺的零部件，这台机器终于可以稳定地工作了。乔布斯说服了沃兹，他们要一起成立一家公司，出售这台机器，而不是向家酿俱乐部那帮小子显摆。

这家公司就是日后大名鼎鼎的苹果。

乔布斯带着沃兹四处演示这台机器之时，遇到一位电脑零售店的老板，此人没拿到紧俏的牛郎星电脑货源，正在为此发愁。乔布斯向他推荐了自己的机器，并且获得了订单。这些被销售了上百台的机器后来被称作 Apple Ⅰ（苹果第一代个人电脑）。

刚上路的苹果公司蛰伏在乔布斯家的车库，急需资金发展，乔布斯每天不停地打电话并约见潜在投资人。终于，红杉的创始人向乔布斯推荐了赋闲在家的迈克·马库拉，乔布斯施展自己的口才，说服马库拉向苹果公司注资，就这样，苹果公司拿到了第一笔投资，开始正式运营起来。

苹果需要一款更加成熟的个人电脑产品，按照电脑零售店老板的说法，Apple Ⅰ只是一些电路板，用户需要即插即用的电脑产品。有了资本的乔布斯开始招兵买马，并且和沃兹琢磨下一代苹果电脑产品。其实，沃兹私下早已经开始行动起来，他想设计一台自己梦想中的个人电脑。

沃兹是那个时代最厉害的硬件大师，他整日除了在自己的房间里捣鼓各种电子产品，没有其他任何爱好。沃兹最擅长的是利用手头的材料设计出不同凡响的电子产品，并且使用最少的零部件。他的实现方式就是天才级别的电路设计。

这一次，沃兹和乔布斯设计的产品就是后来如日中天的 Apple Ⅱ。沃兹负责设计整个数字电路板，编写整套系统软件，而乔布斯负责协调工业设计部分。Apple Ⅱ的整机设计亮点包括可以和几乎所有的投影仪、电视兼容，并且具有彩色显示能力、高解析度的图像和声音，而且支持游戏控制板。它也是第一台在只读存储器里设置 BASIC 程序的电脑，启动后即可使用。在马库拉的建议下，沃兹为它加上了独创性软盘，使它具备了领先于对手的存储能力。可以说，沃兹就是 Apple Ⅱ之父。

这时，乔布斯进一步为它带来了卓越的外观设计：漂亮的塑料箱子和内置键盘，连 Apple Ⅱ的外接电源也是乔布斯请专人设计的。这一切努力使 Apple Ⅱ看起来就像一件具有强大性能的艺术品，即插即用，非常稳定。

从某种意义上说，是沃兹超越时代的硬件构想能力和乔布斯独特的设计品位，共同造就了不同凡响的 Apple Ⅱ。

Apple Ⅱ电脑渗透到了普通消费者层面，已经实现了质的飞跃。就如乔布斯所说："完美的目标客户已经不再局限于少数喜欢自己组装电脑，知道如何购买变压器和键盘的业余爱好者了。希望电脑拿到手就可以运行的人，其数量是业余爱好者的 1 000 倍。"但这些并不是 Apple Ⅱ成功的全部原因，还有一个原因是苹果无法预先设计的意外因素：Apple Ⅱ成了一个杀手级应用软件的唯一受益者。这个杀手级应用软件就是 VisiCalc——可视化计算器，它在三年内就成为尚在襁褓之中的个人计算机软件工业的第一个热销产品。由于 Apple Ⅱ性能强大，起初 VisiCalc 只能在它上面运行，这样一来，VisiCalc 和 Apple Ⅱ的嫁接，又把用户群体从普通消费者延伸到商业用户当中。

现在，我们可以回答上述问题了。为何看上去不太靠谱的苹果能成为个人电脑的缔造者？因为他们制造了 Apple Ⅱ这样伟大的产品，第一次把用户从爱好者拓展到普通消费者乃至商业用户层面。如果说牛郎星只是个人电脑革命的星星之火，那么 Apple Ⅱ就是一场燎原大火，现在所有人都可以看到个人电脑革命那熊熊的火光了。

正如沃兹自己总结的那样，Apple Ⅱ、VisiCalc 和软盘这三样东西的组合，把苹果推到了个人电脑市场中一个空前的地位。1980 年，苹果成为第一家售出 100 万台电脑的公司，在这样的业绩的支持下，他们完成了继福特之后，美国资本市场上最大规模的首次公开募股。

谜团之二：苹果为何陷入“第二款产品魔咒”？

我在投资机构工作时，发现了这样一个规律。创业者做出一款成功的产品，我们对其进行投资，并且期待他们能研发出下一代创新产品。令人失望的是，往往在拿到资本之后，创业者的创新就仿佛停滞了，即使拼尽全力也拿不出下一代成功的产品，公司只能被动地消耗第一款产品带来的现金流。此时，如果第一款成功的产品崩塌，公司就会雪上加霜，甚至陷入危机。作为投资人，我们的焦虑随之而来，原来打算赚大钱的项目，现在看来连收回本金都很困难，怎么办？其实，这样的例子在投资圈非常普遍，我将其称为“第二款产品魔咒”。

时钟拨回 20 世纪 80 年代，Apple Ⅱ大卖、首次公开募股大获成功，以及媒体报道和巨大的社会声誉，让苹果达到巅峰。翻开当时任何一本杂志，任何一份报纸的头版头条，都可以看到苹果进行首次公开募股的报道，一夜之间，苹果的形象代言人乔布斯成为传奇人物，并且拥有了数亿美元的账面财富。此时距离他们在车库开始创业，仅仅过去了 5 年而已。乔布斯和公司董事会倒是非常冷静，他们意识到公司必须尽快研发下一代产品。一般而言，科技公司的理想产品模式，是第一代产品成功后就开始研发第二代产品。这样，当第一代产品到达成熟期之前，第二代产品已经成功上市，然后循环往复，公司才能躲过“第二款产品魔咒”的威胁。对个人电脑行业而言，还有摩尔定律在念咒语，公司必须完成两年产品更迭，只不过，此时摩尔定律尚在潜伏期而已。

需要强调的是，Apple Ⅱ没有太大的资本投入，研发周期很短，整个硬件部分几乎是凭借沃兹一己之力完成的，然后就一举成功了。似乎没有人意识到，这一切都太顺利了！ Apple Ⅱ尽管非常了得，但是苹果还只是单一产品公司，他们如此神奇的研发能力可以持续吗？个人电脑市场已经被引爆，必将迎来更强悍的竞争者入局，苹果可以应对这些潜在风险吗？资本市场被 Apple Ⅱ、乔布斯的迷人光环以及个人电脑市场的巨大空间迷惑了，完全没有看到这种繁荣之下的危机。

当研究这个阶段的苹果时，我们常常会忽略一个显而易见的问题：两位创始人在公司的地位非常怪异。沃兹是天才工程师，他最擅长的事情是独自（请注意，不是带领团队）设计开发电脑硬件，Apple Ⅰ和 Apple Ⅱ几乎是他一个人的作品。但是，沃兹不喜欢与人发生冲突，也不愿意作为公司的管理者进入管理层。这样，一方面，沃兹作为苹果公司的创始人之一兼公司明星产品的开发者，理应在公司扮演重要角色；另一方面，沃兹又主动提出，只愿意当一名初级工程师。沃兹这样的定位，就让他疏远了董事会和管理层，当公司规模逐渐扩大的时候，沃兹就逐渐被边缘化了。

而乔布斯作为公司的创始人之一，在公司的职位也是飘忽不定。当初马库拉在投资苹果时就和乔布斯交流过，马库拉认为他并不适合担任 CEO，很快就聘请了以前英特尔的同事迈克尔·斯科特担任苹果第一任

CEO，而马库拉则担任董事长。这样，乔布斯的官方职责就是带领产品开发团队，他是创始人之一，并且个性强势，却不得不受到斯科特的管理。对于外界而言，由于乔布斯常常代表公司做产品发布以及接受记者采访，这给公众造成一种印象：是乔布斯在管理苹果，但事实并非如此。

作为苹果管理层，马库拉擅长营销；乔布斯擅长产品设计、用户体验和对外发言；斯科特擅长生产管理。唯独擅长研发的沃兹不在管理层。

乔布斯本人最大的兴趣就是带着一个小团队开发产品，他对用户体验有着天才般的直觉，在产品工业设计方面也极具天赋，同时，他个性非常强势、偏执。但是，很少有人注意到，乔布斯其实不懂技术，无论是硬件技术还是软件技术。说他不懂，是指他个人无法独立完成上述技术工作。当乔布斯和沃兹在一起工作的时候，沃兹可以搞定全部技术部分工作，乔布斯只负责自己擅长的部分，这样完美的合作才使 Apple Ⅱ这样伟大的产品问世。

匪夷所思的是，在苹果进行下一代产品研发时，那个时代最伟大的硬件大师沃兹被“屏蔽”了。所有的开发团队都没有沃兹的身影，这位当世第一硬件大师被留在了 Apple Ⅱ小组，做了一名工程师。有人说，按照乔布斯的性格，这是他有意为之。既然当时所有人都认为 Apple Ⅱ是沃兹的作品，那乔布斯就一定要开发出属于自己的作品。他要亲自带队开发更加厉害的产品，来证明自己离开沃兹同样可以做出更棒的电脑产品，一定会超过 Apple Ⅱ。这应该是乔布斯在这个阶段疏远沃兹的原因，这位年轻的亿万富翁急于证明自己，而苹果也必将为这样的抉择付出巨大的代价。

早在 1978 年，董事会就拨给乔布斯一笔资金，并配备了一支工程师团队，让他带队开发 Apple Ⅱ的下一代产品。应当说，这个时点给乔布斯留下了足够的“冗余”。公司把下一代产品命名为 Apple Ⅲ，希望这款产品可以支持彩色屏幕，每行显示 80 个字符，并进军商务市场。乔布斯认为，Apple Ⅱ每行只能显示 40 个字符，而一般打印机都可以显示 80 个字符，这个突破一旦实现，Apple Ⅲ就可以顺利占领办公市场。

乔布斯一生最大的梦想就是开发出伟大的硬件产品，无论他处在人生的巅峰还是低谷，这一初心从未改变。他天生具备一种禀赋，将客户体验放在第一位，一切开发都要为客户体验让路。现在，乔布斯列出的新产品开发原则有：Apple Ⅲ尺寸要小，不能占用办公室太多空间；不能发出任何噪声；要和 Apple Ⅱ的软件保持兼容等。这些要求看上去非常合理，一个小巧玲珑、设计精美且无噪声的 Apple Ⅲ，又和 Apple Ⅱ的软件兼容，一定会大卖。

但问题是，工程师团队能否以及如何实现上述要求？乔布斯自己也不知道，他只能用一贯的高压手段逼迫工程师。举例来说，没有噪声就意味着不能为电脑安装散热风扇，没有风扇，电子元件工作时散发出的热量会把电脑内部变得像工作中的烤箱一样烫。因此，噪声问题实际上就关联着电脑发烫的问题。而与 Apple Ⅱ兼容则更为复杂，既需要内部的软件高手配合，也需要应用软件开发商密切配合。

乔布斯不想放弃他的开发原则，导致开发进度极为缓慢。他提出问题，又不能给出解决方案。久而久之，乔布斯自己的兴趣点就开始转移了。渐渐地，Apple Ⅲ变成了"没娘的孩子"。1980 年 5 月，Apple Ⅲ在产品尚不成熟时就被推向了市场，而且苹果还为这款不成熟的产品投入了巨额的宣发费用。

Apple Ⅲ定价高达 4 340 美元，远超预期。显而易见，这是一台价格高昂而又问题多多的机器：Apple Ⅲ的机身过热导致其无法正常运转，主板的温度过高，甚至使焊接材料融化，芯片移位。一些分销商还投诉说，Apple Ⅲ可能在开机若干次后突然死机，有时甚至无法再次开机。苹果公司的售后工程师不停地奔波于各个零售商之间，为客户解决层出不穷的问题。和 Apple Ⅱ软件兼容的问题也没有彻底解决，能在 Apple Ⅲ上使用的应用软件少得可怜。此时，乔布斯一次错误的商业谈判，使得这种情况雪上加霜：他告诉 VisiCalc 的出品方，必须向苹果缴纳每份 10 美元的许可证费用，才能把这个表格软件预装在 Apple Ⅲ电脑里。这显然把事情搞反了，现在是 Apple Ⅲ更加需要 VisiCalc 这样顶级的应用软件。当然，VisiCalc 出品方完全了解自己的地位，拒绝了乔布斯的要求。这样一来，Apple Ⅲ就不能运行当时的超级应用软件 VisiCalc，而这个软件正是帮助 Apple Ⅱ获得成功的因素之一。

在商业上，Apple Ⅲ完败。在 1984 年退市前，这款产品一共只卖出了 12 万台，而同期 Apple Ⅱ的销量则达到了 200 万台！令人惊奇的是，由于乔布斯后期不再关心 Apple Ⅲ的产品开发，苹果居然找不到谁该为这款失败的产品负责。苹果工程师兰迪·威金顿总结道："Apple Ⅲ有点像集体狂欢时怀上的孩子，事后大家头疼得厉害，至于这个野孩子，人人都说不是自己的。"显然威金顿认为，乔布斯肯定也不愿意背黑锅。但是我们如果稍微追溯一下，就不难发现责任人是谁。是谁负责公司的新产品研发呢？是谁在带领 Apple Ⅲ的研发团队呢？又是谁看到研发进程不太顺利中途离开了呢？当然，Apple Ⅲ的研发和宣发预算的审批者另有其人。

看到这些数据之后的沃兹愤怒了。他不无讽刺地说道："1980 年到 1983 年间，苹果公司上上下下都把 Apple Ⅲ当作最优先考虑的事情。毫不夸张地说，苹果公司成了 Apple Ⅲ公司，一家顺便销售 Apple Ⅱ的 Apple Ⅲ公司。"沃兹继续抨击说，Apple Ⅱ才是公司的明星产品，它是那个时代销量最大的电脑，带给公司可观的利润和巨大的声誉。但是，苹果公司一切以 Apple Ⅲ为中心，投入了大量人力、物力、财力，最后一无所获。

站在沃兹的角度，他对 Apple Ⅲ的不满情绪我当然可以理解。但是，公允地说，苹果决定开发 Apple Ⅲ的决策本身没错，他们的失误在于，选择了错误的开发团队以及错误的产品定位。

多年以后，乔布斯在总结这段经历时感慨地说道："如果我们能够如期推出 Apple Ⅲ，把 Apple Ⅲ作为 Apple Ⅱ的升级版本，让 Apple Ⅲ更加符合企业用户的需求，情况会大不相同。”但是现实没有如果。其实，只要苹果推出继续由沃兹主导的 Apple Ⅱ的升级版，乔布斯继续在工业设计和市场推广方面提供帮助，苹果的历史就会改写。

现实是，急于建功立业却没有准备好的乔布斯匆忙上阵，那个年代最伟大的电脑硬件大师沃兹感到非常不满，却只是害羞地躲在一旁。Apple Ⅲ这个必败的产品就这样出笼了。

苹果在研发方面有一个很好的安排，它设置了一些小规模的研发团队，尝试开发不同定位的下一代产品。有一个叫丽萨的小型研发团队也在其中，丽萨这个产品实际上是以乔布斯女儿的名字命名的。1980 年初，正当乔布斯对 Apple Ⅲ感到失望之时，他获得了丽萨项目的绝对控制权。

乔布斯的梦想是研发出下一代伟大的电脑产品，但是何为“伟大的电脑产品”？他心目中原本只有一个模糊的影像，直到他带队访问了施乐帕克研究中心，看到了他心目中的偶像“奥托”和图形用户界面之后，这个“伟大的电脑产品”的影像在他的脑海中才变得清晰起来。所以他放弃了 Apple Ⅲ，希望找到一个全新的模板来实现他的梦想，因为 Apple Ⅲ已经无法改动了。因此，乔布斯盯上了“半成品”丽萨。

丽萨也已经有了自己的定位：比 Apple Ⅲ价格更高，进军企业市场。丽萨将采用更强大的微处理器，拥有更大的内存和更快的运行速度，以满足企业用户的需求。乔布斯完全无视企业用户的独特需求，他只关心一点：丽萨必须采用鼠标和图形用户界面。这样一来，丽萨的两个定位就有了冲突：企业用户的需求和个人用户需求，哪个应该被优先考虑？当项目陷入僵局时，乔布斯又开始暴跳如雷，大声斥责团队成员。苹果公司的 CEO 迈克尔·斯科特对丽萨项目寄予厚望，希望公司能借此打入更高端的企业市场。然而，他发现丽萨的研发进展缓慢，成本高昂，团队士气低落。

1980 年秋天，在乔布斯执掌丽萨项目 9 个月后，忍无可忍的斯科特把他换下，把项目管理权交给了其他人。

从某种意义上说，1983 年 1 月上市的丽萨电脑是一款划时代的产品，它还是深深地刻上了乔布斯的印记：全球第一款采用鼠标和图形用户界面的个人电脑。但是，它的定价高达 9 995 美元，又缺少应用软件的支持，对企业用户而言，它显得华而不实。因此，丽萨电脑不可避免地再次以失败告终，在几年之后被迫停产下线，余货被埋在犹他州的垃圾填埋区。

毫无疑问，乔布斯要为 Apple Ⅲ和丽萨的失败承担重要责任，他还没有准备好做一个产品经理。大多数传记作家都把苹果公司产品研发失败的原因，总结为乔布斯那魔鬼般的性格所造成的内部冲突。从表面看，好像的确如此。但真正的原因是乔布斯不懂技术，他无法给技术人员提供具体的指导，也无法攻克开发过程中遇到的障碍。因此他总是提出问题，又无法给出解决方案，导致研发一再陷入僵局。

这样看，Apple Ⅲ和丽萨的失败，算是苹果公司为乔布斯的研发课所支付的昂贵学费吧。

好在，Apple Ⅱ还在大卖，能够支持苹果公司继续前行。但是，就在苹果公司在创新领域连续遭遇滑铁卢时，“群狼”已经开始觊觎这个由苹果公司一手缔造的巨大的个人电脑市场。蓝色巨人 IBM 终于晃动着巨大的身躯上场了。

IBM 个人电脑采用了英特尔微处理器和微软的 MS–DOS 操作系统，雷霆般地侵入个人电脑市场。在 1983 年，IBM 个人电脑的销量已经反超苹果公司硕果仅存的 Apple Ⅱ。而且规模更大、数量更多的对手——IBM 个人电脑的兼容机也将包抄过来，进一步抢夺苹果公司岌岌可危的市场份额。看来，强敌环伺之下，留给苹果和乔布斯的时间已经不多了。我仿佛可以听到，在掩埋丽萨电脑的垃圾填埋场上空，乌鸦沙哑的叫声。商业的残酷性就是如此，失败者必须面对严冬。

此时，无所事事的乔布斯在公司内部又找到了他的新欢，他再一次开始激动起来。

09 个人电脑的麦加

深藏的璞玉：奥托

在重温个人电脑革命的时候，我会反复问自己一个问题：这场革命中最有价值的创新到底在哪里？是晶体管和集成电路的发明，是英特尔第一款微处理器，是罗伯茨的牛郎星电脑，是基尔代尔的 CP/M 操作系统，还是沃兹的 Apple Ⅱ？毫无疑问，上述每一项创新都弥足珍贵，都是里程碑式的重大发明。但我仔细思考之后，觉得这些还不是我要寻找的答案。

有时候，只有你站在万山之巅，才可以看得更远。那么个人电脑革命的珠穆朗玛峰又在何处呢？

我认为，苹果公司的麦金塔电脑以及微软的 Windows 操作系统，就是个人电脑革命的双子座山峰！我们从这两座高耸入云的山峰顶端，一直可以遥望到数十年后的今天，乃至更加遥远的未来。这两项了不起的发明惠及了使用电脑的每个人，当我们熟练地使用鼠标点击一个漂亮的图标时，这种完美的交互如此令人赏心悦目。那么，麦金塔和 Windows 又来自何处呢？

这两项绚丽的发明，正是来自施乐帕克研究中心一台理应载入史册的电脑：奥托。

当我们站在麦金塔和 Windows 的峰顶，拨开历史的迷雾，一切都清晰可见：麦金塔电脑和 Windows 系统都源于斯坦福大学旁边的施乐帕克研究中心。

1970 年，美国东部的施乐公司突发奇想，计划在数千公里之外的加州投资设立一个研究中心，具体研究什么呢？就研究一个在那时非常具有前瞻性的“信息架构”吧，但是，何为“信息架构”？没有人做出过详细解释。这家研究机构就是日后大名鼎鼎的帕克研究中心，我称之为“个人电脑的麦加”。

我在想，乔布斯在领导苹果开发下一代个人电脑时，为何会一再遇到滑铁卢？可能是因为，志存高远的乔布斯试图开发出引领下一代个人电脑的革命性的产品。所谓革命性的产品，绝对不是去掉风扇，体积更小，更漂亮的外观这样的小打小闹。可以这样说，此时的乔布斯对于革命性的个人电脑产品并没有很清晰的设想。

很快，施乐帕克研究中心就聚集了全美一半以上的最厉害的计算机科学家。他们上班时可以随意着装，没有具体的研发任务，自己喜欢什么就做什么，需要预算就向主管申请。艾伦·凯就是这座神奇的象牙塔中的一位研究主管。

1972 年 9 月的一天，帕克研究中心计算机科学实验室的研究人员巴特勒·兰普森和查尔斯·撒克找到了系统科学实验室的艾伦·凯，问道："你有经费吗？"艾伦·凯告诉他们，自己有大约 25 万美元的专项经费。

"你想让我们给你造一台计算机吗？"兰普森问道。

"我非常乐意。"凯回答。

经费到手后，撒克和一位同事就立刻购买零部件，开始造一台计算机。当听到有人冷言冷语地说，造一台计算机最少需要 18 个月时，自视甚高的撒克一下子被激怒了，他打赌说自己 3 个月就可以造好。撒克基本上兑现了诺言，他夜以继日地干了 3 个多月后，这台计算机样机就大功告成了。撒克为自己这台计算机起名叫"奥托"。这台造价 500 美元、速度超快的小型计算机，比罗伯茨的牛郎星早了好几年。因此也有人说，奥托才是世界上第一台个人电脑。

从某种意义上说，艾伦·凯是乔布斯难得一遇的知音，他常常提到凯的一句格言："对待软件严肃认真的人，应该制造自己专属的硬件。"这话好像就是对乔布斯说的，因为乔布斯一生都坚守了这一原则，只做硬件。

艾伦·凯在电脑设计方面也和乔布斯心有灵犀，他针对正在开发的奥托，进一步提出了小型个人电脑的概念，这种电脑使用简便，即使小孩子也能轻松操作。这难道不是乔布斯一生梦寐以求的吗？艾伦·凯的理念得到了大家的赞同，帕克研究中心的工程师开始研发图形用户界面，以取代过往电脑上那些枯燥的命令行和 DOS 提示字符。要知道，无论是基尔代尔的 CP/M，还是盖茨的 MS–DOS，都使用这样的字符交互。沃兹的创新在于，用键盘敲击，把这些字符显示在屏幕上。这样的交互方式对熟谙计算机的爱好者而言，就像吃饭喝水一样容易。但是，对普通消费者而言，这是不可逾越的鸿沟。可以说，个人电脑如果仍然使用字符交互，就无法惠及普通消费者，那么个人电脑即使到了今天，也只是一个覆盖爱好者的小众市场。

帕克研究中心的工程师设计的图形用户界面是对字符用户界面的革命。采用了图形显示之后，用户就无法只用键盘操作了。于是，帕克研究中心的工程师就想到了光标和鼠标，经过消费者测试后，他们选择了鼠标。这样用户就可以通过移动鼠标，定位屏幕（桌面）上的图标，而这些图标代表程序、文件、目录和系统功能。用户根据鼠标指针的位置按下鼠标就可以调用程序，选择文件和目录，或打开菜单命令。帕克研究中心的工程师还为奥托进一步开发了重叠窗口和多任务管理等神奇的功能。艾伦·凯说，当时奥托的显示屏太小了，必须要有重叠窗口功能，他说得倒是轻松，要知道，此后微软的工程师为了实现这些功能，至少花费了 5 年的时间。

这样看来，拥有图形用户界面和鼠标的奥托，不仅仅是最早的个人电脑，而且比同时代最好的电脑还要先进 10 倍，领先 10 年。

奥托样机做出来之后，帕克研究中心的工程师都很喜欢，于是，研究中心为几乎每个人都制作了一台。1977 年，施乐总部管理层视察帕克研究中心，科学家兴致勃勃地向他们展示了自己的多项研发成果，也包括奥托电脑，可是施乐的高管完全没有兴趣。工程师建议说，既然帕克研究中心的人如此喜欢奥托，施乐就应该把奥托推向市场。施乐总部的管理层否决了他们的提议。但是，管理层倒是非常乐意把奥托作为礼物送给大学和一些政府部门。

事情进行到此，奥托这个十倍创新的产品，这款石破天惊的个人电脑，对于施乐的意义就是给在帕克研究中心工作的人每人配备一台以及作为礼物，仅此而已。想到如此伟大的产品却被人弃若敝屣，艾伦·凯失望地说，他想要像扔面巾纸一样扔掉奥托。

伟大创新之源：图形用户界面

本来，施乐公司和苹果公司并无交集。1979 年，苹果公司的 Apple Ⅱ 大卖，即将上市的苹果公司的股票炙手可热，施乐的投资部门很想购买一些苹果公司的股票。乔布斯正好听说施乐帕克研究中心有一些很厉害的研究成果，想去看看。于是，乔布斯开出条件："如果你们愿意揭开施乐帕克研究中心的神秘面纱，我就同意你们投资 100 万美元。"施乐公司同意了，这就促成了乔布斯后来改变电脑历史的帕克研究中心之旅。

帕克研究中心的阿黛尔·戈德堡对于公司居然把自己最珍贵的科研成果随意示人感到十分震惊，想要阻止乔布斯获取更多信息。但是，乔布斯是那种不达目的决不罢休的人，他反复和施乐总部沟通，虽然经历了一些波折，最后还是如愿看到了帕克研究中心的秘密。变本加厉的是，乔布斯居然还带来了一个庞大的技术团队一同学习，这些人包括比尔·阿特金森和帕克研究中心的前员工布鲁斯·霍恩，这两个人对帕克研究中心的好东西熟门熟路。

当帕克研究中心负责演示的拉里·特斯勒开始演示全部成果时，苹果公司的考察团成员顿时目瞪口呆。乔布斯干脆跳了起来，兴奋地挥舞着手臂，不停地提问。让乔布斯感到震惊的是，施乐居然没有将这些革命性的成果商业化。"你们就坐在一座金矿上啊，"乔布斯叫道，"我真不敢相信施乐居然没有好好利用好这些技术。"其实，乔布斯应该感谢施乐的管理层没有理会这些技术，否则，苹果之后的故事会大不相同。乔布斯意识到，施乐的图形用户界面将加速电脑普及更多个人用户的过程，屏幕上的图标能让电脑的操作易如反掌。如果用图标取代指令，用户只要滑动鼠标就能轻松操控电脑，就如同从书架上取下一本书那样容易。如此惬意的交互方式，将会让乔布斯的终极梦想成为现实：为普通人打造一台简单易用的个人电脑。

当乔布斯看到鼠标和图形用户界面时，他说："仿佛蒙在我眼睛上的纱布被揭开了，我看到了计算机产业的未来。"

写到此处，我不禁想起了春秋战国时期俞伯牙和钟子期的故事。相传俞伯牙善鼓琴，钟子期善听琴，伯牙每次想到什么，钟子期都能从琴声中领会到伯牙所想，子期死后伯牙再不弹琴，因为再没有知音人。这里，奥托宛如俞伯牙，而乔布斯不正是钟子期吗？奥托善鼓琴，本可奏出个人电脑领域最曼妙的琴声，可是，施乐的管理层就像失聪一样充耳不闻，而奥托正是施乐自己孕育出来的天才发明啊。这时候，乔布斯带人走进来，一下子就听出了奥托那动听琴声的寓意：这是个人电脑革命的集结号，有了这样的号令，任谁都可以引领个人电脑的未来。

有人说，苹果对施乐帕克研究中心的这次"技术盗窃"，堪称工业史上最严重的抢劫行为之一。乔布斯并没有反驳，但他为自己辩解说："毕加索不是说过吗，好的艺术家只是照抄，而伟大的艺术家窃取灵感。而在窃取伟大灵感这方面，我们一直都是厚颜无耻的。"反过来看，如果苹果不窃取这项伟大的发明，施乐管理层十有八九依然会忽略奥托的存在，而个人电脑的历史也将改写。因此，乔布斯指责施乐公司："他们就是一群白痴，根本没有意识到电脑的巨大潜力。施乐本来可以称霸整个计算机产业的。"

在驱车赶回苹果公司的途中，乔布斯觉得，自己苦苦寻觅的个人电脑革命性产品的影像顿时清晰起来，其核心就是图形用户界面。于是，他大声呐喊起来："就是它了！我们要把它变成现实！"

乔布斯甚至可以预见到，未来搭载了图形用户界面的苹果电脑，将像家用电器一样易于操作。苹果公司将引领计算机产业的未来，把个人电脑普及寻常百姓家。

想到此，乔布斯回头向同样兴奋不已的阿特金森提出了那个著名的问题：“实现这个目标需要多久？”阿特金森回答说：“我不确定，也许要6个月吧。”事实上，实现这个目标用了5年时间！

苹果用来实现这个目标的产品，就是后来闻名遐迩的麦金塔。而正当乔布斯给比尔·盖茨演示麦金塔的图形用户界面时，盖茨的反应就和乔布斯当年在帕克研究中心的神态如出一辙。只不过，盖茨更加内敛一些，他小心翼翼地把自己的激情掩盖起来，回去立刻启动了Windows系统的研发。盖茨实现这个目标的时间更久，差不多用了8年漫长的时光。当乔布斯发现微软公司在开发基于图形用户界面的Windows系统时，他立刻愤怒起来，对盖茨怒吼道：“你占了我们便宜！我曾经相信你们，如今你们却从我们这里偷东西！”盖茨异常冷静地说出了那句很难辩驳的名言：“好吧，乔布斯，我认为我们可以从不同角度来看待这件事。你应该说，我们都有一个叫施乐的有钱邻居，我潜入他家想偷电视，却发现电视早就被你偷走了。”

盖茨一下子击中了乔布斯的软肋，麦金塔的图形用户界面来自施乐，是对施乐的抄袭。

令人唏嘘的是，施乐富有远见地投资设立了帕克研究中心，招聘到非常厉害的科学家，这些科学家又不孚众望地发明了图形用户界面这样伟大的技术，然后施乐却无视自己的伟大发明。结果，乔布斯慧眼识珠，利用它做出了麦金塔，而偷窥了麦金塔的盖茨又用它做出了Windows。此后的数十年，个人电脑行业就再也没出现任何伟大的发明了。

回顾这段历史，我总在想，怎么会有人投资研发出一项伟大的技术，然后又将其打入冷宫，最后眼见偷窥这一伟大技术的人改变了世界，世界上会有如此行事的人吗？难怪乔布斯忍不住会爆粗口，骂施乐管理层是“白痴”。

当 Windows 系统成熟起来的时候，它就和麦金塔联手控制了个人电脑的未来，也许联手还是一种谦虚的说法，因为微软占据了超过 80% 的市场份额。此后所有的个人电脑都在使用图形用户界面，直到今天。

如此看来，我称帕克研究中心为“个人电脑的麦加”，就十分准确了。施乐在春天种下一粒种子，秋天收获的人却换成了笑脸盈盈的乔布斯和盖茨。我写完这段话，就点击了一下鼠标，把此文保存起来。作为用户，我们今天还在享受图形用户界面带来的恩惠，难道不应该追忆一下帕克研究中心这一个人电脑的朝圣之地吗？尽管后来 Windows 和麦金塔都更新了很多版本，但它们都建立在图形用户界面的基础上，换汤不换药，所谓万变不离其宗。

艾伦·凯他们如果看到这一段，可能会露出一丝苦笑。在 20 世纪 80 年代，看到施乐对伟大创新的漠视，帕克研究中心的科学家掀起了“离职潮”，他们中的很多人相继收拾行囊，离开了这个让他们创造出伟大的技术，却又不得不把这些技术无情尘封，而后拱手让人的伤心之地。

10　麦金塔

巅峰

在乔布斯被剥夺了丽萨项目的管理权之后，他一直在寻找新的“猎物”。不久，他发现了麦金塔，这是由杰夫·拉斯金负责的一个研发项目。拉斯金的设想是为大众制造一台拥有简单图形用户界面和简洁设计的廉价电脑，它将像家用电器那样易于操作。这样的概念一下子引起了乔布斯的共鸣。拉斯金也是怂恿乔布斯参观施乐帕克研究中心的人之一。当乔布斯盯上麦金塔之时，一个不可避免的问题必然会出现：谁来当项目负责人？经过一系列短兵相接之后，拉斯金迅速败下阵来。当时的苹果公司 CEO 斯科特觉得，把乔布斯强行调离丽萨项目，有些亏欠他。因此，在拉斯金和乔布斯的麦金塔控制权纷争中，斯科特站在了乔布斯一边，结果是拉斯金出局，乔布斯赢得了麦金塔的掌控权，这是1981年春天的事。

此前，乔布斯虽然是苹果的创始人之一，却一直没有独当一面的经历：在公司管理方面有马库拉和斯科特，在技术方面有沃兹。因此，麦金塔对乔布斯而言意义重大，这是他第一次真正拥有了自己完全掌控的产品研发团队，就像立志要当将军的人第一次拥有了自己的军队一样。就在乔布斯接管麦金塔项目后不久，斯科特被迫离职，马库拉成了甩手掌柜式的临时总裁，这样一来，一直套在乔布斯头上的紧箍咒消失了。麦金塔看起来就像一个独立王国，预算宽松，可以随意抽调、招聘团队成员，能够按照乔布斯的意愿实施图形用户界面的构想，更重要的是，乔布斯组建了一支才华横溢的年轻工程师团队。有一个例子可以说明乔布斯在为麦金塔搜罗人才方面的强势作风，他走到正在为Apple Ⅱ开发软件的工程师安迪·赫兹菲尔德面前，说道："我有个好消息告诉你，你现在是麦金塔项目的成员了，跟我来吧。"乔布斯毫不理会安迪正在为Apple Ⅱ写到一半的代码，走上前去，直接拔掉了安迪的电源线，他正在写的代码全部消失了。乔布斯不由分说，就让安迪抱着电脑上了他的奔驰轿车，直接把他带到了新工位。除了内部挖人之外，乔布斯对外招聘的方式也是别出心裁，他会把应聘者带到一个房间，里面是一台被遮起来的麦金塔样机，他会突然除去样机上的幕布，同时观察应聘者的反应。如果此人的反应是立刻兴致勃勃地操作鼠标，并且两眼放光，乔布斯十有八九会立刻录用此人，他就是要找到那些对麦金塔充满激情的人。

此时的乔布斯已经从Apple Ⅲ和丽萨项目昂贵的研发"课程"中毕业，他以天才和激情为原则组建起一支精锐的"乔家军"，这个团队包括软件负责人比尔·阿特金森和安迪·赫兹菲尔德，崇拜沃兹的硬件负责人伯勒尔·史密斯，营销负责人乔安娜·霍夫曼等，清一色的20多岁的年轻人。现在，乔布斯站在他们面前，跃跃欲试地要在此地东山再起。

我们常常会说，乔布斯是一位天才，他总能构想出革命性的产品，进而引领整个时代。但是有一次，我看到比尔·盖茨说，乔布斯其实不懂技术。我突然意识到，这可能是事实。乔布斯不会像沃兹那样设计电脑电路，也不会像盖茨那样编写软件代码。那么，他是如何带领麦金塔团队这样一支如此年轻的研发团队的呢？

我们现在就沿着乔布斯产品创新的4步法则，来看看麦金塔是如何被造就的。

第一步：产品影像。此时，乔布斯的脑海里伟大产品的影像，就是他在施乐帕克研究中心看到的鼠标和图形用户界面。他认为，这种技术将造就个人电脑的下一代革命性产品。这样我们就可以进一步理解 Apple Ⅲ为何会失败了。因为乔布斯那时没有建立起未来产品的影像，所以他中途就放弃了。乔布斯也曾在丽萨项目中不顾一切地实践图形用户界面，但又和丽萨此前的定位形成了冲突。丽萨后来失败了，这时需要迫切了解的是，丽萨的失败和图形用户界面有关吗？

显然，乔布斯坚信鼠标和图形用户界面就是个人电脑的未来，当丽萨在市场上铩羽而归之时，他也没有动摇。说穿了，乔布斯脑海中革命性产品的影像就是一台比奥托更棒的个人电脑，它应该有鼠标和图形用户界面。彼时，在苹果公司已经上市的两款产品中，Apple Ⅱ依然大卖，偏离了Apple Ⅱ优势的 Apple Ⅲ则陷入僵局。那么，麦金塔必然需要借鉴 Apple Ⅱ的成功经验：卓越的硬件设计和低廉的产品价格，应用软件向第三方开放。正是 VisiCalc 那样畅销的第三方应用软件极大地带动了 Apple Ⅱ的销售。

这样一来，麦金塔的影像就在乔布斯的脑海里逐渐清晰起来：麦金塔=丽萨（图形用户界面）+Apple Ⅱ（价格）+开放第三方应用软件。麦金塔的硬件和操作系统必须由苹果自己打造，而应用软件则需要向第三方开放。这就是乔布斯在麦金塔开发的早期就急于约见盖茨的背景。

就像我们知道的那样，盖茨给乔布斯带来了一颗糖果和一根大棒：糖果是麦金塔可以最早运行微软开发的顶级应用软件Excel；而大棒则是，麦金塔引狼入室，带来了Windows系统这个伴随一生的强悍对手。

第二步：上帝视角。麦金塔的影像在乔布斯脑海中生根，接下来，他将彻头彻尾地控制整个产品开发过程，无论是产品的方向性决策，还是用户根本都看不到的细枝末节。他是对森林、树木甚至树梢和树叶都要盘查过问的人，而且不厌其烦、毫不妥协，即使这些看上去无聊至极的细节严重耽误了开发进程，大幅增加了研发预算，他也在所不惜。

乔布斯非常喜欢施乐帕克研究中心艾伦·凯的两句名言："预见未来的最好方式就是亲手创造未来"以及"对待软件严肃认真的人，应该制造自己专属的硬件"。

彼时，乔布斯预见的未来就是图形用户界面，而他领导一群人开发麦金塔，正是在亲手创造未来。艾伦·凯关于软件和硬件关系的名言几乎击中了乔布斯的心坎，这里的关键之处在于"制造自己专属的硬件"。乔布斯的观点是，最好的产品必须是一体的，是端到端的，软件也必须是为硬件量身定做的，硬件是为软件量身定做的。麦金塔自己开发的操作系统将和专属硬件完美融合，即使是第三方应用软件开发商，乔布斯也会要求他们专门为麦金塔编写软件。盖茨事后说，微软为编写麦金塔应用软件组建的工程师团队，其规模甚至超过了麦金塔自己的软件团队。微软为此押上了一切，并且一直和麦金塔的软件团队协同工作了好几年，那段时间，盖茨是麦金塔团队的常客，而盖茨的表现正是乔布斯所期待的。因为乔布斯认为，只有这样的努力才能带来非凡的用户体验。至于什么是更好的用户体验，他不是通过市场调查的方法得到结论，而是扮演了主观的、上帝视角的角色。

乔布斯对于是否应该在Apple Ⅱ上设置扩展槽的问题一直耿耿于怀，当时他屈服于沃兹的坚持，预留了扩展槽。在麦金塔设计之初，乔布斯就严禁设置当时颇受用户欢迎的扩展槽，为了阻止客户自己打开电脑机箱，他要求团队设计了打开机箱的专门工具。乔布斯认为，麦金塔就是一件设计精良的艺术品，任何人（包括客户）都不能随意破坏这件艺术品的完整性。虽然机箱内部是用户看不到的地方，但乔布斯还是反复推翻硬件团队的电路板设计，要求必须尽善尽美。为了让团队意识到麦金塔是一件艺术品，他甚至准备了一张纸，让设计团队所有人都在上面签上自己的名字，乔布斯自己也郑重签上了名字。最后这些签名被镌刻在麦金塔的机箱内部。尽管没人会看到这些签名，但是这种举措充满仪式感，让团队更加珍惜这件像是艺术佳作的电子产品。这有点像中国古代的青花瓷，匠人会把自己的名字刻在瓷器的底座上，又或者像中国的国画大师，在大作留白处小心地盖上自己的印章。

如果说机箱设计相当于树梢这样的细枝末节，那么麦金塔营销总监迈克·默里向乔布斯提出的就是一个重大方向性的大胆提议：将麦金塔的操作系统授权给其他硬件厂商，以便将麦金塔的用户环境变成行业标准。可以说，默里的提议非常具有前瞻性，如果实施，它可能会改变未来个人电脑的产业格局。

由比尔·阿特金森领衔开发的麦金塔操作系统可以追溯到丽萨的软件小组，这是全球第一款基于鼠标和图形用户界面的操作系统，具有无可比拟的领先性。从 1978 年为丽萨开发图像程序开始算，麦金塔操作系统前后历时 5 年时间才得以成型。后来，阿特金森还因为这项独特的贡献，被苹果公司授予了“特别员工”的称号，这是一个巨大的荣誉，因为获得这一殊荣的员工只有包括沃兹在内的几个人而已。微软的 Windows 操作系统几年之后才问世，而且初期 Windows 的性能和麦金塔操作系统相比，只能算东施效颦。

这个时点非常微妙，麦金塔操作系统具有压倒性优势，而 Windows 尚在襁褓之中，这是唯一的时间窗口：如果苹果此时把麦金塔操作系统授权给其他硬件厂商，可能就会封杀微软的 Windows 系统，从而让麦金塔软硬通吃、独步天下，而微软可能错失图形用户界面，在 MS–DOS 过时之后被淘汰出局。

显而易见，这个提议虽然可能代表巨大的商业利益，但是和乔布斯专属硬件和专属软件的封闭系统理念相冲突，他断然否决了默里的提议。后来事情的发展印证了默里的担心，不论封闭系统的麦金塔如何成功，它都注定无法成为行业标准，因为用户不可能只买麦金塔的机器。这样就为微软的 Windows 系统和 IBM 兼容机留下了巨大的市场空间。令人遗憾的是，虽然麦金塔通过创新开创了一个巨大的市场，带来了乔布斯期待的卓越的用户体验，但是他固执己见地采取了封闭系统，把这个市场的更大部分拱手让给了微软。

可见，乔布斯在产品研发方面的出发点从来不是商业优先，而是用户体验优先。何为用户体验？乔布斯从不屈尊询问用户，而是采取了主观的上帝视角进行取舍，他曾经不屑地反问说，贝尔在发明电话时，问过哪个用户？这方面，乔布斯倒是很像中国古代的皇帝，他在研发方面的种种指令，很像是君临天下的诏书，在麦金塔这个独立王国，他的指令就是君王之言。

乔布斯的封闭系统理念带来一个显而易见的商业问题：苹果公司必须不断通过创新来撬动新的市场，因为很快，这个市场的大部分就会被开放系统的模仿者占领。接下来，苹果公司要维持在自己开创的新市场中的一席之地，还必须比模仿者做得更好。因为，开放系统的模仿者已经建立了行业标准。麦金塔和日后的 Windows 就是这样的关系，麦金塔打天下，几乎手把手地教会 Windows，然后 Windows 成为行业标准。麦金塔还要始终比 Windows 做得更好，才能在市场上占有一席之地。

也许这些案例还不够极端，乔布斯又说，麦金塔不许和苹果自己的丽萨兼容。你可以说这是为了用户体验，也可以说是为了复仇。乔布斯不容分说，就这么定了。

第三步：现实扭曲力场。几乎可以断定，乔布斯在麦金塔项目上没有采取诸如 KPI（关键绩效指标法）之类的管理办法，他甚至毫不理会管理层级，经常越过部门经理，随时随地直接和任何一位初级员工谈话。乔布斯自己设立的开发进度时间表，随时可以改变。当他需要强调产品质量时，他就说："过程就是奖赏。"当他强调项目进度时，他又会说："能上市才是真行家。"看上去，由于这些随心所欲甚至自相矛盾的管理方法，麦金塔项目团队本可能会乱作一团。

事实却恰恰相反，麦金塔团队众志成城，充满了斗志。当下，很多人对马云提出的"996"工作时间很有意见。但是，乔布斯领导的麦金塔团队的工作强度更加过分。有一阵，麦金塔团队人人都穿上了写着"我们热爱每周工作 90 小时"的 T 恤。正在和麦金塔较劲的丽萨团队的 T 恤则写着"我们每周工作 70 小时，但是我们的产品上市了"。Apple Ⅱ团队坐不住了，他们的 T 恤上则写着"我们每周工作 60 小时，但是我们赚钱养活了丽萨和麦金塔"。由乔布斯激发的这些剑拔弩张的内部竞争很有趣，但是，麦金塔团队的工作强度最大也是不争的事实。也许这些还不足以说明麦金塔团队的斗志，麦金塔团队的史蒂夫·卡普斯还趁月黑风高之夜，在麦金塔办公的楼顶竖起了一面海盗旗，就因为乔布斯说过："宁为海盗也不做海军。"

乔布斯的管理工具就是大名鼎鼎的现实扭曲力场，这种能力很像是一种"创新宗教"，乔布斯站在团队面前就像不容置疑的教主。麦金塔团队的黛比·科尔曼说："他会死死地盯着你，眼睛一眨都不眨，哪怕他端给你一杯毒药，你也会乖乖喝下去。"沃兹就曾被这种现实扭曲力场深深折服，他说："当他对未来有一种不合常理的想法时，比如他告诉我，我只用几天时间就能设计出《打砖块》游戏的时候，他的现实扭曲力场就会起作用。你意识到那是不现实的，但是他就有办法让它变成现实。"

由此可见，现实扭曲力场有一种激发团队斗志，迫使大家完成几乎不可能完成的任务的力量。无论乔布斯面对一个人还是一群人，这种力量都会发生作用。他对麦金塔团队的所有成员说："我们这里的50个人所做的事情，将可以在整个宇宙荡起涟漪。"大家不禁心潮澎湃，主动加班加点，并且爬上楼顶挂起海盗旗。

拉里·凯尼恩是负责开发磁盘驱动器和文件系统的工程师。一天，乔布斯走到他面前抱怨说，麦金塔开机时间太长了，用户无法忍受。凯尼恩出于本能就开始辩解，但是乔布斯立刻打断他说："如果能救人一命，你愿意想办法让开机时间缩短10秒吗？"凯尼恩一听和人命相关，只能硬着头皮回答说："也许可以。"于是，乔布斯就走到一块白板面前开始讲解起来。如果有500万人使用麦金塔，每天开机都要多用10秒钟，这样每年就要浪费约3亿分钟，而3亿分钟相当于至少100个人的终身寿命。这个说法让凯尼恩感到非常震惊，他立刻开始寻找解决方法。乔布斯下次再来找他的时候，发现开机时间整整缩短了10秒！

在乔布斯的字典里，人只能被分为"天才"和"饭桶"两类，非此即彼。当乔布斯发现一位"饭桶"时，他会当众对那个倒霉蛋大声吼道："你这个蠢货，你从来就没有把事情做对过。"只要这位"饭桶"没有被乔布斯的气势所吓倒，能够抵挡乔布斯劈头盖脸的呵斥，他的潜能就会瞬间被激发出来。有趣的是，麦金塔团队每年会评选一个"对抗乔布斯奖"，奖项颁发给一位敢于对乔布斯说不的人，而乔布斯还会亲自为此人颁奖。能够在乔布斯的现实扭曲力场中"存活"下来的人，一定是个性强势而又聪明勤奋的强人。

非常幸运的是，比尔·阿特金森被乔布斯归为"天才"一类。当他遇到车祸，在病房里醒来时，他发现乔布斯正坐在自己面前，关切地问道："你感觉好些了吗？"乔布斯这种柔情似水的一面，只会展示给他认为是天才的人。阿特金森的苦恼在于，他知道自己并非圣贤，也会出错，为了不被赶下神坛，他只好加倍努力工作。阿特金森承担了麦金塔操作系统的开发重任，并且不孚众望。在乔布斯的领导下，麦金塔团队当中的"饭桶"

和“天才”都像上了发条一样拼命地工作。

就在麦金塔即将上市之时，软件团队打电话给正在见记者的乔布斯，希望再给他们两周时间，以便完善软件中的一些漏洞。乔布斯的现实扭曲力场再次发挥作用，他先是肯定软件团队的成绩，紧接着话锋一转，厉声说道：“麦金塔上市的日期不会推迟，我相信你们一定可以按时完成软件的开发。”听闻此言，电话另一头的软件团队集体倒抽了一口凉气，为了赶工，所有人都住在公司，连续干了几个通宵，终于在麦金塔上市前一天，才算完成了软件优化，所有人都累瘫在沙发上。

当回忆这段历史之时，赫兹菲尔德就说，早期麦金塔团队的成员大多数都离开了苹果公司。其中一个原因，就是他们实在是太疲惫了，无法一直承受如此大的工作压力。但是，他们也都非常珍惜这段时光，庆幸能和乔布斯一起工作，创造出一个革命性的伟大产品：麦金塔电脑。

经过两年多的日夜奋战，麦金塔终于可以量产了。它采用摩托罗拉68000微处理器，拥有鼠标、键盘和图形用户界面，128K RAM（随机存取内存），3.5英寸软盘，9英寸屏幕，以及比尔·阿特金森领导开发的第一代操作系统System 1.0。麦金塔的外观设计是乔布斯和硬件团队一起千锤百炼锻造而成的，它是那个时代最绚丽夺目的电子产品。

苹果公司为麦金塔专门投资兴建了一家大型工厂，整个生产车间的设计都是乔布斯式的：色彩斑斓、一尘不染。麦金塔一切就绪，箭在弦上，即将上市。

第四步：产品发布大师。1984年1月24日是麦金塔发布的日子。苹果公司上上下下都对这款产品充满期待，公司经历了Apple Ⅲ的挫败和丽萨上市后的嘘声，大家都感到十分压抑。雪上加霜的是，IBM个人电脑和兼容机已经实现了对苹果公司的反超，Apple Ⅱ虽然还是公司的支柱产品，但是已经在市场上节节败退，四面楚歌。苹果急需下一个伟大的产品来提振市场和内部员工的士气，麦金塔无疑将扮演这一扭转乾坤的角色。此时，乔布斯已经力邀约翰·斯卡利加入苹果，担任新的 CEO。

通常，当革命性的产品大功告成之时，就到了乔布斯最擅长的环节：和广告公司一起策划一系列和这一革命性产品相媲美的伟大营销。这个时候，乔布斯就是万众瞩目的焦点。在苹果公司的发布会上，乔布斯按照事先编写好的剧本，站在舞台中央，露出招牌式的迷人微笑。灯光暗了下来，台下的股东和媒体记者则屏住呼吸，侧耳倾听。

IBM 此时已经取代苹果公司，成为个人电脑的新霸主。深谙人心的乔布斯知道，唯有打压 IBM 的气焰，才能为麦金塔的横空出世扫清障碍。乔布斯看似脱口而出的话语，其实是精心撰写的“台词”，首先是对老大 IBM 接二连三的羞辱。

第一次羞辱。乔布斯缓缓说道：“现在是 1958 年，IBM 错过了收购一家初创公司的机会，这家公司发明了静电复印技术。两年后施乐公司诞生了。IBM 从那时起就一直自叹没有先见之明。”观众会心地笑了。

第二次羞辱。他加快语速继续说：“现在是 10 年后，20 世纪 60 年代末，DEC 公司和其他一些公司发明了微型计算机，IBM 嫌微型计算机太小，无法运行复杂的计算……结果 DEC 公司在 IBM 还未进入微型计算机市场之前，就已经成为价值数亿美元的公司。”这段话像相声中的报菜名一样让人忍俊不禁。

第三次羞辱。乔布斯稍微停顿后继续说：“又过了 10 年，在 1977 年，苹果公司作为西海岸一家初创公司，推出如今我们众所周知的第一台个人电脑——Apple Ⅱ。IBM 嫌个人电脑太小，无法运行复杂的计算，认为这对于他们无足轻重。”观众开始大笑起来。

乔布斯语速越来越快，竭力掩盖 IBM 的觉醒和反扑。他说，Apple Ⅱ成为世界上最受欢迎的计算机，苹果公司成为价值 3 亿美元的企业。后知后觉的 IBM 才如梦方醒，于 1981 年进入个人电脑市场。

乔布斯羞辱 IBM 之后，演讲策略陡然一转，改为苹果和 IBM 并驾齐驱。他说："1983 年，苹果和 IBM 成为计算机行业最强劲的两大对手。"这已经是众所周知的事实。

剧情继续反转，因为 IBM 已经统治了市场，乔布斯的"戏法儿"又变成苹果挑战 IBM。他说："现在是 1984 年，IBM 似乎想吞下整个个人电脑市场，苹果被视为唯一有希望与之展开一场硬战的对手。"

啊哈，弱者挑战强者！这一向是好莱坞屡试不爽的桥段。观众的情绪一下子被调动起来，欢呼声此起彼伏。乔布斯语气坚定地继续说道："IBM 想要独吞市场，目前把矛头指向了它独揽大局的最后一个障碍——苹果电脑。蓝色巨人将会统治整个计算机行业吗，将会主宰整个信息时代吗？"

大厅寂静无声，回荡着乔布斯的厉声责问，IBM 像极了一位恃强凌弱的恶人，观众当然不能答应，呼声此起彼伏。乔布斯终于吊足了观众的胃口，那么，面对 IBM 的"横行霸道"，苹果公司将如何应对呢？

此时，灯光再次暗了下来。在观众群情激愤之时，商业史上最伟大的广告之一"1984"已经在缓缓落下的大屏幕上开始播放起来。只见一位"大哥"在大屏幕上喋喋不休，一群被洗脑的光头人表情木然地坐在台下聆听。突然，一位身着运动衣的女士高举一把大铁锤冲上前来，身后武装警卫紧追不舍，女士抡起铁锤，把"大哥"正在演说的屏幕砸了个粉碎，光头人大惊失色之时，一个深沉的男声念出了那句堪称经典的广告语："1 月 24 日，苹果电脑公司将推出麦金塔电脑，你将明白，为什么 1984 年不会变成《1984》。"

谜底被惊心动魄的广告大片揭开：麦金塔将是苹果公司对战 IBM 的犀利武器！

乔布斯再次走到舞台中央，开始介绍麦金塔。演示结束时，全场观众掌声雷动，全体起立。而乔布斯则眼含泪水，露出满意的笑容。这真是商业史上最伟大的发布会范本，当你有一款伟大的创新产品要发布时，这个范本就是很好的教材。

这则预算高达 75 万美元的广告大片被安排在美国的“春晚”——第 18 届超级碗决赛中播放。一个证据可以说明这则商业广告的巨大轰动性：当晚美国三大电视网络和 50 个地方电视台都播放了关于该广告的新闻，这在商业史上也是非常罕见的事。

接下来，就是不停歇的爆炸式宣传。关于苹果公司麦金塔的新闻横扫了几乎所有主流媒体，甚至连长着娃娃脸的工程师赫兹菲尔德都上了《新闻周刊》的封面。接下来，乔布斯接连出现在《时代周刊》《商业周刊》乃至《滚石》杂志的报道当中。

无论从哪个角度看，此时，乔布斯和麦金塔的影响力都已经大大突破了电脑行业的限制，乔布斯已经达到人生巅峰，没有任何人会怀疑，革命性的产品和气贯长虹的宣发之后必将是麦金塔的大卖。

但是，事实并非这么简单。

谷底

麦金塔上市一周以后，研发团队受邀参加苹果公司董事会会议。当麦金塔团队走进会议室时，所有人都起身鼓掌，承认他们先前对“1984”广告做出了错误的判断，并恭喜麦金塔团队大获成功。董事会成员那时认为，麦金塔将会替代 Apple Ⅱ，并赢得和 IBM 的竞争。

麦金塔初期的销售情况完全印证了董事会的判断。乔布斯认为，只有麦金塔在 100 天内卖出 50 000 台才算是成功的上市，这对于只配了几款应用软件的新机型是很高的标准。事实上，在 1984 年 1 月上市后，麦金塔的销量远远超出了乔布斯的预期，4 月底就累计卖出了 72 000 台，而当年 6 月一个月就卖出了 60 000 多台！这远远超出了 Apple Ⅱ的月度销量。

随着麦金塔的成功，乔布斯在苹果公司的地位也扶摇直上，约翰·斯卡利把丽萨和麦金塔团队合并，统一交给乔布斯管理。最多时，这个庞大的新部门居然膨胀到 700 人之多。大权在握的乔布斯显示出了他冷酷无情、睚眦必报的一面。他宣布，合并后的新团队的所有高层职务全部由麦金塔团队的成员担任，而丽萨团队将有 1/4 的人被解聘。即使是麦金塔团队的成员，私下也认为这样的安排有失公允。显而易见，这样厚此薄彼的安排会极大削弱团队的整体斗志，引起无谓的内部纷争，为管理留下巨大隐患。看起来，此时的乔布斯仍然不是一位成熟的管理者，这就是马库拉和董事会一直不敢把整个苹果公司的管理权交给乔布斯的原因，他们太了解乔布斯了，如果将乔布斯比作一个木桶，那么他的长板有多长，短板就有多短。

1984 年秋天，就在乔布斯春风得意、踌躇满志时，麦金塔销量开始下滑，一开始没有人注意到这个危险的信号。到了 1984 年感恩节时，麦金塔的销量仍然在下降。圣诞节期间一向是销售旺季，营销小组本来预期这个月销售量可以达到 75 000 台，但实际销量不足 20 000 台。相较之下，Apple Ⅱ的销量则稳如泰山，销售额仍然占苹果销售总收入的 70%。

老牌的 Apple Ⅱ销量依然强劲，新晋的麦金塔销量陡降，显然电脑市场没有疲软，是麦金塔出问题了！1985 年新年到来时，麦金塔的销量仍然没有任何起色，销售团队甚至不敢告诉乔布斯，他们觉得麦金塔未来销售低迷的情况是不可逆转的。麦金塔团队的一些元老开始纷纷辞职，包括硬件负责人伯勒尔和软件大将赫兹菲尔德。

当麦金塔不可抑制的销量下滑成为公开的秘密时，苹果公司的董事会备感压力。乔布斯也迎来了他职业生涯的最低谷：他在一场和斯卡利的内斗中，被强行解除了麦金塔团队的管理权，只保留了一个毫无实权的董事长职位，手下居然没有一兵一卒。

乔布斯创办了苹果公司，主导开发出了引领时代的麦金塔。足以载入史册的麦金塔产品发布会曾把乔布斯推向人生巅峰，他高高在上，俨然成为电脑革命的旗手和代言人。这像极了一首乔布斯亲手指挥的、气势磅礴的交响曲，就在交响曲的高潮部分，乐曲戛然而止，乔布斯在众目睽睽中被人赶下了舞台，原本看上去完美的乐章陡然变成了绝唱。乔布斯如此年轻，就抵达过很少有人到过的巅峰，现在他却坠入万丈深渊，被自己创办的公司无情抛弃。这一切发生时，他刚刚高调地过完自己的30岁生日。

1985年5月31日，苹果公司经历了历史上第一次季度亏损并进行了大幅度裁员，同时对外宣布乔布斯被解除职务。无论对苹果公司还是对乔布斯而言，这一天都是最没落的时候。听闻此事，麦金塔团队的元老们去了乔布斯那空旷巨大的别墅，和他一起喝酒聊天，度过了一个无比寂寥的夜晚。动情之时，乔布斯不禁潸然泪下。

传记作家可能会事无巨细地描写一个阴谋论，称乔布斯被他亲自雇来的忘恩负义的约翰·斯卡利耍了，成了公司政治斗争的牺牲品。对此，我有一些不同看法。

让我们回到苹果公司董事会做出艰难决定的那个时间：1985年春天。

我们可以先看一组数据。1981年，姗姗来迟的IBM个人电脑高调入局，开始和苹果公司正面搏杀。这一年，盖茨受邀前往苹果公司，为麦金塔开发应用软件。他告诉苹果的人，微软为IBM个人电脑开发了操作系统PC–DOS，后改名为MS–DOS，还打算把MS–DOS授权给其他兼容机厂商，这会改变行业格局。但盖茨发现，苹果公司无人理会自己对行业的洞察力，他感到有些失望。当时，苹果公司在战略上藐视IBM的一个例子是他们居然买下《华尔街日报》一个整版，刊登了一个欢迎IBM进入个人电脑领域的广告。看上去，这很像乔布斯一贯的风格。像是对这则广告的良好回应，第一年的苹果公司果然赢得了竞争。1982年，Apple Ⅱ销量为27.9万台；IBM个人电脑和兼容机销量24万台，苹果完胜。

接下来，剧情反转。1983年，Apple Ⅱ的销量取得了不错的增长，达到42万台。但是对手更加凶悍，IBM个人电脑和兼容机的销量高达130万台。这一年是个人电脑竞争格局的分水岭，苹果电脑从此被对手反超，这一趋势再也没有改变。

苹果公司董事会当然早就知道，除了Apple Ⅱ，公司必须推出更加强劲的新产品来应对竞争。

Apple Ⅲ早就于1980年5月上市，惨败。

被寄予厚望的丽萨在1981年1月先于IBM个人电脑登场，再败。

1984年1月，万众瞩目的麦金塔电脑上市，苹果公司孤注一掷，花大力气进行宣传。然而，激动人心的销量仅仅持续了半年就戛然而止，这年秋天，麦金塔电脑的销量猝不及防地出现了剧烈下滑，而且没有任何止跌回稳的迹象。

苹果公司董事会看到的市场数据显示，IBM和兼容机如同泰山压顶。苹果自己的财务数据显示新产品接连铩羽而归，Apple Ⅲ和丽萨面临清盘下线，必然亏损。救命稻草麦金塔电脑的研发支出和巨额营销支出叠加，使苹果公司1984年的年度财务报表雪上加霜。Apple Ⅱ团队T恤上的口号"我们赚钱养活了丽萨和麦金塔"似乎一语成谶。董事会必须采取行动，阻止情况进一步恶化。

这时，约翰·斯卡利刚到公司不久，又不负责产品研发，肯定不是一系列失败产品的责任人。只要稍加留意就会发现，乔布斯更像是这一系列失败产品的"罪魁祸首"，Apple Ⅲ和丽萨的研发中都有他的身影，而麦金塔完全就是他的作品。乔布斯更像一个麻烦制造者，他动辄呵斥员工，随意改变产品的上市时间表，过于纠缠产品研发中的细节，一再突破研发预算，随意挑起内部纷争等。试想，我们如果是苹果公司董事会的一员，在斯卡利和乔布斯二选一时，又会如何投票呢？斯卡利也许不是苹果公司救世主的最佳人选，那么这个时候的乔布斯是吗？我相信，只要设身处地地为董事会成员想想，选择的天平就会向斯卡利倾斜。

结论显而易见，乔布斯被自己创办的公司抛弃，其原因并非是阴谋论和公司政治斗争，这只是苹果公司陷入内外交困之际的一种无可奈何的选择。几乎所有人都希望乔布斯继续留在公司，再带领一支小团队研发未来产品，前提是他必须远离公司的决策层。具有鸿鹄之志的乔布斯当然不愿意坐冷板凳，他黯然收拾行囊，毅然准备离去。

其实，很少有传记作家提到，乔布斯和盖茨是同龄人，他们先后创办各自的公司，都是个人电脑的缔造者。但是，乔布斯从公司成立之日起直到那时离开，都没有担任过苹果公司的CEO，他虽然是联合创始人，但是在公司内部的管理职务只是产品研发的负责人，而且岗位被调来调去，先后经历了迈克尔·斯科特、迈克·马库拉和约翰·斯卡利三位老板，直到被迫辞职。相较之下，盖茨则一直担任微软的CEO，牢牢掌握着微软的生杀大权。盖茨后来主动让权给史蒂夫·鲍尔默，也是为日后的提前退休做准备。盖茨能够始终掌舵微软，其实有两个原因。其一，在管理上，盖茨更加成熟。甚至在接班人问题上，一向精明的盖茨也早就未雨绸缪，在公司创办初期就邀请了他的哈佛同学鲍尔默，并且果断赠送了股份，为此，保罗·艾伦还曾经和盖茨起过争执。其二，在盖茨的带领下，微软的经营业绩稳定增长，产品迭代循序渐进，从未出现过苹果那样的大幅波动，这让盖茨在董事会有了足够的话语权。

火种

苹果公司在内外交困之际，壮士断臂，匆忙解除了乔布斯的职务，似乎为这一切的麻烦找到了一位责任人，所有的人都长舒了一口气。留下来的约翰·斯卡利提出了新的公司架构和战略，一切似乎都会好起来。

但是，一个显而易见的问题被所有人都忽视了：麦金塔的销量虽然逐渐下跌，暂时无法替代Apple Ⅱ的地位。但是，麦金塔真的失败了吗？

它是像Apple Ⅲ和丽萨一样无可救药，最终面临清盘停产的宿命，还是一款经过改良就可以重振雄风的产品呢？

麦金塔为何会拥有神一样的漂亮开局，然后突然一蹶不振了呢？原因何在？在人心惶惶之时，没有人能做一番冷静的思考，而这样的冷静思考才真正有助于改变苹果公司的未来。

在对资料进行抽丝剥茧式的梳理之后，我找到了上述问题的症结所在。麦金塔的创新之处无须赘言，但是其销量高开低走，问题主要集中在：设计缺陷、应用软件掉队、定价过高以及摩尔定律失效。

麦金塔的设计缺陷表现在用户端就是：电脑运行速度太慢以及机箱发烫。

电脑运行速度太慢是由几个因素造成的。麦金塔起初被定义为一台定价低廉的机型，所以设计团队必须想办法压低制造成本，因而采用了128K的较低内存以及成本更低的软驱。

开发团队严重低估了图形用户界面对内存的占用，开发系统和应用程序都要占用内存。首先，新的操作系统占用了太多内存，客户只有85K内存可用。此外，图位显示技术消耗了太多处理能力，屏幕上显示的线条和字体的确很漂亮，但电脑运行速度太慢，有时根本显示不出来。

硬件团队采用了更慢的软驱，而不是硬驱。用户把一张软盘上的文件拷贝到另一张软盘时，速度奇慢无比，而且需要操作五六次，甚至20次之多！让人备受折磨。

至于用户感到麦金塔的机箱发烫，是由于乔布斯一如既往地要求去掉风扇，就像他在研发Apple Ⅲ和丽萨时所做的那样。这导致麦金塔机箱过热，有人把它比作黄色的面包烤箱。这一次，乔布斯的上帝视角没有成功，因为比起电脑噪声，用户更不喜欢机箱发烫。

麦金塔还面临着应用软件匮乏的问题。应当说，乔布斯和麦金塔团队很早就意识到应用软件的重要性，因此他在麦金塔只有一台样机时就找到了盖茨，要求微软为麦金塔开发性能卓越的应用软件。那时麦金塔的操作系统在上市前一天才调试完成，其他应用软件自然很难赶上这个节奏。因此，麦金塔上市之时，微软等应用软件供应商的软件都还没有准备好，乔布斯不打算等了。这等于让麦金塔在应用软件方面裸奔。麦金塔问世之时，除了苹果公司自己研发的几款应用软件之外，几乎没有与之配套的应用软件。

我们如果知道 Apple Ⅱ有上千款应用软件，就会了解到这种情况有多糟糕了。

麦金塔电脑的定价太高。麦金塔最初的目标价格是 500 美元，不到 Apple Ⅱ的一半。但是设计团队添加了各种组件之后，价格被调到了 1 000 美元。后来，麦金塔的处理器从 6809 换成较贵的 68000，RAM 也增加到 128K，零售价只能提高到 1 500 美元，和 Apple Ⅱ的价格差不多了。采用索尼的磁盘驱动器使麦金塔的成本又增加了 50 美元，加上其他成本增加，这时，麦金塔零售价被调整到了 1 995 美元。

约翰·斯卡利认为，麦金塔需要一大笔营销预算，而尝鲜用户不会在乎价格，必须再次调高零售价。乔布斯试图阻止如此高的定价，未遂。结果，麦金塔上市时的零售价格是 2 495 美元，比 Apple Ⅱ和 IBM 个人电脑都高出了约 1 000 美元。

最后一个原因是我个人发现的。此前，摩尔定律一直是推动电脑行业运算能力提升的动力。但是，图形用户界面突然出现，对摩尔定律提出了更高的要求。这个时候，微处理器和内存能力不足，价格过高，使得采用图形用户界面的个人电脑成本极高。说穿了，此时摩尔定律失效了，硬件第一次滞后于软件的发展。

我为这一推断找到了两个证据：其一，微软的 Windows 1.0 和 Windows 2.0 接连失败的原因之一也是内存能力不足；其二，Apple Ⅱ Plus 只有 48K 内存，运行速度依然很快，因为它没有采用图形用户界面，对内存消耗更少。

由此，我们明白麦金塔电脑高开低走的原因了。高开，是因为麦金塔电脑的诸多创新，卓越的前瞻性设计以及爆炸性宣发吊足了大家的胃口。低走，则是因为电脑设计缺陷导致的运行速度太慢，烦人的机箱发烫，以及应用软件太少，价格太高等问题。

当时，乔布斯的麦金塔加上丽萨合并的新团队已经有 700 多人，只要大家能够冷静下来，一定能找到问题的症结所在。但是，乔布斯长久沉浸在产品发布成功后的巨大喜悦中不能自拔，当发现麦金塔销量下滑时，他掩耳盗铃般地不愿意面对现实。此后，当麦金塔销量加速下滑时，公司内部寻找替罪羊的斗争就开始了，乔布斯忙于自保，更是无暇思考麦金塔的销量为何持续下降。

其实，麦金塔的问题不难解决，只需增加一个硬驱，增加内存，加上风扇，尽快和应用软件供应商合作开发出更多的应用软件，以便充分利用图形用户界面，同时给摩尔定律一点时间，微处理器和内存的价格就会大幅降低，运算能力会大幅提升。

麦金塔电脑只要做出上述设计改良，耐心给摩尔定律和应用软件供应商一些时间，一切就会好起来。麦金塔仍然是一款伟大的革命性产品，只是呱呱坠地时有些太过“猴儿急”了，苹果公司还没有为这个“天才”的降生做好准备。结果，“家人”一阵慌乱之后，居然把麦金塔的亲生“父亲”乔布斯开除了。

后来的事情证明了我的判断——麦金塔是一个伟大的新生儿，它的“父亲”乔布斯是无辜的。麦金塔电脑的后续团队做出了设计改良，摩尔定律气喘吁吁地赶上来了，微软这样的应用软件供应商打了一个盹儿，也拿出了石破天惊的 Excel。于是 1987 年，麦金塔第 100 万台产品下线。

此后数十年，麦金塔逐渐长大成人，不断迭代，终于替代了长期忍辱负重的 Apple Ⅱ，成为苹果公司的顶梁柱，一直到今天。

如此看来，如果当初苹果董事会能给乔布斯和麦金塔多一些时间，一切就都会好起来，但是历史没有假设。我们不是常说“塞翁失马，焉知非福”吗？只是乔布斯需要忍受一些苦难，多一些磨砺和沉淀。孟子不是说“天将降大任于斯人也，必先苦其心志，劳其筋骨”吗？麦金塔需要成长，乔布斯又何尝不是呢？

在我看来，麦金塔就是乔布斯留在苹果公司的一个伟大的火种。从万事轮回的视角看，10年之后，当乔布斯王者归来之时，他正是从改良麦金塔入手，并以此作为复兴苹果公司的开始。想到此，我的心里就释然敞亮起来。

市场上大多数产品创新都以商业价值为驱动力，主要是要通过创新产品打败竞争者，获得垄断地位，实现利益最大化。盖茨就是这类产品的大师。而乔布斯和麦金塔则遵循完全不同的商业准则。

麦金塔是乔布斯在苹果公司第一个独立负责研发并推向市场的产品，它倾注了乔布斯所有关于伟大产品的理想。麦金塔的驱动力主要来自艺术价值，它无视外部竞争，乔布斯的唯一目的是开发一款非凡卓越的产品。乔布斯希望麦金塔电脑能成为技术和艺术的双重杰作，在每个想象得到的环节，甚至用户看不到的机箱内部，都追求艺术的巅峰。更重要的是，乔布斯希望把在施乐看到的图形用户界面技术融入麦金塔中。

麦金塔电脑就是乔布斯关于伟大产品的试验场。整个过程充满了意想不到的戏剧性，乔布斯在这个过程中经历了酸甜苦辣各种滋味。开发时百转千回，产品成型后带来惊喜，承载了苹果对未来的巨大期许，之后是载入史册的伟大营销，乔布斯和开发团队被媒体的溢美之词捧上云霄，接下来是最初的产品大卖。

就在所有人携手庆祝之时，故事突然反转。麦金塔的销量突然停止增长，并且不可逆转地下滑，甚至被苹果的王牌产品 Apple Ⅱ和 IBM 兼容机反超。多个因素叠加在一起，1985 年 3 月，苹果经历了上市后首个季度的亏损。重压之下，约翰·斯卡利和乔布斯的“蜜月期”结束，最终，乔布斯被迫离职，个人电脑领域的缔造者和传奇人物突然走下神坛，从巅峰跌至谷底。所有这一切，都是拜麦金塔所赐。

众人对麦金塔从万般宠爱到弃若敝屣，但麦金塔成了乔布斯留在苹果公司的伟大遗产和火种。在乔布斯被迫离去后，麦金塔却摇摇晃晃地站了起来，渐渐地走出了低谷，成为替代 Apple Ⅱ的产品，最后竟然成为苹果公司的新支柱。但是，这些都和乔布斯无关，他已经黯然收拾行囊，离开了自己一手创办的公司。

11 从摩尔定律魔咒看电脑行业的“瑜亮之争”

在这里，我想再次重申一下摩尔定律和摩尔定律魔咒的区别。摩尔定律是指，当价格不变时，集成电路上可容纳的元器件数目每 18~24 个月便会翻一番，性能也将翻一番。而摩尔定律魔咒是指，从长期来看，与计算相关的终端设备无法建立有效壁垒。这表明，与计算相关的终端市场，很难出现一个长期垄断者，充分竞争是常态。即使与计算相关的终端领域发生了革命性创新，最终壁垒也会被跟随者打破，导致这个领域再度出现充分竞争的格局。

那么，为何微软公司能在个人电脑创新潮中胜出？在重温个人电脑创新史的时候，有一个问题在我的脑际始终挥之不去：苹果公司作为个人电脑的缔造者，为何最终被微软压制，成为一个小众公司？

创新大师无法解释之惑

按照克里斯坦森的颠覆性创新理论，苹果生产的个人电脑就是一种颠覆性技术，这种技术对当时大型计算机巨头 IBM 造成了巨大的冲击，并且终结了大型计算机市场。但众所周知的是，苹果公司只是这项颠覆性技术的发起者，而非最大的受益者。这样的结果，对颠覆性技术的发起者显然不太公平，他们竭尽全力发起了一种颠覆性技术，最后的受益者却是其他人。

颇具戏剧性的是，个人电脑的最大受益者——微软公司，正是在 IBM 的扶植下成长起来的！这就是说，IBM 亲自为微软提供了一把手枪，而正是这把手枪射出的子弹，让 IBM 倒在了血泊之中。

按照彼得·蒂尔从 0 到 1 的理论，苹果公司创造了一种从无到有的技术——个人电脑，这是非常有价值的。那些随后而来的复制者，就是从 1 到 N。显而易见，对于产业变革而言，这些复制者创造的价值应该远逊于苹果公司。但是事实并非如此，个人电脑领域的最终垄断者是微软公司。从某种意义上看，微软也是随之而来的复制者，因为微软帮助 IBM 开发操作系统要比苹果公司的个人电脑晚了好几年。

这才是真正的创新者的窘境吧：苹果从 0 到 1，创造了一项颠覆性技术，最终的赢家却是没有创造更多价值的复制者——微软公司，被颠覆的行业巨头 IBM，还亲自为微软提供了关键性帮助。

我试图从克里斯坦森和彼得·蒂尔这样的大师那里寻求答案，他们都强调了颠覆者，或者从 0 到 1 的重要性，这无疑是对的，颠覆性创新的主导者理应受到推崇和尊重。但我职业生涯的最后阶段是职业投资人，我累积了一些投资人的惯性思维，喜欢刨根问底，以及站在投资人的角度提问：在 20 世纪八九十年代，投资人是应该投资个人电脑的发明者，即苹果公司，还是投资复制者微软公司呢？按照彼得·蒂尔的理论，我们应当重仓苹果，对吗？现在看来，那样的选择会让我们输得很惨，因为彼时苹果股票的变动就像过山车一样，而长期投资微软，则可能创造那个年代的最高投资回报。

为何个人电脑硬件无赢家？

我们可以为个人电脑创新史找到两位主角：史蒂夫·乔布斯和比尔·盖茨。作为个人电脑领域的共同缔造者，他们堪称这一领域的“瑜亮”。回顾历史，传记作家通常会这样描述：乔布斯输在性格，他偏执，理想主义，疏于管理，不擅长公司政治，甚至被自己雇来的 CEO 约翰·斯卡利赶出苹果公司；而比尔·盖茨则集软件天才和商业天赋于一身，他能审时度势，再加上运气好——当时 IBM 急于进入个人电脑领域，需要操作系统，比尔·盖茨站在 IBM 这个巨人的肩膀上，才赢下这场世纪之战。

当我再次研习个人电脑发展史时，我发现了这场创新之战的更多细节。苹果公司的第一代电脑 Apple Ⅰ只是电脑爱好者的玩具，甚至算不上成熟的商品。第二代电脑 Apple Ⅱ才是真正意义上的个人电脑革命性创新产品，随着 Apple Ⅱ的问世，波澜壮阔的个人电脑时代正式开启了。

Apple Ⅱ惊醒了 IBM 这头睡狮，IBM 决定大举进入个人电脑市场。他们选择了名不见经传的小公司微软来为自己开发操作系统，于是 IBM 个人电脑高调上市。作为革命性创新的 Apple Ⅱ和复制者 IBM 个人电脑之间的角逐，最后居然是 IBM 个人电脑胜出。

为了应战，苹果推出了更多产品——Apple Ⅲ、丽萨以及惊艳的麦金塔等多个系列，但是全部铩羽而归。如果这只是苹果公司和 IBM 之争也就罢了，我发现，随着战事的深入，更多兼容机公司加入混战，有大名鼎鼎的惠普公司，也有寂寂无名的康柏公司，还有戴尔公司和捷威公司等。更加不可思议的是，个人电脑混战中的赢家有点像中国春秋战国时的诸侯，各领风骚数年，领先者更迭频繁。

这个发现使我感到颇为意外。过去，我的注意力更多是放在苹果和微软之间，希望探究苹果为何会败给微软。但是很显然，苹果电脑输给了 IBM，IBM 输给了康柏，之后康柏又输给了惠普和戴尔。回到现在，IBM、康柏这些品牌已经消失了，只剩下联想、戴尔、惠普和苹果等几个品牌，历时几十年的个人电脑之战，谁又是最后赢家呢？似乎还是“春秋战国”的格局吧？

这时候，我几乎可以听到比尔·盖茨的窃笑，其实个人电脑行业的赢家只有一个：微软公司。微软是个人电脑行业唯一的超长期垄断者。当然，这是人尽皆知的事实，但是原因呢？

为何微软能赢过所有的个人电脑公司？一个显而易见的答案是，标准化的电脑软件（操作系统）赢了整个电脑硬件。但是深究起来，微软并非操作系统从 0 到 1 的发明人，基尔代尔和 DOS 的发明者都比微软更早进入市场。当然，我们可以说，是 IBM 成就了微软，奉送给微软一个惊人的蛋糕：授权微软开发操作系统，同时，允许微软把操作系统授权给其他电脑厂商。因此，除了苹果公司之外，几乎所有的电脑厂商都采用了微软的操作系统。

我们不妨再次刨根问底：为何领先的软件厂商就可以称霸个人电脑行业呢？

天下唯一领悟摩尔定律魔咒之人：盖茨

这个时候，我突然想起了摩尔定律：计算能力每 18~24 个月翻一番，价格不变。当把摩尔定律和投资逻辑嫁接在一起时，我头脑里猛然闪现出一个定义：摩尔定律魔咒。

我进一步想到，摩尔定律魔咒的定义就是从长期来看，与计算相关的终端设备，无法建立有效壁垒。这表明，与计算相关的终端市场，很难出现一个长期垄断者，充分竞争是常态。即使与计算相关的终端领域发生了革命性创新，最终壁垒也会被跟随者打破，导致这个领域再度出现充分竞争的格局。

利用摩尔定律魔咒，我终于为开始的问题找到了答案。苹果公司作为个人电脑的缔造者，为何最终被微软压制，成为一个小众公司？

摩尔定律魔咒告诉我们，从长期看，与计算相关的终端设备无法建立有效壁垒。这就是说，当苹果公司发明了革命性个人电脑产品 Apple Ⅱ时，壁垒很快就会被摩尔定律魔咒打破，这个咒语说，价格不变，两年计算能力翻番，这对于消费者是天大的福音，但是对于苹果公司是灾难！因为耗尽心力的革命性创新，两年后将会清零，需要推倒重来。这个时候，复制者就一哄而上、蜂拥而至，原有的壁垒被迅速打破。

说穿了，摩尔定律魔咒告诉我们，在电脑硬件领域，无论创新者如何努力，又或者创新者投入巨资，推动了电脑领域的革命性创新，其构筑的壁垒很快就会被复制者打破，即使专利技术也无法保护这种壁垒。因此，周而复始，个人电脑硬件就变成了一个充分竞争的行业。几十年的个人电脑发展史就是摩尔定律魔咒的最佳案例。待尘埃落定之时，联想收购了IBM，赢得了个人电脑全球市场份额第一的崇高地位，但是仍然无法回避白热化的竞争。不仅仅是联想如此，纵观历史，没有一家电脑硬件厂商获得过垄断地位。这是因为摩尔定律魔咒告诉我们，个人电脑硬件就是一个充分竞争的行业，谁也无法获得垄断地位！

我们常常说，比尔·盖茨是一位天才，这体现在哪里呢？当我读到他早年对个人电脑行业的判断时，不禁感到非常震惊。比尔·盖茨说："我想我们应该只做软件。微处理器的性能每两年就翻一番，在一定意义上说，你可以把计算能力想象成几乎免费的。这样你就该问自己，为什么要掺和制造几乎是免费的东西呢？什么是稀缺资源？是什么限制了对无限计算能力的利用？软件！"比尔·盖茨说这番话的时间是 1975 年，也就是在他组建微软公司的时候。要知道，当时软件这个行业并不存在，几乎所有的大公司都集中在硬件生产领域。

然而，仅仅有这样的洞察力还远远不够，微软要成就软件大业，还需得到天助。可以说，是三家公司的决策失误成就了微软。软件业皇冠上的明珠是操作系统，只有得操作系统者，才能拥有软件业的天下。虽然比尔·盖茨志存高远，但是微软起步时，其实只是销售 BASIC 语言程序而已，而这种计算机语言还是达特茅斯大学的约翰·凯梅尼和托马斯·库尔茨发明的。

第一个成就微软的是苹果公司。当苹果公司开发出带有自己的操作系统和硬件的个人电脑时，微软还远远不具备这样的能力。乔布斯坚持一生的理念是开发出端到端的个人电脑产品，自己控制软件和硬件，从而对客户体验负全部责任。乔布斯更像是一位产品大师，他只对开发革命性的端到端的电脑产品有兴趣，而他对于计算机产业的未来，追求更大的企业价值以及个人财富，都了无兴趣。乔布斯带领团队研发出了麦金塔这一远远领先于时代的创新产品，包括第一代麦金塔操作系统 System 1.0，这是全球第一款基于图形用户界面的操作系统，具有无可比拟的先进性。此时，麦金塔营销总监迈克·默里向乔布斯建议，将麦金塔操作系统授权给其他电脑厂商。这是唯一一个时点，可以让麦金塔“软硬通吃”，压制还在襁褓中的 Windows 系统。但是，乔布斯否决了这一可能改写个人电脑历史的提议。苹果作为个人电脑的缔造者，这样封闭式端到端的选择，就为未来个人电脑的市场格局埋下了伏笔：一定会有一家独立的软件厂商出现。

乔布斯的选择为微软未来的横空出世扫清了障碍。

第二个成就微软的是个人电脑革命的奠基者——加里·基尔代尔和他的 DRI 公司。基尔代尔是一位几乎被人们遗忘的电脑天才。在 20 世纪 70 年代，基尔代尔堪称编程之王，他几乎凭借一己之力，编写出第一个微机操作系统程序语言和第一个软盘驱动程序 CP/M，这比第一台苹果电脑还要早。在基尔代尔的系统里，任何人的应用程序都能在其他人的电脑上运行，这是所有第三方软件产业的起源。就在 IBM 还对是否要进入个人电脑市场迟疑不决的时候，基尔代尔已经风轻云淡地销售了无数的 CP/M 软件。彼时，比尔·盖茨也还尚未登场。

回顾历史，令人感到不可思议的是，当时整个电脑行业的每个人都知道，是基尔代尔创造了 CP/M 操作系统，除了 IBM 的开发团队！他们找到了佯装拥有 CP/M 的比尔·盖茨，当然，盖茨并不拥有 CP/M，只好把 IBM 的人介绍给基尔代尔。更加令人震惊的是，基尔代尔在编程方面堪称翘楚，但是在商务判断方面却是“菜鸟”，他并未看出与 IBM 合作的重要性，安排了其他的商务活动。DRI 公司负责谈判的团队居然在和 IBM 签署保密协议时僵持不下，他们担心这份保密协议有风险。IBM 当时是如雷贯耳的大公司，他们一怒之下返回微软公司，和并不拥有操作系统的微软公司签订了开发合同。

虽然历史不能重演，但我们不妨假设，如果基尔代尔在场，并且愿意和 IBM 签署授权 CP/M 的协议，那么个人电脑的历史将会如何改写？令人唏嘘的是，当时微软是否具备开发操作系统的能力，以及是否可以按时交付软件，都是未知数。而基尔代尔的操作系统则是现成的，已经在很多个人电脑上运行良好，这本来是一个天大的机会，却生生被基尔代尔和他的团队错过了。谁能想到，与 IBM 失之交臂这件事不仅仅成就了微软，也成为压垮 DRI 公司的最后一根稻草。

第三个成就微软的就是大名鼎鼎的 IBM 公司。我们已经知道，IBM 找到当时不太靠谱的微软公司，为自己的个人电脑开发微软并不拥有的操作系统，这本身就非常离奇了。应当说，在这种生死攸关的时刻，基尔代尔和比尔·盖茨的差距就显示出来了，因为后者立刻意识到，强大的 IBM 将会建立个人电脑的行业标准，这是当时的第三方软件行业唯一一个天赐良机，只要抓住这个天上掉馅饼的机遇，微软就能一步登天。

IBM 送给微软的世纪大礼，还不仅是委托开发操作系统的合同，还有合同中一个很不起眼的条款：不限制微软授权其他电脑厂商使用为 IBM 开发的操作系统。正是合同中这个小小的条款改写了全球电脑行业的格局！这个条款意味着，凭借 IBM 的强大品牌，微软东拼西凑开发的操作系统能成为行业标准，然后微软有权授权其他厂商使用这个操作系统。这就等于说，微软拿 IBM 的开发费用和强大的品牌优势，为自己的第三方操作系统建立了行业领导地位。我相信，比尔·盖茨在写下这个条款时，已经窥到了软件行业不可限量的未来，拥有强大律师团队的 IBM 却没有看出这个条款的威力。

正是这个条款，把微软推向了行业霸主的地位，并反过来压制了 IBM 的成长，迫使 IBM 最后出售个人电脑业务，彻底退出个人电脑市场。至于编程之王基尔代尔，他早早就被迫出售了公司，退出了软件市场。

回望历史，在天才辈出、大公司林立的电脑行业，只有比尔·盖茨一人认识到了摩尔定律魔咒，并且始终如一地坚守一个战略：远离电脑硬件，专注于软件开发，一步一步把微软的软件变成行业标准。当一代又一代的电脑硬件厂商在充分竞争的泥潭里不能自拔，只能赢得微不足道的利润时，只有微软高高在上，立于群山之巅，攫取了整个行业的大部分利润。正是在比尔·盖茨令人惊叹的洞察力和始终如一的战略支撑下，微软成为那个时代的王者，而他本人由于持有最多的微软股票，长期保持世界首富的地位。

显然，比尔·盖茨是那个时代唯一知晓摩尔定律魔咒的创新者，这才是微软成功的真正秘籍。

众所周知，摩尔定律是由英特尔的创始人之一摩尔先生在 20 世纪 70 年代提出的，计算机工业几乎就是按照摩尔定律的规律发展的，直到今天也如此。过往的几十年中，计算能力一直在飞速增长，而价格不变。

我们都知道，在计算机工业中还有一位重要的奠基者：英特尔公司。可以说，没有英特尔，就没有个人电脑工业。因为，个人电脑发展的前提就是计算能力的飞速提升。就如同英特尔广告中所说的：英特尔，给你一颗奔腾的“芯”。英特尔的芯片——微处理器，其实就宛如个人电脑的心脏。

比尔·盖茨很早就意识到英特尔公司在电脑工业中的独特价值，他和英特尔结盟，史称 Wintel 联盟。就是说，每一台运行 Windows 操作系统的电脑都使用英特尔的芯片。长期以来，微软和英特尔堪称个人电脑工业中的双雄，一直主导着行业的发展。英特尔微处理器构建了强大的竞争壁垒，运算速度越来越快，摩尔定律就是个人电脑的创新时钟。只要英特尔新的微处理器一推出，电脑硬件厂商就会闻风而动，迅速推出基于这款微处理器的升级版电脑，当然，他们也必然会采用微软的 Windows 操作系统。相较而言，英特尔微处理器每次迭代，都需要巨大的研发投入和制造成本，而微软的软件升级，只需人力投入而已。英特尔属于重资产的制造业，而微软则属于轻资产的软件业。久而久之，英特尔就开始步履沉重起来，无法赶上微软轻盈的脚步了。更加过分的是，微软在操作系统的基础上又开发出一系列强大的办公软件，并且把这些办公软件捆绑销售。微软的应用软件甚至突破了 Wintel 联盟的边界，特立独行的苹果公司也不得不预装上这些应用软件。

久而久之，英特尔公司的江湖地位逐渐下降。把英特尔带入个人电脑领域的安迪·格鲁夫是乔布斯长期的外部导师，是业界一言九鼎的大人物。但安迪·格鲁夫的地位逐渐被比尔·盖茨所替代，从企业价值上看，英特尔也和微软拉开了距离，成为一家中型科技公司。英特尔对于电脑行业的重要性依然没变，但其商业价值的光芒被微软掩盖了。

为何贵为个人电脑的重要奠基者，Wintel 联盟的重要成员以及摩尔定律的守护者，英特尔公司会日渐式微，失去往日的江湖地位呢？

我突然意识到，英特尔江河日下，其实也是因为受到摩尔定律魔咒的影响！英特尔的核心业务是芯片，芯片正是承载计算能力的载体，其发展路径必然也会受到摩尔定律魔咒的左右。在过往，英特尔之所以能在充分竞争的电脑硬件厂商中独善其身，是因为较高的竞争壁垒防护。但如影相随的 AMD（超威）和后来斥巨资加入市场的三星，就在这个由英特开创的看上去固若金汤的半导体行业中，与英特尔缠斗多年。芯片是个人电脑产业链的最上游，是壁垒最高的硬件，但是也必须归类为硬件，这一事实常常被人忽视。只要归属于硬件，摩尔定律魔咒就会起作用。

这个重要发现，令我唏嘘不已。作为摩尔定律发明人的公司，英特尔反过来也要受到摩尔定律魔咒的制约！

IBM 这个蓝色巨人则在个人电脑行业中更多扮演了雷锋的角色。IBM 作为急先锋，成功地把苹果公司从个人电脑的领导地位拉下马。同时，

IBM 帮助微软的系统成为软件行业标准，又反手帮助英特尔公司成为微处理器行业的领导者（那时，英特尔甚至还不知道微处理器用于个人电脑才是最大的市场），一手促成了 Wintel 联盟的形成。最后，IBM 似乎觉得这一切还不够刺激，再度放马促成了兼容机市场群雄逐鹿的局面，为自己在个人电脑主战场挖了最后一个大坑。当 IBM 意识到这一系列错误决策时，它希望通过 OS/2 挽回败局，但为时已晚。最后，在四面楚歌之际，IBM 选择了全身而退，把个人电脑业务整体出售给联想集团，自己彻底退出了这个市场。个人电脑最终摧毁了 IBM 的天下——大型计算机市场。公允地说，IBM 大举进入个人电脑市场的时机相当不错，但是它选择了错误的战略，最后一并失去了大型计算机和个人电脑两个重要市场。幸好，IBM 请到了一位战略家郭士纳做 CEO，实现了服务业的转型，这才保住了自己的百年基业。

回顾个人电脑创新风口的历史，我看到了一条由摩尔定律魔咒照亮的王者之路：以操作系统为核心的软件行业标准。从始至终，只有比尔·盖茨看清了这条道路，并且从未犹豫彷徨。而基尔代尔、乔布斯和 IBM 管理层都无视这条道路，其他的兼容机厂商作为复制创新者，只有望“路”兴叹的份儿。甚至，乔布斯明知微软向各路电脑厂商提供“炮弹”，与苹果作战，却还不得不屈尊，邀请盖茨为苹果开发应用软件，又眼看着苹果被微软反超。最后，在电脑硬件领域炮火连天的时候，乔布斯还不得不离开自己一手创办的公司，成为这个自己开创的行业的局外人，他这一去，就是漫长的 10 年时光。

追溯个人电脑软件史，操作系统的十倍创新只有两个：一个是基尔代尔的 CP/M，从这里衍生出复制创新者 MS–DOS，最后 CP/M 消失，胜利属于微软；另一个是施乐奥托采用的图形用户界面，从这里衍生出两个复制创新者，Mac OS 和 Windows，最后奥托进入博物馆，Mac OS 和 Windows 角力，赢家又是微软。此后，操作系统领域再也没有十倍创新发生，垄断之下，创新停滞了。

这样一来，个人电脑行业的终局就成为微软一家公司的独角戏。那时，长着一张娃娃脸的盖茨吹着口哨，轻松地步入这条唯一的王者之路，成为个人电脑行业唯一的超长期垄断者，一直到今天。微软垄断地位的标志，就是占据操作系统 90% 以上的市场份额，以及赚取了整个行业的大部分利润。微软成为美国乃至全球信息技术花费提升的最大受益者，从 1991 年至 2000 年，微软的收入从 18 亿美元上升至 230 亿美元，利润从 4.63 亿美元上升至 94 亿美元，股价则涨了 30 倍，比尔·盖茨成为全球首富。这一切，都是拜 Windows 这个十倍创新和微软的标准化售卖所赐。所谓标准化，就是垄断，它为用户带来便捷，更为垄断者带来暴利。

而其他人，无论出身如何，统统成为配角。盖茨在一次联合采访中，若有所思地对乔布斯说："我想做的是让车开在现有的道路上，我希望看到的是循序渐进的改变。"显然，垄断者最不希望看到革命性的创新发生。

其实，这就是摩尔定律魔咒践行者的威力。

12 NeXT：乔布斯的管理课

自 1985 年至 1996 年，乔布斯离开苹果 11 年。这 11 年间，发生了两件彼此关联的大事件：其一，在个人电脑行业，微软的 Windows 终于通过锲而不舍的产品迭代，凭借 Windows 95 这个十倍创新，终结了旷日持久的 PC 之战，成为个人电脑行业最大的垄断者；其二，大约在 1995 年，当个人电脑累积到一定数量时，把个人电脑连接成为一个计算机网络的技术越过临界点，带来了一个更大的风口创新——PC 互联网。个人电脑和 PC 互联网是唇齿相依的关联行业，个人电脑的发展正是 PC 互联网的基础，而 PC 互联网又会推动个人电脑销量进一步增长。

作为个人电脑行业的缔造者之一，蛰伏期的乔布斯希望通过主导下一代创新，一举超过微软，再次成为个人电脑领域的王者。乔布斯习惯于站在舞台的中央，在人们的欢呼声中，推出划时代的革命性电脑产品。残酷的是，个人电脑风口创新的黄金期已过，任谁也无力回天，乔布斯十年磨一剑打造的 NeXT 最后只是一张回归苹果的入场券。

长期以来，令我感到非常不解的一个谜团是，乔布斯这样的天才，为何会无视 PC 互联网这个巨大的风口创新呢？没有任何证据显示乔布斯曾经对 PC 互联网产生过一丁点儿兴趣。随着对乔布斯的了解更加深入，我发现，他的天赋、基因和激情只局限于硬件创新领域，在蛰伏期的漫长岁月中，他没能开发出有价值的硬件产品，但这也无法改变他对硬件创新与生俱来的偏爱。众所周知，PC 互联网的创业者无论要涉足哪个领域，都要从一个免费软件开始起步。显而易见，软件从来都不是乔布斯感兴趣的领域，即使不得不涉足软件，他的软件也是为自己端到端的专属硬件服务的。这样看，乔布斯错过从天而降的 PC 互联网风口创新，也就不难理解了。

“鱼符”NeXT

乔布斯在和生物学家唐纳德·肯尼迪的交谈中得到一个灵感，他可以为大学科研人员研发一台性能更加强大的工作电脑。这个想法早在麦金塔时就有了雏形，叫“Big Mac”，即性能强大的麦金塔电脑。有了初步想法之后，乔布斯告诉苹果公司董事会，自己打算创业，从事和苹果不直接竞争的业务，同时，他会带走几位初级员工，而他们本来也打算离职。他最后补充说，自己才 30 岁，总要做些事情。在了解到乔布斯要带走的苹果公司的员工名单，了解到他计划创办的新公司 NeXT 的定位是教育市场之后，苹果公司的董事会成员立刻愤怒了。他们指责乔布斯欺骗了苹果，认为那些员工都是苹果的骨干，而教育市场是苹果的核心市场。随即，苹果公司向襁褓当中的 NeXT 公司发起了诉讼。最终，双方还是选择了私下和解。这起诉讼表明，那时的苹果董事会仍然对乔布斯抱有成见，同时又对他的创新能力有所顾忌。

乔布斯离开苹果后，很快出售了自己持有的 11% 的苹果公司股票，拿到了上亿美元现金，只剩下一股。显然，他想和苹果彻底告别，同时尽快开创属于自己的时代，那一股苹果股票只是一点情感的维系。

乔布斯认为，自己的才能被苹果公司不靠谱的管理层和董事会所压制。现在，他已经做好准备，去担任一位真正不受约束的 CEO，开创属于自己的时代。而 NeXT 则是实现梦想的平台，他将在这里开创继麦金塔之后，个人电脑领域的下一个伟大创新，而 NeXT 将来可以超越苹果公司，成为个人电脑领域的领军企业。乔布斯自己为公司注资上千万美元，同时，又先后融资数亿美元，其中最大的投资商是日本佳能公司。从苹果公司辞职的 5 位同事也已经陆续到位，他们是硬件工程师里奇·佩奇、软件工程师巴德·特里布尔、硬件专家乔治·洛克、将麦金塔电脑销售给大学的丹尼尔·列文，以及麦金塔项目的财务经理苏珊·巴恩斯。现在，乔布斯踌躇满志，打算甩开膀子大干一场。

让我们在此处停顿一下，看看 1986 年的个人电脑市场格局。按照风口创新模型，始于 1975 年个人电脑的商业化，正是由乔布斯和沃兹创办的苹果公司主导的，那时距离第一款个人电脑 Apple Ⅰ的问世已经过去 10 年之久。这个时候，预装了 MS–DOS 的 IBM 个人电脑和兼容机已经力压 Apple Ⅱ，成为个人电脑的新霸主。以鼠标和图形用户界面为标准的麦金塔刚刚上市，这无疑是代表未来的革命性产品，只是需要一些调整，就可以在市场上取得一席之地。而更加恐怖的是，比尔·盖茨把 MS–DOS 赚的钱悉数投资到了 Windows 的研发中，想要赶上图形用户界面的革命。尽管这次革命的代表麦金塔还立足未稳，但是，这对盖茨而言反而提供了完美的时间窗口。而苹果公司呢，它主动把麦金塔的第一功臣乔布斯拿下，这不是天赐良机吗？这表明，乔布斯自己开创的个人电脑风口创新的黄金期已经随风而逝，NeXT 面前巨人林立，完全是逆水行舟，毫无胜算。想想乔布斯自己在苹果研发麦金塔所耗费的漫长时间和巨额预算，加上源自施乐的图形用户界面，这是无数天才造就的巨大壁垒，何以逾越？

从万物创新模型来看，个人电脑的市场格局正处在“群雄逐鹿”和“问鼎中原”两个阶段之间，大公司之间的角逐刀光剑影，拥有数千名员工的苹果公司也已经陷入困境，NeXT 这样的初创公司何以立足？

面对几乎是红海的个人电脑市场，NeXT 只有一个取胜的机会：乔布斯创造出革命性产品。

我在梳理乔布斯的产品天赋时，提到的第一点就是产品影像。当乔布斯脑海中没有清晰的产品影像时，就会产生 Apple Ⅲ那样的模糊产品；而当他脑海中的产品影像清晰时，就会诞生麦金塔这样的革命性产品。

我进一步发现，当乔布斯发明一个革命性产品时，他通常无须调查，脑海里就会出现一个伟大产品的影像，就像他从施乐帕克研究中心回来的路上所想到的那样。一个常常被人们忽视的事实是，NeXT 源于乔布斯和唐纳德·肯尼迪交谈时得到的灵感，此后，乔布斯还带着 NeXT 的创始人反复去大学调研，了解科研人员的需求。这就表明，乔布斯在创办 NeXT 时，完全没有在脑海里建立起任何产品影像，在万般无奈之下，他才开始了产品调研。通常，当乔布斯对未来产品影像有把握时，他非常鄙视调研，他不是曾反问说，贝尔发明电话时做过什么调研吗？

一个更加重要的事实是，在 NeXT 的产品定位上，还站着一位强大的对手：太阳微系统公司。说穿了，NeXT 就是工作站，即大型企业用户使用的强化版本的个人电脑。太阳微系统公司早就发现了这个市场空白，从 1982 年开始创业，到 1986 年时太阳微系统公司已经取得了 10 亿美元的销售收入，成为这个细分市场的领导者。工作站电脑的客户需求是强大的运算能力和稳定性，太阳微系统公司已经在这些方面做到了极致。

也许还觉得难度不够高，乔布斯还要让 NeXT 像麦金塔一样，从开发专属的操作系统和专属的硬件开始。当然，电脑外观设计也要找全球最好的设计师，包括电路板在内的工业设计等一切细节都是乔布斯寸土必争的领地，在这些细枝末节的争执当中，预算的增加以及上市时间的一再延后我们都似曾相识。公允地说，完美的工业设计只有和革命性产品同时出现才能相得益彰，正所谓好马配好鞍。漂亮奢华的马鞍如果放在一匹庸马上，则会显得吹毛求疵、无比怪异。

这样看来，乔布斯在创办 NeXT 时，已经错过了个人电脑风口创新的黄金期，当时个人电脑市场已经处在红海当中，垄断者即将诞生。同时，乔布斯没有事先建立任何未来产品的影像，他创业完全是被动行为，乃意气用事的争强好胜之举。在 NeXT 的正前方，就横亘着太阳微系统公司强大的工作站产品。这个时候，乔布斯的工作重点却一如既往：从零做起的封闭的软件和硬件，端到端独立开发，以及眼里揉不得沙子、事无巨细的工业设计。结论不难得出：NeXT 逆势而为，毫无胜算。

乔布斯手中的“鱼符”

看上去，乔布斯把 NeXT 视为下一代麦金塔，那 5 位从苹果公司辞职的员工对这一点也深信不疑，他们都担心会错过由乔布斯主导的革命性产品的历史机遇。但是，大家都忽视了一个问题，NeXT 要从零做起，开发一个操作系统和专属的硬件，在一个逆势而为的市场环境当中要如何实现？顺势而为的风口创新的优势在于，一个巨大的潜在市场就在眼前，而市场上还没有强大的竞争对手出现，这时候，你的 Apple Ⅱ就是行业标准。而逆势创新的劣势在于，市场已经形成，强大的对手已经开发出被客户广泛接受的产品，初创公司如何突围？在 NeXT 的正前方，太阳微系统公司就是一座无法逾越的大山。

这些困惑丝毫没有影响到乔布斯，他在 NeXT 的一次集思会上，在白板上写下：产品 1987 年春天上市，定价不超过 3 000 美元，实现技术突破性。这三个目标哪个最重要？大家站在各自的立场上争论起来，工程师里奇·佩奇一语中的："如果产品无法实现技术突破，公司的存在根本没有意义。"但是，乔布斯在一番高谈阔论之后，总结说："产品交付日期是板上钉钉的。"显然，乔布斯提出了对的问题：NeXT必须寻求技术突破，才可能在强手如林的市场中立足。他却找到了错误的答案，认为产品在一年内就要上市。如果乔布斯重温一下麦金塔的开发历程，他就会知道，仅仅是开发麦金塔第一代操作系统，前后就耗费了5年时间！常识告诉我们，任谁在一年内也无法从零开始研发出一款包括自有软件和硬件在内的个人电脑。而且，过分强调进度而带来的灾难是：技术突破的重要性被忽略了。这也再次印证了我们此前的判断，乔布斯对于NeXT的产品影像完全没有概念。

上文总结了乔布斯产品天赋的4个步骤，这4步环环相扣，一步一个脚印，缺一不可。没有"产品影像"，"上帝视角"就无从谈起，"现实扭曲力场"会变成无谓的争吵，而"产品发布"更会成为笑谈。

现在，缺少产品影像的乔布斯开始展现"上帝视角"的一面，他请标识设计大师保罗·兰德为NeXT设计标识，兰德的客户包括大名鼎鼎的IBM、西屋电气、UPS（美国联合包裹）等。但是，乔布斯要请到兰德还有一个障碍，IBM和兰德签署了在计算机领域的排他性条款。这对乔布斯完全是小菜一碟，他拿出打骚扰电话的劲头反复致电IBM副董事长保罗·里佐，要求IBM放弃这一条款，最终里佐几乎被乔布斯搞崩溃了，只好开了绿灯。请兰德设计标识的代价是10万美元，而且兰德强调，自己设计的标识不接受修改，不管用不用，乔布斯都要付钱。乔布斯在自己擅长的设计领域一向锱铢必较，但他还是咬牙答应了。

果然，当兰德交付设计稿时，乔布斯非常喜欢，他站起来拥抱了兰德。详细审阅之后，乔布斯突然提出，字母"e"上使用了暗黄色，他希望改为传统的黄色，兰德立刻被激怒了。乔布斯只好妥协。NeXT标识设计好的时候，产品还没有踪影。但是乔布斯认为，一个好的标识意味着NeXT将以世界级的格调和身份起步，这正是当年迈克·马库拉教给他的。

在产品标识确定之后，乔布斯打算在工业设计上也请顶级高手出山，他似乎忘了 NeXT 作为初创公司，在预算上无法和苹果公司匹敌。但是，他还是找到了苹果公司的设计伙伴，哈特穆特·艾斯林格的青蛙设计公司。请艾斯林格的障碍更大，需要让苹果公司放弃对 NeXT 的诉讼，得到苹果公司的许可，而且艾斯林格最好终止和苹果公司的合作。乔布斯的好运气加上现实扭曲力场居然实现了上述所有条件，他可以和艾斯林格合作了。

乔布斯规定，NeXT 必须设计成为一个特立独行的立方体，这引起了艺术家出身的艾斯林格的共鸣，他更加强化了立方体的各种戒律。这个特殊形状带来了一系列工程难题以及价格攀升，包括不得不使用价格高达 65 万美元的模具。乔布斯甚至连机箱底盘微小的细纹也不放过，专程飞到模具工厂，要求对方额外购买一台价值 15 万美元的砂轮机，以便去除掉那些很少有人能够分辨出来的细纹。乔布斯认为，作为艺术品的 NeXT，机箱的材质必须用镁，而不是塑料。乔布斯还派出三个人专程前往通用汽车学习如何为机箱上油漆。

在工业设计方面事无巨细的乔布斯认为，NeXT 总部的办公环境同样重要。于是，他在办公室里挂上了安塞尔·亚当斯的摄影名作，配备了大理石台面的厨房，接待大厅摆放的是意大利进口真皮沙发，悬浮楼梯则是由建筑大师贝聿铭先生设计的。面对如此奢华的装饰，人们很难相信，NeXT 只是一家产品尚未问世的初创公司。

乔布斯还没有停止设计工程的最后一步，即一个先进高级的工厂，包括先进的生产线设备，高级的自动化机器人，价值 2 万美元的黑色沙发，配套的巨大的员工餐厅，厂房外围漂亮的景观绿化以及运送零部件的滚轮机械装置等。生产部门的编制也非常宽裕，整个部门的博士生比软件部门还多。整个工厂是按照年产值 10 亿美元的标准设置的。

美观的标识、特立独行的外观、漂亮的办公室和现代化的厂房，这些本身都没有错，但是，当这些事物都叠加到一个根基未稳的初创公司时，问题就会随之而来。产品的技术突破这个最关键的问题反而被淡化了，同时，公司的现金流被消耗在一些优先级不高的事情上，导致产品的成本居高不下，定价不超过 3 000 美元的最初设定早就被抛到九霄云外去了。这进一步表明，第一次担任 CEO 职务的乔布斯还尚未从管理课中毕业。

乔布斯一个被低估的天赋就是对年轻工程师的发掘能力，冥冥之中，正是这种天赋拯救了 NeXT。这一次，乔布斯说服了卡内基–梅隆大学的软件奇才阿瓦德斯·特凡尼安放弃大名鼎鼎的微软，加入了 NeXT。特凡尼安是工作站操作系统 Unix 的加强版——Mach 系统内核方面的高手，他将和巴德·特里布尔一起开发 NeXTSTEP 操作系统。阿瓦德斯·特凡尼安开发出了一套面向对象的编程工具包 WebObjects，这是 NeXT 唯一一个赢利的产品。

乔布斯非常不满意 NeXT 缓慢的开发进度，工程师们被他打造一家伟大企业的愿景所激励，同时又屈服于现实扭曲力场的威力，加班加点是家常便饭。但是，整个项目在乔布斯的管控之下，常常迷失在一些无关紧要的细节当中，效率很低。乔布斯已经离开公众视野多年，他不打算再等了，甚至在产品样机还没有准备好时，他就召集了盛大的产品发布会。

在戴维斯交响乐大会堂举办的产品发布会非常隆重，完全是乔布斯的风格，大会堂里挤满了 3 000 位宾客。这次产品发布会不仅有神秘诱人的设计，充满诱惑力的演讲，甚至在结束时还有动人的人机音乐演奏。但是，一个细节暴露了一切：乔布斯手握 NeXT 电路板，对观众说："这是我见过的最精美的电路板。"这不就等于说，NeXT 产品连影子还没有呢。更要命的是，不得不公布的 NeXT 的价格被他巧妙地分解为若干个部分，但是只要简单相加就知道，这款机器的价格竟高达 10 000 美元！这个价格不仅远远超出了 NeXT 当初设定的 3 000 美元的目标价，而且比起麦金塔的 2 500 美元售价以及低配太阳工作站的 5 000 美元贵了很多。这个价位的 NeXT 会有市场吗？

但是，记者还是被他成功地迷惑了，发布会后，媒体报道好评如潮。《华尔街日报》头版新闻宣称：NeXT 耀眼夺目，相对来说价格不高。事实上，在发布会举办的一年后，NeXT 才卖出了第一台电脑。显然，这个产品无可救药地失败了。

在研读资料时，一个令我震惊的发现是，在一些重大事项判断上，比尔·盖茨很少出错。在这项才能上，盖茨超过了同时代的所有人。也许人们会挑战盖茨的原始创新能力，但人们无法挑战他超越时代的犀利眼光。

这一次，乔布斯又把盖茨请到 NeXT，参观尚在襁褓之中的"伟大"产品。乔布斯的开场白非常诱人，他说，你看，微软和麦金塔合作开发应用软件赚了很多钱，这次，NeXT 又是一个机会，我们一起合作为 NeXT 开发更多好的应用软件吧。

盖茨看完演示之后，反应非常冷淡，他事后对《财富》杂志说："麦金塔真的是独一无二，但是我个人不太理解乔布斯的新电脑（指 NeXT）有什么特别之处。"这个评价让我感到非常震惊，盖茨立刻就能发现，麦金塔是图形用户界面的革命性创新，是对字符用户界面的颠覆，它代表并且引领着未来。当时，乔布斯脑海里的伟大产品的影像也异常清晰可见，他和盖茨在这一点上产生了深深的共鸣。但是，NeXT 发源于他和教授的随意交谈和粗略的调研，乔布斯脑海里完全没有清晰的伟大产品的影像。此时，盖茨一下子就敏锐地察觉到这其中的巨大差异。

当我们崇拜乔布斯时，我们会觉得，只要乔布斯全力以赴做的，必将是革命性的伟大产品。但是，盖茨对此保持了少有的理性，他只看产品本身的价值。而这也是本书的观点之一，我相信十倍创新产品本身带来的企业价值。伟大的企业家的确是这些革命性产品的缔造者，但是，我们经常会遗忘的事实是，伟大的企业家也会费尽心力却做出平庸的产品。乔布斯花费在 NeXT 上面的时间是 11 年，这正是他 30 岁到 40 岁的黄金年华，他拿到了充裕的创业资本，而且没有任何人干涉他。如果我们了解到这一点，我们就会知道，伟大产品的问世，需要叠加在风口创新的窗口期，你必须顺势而为。逆水行舟，即使伟大如乔布斯也会举步维艰，NeXT 就是一个例子。

盖茨拒绝为 NeXT 开发应用软件，他说："他（指乔布斯）的产品有一个有趣的特点，就是不能兼容……它不能运行任何已有的软件。"这个观点一下子点醒了我，不兼容性，其实就是要求所有的应用软件开发商重新为 NeXT 编写专门的程序。盖茨说，他不愿意分配人力资源，为 NeXT 编写应用程序。这一点触怒了乔布斯，他在一次会议间隙碰到盖茨，严厉指责对方不为 NeXT 开发软件。盖茨被他逼急了，冷冷地回答说："等你有市场时我再考虑。"有一次，盖茨甚至对《信息时报》的记者说："为它（指 NeXT）开发？我会在它上面撒尿。"

不幸的是，盖茨的说法虽然看上去冷酷无情，但事后 NeXT 惨淡的销量证实了他的判断。

乔布斯一生偏爱硬件，固守端到端的一体化产品的经营理念，他认为软件也只是服务于硬件的。因此，对乔布斯而言，NeXT 是一个软件硬件合二为一的产品，是不能分割的。但最终的结果是，因为销量惨淡，乔布斯不得不关闭 NeXT 的硬件部门，裁掉硬件部门的员工，只保留了软件部门和软件业务。这样一来，大师设计的标识，独特的立方体机箱，奢华漂亮的工厂，这些投资都打了水漂。这时，一件非常古怪的事实发生了，NeXT 居然蜕变为一个和微软一样的软件公司，而且规模要小得多，这个尴尬的定位让乔布斯这位硬件大师有些不知所措。

但后来的事实表明，无论乔布斯的主观意愿如何，正是 NeXT 的软件业务拯救了公司，而且有一次，NeXT 甚至有可能改变软件行业的整体格局。这源于在一次高端聚会中，乔布斯和 IBM 高管的邂逅。1987 年 6 月的一天，在《华盛顿邮报》的发行人凯瑟琳·格雷厄姆的 70 岁生日聚会上，乔布斯盯上了 IBM 的董事长约翰·埃克斯。他告诉埃克斯，IBM 把所有的赌注都押在微软的 Windows 系统上太冒险了，老练的埃克斯反问道："你打算如何帮助我们呢？"

当然，乔布斯推荐给 IBM 的解决方案是 NeXTSTEP 操作系统，IBM 上上下下对这个替代方案非常感兴趣，双方立刻开始启动正式授权谈判。这是一个非常微妙的时间，这一年，微软刚刚发布了 Windows 2.0，业界口碑很差。NeXTSTEP 和麦金塔师出同门，我们有理由相信，当时 NeXTSTEP 的性能可能优于 Windows 2.0，如果这个判断是正确的，那么只要 IBM 采用了 NeXTSTEP 操作系统，个人电脑软件的历史可能就会改写。要知道，最终赢得市场的 Windows 3.0 是在 1990 年 5 月才问世的。另外两个信息证实了我的推论：其一，当时兼容机领域的领导者康柏公司和戴尔公司也闻讯找到了乔布斯，要求探讨关于 NeXTSTEP 的合作授权事宜；其二，当盖茨听说乔布斯正在和 IBM 谈合作时，他立刻怒不可遏，愤怒地对 IBM 高管说："NeXTSTEP 和任何东西都不兼容。"也许盖茨的说法是对的，当时 NeXTSTEP 中的确没有任何应用软件。但是，如果 NeXTSTEP 有了 IBM 甚至康柏、戴尔的授权，应用软件开发商一定会蜂拥而至。微软的 Windows 3.0 三年后才会问世，留给乔布斯的时间足够了。

因此，NeXTSTEP 有可能成为最流行的操作系统之一，至少有机会和微软分庭抗礼。但是，这个时间点对乔布斯来说并不好，他当时对 NeXT 的硬件还抱有很大希望，关闭 NeXT 硬件部门是几年之后的事情。因此，乔布斯一个古怪的行为可以得到合理的解释：在和 IBM 确定合作协议的最后关头，他突然冷淡下来，毫无达成交易的诚意。了解到乔布斯的态度后，IBM 管理层果断终止了交易。于是，一个足以改变个人电脑格局的重大交易被乔布斯搞砸了，因为他从骨子里就不喜欢软件业务，他就是为硬件而生的。可以想象，盖茨听到这个消息后一定暗自庆幸，微软再次逃过了一劫。

当乔布斯关闭了 NeXT 硬件部门之后，与 IBM 谈判的大门也关闭了。NeXT 最终成为一家软件公司，也不怎么亏钱了，乔布斯对这样的局面一定非常不满，却又无可奈何。

耗费 10 年的漫长时光之后，乔布斯手里的“鱼符”就是 NeXT 操作系统，对此，他无奈地总结说：“不能向个人销售产品让我感到很沮丧。我来到这个世界上，不是为了做企业产品，不是为了把软件授权给别人，装在那些蹩脚的硬件里，我从来都不喜欢这样。”

苹果手中的“鱼符”

在苹果公司董事会做出了约翰·斯卡利主政的决定之后，表面上看，乔布斯这个麻烦制造者消失了，公司内部气氛看上去十分祥和。谁也没有意识到的是，随着乔布斯一起离去的，还有他那与生俱来的创新能力。未来，苹果将会面对创新枯竭的被动局面。

更要命的是，Windows 系统是悬在苹果公司头顶的达摩克利斯之剑，当这把利剑落下之时，微软就将彻底终结个人电脑之战。

幸运的是，乔布斯还为苹果公司留下了麦金塔这个火种。此时，IBM 和兼容机企业已经全面反超苹果公司，只不过，当时 IBM 个人电脑采用的还是 MS–DOS 操作系统。而约翰·斯卡利手中的王牌，则是正在走下坡路的 Apple Ⅱ 以及只要经过升级就可以逐渐赢得市场的麦金塔，苹果虽然还不能与 IBM 个人电脑正面抗衡，但也能维持一个相对稳定的市场份额，大概在 15%。这虽然不是一个令人满意的结果，但苹果公司董事会也没有太过担心。乔布斯离去后，在 1985 年至 1990 年间，苹果公司就处在这种勉力维持的局面之中。其间，微软的 Windows 1.0 和 Windows 2.0 相继发布，被业界视为笑谈，“狼来了”两次之后都没有掀起什么大浪，苹果的管理层紧绷的神经也开始放松下来。

所有的人都低估了盖茨坚如磐石的耐心和气吞山河的战略定力。1990

年，Windows 3.0 卷土重来，终于得到了硬件厂商的认可，预装软件的天平开始从 MS–DOS 向 Windows 倾斜。微处理器和内存曾经滞后的局面不再，摩尔定律再度扬帆起航，微软的杀手级应用软件也已经子弹上膛。这个时刻，就是个人电脑历史的转折点，Windows 将如同沿江而下的舟楫，在经历山重水复疑无路之后，必将迎来轻舟已过万重山的壮丽画面。

此时，搭载了 Windows 3.0 的 IBM 和兼容机攻城略地，继续蚕食苹果公司的市场，约翰·斯卡利不知所措，脚步开始慌乱起来。1993 年，斯卡利被董事会无情抛弃。这次，苹果公司董事会选择了迈克尔·斯平德勒担任 CEO，这位老兄在屡屡受挫之后，试图把苹果卖掉，潜在买家包括太阳微系统公司、IBM 和惠普，最终未果。

1995 年，斯平德勒迎来了微软的终结者大杀器：Windows 95。如果说 Windows 3.0 是一个不期而遇的大浪，Windows 95 就是灭顶之灾。受到惊吓的苹果公司董事会再次匆忙辞掉了斯平德勒，选择了曾经帮助国家半导体公司脱困的吉尔·阿梅里奥担任 CEO。迎接阿梅里奥第一个财年的成绩单，是 1996 年苹果公司的市场份额跌落至 4%，当年亏损 10 亿美元，股票价格暴跌至 14 美元，与 1991 年相比下跌了 80%。相较之下，微软等科技股的股价却创下历史新高。当时苹果公司新上任的 CFO（首席财务官）说，公司像是一座正在燃烧的房子！

吉尔·阿梅里奥认为苹果面临着三个选择：其一，卖掉；其二，破产清算；其三，裁员，重振业务。在通过债务重组获得宝贵的注资和债权延期之后，阿梅里奥为苹果赢得了宝贵的喘息时间。他一方面寻求买家，一方面聘请了破产清算顾问，但是，阿梅里奥更倾向于通过重振业务来挽救苹果于危难之中。尽管乔布斯对阿梅里奥抱怨颇多，但事实证明，阿梅里奥救火队长的角色扮演得十分称职，他保留了苹果公司重振业务这个选项，找到了问题的症结，促成了乔布斯的回归，为苹果公司重振雄风铺平了道路。

阿梅里奥敏锐地发现，苹果在产品端的最大危机是麦金塔操作系统落后于同期的 Windows 95，这是导致麦金塔销量大幅下降的主因。阿梅里奥请人评估了公司内部正在开发的 Coplan 操作系统，发现该系统的发布遥遥无期。显然，约翰·斯卡利和继任者迈克尔·斯平德勒要为此负责。于是，阿梅里奥决定果断放弃等待内部操作系统，转而向市场寻求可以合作或者收购的合作伙伴。很快，阿梅里奥的桌面上有了几个选择：

1. 微软的 Windows NT 系统。
2. 太阳微系统公司的 Solaris 操作系统。
3. 苹果前高管让·路易·加西的 Be 操作系统。
4. 乔布斯的 NeXTSTEP。

选择 1：阿梅里奥打电话给盖茨，询问微软是否有兴趣把 Windows NT 用于下一代麦金塔操作系统。盖茨立刻意识到，微软操作系统唯一没有覆盖的苹果公司送上门来了。他在心里盘算着，如果覆盖了麦金塔，微软操作系统的市场份额就会达到 100%！他当即表态，微软会投入上百名工程师，专门为苹果编写用于麦金塔的 Windows NT 系统。接下来，盖茨几乎天天给阿梅里奥打电话，催问合作进展。阿梅里奥当然知道，这项合作一旦开始，苹果自然会受制于微软，于是犹豫起来。

选择 2：太阳微系统公司的操作系统还不成熟，苹果也要受制于人，似乎不妥。

选择 3：阿梅里奥见识过乔布斯的狂妄和傲慢，因此，看上去最理想的合作伙伴应该是让·路易·加西的操作系统 Be。

让·路易·加西和乔布斯可谓缘分不浅，性格也颇为相似。当年，乔布斯计划密谋游说董事会，解雇约翰·斯卡利，他把这个计划告诉了加西。未曾想，加西把这个秘密透露给了斯卡利。于是，后者迅速行动起来，先下手为强，反过来除掉了乔布斯。为此，乔布斯认为加西是背后捅刀子的小人。作为回报，大权在握的斯卡利投桃报李，把此前乔布斯掌管的麦金塔部门交给加西管理。当董事会逐渐对斯卡利失去耐心的时候，斯卡利又抢先解雇了加西。

匪夷所思的是，步乔布斯后尘，离开苹果之后，加西几乎复制了乔布斯的故事。他也创办了一家公司，从苹果内部挖了几位骨干，同样计划开发下一代个人电脑，同样包括操作系统和硬件。接下来，更离谱的是，加西的硬件也失败了，公司也裁掉了硬件部门，只剩下一个操作系统：Be。

后来，当苹果公司急需一个更加强大的操作系统时，加西和乔布斯又几乎同时出现在阿梅里奥的面前。这一幕，居然和数年前的乔布斯被迫辞职如出一辙。

这一刻，阿梅里奥选择谁，不仅仅将决定两位"冤家"的命运，更会影响苹果公司未来的命运。如果他选择了加西，可能苹果甚至整个互联网行业的历史进程都将改写。阿梅里奥决定先和看上去更容易打交道的加西见面。

我发现，人生当中，总有几个选择会影响人的一生。但是，能够意识到，并做出正确选择的人并不多，基尔代尔做了那么多了不起的创新，但只选错了一次，就出局了。而盖茨则不仅仅选对了一次，而是选对了N次！如此看来，微软能抵达巅峰，也就不足为奇了。

现在，考验加西的时候到了。事实证明，加西在重大选择方面，就是无可救药的"菜鸟"。在阿梅里奥面前，他报出了一个不可思议的价格：苹果公司15%的股份，按照当时苹果的市值，相当于5亿美元！阿梅里奥认为Be顶多值5 000万美元，差距太大了。还价后加西的报价是2.75亿美元，也没有任何诚意。也许加西认为，苹果公司没有其他的选择，所以才狮子大开口。

我曾经做过大型并购交易的顾问，我发现，在那些事关公司生死存亡的交易选择面前，能够知进退、懂取舍的公司真是凤毛麟角。在一些显而易见的灾难性交易面前，有些平时谨慎的创始人突然勇猛异常，立刻把公司逼入绝境。而在一些毫无退路的交易面前，有些创始人又开始犹豫不决，直到唯一标的突然被人夺走之后才如梦方醒。

选择4：现在，阿梅里奥似乎只剩下一个选择——乔布斯的NeXTSTEP。纵观整个职业生涯，乔布斯不是总能做出正确的选择。但是，这次可能是乔布斯一生中最为重要的一次交易，足以左右他后半生的命运。对此，乔布斯表现出始终如一的冷静和谦卑。冷静是指，乔布斯意识到这次交易对NeXT的唯一性和重要性，成交比交易价格更重要。谦卑是指，现在阿梅里奥拥有交易的生杀大权，乔布斯必须把自己傲慢和多变的性格掩盖起来。令人震惊的是，乔布斯做到了这两点。

在乔布斯针对苹果公司的三次演示当中，他不仅表现出高超的推介技巧，还展示了少有的谦卑和包容性，所有人都被他这种另类的现实扭曲力场打动了。甚至面对积怨颇深、把自己抛弃的马库拉，乔布斯都报以微笑，十分友善，好像分别多年的好友重逢。可以预期的是，乔布斯在最后的障碍，也就是交易价格方面，也没有做任何纠缠，他很痛快地接受了阿梅里奥的还价：4亿美元的现金加股票。NeXT的外部投资人选择了现金，而乔布斯则愉快地选择了苹果公司的股票和一个较短时间的禁售期。这样一来，无论苹果公司的董事会还是管理层，他们针对这次交易进行投票时，NeXT都是以压倒性优势胜出的。这不仅仅是由于NeXTSTEP产品本身的优势，还因为乔布斯展示出了达成交易的决心和诚意。

关于苹果的交易，还有一个插曲。甲骨文的创始人拉里·埃里森是乔布斯的好友。当苹果公司陷入困境时，拉里不止一次提出，由他来筹集资金，赠送乔布斯25%的股份，让乔布斯堂堂正正返回苹果公司担任CEO。这一提议非常具有建设性，因为反正出售也是苹果公司的选项之一，与其卖给不靠谱的大公司，还不如让乔布斯回归。当然，拉里看重乔布斯，相信乔布斯能让苹果公司翻盘，带来巨大的资本增值收益。如果这笔交易得以实现，可能的结果就是拉里和乔布斯将成为苹果公司王者归来的最大受益者，他们可能在这个过程中为自己带来上千亿美元的财富。此外，这笔交易更为刺激的一点是让乔布斯夺回由自己创办的、抛弃过他的公司的主导权，这是财经媒体梦寐以求的精彩故事。

令人感到意外的是，乔布斯对这一提议从来就没有兴趣。在他把 NeXT 卖给苹果之后，他还告诉拉里说，你看，我通过这样的方式也回到了苹果，这样不是更好吗？拉里则心痛不已地说："你是回去了，可是股份呢？如果你能够让苹果公司的市值大幅提升，为何不是我们一起受益，为什么让其他人赚钱呢？"苹果收购了 NeXT，但乔布斯和拉里联手收购苹果的交易反而更容易进行。但是，乔布斯还是拒绝了这个可以让自己多赚千亿美元的提议，并非因为他算不清这笔巨大的商业回报，而是因为他坚守着内心的价值观，他只是对研发伟大产品本身感兴趣，很少计算自己的资产得失。

为何我把 NeXT 称作"鱼符"呢？

我在担任故乡西安的一个文化项目——大唐迎宾礼的总策划时，第一次听到"鱼符"这个词。"鱼符"相当于唐朝官员的护照，它被分割为两半，一半在朝廷手中，一半在远行的官员手中。当官员返回唐朝城池时，他会亮出自己的一半"鱼符"，和朝廷手中的另一半"鱼符"相对无误，就可以顺利入城。

当我回顾乔布斯在苹果公司的离去和归来时，我似乎隐隐看到了一个上天预设的"鱼符"，一半在乔布斯手中，一半在苹果公司手中。乔布斯离开苹果，研发了一个操作系统 NeXTSTEP，这就是属于他自己的一半"鱼符"。在乔布斯离去之后，苹果公司历经变化，也有了自己那一半"鱼符"。苹果公司就是缺少一个更好的操作系统，它满世界搜寻之后，发现只有乔布斯手中的"鱼符"和自己这一块"鱼符"吻合。于是，苹果公司就出资买回了乔布斯手中这块“鱼符”，并且连同乔布斯也一起买回来了。经过一番半推半就，乔布斯担任了苹果公司的顾问。就这样，两块分别 11 年的“鱼符”合并在一起，这真是神奇的缘分，即使最好的小说家，也无法构思出如此离奇的结局吧。其实，这只是更加离奇的结局的一个开端而已。

现在，乔布斯从 NeXT 的管理课堂中走出来，回到了苹果公司的主战场上，这又将是个什么故事呢？

13　皮克斯：乔布斯的内容课

一笔冲动的交易

在人的一生当中，总会遇到一些十字路口，对一些伟大人物而言，他在十字路口的选择，不仅仅关系到他个人的人生命运，甚至还关系到一些行业的命运。现在，乔布斯就在这个十字路口，他被迫离开苹果，手握卖掉苹果公司股票后的大笔现金。除了创办 NeXT 之外，他还有能力做一些事情，那时他才 30 岁。这个当口，施乐帕克研究中心的大科学家艾伦·凯就对他说，他有一个朋友在做 3D（三维）图像方面的创新工作，很有趣，不妨去看看。乔布斯一听，就兴致勃勃地出发了。

乔布斯去看的是乔治·卢卡斯影业旗下的电脑部门，他们的 3D 技术非常厉害，刚刚为《星球大战》做过令业界震惊的电脑特技，一路风尘仆仆的乔布斯见到了这个部门的负责人艾德·卡姆尔。这次会晤最终促成了一笔交易，乔布斯经过一番讨价还价之后，买下了这个电脑部门，将之更名为皮克斯。乔布斯答应，未来这个公司将由艾德·卡姆尔和现有团队管理，他只是大股东而已。因为乔布斯知道，自己的主要精力必须放在 NeXT，这才是自己的使命。

这样，乔布斯在蛰伏期就有了两项平行的事业：一个是自己亲力亲为的 NeXT，一个是自己作为大股东的皮克斯。多年之后的结果居然印证了一则中国俗语：有心栽花花不开，无心插柳柳成荫。NeXT 这朵被他百般宠爱的“鲜花”，无论如何浇灌，就是不开花，直到被苹果公司收购，产品都没有完全成型；而皮克斯呢，乔布斯只是在关键时刻帮助一下，它居然枝繁叶茂，“树荫”惠及全球数以亿计的普罗大众，还改变了整个电影工业。

事后看，投资皮克斯是乔布斯的一笔冲动性交易。交易的两个背景缺一不可：一是，乔布斯离开苹果公司，急需主导一些伟大的创新证明自己；二是，乔布斯对 3D 技术可能带来的行业变革潜力非常期待。乔布斯没有进行最基本的投资可行性分析，包括公司定位、公司未来的现金流、收益预期，特别是公司未来需要“烧”多少钱等，这些他都没有深入思考过。

当时，乔布斯甚至没有意识到，关于皮克斯未来发展方向的设想，他这个新老板与艾德·卡姆尔为主的管理团队南辕北辙。乔布斯认为，皮克斯将会是另一家电脑公司，和 NeXT 产生很多协同效应。这个判断和他在皮克斯看到的情形差不多，皮克斯的主要业务有皮克斯图形电脑、3D 渲染软件，这不就是一家典型的电脑公司吗？于是，当艾德·卡姆尔驱车前往 NeXT 总部，向乔布斯汇报工作时，他听到新老板热情洋溢地说，未来要将皮克斯图形电脑销售到市场更加广阔的医疗领域，另外皮克斯的渲染软件将成为 3D 图像领域的行业标准，这部分业务完全可以进入大众市场。双方初期的磨合和碰撞，像是硅谷遇上好莱坞，乔布斯作为个人电脑的开创者，自然而然地将皮克斯归类为一家软件和硬件合为一体的电脑公司，只不过皮克斯卖的是 3D 图形电脑和软件罢了。乔布斯相信，随着摩尔定律的发展，电脑的处理能力会越来越强劲，这就意味着，3D 图形未来的市场前景不可限量，而这就是他看好皮克斯的理由。

作为电脑公司的皮克斯自然会涉及乔布斯擅长的领域，于是，他的运作思路几乎和 NeXT 一样，他请哈特穆特·艾斯林格为皮克斯图形电脑设计炫酷的外形——一个和 NeXT 孪生的立方体。乔布斯还要求软件工程师继续开发、完善渲染软件 RenderMan。接下来，乔布斯大肆招聘销售人员，希望把皮克斯的硬件和软件卖给大众。看上去，“皮克斯电脑公司”的产品要比 NeXT 更快进入市场。乔布斯意识到一个事实，即皮克斯是创新型业务，很难像 NeXT 那样在私募市场上融到外部资金。因为 NeXT 的融资故事很简单：这是苹果的明星创始人创办的公司，将会是下一个苹果公司，投资者自然愿意掏钱。而皮克斯的融资故事则非常难以描述：这是一个未经证实的市场，艾德·卡姆尔的团队也没有显赫的业绩。这就意味着，皮克斯只能依赖乔布斯个人的出资。因此，乔布斯必须尽快让产品进入市场，才能养活公司。

我非常好奇的是，当乔布斯明显偏离了皮克斯原有的战略目标时，艾德·卡姆尔似乎保持了隐忍和沉默，这有些不同寻常。这其实缘于艾德·卡姆尔的成熟和理性，他和团队有一个史无前例的长期愿景，也许没有老板愿意为这样的愿景买单。在卢卡斯影业的时候，皮克斯的前身是一个电脑部门，他们的工作是制作电影特技，服务于《星球大战》这样的影片，但艾德·卡姆尔和团队的志向并不在此。当卢卡斯因为离婚官司急于卖掉整个电脑部门时，他可能在想，反正电脑部门并非主营业务。艾德·卡姆尔知道，每个老板对于皮克斯都有自己的诉求，就像拍电影的卢卡斯必然会要求皮克斯为电影服务一样，硅谷出身的乔布斯把皮克斯想象成一家面向大众的 3D 电脑公司也在情理之中。艾德·卡姆尔认为，只有先保留团队，才有可能实现自己的愿景。他虽不情愿，但还是纵容了乔布斯的任性，皮克斯朝着电脑公司的路走了不远，就发现此路不通。大众市场对乔布斯设想的 3D 电脑和软件没有兴趣，这些产品的易用性很差，价格又十分高昂，自然无人问津。

在这个时候，乔布斯可能第一次动摇了投资皮克斯的信心，接下来他的一些极端措施似乎证明了这一点。首先，他被迫以 200 万美元出售了皮克斯的硬件业务，这一幕又和 NeXT 如出一辙，乔布斯再次忍痛关闭了自己偏爱的硬件业务。其次，他再次咬牙为皮克斯注资，但前提是要求所有员工都要放弃期权。可以想象，这一步，相当于把皮克斯变成了乔布斯100%持股的私人公司，团队领袖都成为职业经理人。艾德·卡姆尔和团队选择了坚持，这是由于他们太热爱自己所从事的事业了。

下一步，像个无底洞的皮克斯前路如何？乔布斯一头雾水。

这时候，一家注定要和皮克斯打交道的著名公司向皮克斯伸出了橄榄枝，这家公司就是大名鼎鼎的迪士尼。20世纪80年代，迪士尼已经发展成为一个综合性传媒帝国，但是就如同其创始人华特·迪士尼所说，迪士尼的一切，都是从一只老鼠开始的。这就表明，无论迪士尼帝国的边界如何拓展，动画片才是迪士尼的根。

我可能是国内最早研究迪士尼商业模式的人之一，也因为这个原因，我曾经担任了华侨城集团旗下欢乐谷的第一任外部顾问。从年度游客数看，华侨城集团已经成为世界级的旅游集团，而欢乐谷则是华侨城最大的主题公园连锁品牌。在担任顾问期间，我为欢乐谷策划了两个创意产品：一个是国际魔术节，一个是玛雅狂欢节。其中，经过十几年的发展，欢乐谷的国际魔术节已经成为全球最大的魔术节庆典之一。当年，欢乐谷的总经理带我参观欢乐谷的一个小剧场，他说，这个剧场建好后一直空置着，因为不知道应该演出什么节目。经过研究，我提出了举办欢乐谷国际魔术节的创意。我的设想是，欢乐谷作为器械旅游项目，其特点是，排队一小时，体验一分钟，比如过山车。如果定期举办国际魔术节，就可以邀请到世界级的国际魔术大师。我发现魔术大师在景区是性价比最高的表演者，魔术表演无疑可以优化游客等待时的娱乐体验。而那个小剧场，就可以请驻场魔术师来巡回表演。结果，国际魔术节就成了每个欢乐谷的标配，一演就是十几年。

欢乐谷曾经在深圳的青青世界景区搞过一次头脑风暴，问题是解决水公园游客太少的问题。轮到我发言的时候，我就分析说，深圳的游客绝对有嬉水的市场需求。为何我们水公园的生意不好呢？是因为游客分流了，深圳香蜜湖在欢乐谷之前就建好了亚洲最大的水公园，滑道比我们的高很多。另外，欢乐谷开园的那年，深圳市政府推出一项惠民措施，大梅沙海水浴场免费开放。游客都分流到这两个地方去了。

问题找到了，怎么办呢？

我的解决方案是策划一场主题演出：玛雅狂欢节。这个狂欢节是我自己提出的，因为世界上只有巴西有狂欢节，玛雅文化中并没有狂欢节。我发现，欢乐谷水公园的主题是玛雅文化，水公园到处都是玛雅文化的主题建筑和热带雨林。我就想，在这已经建好的水公园主题上，策划一场玛雅文化演出，一定能吸引游客。我从玛雅文化的祈雨风俗当中找到了灵感，提出了玛雅狂欢节的创意。问题和解决方案都有了，大家都很赞同，就分工执行了。华侨城集团旗下有很多演出团体和编导团队，他们迅速制作出了一台精彩绝伦的节庆演出。结果，因为玛雅狂欢节的主题演出，欢乐谷水公园从之前门可罗雀，变成了后来的人流如潮。几年后，香蜜湖水公园就经营不下去了，无奈改成了豪宅社区。

公允地说，上述两个创意，来自我从迪士尼主题演出的案例中得到的启发。遗憾的是，我的创意主题来自凭空想象，而迪士尼的主题则源于自有的动画片主题人物和故事，显然，后者更具生命力。

迪士尼和皮克斯的第一次缘分来自华特·迪士尼的侄子——罗伊·迪士尼，罗伊不满意迪士尼在动画制作方面日益落后的局面，他认为皮克斯在动画管理方面的硬件和软件产品可以帮助迪士尼提高动画制作管理流程，就力主公司向皮克斯购买产品。于是，皮克斯全力以赴，为迪士尼定制了CAPS 产品，也就是电脑动画制作系统，这可能是皮克斯成立以来最大的外部订单。虽然迪士尼前后向皮克斯购买了几十台 CAPS 软件、硬件套装，可是 CAPS 的客户需求太少，这些收入相对于皮克斯的整体运营成本而言，仍然是杯水车薪。

但是，迪士尼的订单背后其实隐含了一个更大的需求，当这个需求被发掘出来时，皮克斯的前景就柳暗花明了。我发现，皮克斯这棵小树，在遇到迪士尼的及时雨之后，就如同久旱逢甘霖一样，快速成长起来。

皮克斯的历史，就是它和迪士尼的关系史，直到终局。

原因不难理解，从始至终，皮克斯就仅仅和电影相关，而这正是艾德·卡姆尔和团队小心掩盖起来的宏大愿景。无论是面对原先的卢卡斯，还是之后的乔布斯，他们都小心翼翼地把这个秘密埋在心里。因为艾德·卡姆尔知道，和电影相关的愿景可能意味着烧钱，这样就会把老板们吓跑。

你看，当艾德·卡姆尔招到迪士尼的天才动画师约翰·拉塞特时，他就对卢卡斯说，拉塞特是新来的界面设计师。谁曾想，正是长得像个大男孩的拉塞特，几乎凭借一己之力改变了皮克斯的命运。

店大欺客

我认为，世界上最幸福的人，就是一生都在做自己喜欢并擅长的事的人，约翰·拉塞特就是这样的幸运儿。拉塞特是为动画而生的，他出生于好莱坞，孩提时代就喜欢看迪士尼的动画片，中学读了讲述迪士尼的《动画的艺术》，大学上了迪士尼创办的加州艺术学院，学动画专业，假期去迪士尼乐园当兼职导游，大三时就制作了动画短片《小姐与台灯》，获得了大学生奥斯卡奖。毕业后他直接去迪士尼担任动画师。当拉塞特在迪士尼无法获得重用之际，艾德·卡姆尔向他抛出了橄榄枝。

约翰·拉塞特在皮克斯负责领导一支动画短片的制作团队，这是一个边缘部门，他们的动画短片只为展示皮克斯的软件和硬件服务。这次，拉塞特制作的动画短片《顽皮跳跳灯》在一个计算机行业展会上放映，他特意邀请乔布斯一同前往参会。这个短片用两分钟的时间讲述了一个故事，台灯爸爸和台灯宝宝玩皮球，不小心把球压爆了，小台灯一下子伤心起来。短片播放结束，观众全体起立，长时间鼓掌。事后，该短片获得奥斯卡提名。

这个经历激发了乔布斯的热情，他意识到，科技必须和艺术创意结合，才能焕发出巨大的生命力。在乔布斯的心中，发生了硅谷和好莱坞的第一次碰撞。其结果是，乔布斯决定继续支持拉塞特拍摄动画短片，即使在他裁掉整个硬件部门，大幅压缩公司预算时，他也对拉塞特的短片拍摄网开一面。

由于 NeXT 有外部投资者，乔布斯个人只投资了 1 200 万美元。而皮克斯完全没有外部投资者，乔布斯已经累计投资了 5 000 万美元，与此同时，皮克斯的业务看到不到任何希望，继续烧钱似乎不可避免。如果停止注资，此前的投资都会打水漂，而且乔布斯又将经历一次彻底的失败。那时，乔布斯手中的现金已经不多了，可以想象他当时的压力有多大。

动画短片虽然可能叫好，但是如何赚钱，谁也不知道。在皮克斯资金见底、大规模裁员的背景下，拉塞特的动画短片《锡铁小兵》的故事还是打动了乔布斯，他又咬牙给拉塞特打了 30 万美元的拍摄经费，并对拉塞特说："我只要求一件事，约翰，把它做好。"

约翰·拉塞特兑现了把它做好的承诺：《锡铁小兵》获得了 1988 年最佳动画片短片奖。一个几乎没有人注意到的事实是，这部获奖动画短片是全部由皮克斯开发的电脑制作的。

杰弗瑞·卡森伯格是当时迪士尼电影的负责人，也是那个时代好莱坞屈指可数的电影大鳄之一，他从拉塞特的两部动画短片中敏锐地发现，此人必将成为一位动画长片的创意和制作大师。卡森伯格立刻找人和拉塞特谈，希望把他挖到迪士尼。未曾想，拉塞特是一位重情重义的人，虽然皮克斯危机重重，但是他喜欢这里的工作氛围，他喜欢艾德·卡姆尔为自己提供的宽松的创作环境和乔布斯对自己的特别青睐。因此拉塞特说，想让他为迪士尼工作只有一个办法，那就是迪士尼和皮克斯公司合作拍摄电影。而且，拉塞特已经构思好了第一部动画长片，也是电脑动画的里程碑大作：

《玩具总动员》。

迪士尼为了和拉塞特合作，不得不和拉塞特所在的皮克斯公司合作，在这样的背景下，两位强势的谈判者，卡森伯格和乔布斯坐在了一起。

此时，双方的谈判地位就是店大欺客。当时迪士尼正处在巅峰，如日中天，我的研究表明，迪士尼是全球唯一一家建立了电影工业全产业链的公司，它对产业链上的任何个人和创新公司都具有很大的吸收、融合能力。反观皮克斯，它完全入不敷出，只是靠着乔布斯的不停注资勉强度日，而乔布斯自己口袋里的钱也不多了。

乔布斯就是乔布斯，在山穷水尽之时仍然豪气冲天，谈判对于他而言就是锱铢必较的战场。然而，这是一场不对等的谈判，合作对迪士尼而言是锦上添花，对皮克斯而言却是雪中送炭，此时皮克斯的任何挣扎都是徒劳的。最后，双方协议的要点是迪士尼完全拥有影片及角色版权，控制创作权，可以在任何时间以违约金终止电影拍摄，有权制作皮克斯之后的三部电影，也有权拍摄续集等。皮克斯的权益，则是拥有 12.5% 的票房分账，保留 3D 技术专利。

看上去，这是一个迪士尼完胜的协议。但是，一个显而易见的事实是皮克斯不用出资就可以拍摄《玩具总动员》，而迪士尼负责支出所有拍摄资金。皮克斯终于拥有了可观的现金流入，并且找到了新的业务方向。

可以说，采用皮克斯的 3D 电脑拍摄动画长片，才是艾德·卡姆尔和拉塞特的真正梦想。《玩具总动员》是一场不允许有任何闪失的游戏。输，皮克斯可能面临破产；赢，皮克斯则会迎来光明。

客大欺店

在双方签署协议的一刻，乔布斯内心的郁闷我们可想而知，他不满意这份店大欺客的协议，但为了公司生存又不得不签。他一直在等待一个可以为皮克斯赢得主动的契机。

我很早就发现，从投资的角度看，电影产品并非理想的投资对象。早在华谊兄弟上市前，我就和王中军先生交流了这个观点。我告诉他，从长期看，谁都无法解决电影收入不确定的问题，而资本市场最不喜欢不确定性。一部电影可能赚得盆满钵满，也可能亏得血本无归，谁喜欢这样的投资品呢？这必然带来一个问题，华谊兄弟的股价可能随着电影的盈亏而“坐过山车”，作为老板，压力可想而知。

在我认识的企业家当中，王中军是最聪明的人之一，他只需要5分钟，就能听明白一个好的建议，而且没有任何多余的废话，他反问我：“怎么办呢，小兵？”

我告诉他：“把华谊兄弟定位为一家娱乐公司。”

“这有什么区别吗？”他犀利地反问。

我说：“（你可以）收购被华尔街低估的游戏公司，在电影和游戏之间产生协同。就客户端游戏而言，其制作周期和电影差不多，但是两种产品的生命周期不可同日而语。电影的黄金生命周期是几个月，而客户端游戏的生命周期可能超过10年。你看看盛大的传奇就知道了。”

不到5分钟，王中军先生就听明白了。他请我作为顾问，帮助华谊兄弟收购游戏公司。可以说，在A股市场，第一家收购游戏公司的就是华谊兄弟，这一建议为当时的公司带来了数十亿元的企业价值，同时，也部分解决了上市公司的一个显而易见的问题：收入的不确定性。当电影亏损时，游戏收入就可以作为一个平衡器。客观地说，我当时没能帮助公司解决另一个问题，即电影业务和游戏业务如何协同的问题。这算是美中不足吧。

理解了电影产品的不确定性之后，我们就不难预见，迪士尼和皮克斯的首次合作必然会发生一些冲突。对迪士尼而言，他们是《玩具总动员》的出资人，也是世界公认的动画片之王，作为掌门人的卡森伯格必将严控电影制作风险，在他看来，拉塞特虽然潜力巨大，但是并没有拍摄过任何动画长片，控制创作过程，对卡森伯格来说既是权利也是义务。

在迁就卡森伯格创意指导的过程中，《玩具总动员》出现了危机——面对大比例返工导致的成本陡增，迪士尼威胁将不再为这些返工出资。乔布斯只好自己垫资继续拍摄。因为如果停止拍摄，皮克斯将陷入绝境，而迪士尼只要支付一笔违约金即可。这更加让乔布斯意识到，在合作中话语权的重要性。

当《玩具总动员》显露出成功的曙光之时，乔布斯脑海中突然涌现出一个大胆的设想：在《玩具总动员》上映的同时，皮克斯实现首次公开募股！要知道，就在不久前，皮克斯还在风雨飘摇之中靠乔布斯的个人出资度日，突然要上市，其中的难度可想而知。

我们来继续假设问一些简单的问题。

问：皮克斯的主营业务是什么？

答：电影制作。

问：你们如何制作电影？

答：和迪士尼合作。

问：根据你们和迪士尼的合作协议，皮克斯只是迪士尼的外包服务商。如果迪士尼终止合作，皮克斯怎么办？

答：应该不会。（这算什么回答呢？）

问：如果迪士尼和你们终止合作，你们的制作收入可能一夜之间就成为零，对吗？

答：可能。

显然，监管部门怎么可能把这样不靠谱的公司推向资本市场，让无知的股民血本无归呢？

我们进一步看，作为皮克斯主营业务的电影制作还没有实现任何收入（唯一一部动画片尚未上映），同时皮克斯严重依赖于迪士尼这个单一客户。

这些问题足以难倒任何一个证券承销商，皮克斯怎么上市呢？

就在乔布斯感到绝望之际，一家更加不靠谱的公司成功上市了，这为皮克斯的首次公开募股提供了一线曙光。这家公司就是网景公司，他们的导航者浏览器开 PC 互联网之先河。和皮克斯一样的是，网景公司除了不断增长的浏览器用户外，几乎没有任何收入来源，关于公司未来财务的预测几乎都是臆想。但是，网景有着巨大的商业前景，上市后受到投资者的热情追捧，大获成功！

那么，既然网景可以，为何皮克斯就不行呢？于是，一个名不见经传的小型投资银行受理了皮克斯上市承销的业务。接下来，乔布斯的赌注就押在《玩具总动员》必须大卖上。这样皮克斯按照 12.5% 的分账，就可以取得很好的净收益，反正制作成本和宣发费用已经由迪士尼承担了。但是，如果《玩具总动员》票房惨淡，皮克斯首次公开募股就会跌破发行价，股价一泻千里。一部新电影的票房和其制作公司的首次公开募股市值，一荣俱荣，一损俱损，皮克斯可能是第一例。这完全是一场输不起的豪赌。

乔布斯玩的就是心跳！《玩具总动员》首先进入院线，票房好极了，首周票房就收回了影片的全部投资。紧接着，皮克斯进行首次公开募股，乔布斯带着艾德·卡姆尔和拉塞特在主承销商的办公室见证股票挂牌进程，乔布斯此前强行要求投行调高首次公开募股的价格，股票一挂牌就开始大涨。按照当日收盘价，乔布斯在皮克斯的股票市值达到了 12 亿美元！相比于他的 5 000 万美元初始投资，乔布斯得到 24 倍的账面回报，这也远远超过了他在苹果公司的股票价值！皮克斯一举超过网景公司，成为当年最成功的首次公开募股公司。乔布斯激动地拨通甲骨文 CEO 拉里·埃里森的电话，有些语无伦次地说："拉里，我成功了！"这一刻，是乔布斯压抑多年的一次爆发！他被迫离开苹果，现在终于又回到了舞台中央，让他名利双收的行业居然是电影，这太不可思议了。

但是，乔布斯一向对财富不太感兴趣。比财富更加重要的是，他拥有了和迪士尼重新谈判的筹码：皮克斯手里募集到的现金有上亿美元；同时，《玩具总动员》大卖，获得当年美国电影的票房冠军，全球票房达 3.62 亿美元。双方的合同尚未到期，乔布斯就迫不及待地找到迪士尼的 CEO 迈克尔·艾斯纳，强烈要求修改双方的合作协议，皮克斯不能仅仅是迪士尼的一个供应商。此时，卡森伯格已经离开迪士尼，和斯皮尔伯格他们一起去创办梦工厂了。艾斯纳被乔布斯的大胆提议惊呆了——迪士尼是动画片的鼻祖和庞大的传媒帝国，而皮克斯只是一个名不见经传的小公司，双方只是合作了一部影片，刚刚有点起色而已，对方就开始要求修改协议，这太过分了！

恰好，我多年前曾经和迈克尔·艾斯纳在北京有过一次会谈。那时，艾斯纳已经从迪士尼 CEO 的位置退了下来，正在组建一只娱乐基金，同时在中国寻求一些合作机会。当时，我仔细端详这位坐在我对面的曾经的好莱坞强势人物，我知晓他的很多故事：在主管迪士尼长达 20 年的时间里，他把这个家族企业带到了综合性传媒帝国的地位；在面对迪士尼的危机时，他与家族成员罗伊·迪士尼结怨，先是成功地赶走了罗伊，又驱逐了可能挑战他位置的卡森伯格；最后，艾斯纳并非主动让贤，而是被董事会赶下台的，而导致他下台的人中，居然包括一个局外人——乔布斯，艾斯纳没有看到，皮克斯的成功必将动摇迪士尼动画王国的根基，这也是艾斯纳下台的众多因素之一。

现在，艾斯纳要和乔布斯交锋的问题是，《玩具总动员》获得巨大的成功，谁的功劳更大？这并非一时的口舌之争，而是决定着未来双方谈判的利益分配。果然，艾斯纳说道："是我们让《玩具总动员》成功的。我们集各部门之力，从市场部到迪士尼频道，才让这部电影一炮而红。"艾斯纳说的没错，迪士尼的确为《玩具总动员》投入了很多资源，但是他没有看到皮克斯制作的动画片代表着未来，而《玩具总动员》只是未来更多成就的序幕而已。除了口舌之争，艾斯纳手中还有一些实在的筹码：迪士尼可以拍摄《玩具总动员》的续集，自动享有皮克斯后面三部影片的拍摄权等。

而乔布斯则认为，《玩具总动员》是皮克斯的创意，也是皮克斯制作的，双方必须平等合作。否则，乔布斯威胁说，在未来三部影片合作完成后，皮克斯将寻找其他合作伙伴，比如卡森伯格的梦工厂。在艰苦的谈判之后，最后双方还是达成了新的协议，主要条款是：皮克斯承诺为合作的新电影投入一半的制作经费，并分享一半利润；合作的新电影属于双方的联合品牌；未来10年制作5部电影等。艾斯纳之所以妥协，是因为他认为，皮克斯还年轻，未来的电影票房也有不确定性，迪士尼减少投资，也规避了这些不确定的风险。

乔布斯无疑是那种给点阳光就灿烂的人，不久前皮克斯还是迷失在汪洋中的一叶扁舟，不知前路何在。当头顶只有一缕阳光的时候，乔布斯就搞出一系列惊天动地的大动作，为皮克斯未来的起飞打下了坚实的商业基础，公司冒险进行首次公开募股，并且获得成功，募得了上亿美元的现金。乔布斯又和唯一的合作伙伴迪士尼叫板，达成了不可思议的新协议，使公司能够和迪士尼这样的行业巨头平起平坐。而对艾德·卡姆尔和拉塞特而言，多年聚集的能量终于不再受制于人，他们可以大干一场了。

反客为主

武装到牙齿的皮克斯聚集了更多的创意人才，他们将迎来震惊娱乐界的创作高峰。在新的协议之下，皮克斯和迪士尼连续合作了三部大作，接连创下票房纪录。第一部《虫虫危机》一举超过《玩具总动员》，获得了3.63亿美元的全球票房收入，证明了皮克斯的成功并非偶然。第二部《玩具总动员2》再次创造了新高，全球票房达到4.58亿美元。在电影行业，能够拍摄续集的作品凤毛麟角，而续集能够超越首部作品的也不多见，但《玩具总动员2》做到了。第三部是艾斯纳非常不看好的《海底总动员》，但让他大跌眼镜的是，这部电影居然获得了9.3亿美元的全球票房收入！

皮克斯的持续成功在整个电影行业也非常罕见，前几部电影无一失手，票房收入屡创新高。问题是，这一切究竟是来自运气，还是有着更深层次的原因？我发现，传记作家们都没有给出任何值得信赖的答案。

大约在 2009 年的时候，我曾经专程去东京参观一家动画公司 Madhouse，这家公司当时已经有 30 多年的运营历史，是日本三大动画公司之一。在他们的办公区域，我和几位动画师聊了起来，他们在这家公司已经工作了几十年，一直在手绘动漫，然后根据手绘的动漫画稿制作出动画电影。

我相信，迪士尼动画师的工作也是大同小异，仍然采用华特·迪士尼开创的手绘方式制作动画电影。艾德·卡姆尔很早就意识到，在电脑和 3D 技术发展起来之后，电脑技术迟早可以代替手绘动漫，直到电脑全部替代手绘动漫，并且成为主流。这就是他们长期保留一个完整的技术和创意团队并积极探索这种可能性的原因。他们先从动画短片开始进行尝试，直到有机会和迪士尼合作拍摄动画长片。当然，在这个过程中，能够请到拉塞特是非常重要的一环，因为除了技术专家，他们也需要艺术家参与其中。在某种意义上，约翰·拉塞特就是动画行业的史蒂文·斯皮尔伯格。我们从创新的维度审视皮克斯，就会发现，皮克斯就是动画领域一个十倍创新，他们的技术呈现方式，不仅比手绘动漫成本低，效率高，还拥有手绘动漫无法企及的创造能力和更加出色的艺术表现力，完全拓展了动画片的边界。皮克斯，就是动画领域的革命性创新。再加上拉塞特这位艺术天才，皮克斯这个创新闭环就完整了。这才是皮克斯相比于传统动画而言，能够攻城拔寨、摧枯拉朽的深层原因！

而这种创新，让观众对皮克斯的动画作品感到惊喜，也把动画业的鼻祖迪士尼公司逼入绝境。此前，迪士尼的高管认为，皮克斯的成功更多是仰仗拉塞特个人出类拔萃的创作天赋。但是他们疏忽了一个更加重要的事实，即拉塞特讲故事的才华是架构在皮克斯的 3D 技术之上的。这种技术和艺术结合所迸发的巨大能量，正是皮克斯成功的基石，也是让乔布斯感到兴奋的地方。

可以说，皮克斯就是硅谷和好莱坞碰撞之后，孕育出的一道无比惊艳的数字彩虹，乔布斯、艾德·卡姆尔和约翰·拉塞特就是架构彩虹的人。

罗伊·迪士尼更像是家族愿景的最后一位守护人，小心翼翼地守护着华特·迪士尼创立这家公司时设定的价值观和梦想，华特说过：“挑战不可能完成的任务，其乐无穷。”在迈克尔·艾斯纳任职迪士尼 CEO 的头 10 多年中，他坚守了这样的创新理念，做出了很多出色的创新和布局。但是，皮克斯就在迪士尼的羽翼之下不可遏制地成长起来，乔布斯的野心路人皆知，他要通过技术和艺术创新，挑战迪士尼这个巨头和动画界的最大堡垒。而艾斯纳还对迪士尼董事会说《海底总动员》不行，可能会遇到滑铁卢。结果恰恰相反，该片全球票房创纪录地接近 10 亿美元。当迪士尼掌门人艾斯纳对作品失去判断力，并且自以为是之时，罗伊认为，迪士尼危矣。罗伊指出，艾斯纳是迪士尼创新停滞的根源，只有换掉此人，迪士尼才可能焕发青春。在一系列明争暗斗的运作之后，公司的 COO（首席运营官）罗伯特·艾格成为迪士尼的新任 CEO。

在考察迪士尼乐园的一次巡游演出之时，艾格惊讶地发现，在过去 10 年当中，乐园里最受欢迎的卡通人物形象几乎都是皮克斯创造的。迪士尼是全球动画行业唯一的全产业链公司，在一部动画电影成功之后，票房收入只是迪士尼的第一笔收入。此后，衍生商品矩阵开始发挥作用：续集、水上表演、音乐剧、电视、电影、故事书、游戏、玩具、服装、乐园的景点等，而且对这些衍生品矩阵的经营可以持续很多年！罗伊和艾格都知道，迪士尼的衍生品矩阵有一个重要前提：作为领头羊的动画电影必须成功，动画片中的角色必须触动人们的心灵，衍生品业务才能成立。

近年，国内媒体行业掀起了一股 IP（知识产权）热。我在投资机构工作时，创业者对我大谈所谓的 IP，好像这是一次新的机遇似的。我只好报以苦笑，因为我知道，从迪士尼的经验看，IP是非常古老而又艰难的行业。在全球范围内，能长期以IP为业的就只有迪士尼公司了。这是有原因的，从长期看，只有迪士尼创造的IP最具商业价值，而且他们构建了唯一的IP全产业链。

罗伯特·艾格进一步发现，皮克斯聚集了好莱坞当下最厉害的创作者，它超越了迪士尼动画电影，就连卡森伯格的梦工厂也同样被它碾压！皮克斯的《虫虫危机》票房力压梦工厂同类题材的电影，而且梦工厂的同类题材还是抄袭皮克斯的，这些大佬的颜面何在？如果皮克斯和梦工厂一对一单挑，杰弗瑞·卡森伯格不知比艾德·卡姆尔强了多少倍；而约翰·拉塞特怎敢与史蒂文·斯皮尔伯格掰手腕？斯皮尔伯格可能是好莱坞有史以来最伟大的导演，没有之一。但是从整体上看，梦工厂完败。

罗伯特·艾格意识到这一点后，就产生了一个大胆的想法：斥资收购皮克斯。尽管这一交易的价格可能是天价，当年乔布斯手里只有一部《玩具总动员》时尾巴就已经翘上了天，现今皮克斯有这么多的大作，谈判难度之大可想而知。而且，迈克尔·艾斯纳作风强势，他在双方合作中和乔布斯一山不容二虎，结下了梁子，此时迪士尼和皮克斯的关系已经到了冰点，艾格还必须与乔布斯修复关系，建立信任。此时的皮克斯已经羽翼丰满，颇有些客大欺店的味道。忍辱负重的艾格为了打开乔布斯的信任之门，居然追随乔布斯到了苹果公司，主动提出，迪士尼愿意与苹果公司合作，并且出席苹果发布会，堂堂的迪士尼CEO，甘当乔布斯的配角，为苹果公司站台。乔布斯这关突破后，艾格再次降低身段，在乔布斯的安排下跑到拉塞特家中聚餐，直到赢得了拉塞特的青睐。

接下来，罗伯特·艾格竭尽全力说服迪士尼董事会成员同意收购皮克斯的议案。此时迈克尔·艾斯纳横插一杠子，试图阻止收购议案。艾格被迫再次亮剑，他强调说，迪士尼的根是动画片，只有重振动画片，才能拯救公司。收购皮克斯，就是达到这一目的的最佳路径。

迪士尼抛出的收购条件堪称优厚：74亿美元的天价收购总价；乔布斯作为皮克斯的大股东，可以通过换股，成为迪士尼的第一大个人股东，进入迪士尼的董事会；皮克斯品牌和团队保留，继续由艾德·卡姆尔和拉塞特负责运营等。乔布斯和团队应允了这次交易，不仅仅是由于迪士尼给出的慷慨价格，还因为艾格在整个收购过程中流露出的谦卑和诚意，以及在收购之后，皮克斯团队仍然拥有巨大的独立创作空间。

回顾历史，可以说，皮克斯的成长史，就是皮克斯与迪士尼的合作史。开始是迪士尼店大欺客，后来反转为皮克斯客大欺店，最后是皮克斯融入迪士尼，乔布斯成为迪士尼的第一大股东，反客为主。我认为，虽然皮克斯在动画电影领域创造了伟大的传奇，但是它被迪士尼收购几乎也是命中注定。原因是，皮克斯无法像迪士尼那样建立起完整的产业链，这是迪士尼通过几代人的努力才建成的，这个壁垒之高堪比珠峰。当迪士尼动画片暂时落后于时代，它必然会动用收购这个工具来弥补自己的短板。

而皮克斯呢，它像一条无拘无束的大白鲨，在跃入迪士尼这个汪洋之后，它方能一展英姿，纵横千里。

说穿了，尽管皮克斯的技术和艺术创新十分了得，但它也只是迪士尼全产业链当中的一环。成就皮克斯需要搭载个人电脑的创新风口，十年可期。但是，构建动画全产业链，可能需要百年之功。

在这个收购过程中，乔布斯创造了巨大的个人财富，他持有的迪士尼股票价值高达数十亿美元，这和他投入的5 000万美元的初始投资相比，堪称奇迹。在这个过程中，乔布斯见证了技术和艺术结合后所产生的巨大威力，他可能是第一个横跨硅谷和好莱坞的行业巨头，他通过皮克斯改变了电影工业。有人说，皮克斯的成功主要是艾德·卡姆尔和约翰·拉塞特的功劳，乔布斯顶多是一个出资人和旁观者，这显然有失公允。在我看来，艾德·卡姆尔、约翰·拉塞特和乔布斯就是皮克斯的铁三角，缺一不可。艾德·卡姆尔的远见、坚韧和管理，约翰·拉塞特用之不竭的伟大创意，乔布斯的资本、谈判能力和不屈的意志，这些叠加在一起，方才缔造了皮克斯的伟业。

更为重要的是，乔布斯在漫长的蛰伏期学到了管理，学到了内容，学到了忍耐，皮克斯的成就足以载入史册。但是，乔布斯在创办皮克斯的过程中悟到的艺术和技术的跨界，具有一种原子级别的爆发力，这种能力还将引领他缔造更大的、令人难以想象的伟业，也将让他实现他一直以来对人类的承诺：改变世界。

乔布斯曾经历大起大落，伤痕累累。现在他从蛰伏的阴霾当中一跃而出，已经满血复活，必将酝酿出更大的风暴，世界也将为之战栗。

第三章
方舟铸成

14 拯救沉船

阿拉伯人和骆驼

回顾乔布斯被放逐 11 年后终于回归苹果的历史，我会为一位被历史忽视的悲情人物而感慨：吉尔 · 阿梅里奥。他在危难之时被苹果公司委以重任，和 CFO 弗雷德 · 安德森一起为苹果募集到宝贵的资本，说服债权人暂时放弃立刻追债的主张，为苹果赢得了喘息的时机。此后，面对重压，吉尔 · 阿梅里奥为苹果的未来做好三个准备：破产清算、出售、自救。幸好，他没有选择前两个选项，否则苹果这家伟大的公司早就消失了，后面的传奇也将不复存在。再后来，苹果公司决定弥补操作系统短板，采取业务合作的方式或者收购一家拥有操作系统的公司。如果阿梅里奥选择采用业务合作的方式，微软的 Windows NT 将登堂入室，比尔·盖茨对这一合作异常积极，在这个选项之下，苹果公司的大门也将对乔布斯关闭。那时苹果巨亏，阿梅里奥完全可以选择这个无须消耗宝贵资本的选项，这样一来，乔布斯能否回归顿成疑问。在收购拥有操作系统的公司时，阿梅里奥仍有选择，他其实可以选择让·路易·加西的 Be。从私利的角度看，加西可能比乔布斯更好合作。最后，阿梅里奥却站在对苹果公司整体更加有利的立场，选择了乔布斯的 NeXT，促成了乔布斯的回归。

在这个过程中，向来桀骜不驯的乔布斯深知被苹果收购是 NeXT 唯一的出路，于是他放下身段，非常友善地与吉尔·阿梅里奥打交道，一改锱铢必较的交易习惯，立刻就答应了阿梅里奥的报价。于是，成交！苹果公司的历史也随之改变。

史家几乎没有留意到，苹果花费 4 亿美元收购的 NeXT 操作系统其实没办法直接使用，之后这个系统还经历了多年持续开发方告完成。其实，苹果公司收购的只是乔布斯和团队，而不是操作系统这一资产本身。从这个维度看，史家亏欠吉尔·阿梅里奥一个公正评价，正是他主张收购 NeXT，才促成了乔布斯的回归！而乔布斯踏入苹果公司大门的那一刻，拯救沉船之重任就必然落在他的肩上。悲剧是，这也注定了阿梅里奥要离去。

在乔布斯成为苹果公司的顾问之后，阿梅里奥都没有意识到，乔布斯对他的态度已经发生了 180 度的转变。乔布斯对苹果董事会说，阿梅里奥是他见过的最差劲的 CEO。阿梅里奥本人的表现不佳，以及乔布斯的推波助澜，最终导致阿梅里奥被迫下台。

这时，我就想到了一则《伊索寓言》——“阿拉伯人和骆驼”，故事是这样的：在一个寒冬的夜晚，有位阿拉伯人正坐在自己的帐篷里，只见门帘被轻轻地撩起，他的那头骆驼在外面朝帐篷里看。

阿拉伯人很和蔼地问它："你有什么事吗？"

骆驼说："主人啊，我冻坏了，恳求你让我把头伸到帐篷里来吧。"

大方的阿拉伯人说："没问题。"

骆驼就把它的头伸到帐篷里来了。过了不久，骆驼又恳求道："能让我把脖子也伸进来吗？"阿拉伯人也答应了。骆驼于是把脖子也伸进了帐篷。它的身体在外面，头很不舒服地摇来摇去，很快它又说："这样站着身体很不舒服，让我把前腿放到帐篷里来，也就只占用一小块地方。"

阿拉伯人说："那你就把你的前腿也放进来吧。"这回阿拉伯人自己就挪动了一下身子，腾出了一点地方，因为帐篷太小了。

骆驼接着又说话了："其实我这样站着，打开了帐篷的门，反而害得我们俩都受冻。我可不可以整个站到里面来呢？"

主人保护骆驼就好像保护自己一样，说："好吧，那你就整个站到里面来吧。"可是帐篷实在是小得可怜，他们两个是挤不下的。骆驼进来的时候说："我想这帐篷是住不下我们两个的，你身材比较小，你最好站到外面去。这样这个帐篷就容得下我了。"

骆驼说着推了主人一下，阿拉伯人只能走到了帐篷外面。

用这样的故事来影射我的偶像乔布斯，我的确有些犹豫。但是，乔布斯并非道德上的完美之人，站在阿梅里奥的角度看，乔布斯此举的确过分。但是，站在苹果公司的角度，如果乔布斯尊崇道德和义气，继续力挺阿梅里奥，可能苹果公司就会陷入万劫不复之地。因为，阿梅里奥的确没有能力拯救苹果于危难。显然，苹果公司的生死存亡要重于朋友义气。

当时的苹果公司董事长艾德·伍拉德对董事会成员分析说："如果我们继续让阿梅里奥担任 CEO，我想公司只有 10% 的机会可以避免破产。如果我们解雇阿梅里奥，并说服乔布斯接任，我们就有 60% 的机会生存下去。"在得到董事会授权之后，伍拉德告诉乔布斯，公司将解雇阿梅里奥，希望乔布斯担任 CEO。

我们知道，乔布斯作为苹果公司的创始人之一，从未真正执掌过公司的大权。11 年前，他甚至无法获得麦金塔部门的管理权。现在，随着最后一个对手阿梅里奥的离去，乔布斯可以第一次堂堂正正地担任苹果公司的 CEO 了，他也将获得最大范围的授权。然而，在这个巨大的诱惑面前，乔布斯犹豫起来。

乔布斯为何一直婉拒苹果 CEO 的职位？没人能给出明确的解释，我对此做出了一些分析。

我们不妨回顾一下 20 世纪 90 年代末，苹果公司面对的危局。自从微软发布 Windows 95 操作系统这个十倍创新巨作之后，个人电脑领域持续多年的竞争就已经进入了终局：微软成为个人电脑行业唯一的垄断者，其他硬件厂商，如戴尔、康柏、惠普和 IBM 等，皆受制于微软标准化的操作系统，只能赚取微薄利润。在微软这个局外，苹果公司固守乔布斯创立的软件和硬件一体化产品——麦金塔电脑，市场份额被挤压到不足 5%！公司陷入巨亏，电脑销量不可逆转地连年下跌。

乔布斯梦想再度打造下一代产品，然而耗时 10 年，他却只留下了 NeXT 操作系统这个绚丽的半成品。他在犹豫之间，错失了成为 IBM 的预装软件，以及和 Windows 平分秋色的时间窗口。做一家软件公司，无论成败，只是乔布斯的权宜之计而已，而非他的梦想。

苹果公司就像一艘即将沉没的船，乔布斯何以施救，他毫无把握！有一次，阿梅里奥对记者说："苹果公司就像一艘船，上面有很多宝藏，但也有一个洞。我的职责就是带领大家往一处划。"睿智的记者立刻追问道："那个破洞怎么办呢？"乔布斯一直把这件事作为笑话到处讲。但是，现在乔布斯也要面临这个问题：苹果船上这个破洞怎么办？乔布斯同样一筹莫展。以我的研究看，一旦行业当中出现了十倍创新产品，垄断随即产生，谁也无法打破这个僵局，除非另辟蹊径。但是，蹊径在何处？此时也是无人知晓。

我的结论是，乔布斯婉拒苹果 CEO 职位的唯一原因是：他同样没有把握修复苹果公司这艘船的漏洞。彼时，他已经拥有皮克斯这个冉冉升起的新星，就开始患得患失起来。为何是婉拒呢？乔布斯从未彻底拒绝这次机会，他到处找信任的人商量，包括凌晨给安迪·格鲁夫打电话等。最后，他找到一个模棱两可的回归方式——做顾问，再小心翼翼地进一步——做临时 CEO。乔布斯甚至放弃薪水，放弃股权，随时为自己留好退路，乔布斯似乎经不起再次孤注一掷的失败。

老练的艾德·伍拉德显然看透了乔布斯的心思，在阿梅里奥离职后，他任命弗雷德·安德森为代理 CEO，乔布斯则是负责带领团队的顾问。苹果的所有人都明白这一安排的真实含义，安德森当代理 CEO 只是挂名而已，而乔布斯这个顾问才是货真价实的老板和主事者。这样的奇葩安排，就是为了迁就乔布斯的微妙心理，让他可以积极参与苹果公司的事务，万一翻船了又可以随时全身而退。伍拉德要的就是乔布斯实质上的积极参与，他了解乔布斯的能力，因此早已经算好了，这一安排的胜算是 60%！苹果此时有如此老谋深算的董事长，实乃幸事。艾德·伍拉德并非泛泛之辈，他是大名鼎鼎的杜邦公司的 CEO。美国公司和中国不同，董事会可以由外部人士主导。而中国公司的董事会是由内部人士主导的，外设独立董事解决公司治理问题。

现在，乔布斯顾问小心翼翼地在苹果公司找了一间小办公室，刻意避开吉尔·阿梅里奥奢华的行政区域，开始端详苹果公司这艘即将沉没的大船。顾问反客为主地主导公司运营，这在商业史上也堪称奇闻一桩了，“乔帮主”就是如此有趣之人。

学院派止损

无论苹果公司有多少宝藏和辉煌的历史，乔布斯顾问面对的现实情况就是：公司巨亏，产品销量下滑，股票大跌，员工士气低落。让苹果公司活下来，是乔布斯的第一要务。艾德·伍拉德甚至还询问大名鼎鼎的投资银行高盛，看看能否帮助出售苹果公司。高盛的答复是，很难，因为苹果公司的市场占有率太低了。无奈之下，苹果公司只能自救。

在学院派看来，管理人员面对这样的困局，无非要从财务、产品和团队几个维度入手整顿。好在乔布斯已经从 NeXT 的管理课和皮克斯的内容课当中毕业了，这两家公司曾经先后陷入困境，乔布斯面临高压，最终都成功脱困。

从财务端看，裁员几乎是公司止损的头号武器。对具体被裁掉的员工而言，这可能意味着家庭经济紧张。但是，这是拯救公司最快的良方。很简单，被裁员数乘以薪酬福利及差旅支出，结果就是立竿见影的亏损减少。乔布斯和安德森协商后的裁员目标是：裁掉员工总数的 1/3，差不多是 3 600~4 000 人。乔布斯很快就把员工区分为最聪明的 1/3、中间的 1/3 和最笨的 1/3。乔布斯希望能够识别出最笨的 1/3 的员工，把他们裁掉。这次苹果公司史上最大的裁员，让公司运营成本大幅降低。

苹果财务端的另一项压力来自库存。由于产品滞销，苹果仓库中各种产品积压如山。乔布斯强势过问库存，使管理库存的经理人不堪重负，最后选择辞职。在无人可用之际，乔布斯亲自上阵处理库存问题，他的业绩是将苹果的库存周期从两个月缩短为一个月。作为一个非专业选手，他能做到这样已经很不错了，直到乔布斯招到了蒂姆·库克，他才从这项重要事务中脱身。乔布斯的一项被人低估的才能，就是发现非常有潜力的行业顶尖人才。库克是康柏计算机公司的采购和供应链经理，此前并无十分显赫的业绩。但乔布斯立刻意识到，库克是个非常难得的供应链高手，是苹果急需的人才。果然，库克的执行力非凡，把苹果的主要供应商从 100 家压缩到了 24 家，并要求他们减少其他公司的订单，专注于苹果公司的产品。非常惊人的是，库克把苹果公司的库存周期减少到 6 天。次年，苹果的库存管理堪称业界标杆，周期已经到了两天，甚至 15 小时！

现在，乔布斯皱起眉头，开始审视他擅长的产品端问题。为此，他召集了很多次产品会议，听取各部门产品经理介绍自己的产品。他发现，苹果公司的产品线之复杂，远远超出想象！

在大约20年前，我曾经应当时康佳CEO的邀请，为康佳公司提供了一次咨询服务。当时，康佳是中国电子行业百强中的第一名。我通过访谈了解到，当时康佳的产品线之多和彼时的苹果公司非常相似，各种尺寸、型号和款式的电视机有数十种，我觉得，如此繁杂的产品分类可能不是一件好事，会让公司分散资源，供应链管理难度加大，创新无法聚焦。但是，以我当时对电子产品的粗浅理解，虽然提出了问题，但没能为康佳提出合理的解决方案。

乔布斯通过一系列产品会议了解到，苹果公司多如牛毛的产品类型，包括各种型号的麦金塔机型，大多是由营销团队诱导产生的（可能当年康佳也是如此），是针对所谓的各种细分市场需求的应景之作。由约翰·斯卡利主导的耗资近5亿美元的牛顿便携电脑，数年累计销量只有区区20万台；苹果居然还有打印机产品，其所有核心技术都来自佳能或者惠普，苹果只是组装一下而已，这些产品连年亏损；苹果还有为大学生开发的多功能电脑、电视等。

够了！有一天，乔布斯突然失去了继续了解产品线的耐心，他灵感迸发地冲向白板，写下了著名的四象限产品矩阵。在纵轴，他写下消费和专业；在横轴，他写下了便携和台式。这样，他立刻得出了四个核心产品：消费端台式电脑、消费端便携电脑、专业端台式电脑以及专业端便携电脑。这样一来，苹果产品就可以满足几乎所有目标市场的需求，为什么要推出那么多令人眼花缭乱的产品呢？乔布斯吼道，打印机，停产！牛顿，停产！多功能电脑、电视，停产！各种麦金塔机型，统统停产！今后，苹果公司只专注于四象限产品的生产。

四象限产品源于乔布斯一直以来的经营理念：专注！乔布斯手起刀落，

一下子砍掉了苹果公司 70% 的产品线，这样的举措让公司内部甚至董事会一下子炸了锅！砍掉产品线意味着当期必须确认很多亏损，很多人失去饭碗，公司架构乱作一团……另外，产品线变得极简之后，公司就一定能成功吗？面对非议，乔布斯顾问不予理睬，强制执行。

建立和凝聚核心团队，是乔布斯在皮克斯学到的重要一课。艾德·卡姆尔就是这方面的大师，皮克斯历经磨难而团队不散，得益于艾德·卡姆尔高超的管理技能。我们都记得，就在皮克斯陷入财务、业务困境之时，迪士尼只要挖走约翰·拉塞特一人，皮克斯就可能会垮掉。但是，拉塞特居然宁愿待在一家可能随时倒闭的公司，也不愿意回到行业巨头迪士尼，原因只有一个：艾德·卡姆尔创造的公司文化，就是创意人才的天堂。乔布斯虽然身兼皮克斯的 CEO，但是艾德·卡姆尔才是皮克斯真正的灵魂人物。

现在，乔布斯开始打造属于自己的核心团队。他知道，这一次，他必须依赖于团队，而不是由个人来管理公司。因为即使裁员之后，苹果公司也还有 6 000 人左右的员工，是一家他从未真正管理过的大公司。被乔布斯纳入核心层的团队成员包括：弗雷德·安德森和 COO 蒂姆·库克。事实证明，安德森非常忠于苹果，而且具备处理危机财务问题的手段和执行力，由他看住公司财务这一块，乔布斯非常放心。而蒂姆·库克不仅仅在供应链管理上显示出了超强的执行力，还在理解乔布斯意图和落地执行方面具有出色的才华。我觉得，库克对于苹果公司和乔布斯本人的重要性被世人严重低估了。从商业史上看，一个高瞻远瞩的 CEO 往往在执行力方面有所不足，在他遇到一位执行力超强的伙伴之后，他才能放心地专注于自己擅长的事，而公司也不会出现混乱。我们此后会看到，虽然乔布斯的管理能力有了很大提升，但他仍然会沉迷于自己喜欢并擅长的事，比如设计。他之所以可以如此放肆，是因为库克为他分担了很多重要的琐事。

乔布斯从 NeXT 带来了软件大将阿瓦德斯·特凡尼安，让他继续负责麦金塔操作系统的开发，他是同时代最厉害的几位软件大师之一。同样来自 NeXT 的天才乔恩·鲁宾斯坦和米奇·麦丁奇分别负责硬件和销售，而营销大将则是后来屡建奇功的菲尔·席勒。

最后出场的是设计奇才乔纳森·艾夫。起初，乔布斯计划继续寻找外部设计师解决苹果的设计难题。和库克类似的是，此前艾夫并没有任何显赫的业绩，艾夫甚至觉得，乔布斯第一次到设计工作室就是想当面解雇自己，因为当时公司正在大规模裁员。经过交流，在审视了艾夫的作品后，乔布斯发现艾夫是个难得一见的设计天才，他立刻计划重用艾夫。从未来的发展看，艾夫对于苹果公司的重要性不亚于库克。乔布斯的太太甚至说，很多人对于乔布斯而言都不是不可或缺的，但唯独艾夫无可替代。未来，改变苹果命运的很多创新，都出自乔布斯和艾夫之手。

盖茨这样评价乔布斯的新团队："这个团队成熟多了。他们经历了炼狱般的考验，却依然团结在一起。"乔布斯从艾德·卡姆尔那里学会了如何管理天才人物，但他的火暴脾气并未改变。这就要求核心团队成员除了在各自领域才华横溢，还必须拥有强大的内心，能够抵挡乔布斯的呵斥，又能独当一面，弥补乔布斯的缺点。显然，团队成员做到了这一点，这就是苹果公司能够崛起的基石。

乔布斯在构建团队时，还有一个显著特点：他主张跨部门合作。在大公司工作过的人都能体会到，只要一个公司的员工超过百人，部门利益和官僚体系就会立刻出现，而且很难根治。乔布斯不仅仅聚集了一群大才，他还要让这些天才放弃部门利益之争，形成整体的合力，从而建立公司的整体损益概念。这是乔布斯学院派的团队建设中非常了不起的一点，这也为苹果公司的复苏提供了强大的助力。

这样看，乔布斯从财务、产品和团队建设方面，为公司止损提供了一个基础性框架，这看起来中规中矩，颇有些学院派的意思。但是，仅仅做了这些还是远远不够的，因为这些举措虽然重要，但仍然无法挽救苹果。

积重难返的苹果公司，还需要更多猛药方可复原。乔布斯顾问深吸了一口气，即将开出更加生猛的药方，一些只有他才有胆识开出的大胆药方。

乔布斯极端救援

苹果公司的困境，是外部竞争者泰山压顶，内部产品创新匮乏，各项财务指标持续恶化，员工士气低落。乔布斯想要采取一系列极端救援措施来帮助公司摆脱困境，这将会是一把双刃剑。首先，董事会层面通过这样的决策不易；其次，即使董事会通过了，那些非常规的举措是否见效，也有不确定性。

为了解决公司的财务困境，乔布斯启动了大规模裁员。他知道，这样无情的裁员行为，必然会对留下来的员工造成负面的影响，大家会想，下一个会不会是我呢？在这种压抑的气氛下，很难重振员工的士气。因此，乔布斯提出了新的员工期权计划，他认为，必须下调员工期权的价格。授予员工期权，在美国科技公司非常普遍，问题出在下调期权的行权价格。这在公司治理上是犯忌的。因为下调行权价格意味着员工将不劳而获，起不到激励员工、提升公司股票价值的作用，董事会反对这一提案。乔布斯威胁说，如果不批准这项员工期权计划，他就不来公司上班。在这种赤裸裸的要挟之下，董事会勉强同意了提案。对员工而言，新的期权计划意味着公司不仅没有抛弃大家，还给予了很有诱惑力的激励，军心终于安定下来了。

乔布斯在和董事会的这次冲突中赢得了胜利，但他丝毫没有成就感，反而，他心中立刻浮现出一个更加大胆的计划：为了减少未来类似的冲突，换掉整个董事会！乔布斯立刻找到艾德·伍拉德，对他披露了自己的想法。他的理由听上去有些道理，对于苹果今天的困境，董事会也难辞其咎，新的董事会只能保留伍拉德一人。可以设想，伍拉德可能被乔布斯的提议惊呆了！这像是阿拉伯骆驼故事的延续，或者是中国人所说的过河拆桥、卸磨杀驴之举。要知道，正是本届董事会决定招募乔布斯回归苹果，但是，乔布斯刚刚踏进苹果的大门不久，稍不如意，就要解雇整个董事会。如果事事都以管理层马首是瞻，董事会的治理功能何在？这也太离谱了吧？但是，乔布斯认准一件事情，就有一种“一言既出，驷马难追”的劲头。伍拉德为了照顾这位自己请来的随时威胁撂挑子的大神，还是启动了更换董事会成员的流程。好在危难之际的苹果公司董事会席位也属于烫手的山芋，董事会成员在最后一项表决当中，投票罢免自己的苹果董事会席位时也没有太过纠缠。在被罢免的董事会成员中，就有乔布斯的昔日伙伴、恩师迈克·马库拉。在当年驱逐乔布斯的议案中，马库拉坚定地支持了约翰·斯卡利，为此和乔布斯积怨颇深。

但是，乔布斯对亦师亦友的马库拉展示了温情脉脉的一面，为了安抚他，乔布斯亲自前往他的家中解释自己这样做的原因。借此，乔布斯还向马库拉请教，如何才能建立一家长盛不衰的公司。

马库拉告诉他一个词——重塑，并解释说：“苹果在个人电脑领域被微软挤出局，你必须重塑公司，做点别的东西，比如消费品或者电子设备。你必须像蝴蝶一样华丽变身。”

我琢磨这段话良久，马库拉当初一下子就决定要个人投资苹果公司，绝非“运气”两个字可以概括了事。马库拉对于苹果，对于行业格局，对于乔布斯其人，都有非常深刻的见地。如果熟知这段历史，我们就会知道，马库拉几乎为苹果公司的复兴指出了唯一一条可行的道路，这简直太神奇了！乔布斯这次拜访，不仅仅是礼节性的，他还带回了好友的锦囊妙计，可以确认的是，马库拉不仅仅提出了“重塑”这一方法，还指出了“重塑”的路径。我相信，这个弥足珍贵的锦囊，那时已经在乔布斯的心田播下一粒种子，当这粒种子生根发芽之际，整个世界都将发出惊叹。而“蝶变”则是马库拉对乔布斯个人主导完成苹果复兴这一伟业的美丽期许。这里我们暂且记住，马库拉在被乔布斯绝情抛弃之时，还睿智地献出了锦囊，这是何等胸怀和格局啊。回顾历史，我发现，几乎没有人能够抵挡甜言蜜语的乔布斯，他的这一面也常常被世人忽略。

丘吉尔曾经说过，没有永远的朋友，只有永远的利益。这句话非常深刻地概括了乔布斯和盖茨这两位科技界旷世奇才的霸主之争。只要把时间拉长，利益这个工具就可以化解看似不可调和的矛盾，化干戈为玉帛。

乔布斯的巨大优势之一是他在危急时刻能屈能伸。苹果和微软一直是爱恨交织的对手，乔布斯和盖茨年龄相仿，差不多同时开始在个人电脑领域创业。他们采取了不同的经营理念，乔布斯喜欢封闭式的端到端产品，而盖茨则青睐独立软件产品。在初始阶段，乔布斯的苹果公司通过 Apple Ⅱ完胜，成为行业标杆。但是，盖茨把握住 IBM 带来的机会，使微软逐渐成为个人电脑软件行业的标准，可以说，微软藏在硬件厂商的背后成功围剿了苹果。

苹果和微软的重要交集来自麦金塔电脑。当时，乔布斯希望微软帮助开发应用软件，却透露出麦金塔正在开发图形用户界面的秘密。盖茨一眼就看中了图形用户界面，开始私下开发 Windows 系统。随着 Windows 的逐渐成熟，它必然会危及麦金塔的根基，这是导致乔布斯被迫离职的最重要原因。乔布斯离开之后，苹果认为微软窃取了图形用户界面的知识产权，对微软发起诉讼。虽然苹果并未胜诉，但是它一直并未放弃通过法律途径解决问题的决心。无疑，这一直是盖茨的心病：Windows 系统是微软的商业基础，经不起任何风吹草动。

这个时候，弗雷德·安德森向乔布斯介绍了苹果和微软的现状。乔布斯何等聪明，他当然知道，如果没有 Windows 系统，他就不会被迫离开自己一手创办的公司；而且苹果今天的四面楚歌，难道不是拜 Windows 所赐？如果是正常竞争他也无话可说，偏偏 Windows 是对麦金塔的抄袭。

我猜想，乔布斯一定在脑海里回味了上述“爱恨情仇”。当他拿起电话打给盖茨的时候，却没有一丝恼怒，或者说他搁置了自己的个人情绪。他笑着对盖茨说，是时候解决两家公司的问题了。乔布斯提出的和解方案是：苹果会放弃对微软的所有潜在诉讼，前提是，微软继续为麦金塔电脑开发应用软件。同时，微软一次性购买苹果公司不少于1.5亿美元的股票。这个和解方案简单直接，几乎让盖茨无法拒绝，或许盖茨还为此暗自庆幸呢。区区一点资本，就可将微软的一大隐患消解于无形，这当然是不错的交易。

1997年，波士顿举办Macworld（麦金塔世界大会），这是乔布斯回归后第一次单独亮相，顽皮的乔布斯在宣布自己的身份时居然说："我是皮克斯的CEO乔布斯。"天哪，我们没有听错吧，他正在主持苹果公司的发布会，却声称自己是另外一家公司的CEO，此事也只有特立独行的乔布斯可以做得出。好在，他在接下来说到苹果时，用了"我们"一词。

乔布斯在那次发布会只宣布了两件事：微软和苹果的战略合作，以及苹果公司改选了新的董事会。后者显然不是大家感兴趣的话题。当盖茨的头像铺满了整个屏幕之时，台下的苹果粉丝报以嘘声。乔布斯面对粉丝的压力，只是勉为其难地说道："我们必须放弃那种'如果微软赢，苹果就必须输'的观念。"我相信，此刻在乔布斯的内心深处，必定有一个和粉丝们同样的声音在说，假以时日，苹果必然会赢得竞争，反超微软。但是，此时苹果大船将倾，他只好暂且委屈身段。这是少有的让乔布斯感到懊悔的演讲。他说，他给盖茨的画面太大了，显得站在台上的自己是如此渺小。但是，这难道不是此刻两家公司的真实写照吗？一个如日中天，一个濒临破产。

理性的资本市场对苹果和微软的战略合作非常看好，苹果公司的股票大涨33%！当日收盘价为26.31美元，是吉尔·阿梅里奥辞职当天股价的两倍。被授予期权的苹果员工也乐于见到股价的提升，这样他们就可以获得可观的账面财富了。然而，苹果股价的上涨暂时与乔布斯无关，因为他拒绝了苹果公司授予的期权。乔布斯知道，逐利的资本市场只是在透支未来，他和苹果需要做出更多艰难的改变，因为苹果这艘船上的漏洞依然存在，并且不断有水涌进来。

虽然与微软的合作有助于稳住苹果，扼制其继续下滑的颓势，但乔布斯知道，内部员工、媒体、华尔街，以及个人电脑行业依然对苹果没有信心。如何在短期内建立起公众对苹果的信心呢？乔布斯想到了一个极端方式：品牌广告。在公司营收增长快速，现金流充裕时，投放品牌广告无可非议，但当时的苹果财务状况恶化，债务缠身，宝贵的资本难道不应该投到产品创新和改进方面吗？但是乔布斯决心已定，他立刻拨通了 Chiat/Day（广告公司）创意总监李·克劳的电话，要求李·克劳参加苹果公司遴选广告公司的比稿（相当于竞标）。由于常常服务显赫的客户，一流广告公司很少参加比稿，但是克劳经不住乔布斯的软磨硬泡，还是答应了。克劳知道，乔布斯回归之后一定会有大动作，他们之前合作的麦金塔电脑广告"1984"堪称广告行业的经典大作。

这次，克劳他们拿出了一个广告创意："非同凡响"。乔布斯和克劳都认为，苹果是世界上最伟大的品牌之一，这个品牌代表的是那些跳出固有模式思考的人，是那些想用计算机帮助自己改变世界的人。为此，克劳他们创作了一篇散文诗一样的文案，开头是这样的："致疯狂的人。他们特立独行，他们桀骜不驯，他们惹是生非，他们格格不入……因为只有那些疯狂到自以为能够改变世界的人……才能真正改变世界。"这篇文案，站在万山之巅阐释了苹果品牌所包含的深刻寓意：以改变世界为己任。乔布斯看到这篇创意文案后，不禁掩面而泣，这则广告不仅仅比其他人的好上 10 倍，而且触动了他内心最柔软的部分，说出了他为何要创立苹果公司，以及苹果公司对世界而言意味着什么。

乔布斯为这则广告开出的预算高达 1 亿美元，这个数字一定让 CFO 心惊肉跳。但是，随着"非同凡响"的电视、杂志、报纸和户外广告席卷而来，它微妙地影响了苹果公司员工乃至公众，激起了公众对苹果复兴的期待。它使大家意识到，苹果曾经是个人电脑的开创者和创新引领者。

有一次，我在飞机上读到一则趣闻。一位将军为了说服士兵去前线作战，连夜撰写了一篇激动人心的文章。次日，将军当众声情并茂地朗读这篇文章，他自己也被深深打动了，头脑一热，身先士卒，和士兵一起上了前线。读到此，我一下子笑出声来。

乔布斯让人把“非同凡响”广告在公司内部循环播放，他强调说，这则广告也是针对内部员工的。这时，一个有趣的事情发生了，1997 年 9 月，在这则广告投放的尾声，乔布斯决定去掉他的顾问头衔，担任公司的 CEO，虽然还是半推半就挂了一个临时的头衔，但毕竟是 CEO 啊。也就是说，乔布斯这位“将军”，也被“非同凡响”广告所传达的宏大愿景激励了。

在危机之时投放大手笔广告，我将其称为“逆势营销”，这也是乔布斯极端救援的一着险棋。

现在，乔布斯必须回到拯救苹果最基本的功课了——产品创新！这才是苹果长久发展的唯一路径，其他的事情皆为铺垫而已。在同时代的企业家中，谈到对创新的痴迷，无人能比肩乔布斯。但是，回到 20 世纪 90 年代末的个人电脑行业，Windows 系统犹如铜墙铁壁，无人可以撼动。乔布斯要拿出十倍创新产品，无异于痴人说梦。

这个时候，乔纳森·艾夫宛如天使一般出现在乔布斯面前。这种感觉，和乔布斯初遇约翰·拉塞特如出一辙。乔布斯就是一个艺术家，他欣赏并尊重那些能够践行他艺术梦想的人，那个人在皮克斯是拉塞特，而在苹果公司就是乔纳森·艾夫了。可以说，艺术是乔布斯的心灵港湾，也是他用之不竭的创意来源。

现在乔布斯正在艾夫的设计工作室里把玩一个被淘汰的产品，艾夫为苹果牛顿掌上电脑的一下代产品设计的模型——eMate。乔布斯早就为苹果公司设立了四象限产品战略，现在他要优先拿出一款自己最擅长的消费级别的台式个人电脑。如果十倍创新行不通，那么就从外观设计入手，做出一款基于麦金塔精髓的迭代创新吧，而他手上的这款模型，看上去就是一个好产品的模糊影像和创作灵感。哈，就是它了，乔布斯不禁嘀咕道。

乔布斯和艾夫认为，设计，不仅是关于产品外观的，它必须反映出产品的精髓。"非同凡响"的精髓是什么呢？应该是惊艳、华丽，应该是特立独行，应该是无与伦比，对吧？说穿了，苹果电脑应该立刻从一大堆黑黢黢的大路货当中跳出来，使人一望便知是苹果产品，它摆在你的案头，应该如同一件令人爱不释手的艺术品。

乔布斯回归后的第一款消费级别的台式机，最终被命名为"iMac"，它通体为艾夫喜欢的邦迪蓝，透过半透明的外壳，人们可以看到机箱内部精致的电路板。艾夫在 iMac 顶部特意设计了一个内嵌的提手，好像人们可以随意将它提走似的。但是，谁会把台式机提着到处走呢？这个华而不实的"摆设"带来了工程上的巨大难题，必然遭到以乔恩·鲁宾斯坦为首的工程团队的强烈反对。关键时刻，乔布斯站出来力挺这项设计，他不仅仅是在支持一项设计功能，而是希望从此建立起苹果公司跨部门合作的企业文化，所谓的部门之争必须让位于消费者体验，或者蒂姆·库克所说的"公司整体损益"这个共同目标。正是部门设置这个藩篱，扼杀了很多大公司的创新源泉。公允地说，内嵌提手也许并非不可或缺，但如果是一项伟大的设计，只要工程部门说技术上无法实现，那么一切创新就会归零。乔布斯不允许这样的事情在苹果发生，他逼迫工程部门，不惜采用现实扭曲力场去实现设计部门的想法。

世人对 iMac 给予了诸多赞美，在我看来，iMac 就是一款基于出色设计的麦金塔的迭代创新。当然，它也弥补了麦金塔电脑的很多技术缺陷。乔布斯为 1998 年 5 月 6 日举行的 iMac 发布会设定了两个目标：一是，把 iMac 定位为苹果的起死回生之作；二是，再次颠覆个人电脑的形象。《福布斯》杂志评价 iMac 是"一个产业的华丽转身"。iMac 发布当年，就卖出了 80 万台，成为苹果史上销售速度最快的电脑。

可以想象的是，乔布斯、公司董事会和公众都松了一口气，iMac 看起来暂时补上了苹果船体上最大的一个漏洞。这个时候，老朋友盖茨给出了刺耳的评价："苹果公司现在唯一胜出的就是颜色。"这个评价意味深长，"胜出"其实也是对 iMac 的肯定，"唯一胜出"的原因在"颜色"，对盖茨而言，设计可能就等同于颜色。那么，这不就等于在说，iMac 就是赢在设计吗？反过来看，盖茨的言下之意，就是 iMac 其实没有太多实质性的创新，翻不起大浪。这其实是残酷的事实，乔布斯对此岂能不知，他的目标是颠覆个人电脑的形象，何为形象？不就是设计吗？

在创新方面，乔布斯储备了一支强悍的部队，这就是阿瓦德斯·特凡尼安的软件团队。苹果当年收购 NeXT 时重的唯一资产就是被乔布斯吹得天花乱坠的操作系统。迭代创新是在个人电脑领域长期制胜的不二法门。曾经引领时代的麦金塔，历经几任 CEO，创新停滞，早就被不断迭代的 Windows 反超。乔布斯知道，要重燃麦金塔这个火种，仅仅凭借设计突围是远远不够的，要想翻盘，就必须从一款可以压制 Windows 的操作系统入手。

但是，有特凡尼安团队这样厉害的软件团队，被苹果如此看重的 NeXT 操作系统为何千呼万唤不出来呢？

因为难点在于 NeXT 必须要兼容老版的 Mac OS 9 和应用软件，否则新的操作系统对麦金塔而言就是灾难。新的操作系统对苹果来说生死攸关，放在以前，乔布斯早就会不管不顾，逼迫特凡尼安及早拿出成品。设想一下，要是新的操作系统能够预装在 iMac 上，那该多好啊！但是，这次乔布斯出奇地安静且有耐心，他每周都会和软件团队开会，改进操作系统的每个细节，而且没有制定无法实现的上市时间表。这种改变，可能源于乔布斯在皮克斯的经验，在和约翰·拉塞特团队一起工作时，他见证了《玩具总动员》这样伟大的创意产品的诞生过程。这是漫长的蛰伏期为乔布斯带来的蜕变之一。

乔布斯不懂软件开发，他领导软件团队的武器就是关注用户体验和外观设计，这和微软依靠手册管理软件开发流程的办法大相径庭。新的操作系统被命名为OS X，融合了乔布斯代表消费者需求的上帝视角和技术团队的才华，同时也保留了苹果个性化的特点。2000年9月才姗姗来迟的OS X，界面华丽，自带3D效果，可以兼容大部分旧版软件，用户只要在网上下载安装即可使用。通过互联网发布操作系统新版本是阿瓦德斯·特凡尼安团队的创举，此后这也成为行业标准。就在这个重大时刻，可爱的乔布斯做出了同样重大的决定，去掉自己头衔中的“临时”，成为苹果公司的正式CEO。其实，在苹果公司和公众的心目中，乔布斯早就是苹果的CEO了，从顾问到临时CEO，再到正式CEO，这个过程只关乎乔布斯对苹果和自己的信心而已。

为何乔布斯选择这个时候断掉自己的后路？这是因为，他从OS X操作系统的迭代创新中看到了苹果公司的未来。按照乔纳森·艾夫的说法，乔布斯就是有一种常人没有的直觉：仅仅凭借产品，就能判断公司的未来。而这一点，也是我撰写本书的目的之一。我发现，驱动企业价值增长的可追溯因素，就是产品创新。当伟大的产品问世之时，占领市场、提升企业价值就只是时间问题了。在乔布斯决定担任苹果公司的CEO后，董事会立刻送上了大礼包：一架私人飞机和2 000万股期权。

现在，麦金塔终于有了一款可以和Windows系统叫板，甚至可能将其反超的新一代操作系统。乔布斯带领团队再接再厉，一鼓作气，推出了四象限的其他产品。未来，这些产品将会统统预装更加强大的OS X，正所谓“好酒不怕晚，好马配好鞍”，这让苹果的粉丝们兴奋不已。乔布斯正在带领团队无限逼近“非同凡响”这个宏大目标。

这个时候，乔布斯果断叫停了所有的麦金塔兼容机业务，这是他的前任CEO们留下来的遗产。但是代价不菲：因为违约，苹果不得不收购最大的一个兼容机厂商，花费了上亿美元！但这也为苹果清理出了一个干净的市场，乔布斯认为是值得的，这也是他极端救援的举措之一。

随着 iMac 和 OS X 系统的陆续发布，苹果公司大船上的漏洞都被补上了。这时候，乔布斯深吸一口气。补漏，是他的职责所在，却并非他重回苹果的缘由，他自然有着更大的抱负：掌舵苹果这艘日渐稳固的大船，扬帆起航，驶入更加辽阔的全新市场。

而在一旁观察良久的艾德·伍拉德就说："他（指乔布斯）成了一个经理人，而非之前的身份——高管和愿景师。他的改变让我又惊又喜。"世人也许没有意识到乔布斯的蜕变，很多人仍只看到他的坏脾气和纠缠于细节的可笑之举。

其实，乔布斯从一开始就放弃了自己最擅长的游戏——破釜沉舟地带领团队开发下一代伟大的产品，就像当年他负责麦金塔项目那样。这多过瘾，完全符合乔布斯的本性。但是，这样的行为必将耗尽苹果最后一丝财力，把公司推向深渊，可能苹果都等不到硕果累累的那一天，就会倒在不切实际的幻想当中！相反，乔布斯理性地看待苹果公司当下的处境，一步一个脚印地拯救沉船，让苹果稳固，所谓"留得青山在，不怕没柴烧"，这才是一个合格的经理人的职责。

在乔布斯拯救沉船的过程中，既有学院派的理性和成熟，也有自己杀伐果断的极端措施，一点一滴，年复一年，苹果大船的漏洞就被补好了。在这个过程中，乔布斯还为苹果未来的远航建造了强大的引擎和犀利的武器系统：一个崭新的、互补的、内心强大并且雄心勃勃的管理团队；一个高屋建瓴的品牌内涵——"非同凡响"；一个同时代最伟大的工业设计领导者；一个供应链管理大师；一个根深叶茂、可塑性极强的操作系统和开发团队等。其中最为耀眼的，就是那位脾气秉性未改，却华丽蜕变的船长乔布斯，他对创新的敏锐感仍然无人可及，但经过漫长的蛰伏期，他已经默默地从那个痴迷于带领一支小部队自顾冲杀的游击队长，蜕变为一位指挥自如的元帅。又或者，乔布斯已经从鹰转变为庄子所言的大鹏。展开雄壮的羽翼，他必将迎风扶摇直上，那辽阔无垠的天际就是他的舞台。

15 追溯方舟影像

突破边界

回到20世纪90年代末，设身处地为乔布斯思考一下，我们就会发现，苹果的主营业务非常清晰：个人电脑端到端的制造商，拥有四象限下的核心产品，甚至围绕着自营苹果电脑刚刚发布了新一代强大的操作系统。值得庆贺的是，乔布斯带领团队，拯救了苹果这艘将沉的大船。

如果再看看市场数据，事情就不太乐观了。那些年，个人电脑年销量约为8 000万台，苹果最畅销的一款产品——iMac算是非常成功了，但年销量也只有200万台左右。想要占到整个市场份额的10%，苹果系列电脑产品的销量就需要达到800万台！如果我们看看苹果的对手——戴尔、康柏、惠普和IBM，以及武装到牙齿的Wintel，我们就会知道，每一个百分点的市场份额增加，都意味着付出巨大的代价。苹果的产品虽然“非同凡响”，但只是切到了个人电脑中一个中高端细分市场：设计、出版和中小企业。而更加广阔的大中型企业和消费市场，早已经被上述巨头瓜分完毕。通过创新撕开一个缺口已经不太现实，Windows的护城河已经非常辽阔，固若金汤，而且它还在不断迭代创新。

显然，让未来的苹果成为戴尔、康柏、惠普和IBM电脑厂商中位居末位的小厂，才是现实的考量。但是，乔布斯显然志不在此。

苹果蜗居于个人电脑边界内无法突围，前路在何方？此时的乔布斯依然一头雾水。

乔布斯常常去乔纳森·艾夫的设计工作室寻找灵感，他看到苹果设计精美的iMac，以及下一代产品的样机，就有些不淡定了。乔布斯想到一个问题，苹果产品是如此鹤立鸡群，但是在线下零售体系内，它们不得不和那些大路货的标准化产品并肩而立，这肯定不行。这样想着，乔布斯脑海里就萌生了一个大胆的设想：苹果自营的零售商店。

乔布斯找来了零售行业的罗恩·约翰逊，让他负责筹建苹果的零售店。对于和设计相关的领域，乔布斯事必躬亲，而且他可能朦朦胧胧地意识到，开设苹果零售商店可能不仅仅和销售相关，也与突破边界相关。因此，他就带着约翰逊在旧金山库布蒂诺附近的商场里转悠起来，他格外关注那些奢侈品店面的设计理念和布局。

当乔布斯把筹建苹果零售店的想法告知董事会和管理层时，反对的声音立刻随之而来。很显然，没有一家电脑厂商开设自营零售业务并取得成功，相反，倒是有一些反面的案例：捷威电脑衰落的原因之一就是开设零售店；而戴尔呢，只是通过直销就获得了成功。管理层的反对声音更为现实：此举是否会影响现有经销商的利益和积极性呢？如果我们的零售商店没有成功，反而挫伤了现有经销商的积极性，让他们把资源投向竞品，那不是苹果的灾难吗？

在创新领域，乔布斯向来都是凭直觉行事，上述任何一个观点，他都无法反驳。为何捷威开设零售店不行，苹果就行呢？戴尔的经验是完全不需要零售店，就能异军突起，你为何还要逆潮流而动呢？一步一步把乔布斯扶上 CEO 位置，并且为其安排了优厚利益的恩人艾德·伍拉德，此时也受不了乔布斯的非理性出牌，提出辞职。

我以前的老板，瀛海威公司 CEO 张树新的一个口头禅让我受益匪浅，她常说："小兵，成功了，现编故事都来得及。"

写史，是事后看待事物，人人都是诸葛亮。我们把时间拉回乔布斯决心要做苹果零售店这个时刻，在做出一个可能面对风险的决策，同时又没有他人的成功经验可以复制，看上去又是乔布斯一次任性的无理取闹之时，你会投赞成票吗？如果有人说，凡是乔布斯支持的事情，我就会投赞成票，我们马上就可以举出一个反例：他复出不久后力挺主推出的一个产品，最后也失败清算了。

乔布斯坚信自己的直觉，他更多是靠自己刚刚积攒的信誉和大嗓门，而不是靠有理有据地说服大家来推动这项业务创新。其实，乔布斯的理性，就隐藏在他和罗恩·约翰逊的无数次对谈当中。苹果“非同凡响”的品牌内涵，出类拔萃的工业设计，以及卓尔不群的用户体验，在传统零售端无法形成闭环：苹果和其他电脑商品随意摆放，店员无法回答苹果电脑和其他电脑的差异，无法解释苹果的优越之处。和乔布斯一样对苹果零售店充满激情的约翰逊说：“零售店将成为苹果品牌最强有力的表达。”

好在，苹果董事会的一位成员，Gap（盖璞）的前CEO米拉德·德雷克斯勒支持乔布斯筹建零售店。恰巧，Gap的零售店也是乔布斯和约翰逊学习的对象。德雷克斯勒还提出了一个宝贵的建议：在苹果园区内建立一个秘密的模拟商店，按照正式店面装修，然后由大家讨论修改。显然，Gap是将零售店当作一项独立的产品来研发的，乔布斯立刻照此办理。此后，他常常和约翰逊在这个秘密商店里走来走去，对店面乃至服务的每个细节进行深入探讨。

一直以来，我都认为苹果零售店是乔布斯一项被低估的重大创新。这一创新的重要性在于，它突破了苹果边界的第一道藩篱：苹果电脑的销售渠道必须固化在传统的零售店内。而且，它和苹果的品牌内涵以及端到端的服务理念一脉相承。也许，苹果零售店就是迈克·马库拉所说的“灌输”，就是在购买前对消费者“灌输”产品的差异化和用户体验。

在某种意义上，苹果零售店就像是乔布斯和约翰逊一起创作的“电影”，乔布斯就像约翰·拉塞特那样，不厌其烦地关注创作上的每个细节。就像当年在皮克斯一样，乔布斯喜欢请自己最要好的朋友，比如永远的拉里·埃里森，去欣赏自己的“作品”——零售店每一点细微的变化。拉里几乎被乔布斯搞崩溃了，他很害怕接到乔布斯请自己再次参观零售店的电话。不过，拉里还是赞叹说：“乔布斯对美学和服务体验的每一个细节都力求完美。”好在，拉里的多次被迫参观行为也有意外回报，他为零售店开发了一套厉害的库存管理软件，每过几分钟，甲骨文的软件就会将每家零售店的信息汇总成电子表格，快速形成关于制造、供应链和销售渠道的信息。

在和乔布斯合作的过程中，罗恩·约翰逊学到了真经：客户体验是零售店的核心。2000 年 10 月的一天，在零售店历时半年研发，即将大功告成之际，对零售店朝思暮想的约翰逊突然冒出一个大胆的想法：店面不应该按照产品线划分，而应该按照用户体验划分。当约翰逊兴致勃勃地把这个想法告诉乔布斯时，后者差点崩溃，他对约翰逊大声吼道：“这意味着全部返工！”但是，当乔布斯冷静下来时，他意识到约翰逊是对的。返工，并且做出更好的产品，正是乔布斯在皮克斯学到的宝贵经验。于是，零售店推迟开放，并按照约翰逊的思路重新设计、布局。

苹果公司的第一家零售店于 2001 年 5 月 9 日开业。倒霉的捷威零售店为何会关门？其中一个数据非常关键：每周到店人数只有区区 250 人。而第一家苹果零售店的每周到店人数达到了 5 400 人，这使苹果零售店一下子就站稳了脚跟。接下来，约翰逊的任务就成了：选址，以及开设更多零售店。苹果零售的皇冠店出现在曼哈顿第五大道，这家店集合了乔布斯的诸多创意：立方体、炫目的楼梯、时尚的玻璃等。它被称为“乔布斯店”，其每周到店人数达到了 5 万人，经营效益荣登全球零售业之首！

对苹果而言，零售店的成功，不仅仅意味着多了一条销售渠道，还极大程度地突破了个人电脑的边界，把苹果系列产品和全球顶尖奢侈品归为一类。或者说，苹果产品借此成为科技产品当中唯一的奢侈品。

苹果零售店提供了一种可能性，在苹果突破了个人电脑的边界之后，这个独一无二的、自有的零售渠道就会发挥巨大的作用，但是，乔布斯仍然没有找到突破的路径。追溯起来，乔布斯从 NeXT 开始寻求边界的突破，探索了十多年，但到那时，乔布斯带领的苹果还是站立在个人电脑舞台的一个角落，这个舞台的主角早就是盖茨了，微软牢牢占据了行业 90% 的市场份额，看上去任何人都无法威胁微软的垄断地位，除了美国司法部。

回顾苹果和微软的历史，从来都是微软从苹果那里汲取灵感。但是，我发现了一个例外。在 2000 年 1 月拉斯韦加斯的消费电子大展上，盖茨照例做了一次演讲，主题是“消费电子 +”。盖茨说，未来 Windows 系统驱动的个人电脑将成为“家庭媒体中心”的核心部件，它能够联网，与其他安装了微软软件的电子设备互联互通，实现听音乐、看新闻、看照片、发邮件、进行娱乐活动等功能。盖茨的意图非常明显：将微软在个人电脑领域的垄断优势延伸到更为广阔的消费电子产品领域。

苹果的两员大将，阿瓦德斯·特凡尼安和乔恩·鲁宾斯坦看到盖茨的演讲之后，立刻坐不住了，他们强烈要求乔布斯尽快组织大家讨论对策。这次，苹果要向微软偷师了。很显然，正当苹果公司为突围苦思冥想之时，微软已经开始行动起来了。一旦微软将触角伸向消费电子领域，苹果公司又将变成无聊的看客。乔布斯带领团队认真研读了盖茨的演讲材料，反而释然起来，盖茨的所谓“消费电子 +”的战略，看上去更像是为苹果制定的。因为微软虽然具有压倒性市场份额，但它只是一家软件厂商。戴尔、康柏和惠普只是硬件厂商。索尼公司等日本公司才是消费电子的领导厂商。而 Adobe（奥多比）呢，它是应用软件厂商。要实现盖茨所说的“家庭媒体中心”功能，只有苹果生产的端到端产品才能带来更好的客户体验。

既然盖茨捅破了这层窗户纸，乔布斯就和团队一起畅想起来。随着个人电脑和互联网的发展，社会将进入数字时代，而人们用什么设备享受数字生活呢？苹果系列产品难道不应该扮演这样的角色吗？而且，“消费电子 +”更像是盖茨这样的理工男想出来的很老土的概念，市场需要一个更加有吸引力的概念，苹果给出的概念是“数字中枢”。别忘了，乔布斯还是数字娱乐的先锋企业皮克斯的老板，在同时代的企业家当中，只有他横跨了硅谷和好莱坞。

迈克·马库拉告诉乔布斯，要突破边界，打造一家长盛不衰公司的方法就是“重塑”。现在，乔布斯为重塑苹果找到了一个伟大的立足点。按照比较优势的理论，这个立足点就好像是为他和苹果公司定制的一样，这就是“数字中枢”。穷其一生，乔布斯一直都站在科技和人文的交叉点，科技是他的立身之本，而他又是个不可救药的艺术迷，他痴迷于设计和电影，还是个罕见的音乐迷。谁能想到，乔布斯这样一个聚光灯下的公众人物，当见到偶像鲍勃·迪伦时他会紧张到说不出话来。在我看来，乔布斯就是混迹于电脑行业的艺术大师，他一生固守端到端的封闭式服务，像极了艺术家珍爱自己的画作，苹果系列产品不就是他呕心沥血的“艺术作品”吗？而新鲜出炉的苹果零售店，不正是苹果这样的“艺术作品”的展示中心吗？

进一步看，苹果电脑这个当仁不让的“数字中枢”，将主要连接和管理用户的照相机、录像机和音乐播放器。乔布斯灵机一动，决定从家庭录像内容开始着手。在那个年代的美国家庭，录像机的使用较为普遍。但录像机作为一个拍摄工具，很难直接把拍摄好的素材编辑为具有观赏性的视频作品。乔布斯认为，可以开发一款视频编辑软件，通过火线，把录像机上的视频素材传到苹果电脑上，这样用户就可以利用这款软件把素材编辑成属于自己的“小电影”。乔布斯很快就开发出了这款视频编辑软件：iMovie。乔布斯像个孩子一样被这个视频软件迷住了，他还兴致勃勃地给苹果高管们布置了一项“作业”：每人拍摄任意题材的家庭录像，再用iMovie软件编辑自己的“小电影”。

然而，尽管乔布斯玩得很嗨，但是，iMovie这个来自“数字中枢”的应用场景还是失败了。有人说，iMovie使用起来太复杂了，一般用户很难驾驭。在我看来，这个尝试之所以失败，是因为编辑视频素材这个行为是属于少数具有天赋的爱好者的，对普罗大众而言，门槛太高了。

恰好，我的一位客户是中国最大的视频编辑软件与硬件厂商之一，他们为包括央视在内的电视台提供类似于视频编辑机的产品，我参观他们的产品时就了解到，视频编辑机非常复杂，只有专业人士或者顶级爱好者才能搞清楚。虽然 iMovie 操作更为简便，但一般人还是很难驾驭，这需要专门的培训才行。

从产业层面看，视频编辑的需求从来就不是一个大众市场，今天不是，未来也不会是。挫折对乔布斯而言从来就不是问题，他笃信在“数字中枢”这个概念之下，必然还有一些有待开发的应用场景，而这样的场景一旦被找到，就会为苹果公司的边界突围打开一个缺口。

乔布斯寻寻觅觅十余载，突破边界的这个缺口，到底在哪里呢？

数字化率枪口下的音乐产业

从某种意义上看，世界上的物体可以被分为两类：一类是实物类物体，指具有物理体积和重量的物体；另一类是非实物物体，指虚拟物体，比如信息、音频和视频。

苹果公司提出了“数字中枢”这个概念，这里的“数字”，其实就是指非实物物体。

区分出非实物物体的意义何在呢？我们回到 20 世纪初，纳斯达克互联网泡沫出现，在相关股票大跌之时，互联网连接却还在以指数级别增长。这些连接就可以被分为：人与人的连接和人与物的连接。人与物的连接，又可以分为实物物体的连接和非实物物体的连接。

数字化最容易进行的部分，就是非实物物体的连接和传播。如果被连接的非实物物体是一个商品，那么这个商品的存储、传播、销售、购买和使用等都可以在互联网上实现。

我们现在就把目光聚焦于一个绵延百年的非实物商品：音乐。

音乐可能是人类最早的娱乐形式，但是音乐成为一个产业，应该从最早的唱片公司开始。据悉，索尼唱片的前身——美国哥伦比亚唱片公司诞生于 1888 年，是最早的一家唱片公司。我猜想，唱片公司的出现，一定与唱片和留声机的发明直接相关。上百年来，音乐产业的演变和科技的创新密切相关。起初，我们听黑胶唱片，一听就是半个多世纪，这就表明，在漫长的历史时期，科技创新都没有进入音乐产业。

直到20世纪60年代，飞利浦公司发明了磁带，科技创新终于渗透到了音乐产业。从音质来看，磁带这种介质还不能和黑胶唱片相提并论。但是，磁带的成本低廉，复制更加容易，音乐得以在更大范围普及。于是，磁带和录音机就开始替代黑胶唱片和留声机，逐渐成为人们购买音乐的主要选择。

20世纪70年代末，就在乔布斯和沃兹在车库里捣鼓个人电脑时，一个厉害的日本人出场了，这个日本人问了自己一个问题：人们听音乐，一定要在固定场合吗？他发现，人们在家里、酒吧和夜总会听音乐，或者听唱片，或者听磁带。人们是否还有一个需求没有被满足呢？那就是随时随地地收听音乐。

这个日本人就是盛田昭夫，索尼的创始人之一。此人在日本的地位完全不亚于乔布斯在美国的地位。就在乔布斯四处售卖自己的Apple Ⅰ时，盛田昭夫的索尼公司推出了音乐产业史上最大的一项技术创新：Walkman随身听磁带播放器。它不仅仅是一款划时代的电子产品，还创造了一个全新的音乐市场和一种生活方式。随身听定位于青少年市场，并塑造了年轻、有活力与时尚的品牌内涵，甚至附带创造了耳机文化。

Walkman随身听于1979年上市，到了1998年，它在全球的销量就突破了2.5亿台！随身听就是那个时代的十倍创新，它凭空就创造了一个市场，并且几乎独享了这个市场高速增长带来的垄断收益。就在乔布斯大起大落之时，盛田昭夫已经建立了世界级的影响力，他被封为英国爵士，那一天英国媒体显现出贵族式的包容和优雅，标题是《起身，索尼随身听爵士》。

就在随身听如日中天之时，科技创新再次顽皮地敲响了音乐产业的大门：CD（激光唱片）产业武装到牙齿，已经集结完毕，兵临城下。其实，磁带虽然放大了音乐产业的规模，并且催生了随身听这样十倍创新的伟大产品。但是，一个致命问题依然存在：磁带的音质不及黑胶唱片。但是CD就不同了，它的音质超过了黑胶唱片，成本甚至可以比磁带更低。显然，CD会同时终结磁带和黑胶唱片这两种音乐介质。在终端部分，CD和CD播放机，就在快速摧毁磁带和录音机以及残存的黑胶唱片和留声机。

这样一来，随身听的介质就不得不从磁带变成了CD。但是，这里有一个问题，标准CD的体积比磁带更大，不容易便携。解决方案是MiniDisc，这也是由索尼公司发明的，叫磁光碟。它的音质接近于CD，但是体积更小，便于携带。在这些突然加速的技术变革当中，随身听市场有更多日本竞争者加入，索尼在被打了一个趔趄之后，还是勉强站住了脚跟。

时间来到了世纪之交的2000年左右，互联网连接的发展风驰电掣，作为非实物物体的音乐被极客天才选中了，索尼公司、随身听和百年音乐产业第一次遇到真正的大考：产业地震将至！

一天凌晨，我被一阵急促且动听的鸟鸣唤醒，我走到窗前，向外面张望起来，几只漂亮的鸟儿腾身跃起，飞向放晴的碧空。我屏气凝神、侧耳倾听，更多的鸟叫好似一曲林间的鸟儿奏鸣曲，此起彼伏。我探身望去，只见小区的树木不知何时茂密成林，那些小鸟就穿行在其间，飞翔、鸣叫。人们播种树木，却不经意收获了一个鸟群，这就是生态的力量吧。

我们再看看互联网，当人们把一台台电脑连接起来时，就如同播种了树木。而树木上不知何时就像“道生一”一样，孕育了第一只鸟儿，又繁衍了一群鸟儿。就在互联网连接风生水起之时，美国波士顿东北大学的一位大学生，在他的室友无意中说起“想在互联网上选择和收听歌曲”启动起了心思。这位叫肖恩·范宁的小伙子敲下了第一行代码，证明自己可以实现室友的目标——通过互联网寻找和收听音乐。

难怪老子说“道”来去无踪，却是万物之神。林间，一只鸟儿的诞生，宿舍里，一行代码的敲击，看似全无交集，却可能是“道”在指挥万物的运行。这行代码的敲击者都没有意识到，他正在敲响传统唱片行业的丧钟。

在音乐产业链中，索尼这些公司只是硬件厂商，人们购买随身听后，还需要再去音像店购买 CD 音乐，这些 CD 音乐的拥有者就是唱片公司。在唱片公司的上游，则是音乐的创作者，包括曲作者、词作者和歌手。唱片公司签约上述艺人，才能生产出特定主题的 CD 音乐。在技术上，复制磁带和 CD 都是非常容易的，因此，盗版者也滋生出一个庞大的地下产业，正是《著作权法》这些知识产权法律保护了音乐版权和唱片公司。唱片公司在法律的保护之下，在和盗版者的斗争中生存了下来。2000 年左右，西方形成了五家最大的唱片公司，史称“五大”，它们是：华纳音乐集团、索尼音乐集团、环球音乐集团、百代唱片公司和贝塔斯曼音乐集团。

在这里，我们居然发现了索尼音乐的身影！盛田昭夫是那个时代最厉害的创新者和战略家。他不仅创造了随身听，还通过收购数家公司（如哥伦比亚唱片公司）的方式建立起了索尼音乐集团。盛田昭夫充满智慧地说：“有必要把最高档的硬件和最尖端的内容相结合，这样才能掌控市场。”乔布斯在布局苹果未来的音乐产业版图时，我们就可以多次看到盛田昭夫的身影了，这是后话。

当肖恩·范宁在构思自己的互联网音乐平台时，他没有钱购买音乐版权，如何规避版权风险呢？范宁聪明地想到一个办法。在将音乐内容数字化时，范宁采用了 Mp3 文件格式，这也成为此后数字音乐的行业标准。范宁为自己的音乐平台起了一个名字——“Napster”。按照他的设计，Napster 本身并不提供 Mp3 音乐文件下载，它只是提供 Mp3 文件“目录”，而 Mp3 文件分布在网络里每台机器当中，随时供用户取用。简单地说，就是用户自己把 CD 中的音乐文件转换为 Mp3 格式，放在自己的电脑硬盘上，Napster 拥有了这名用户上传的音乐内容“目录”和连接，其他用户就可以免费下载这些音乐内容。这些音乐内容存储在用户的机器上，这样一来，Napster 在法律上就可以免责。因为，Napster 的服务器上没有存放这些可能涉嫌盗版的内容，唱片公司也无法起诉成千上万的个人用户。这就是范宁想到的在法律上免责，同时又不需要购买天价音乐版权的办法。

Napster 的发展速度远远超出了人们的想象，注册用户很快超过了 1 000 万人，甚至达到了 8 000 万人！数百万首歌曲被用户夜以继日地上传，同时，又被用户疯狂下载。在音乐史上，这是从未有过的免费盛宴，唱片公司数十年积攒的珍贵版权，瞬间就被掏空了！此时，人们把音乐从 CD 中复制下来，分享到 Napster，再刻录到空白 CD 上。2000 年，美国空白 CD 的销量达到了 3.2 亿张，超过了美国的总人口数。人们像是突然闯进了一个堆满金银财宝的宝库，于是忙不迭地把这些免费的金银财宝搬进自己的家中。这些音乐凝聚了无数作曲家的智慧，歌唱家的才华，加上唱片公司真金白银的投入，才变成了美妙的音乐。现在，谁都可以闯进 Napster 的音乐库大快朵颐。

这一次，唱片公司不敢有片刻的懈怠，立刻联名向法院起诉 Napster，要求范宁赔偿天价的版权费用并且立刻关闭 Napster，法院最终下令关闭 Napster 网站。但是，唱片公司紧绷的神经并未松弛下来，因为在全世界各地，类似 Napster 的网站像雨后春笋一样出现了。

大约在 2000 年初，我就曾拜访过五大唱片公司中国分部的负责人。当时，他们面对中国庞大的 Mp3 音乐服务商，都是一筹莫展，不知前路在何方。法律诉讼是他们每天的必修课，但是仅仅凭借打不完的官司，无法拯救音乐这个风雨飘摇的百年产业。

显然，音乐产业正处在数字化率的枪口之下，当法院下令关闭 Napster 时，无数个变种的 Napster 就像星星之火一样发展起来。音乐产业从黑胶唱片、磁带到 CD 介质的创新，来到了互联网和数字化这个时间窗口。

我认为，这一代音乐人的宿命在于，音乐必将是一个 100% 数字化的行业，这个趋势不以任何人的意志为转移。充满焦虑而又集体迷失的音乐产业，正处在风口创新的临界点。Napster 的生与死，以及众多的追随者蜂拥而至，都是这个临界点的核心事件。

只是在当时的从业者中，鲜有人能够认识到这一点。令人唏嘘的是，在这个临界点，音乐产业的传奇人物——盛田昭夫刚好走到了人生的终点，他不幸于1999年辞世。

百年一遇的英雄已去，历史又将把扭转音乐产业乾坤的重任托付给谁呢？

就在这个趋势的当口，乔布斯和苹果公司出现了。

立体入侵

从某种意义上说，Napster就是数字化率向音乐产业打响的第一枪，互联网兵临城下，逼迫音乐产业做出变革。当这一临界点到来之时，乔布斯似乎浑然不觉。事后他非常后悔地对《财富》杂志的记者说："我就像一个笨蛋，我知道我错过了，我们必须努力赶上去。"

每当我回顾苹果侵入音乐产业的这段历史时，我就会想到张树新的那句话："成功了，现编故事都来得及。"我们必须公允地说，乔布斯固然伟大，但他在很多事情上绝非先知。恰恰相反，一开始，乔布斯根本没有看到音乐市场即将发生的巨变。

本书的宗旨之一，是希望通过回顾历史，发现乔布斯做出伟大创新的路径。我发现，乔布斯并非理性的创新者，相反，他十分感性，他的重要创新决策几乎全部来自直觉，无法追溯。幸运的是，从他每次重要决策的直觉当中，我还是发现了一些重要规律：每当乔布斯在脑海里建立起强大的产品影像时，他就会利用天赋实现一个伟大的创新。这就是我在上文提到的"乔布斯产品创新法则"：

1. 产品影像。
2. 上帝视角。

3. 现实扭曲力场。

4. 产品发布大师。

乔布斯在建立音乐产品影像时，起初影像非常模糊，甚至有一个阶段完全迷失了。我记得，乔布斯在斯坦福大学毕业典礼上的演讲中讲道，人生点点滴滴的经历，你不知道何时会连点成线。把苹果的未来战略定位于“数字中枢”是突破个人电脑领域，建立了未来产品影像的第一个原点，在这个原点之下，苹果有三个选择：其一，数码录像机和视频内容；其二，数码相机和照片内容；其三，数码播放器和音乐内容。

在上述三个选择中，起初乔布斯似乎把苹果公司带入歧途。Mac OS X 操作系统发布时，苹果自主开发了几个应用软件：用于视频编辑的 iMovie，用于图片存储的 iPhoto，用于刻录光盘的 iDVD。偏偏就少了一个音乐编辑软件！如果苹果沿着软件和硬件对应的路子，尝试开发数码录像机和数码照相机，这两类产品必败！因为这些电子产品历来是日本公司的天下，今天如此，未来亦然。

我猜想，一定是 Napster 的“枪声”惊醒了沉睡中的乔布斯，让他意识到音乐的重要性！Napster 迅速蹿红，让五大唱片公司立刻联名发起诉讼，欲将其扼杀于摇篮之中。这也让乔布斯做出了另一个选择，尽快补上苹果音乐应用软件的空白。正是 Napster 让乔布斯看到了音乐数字化市场的巨大威力，所以他才会对《财富》杂志说自己是笨蛋。因为，“数字中枢”的蓝图中本来就有音乐，而乔布斯本人还是不折不扣的超级音乐迷，音乐产业的数字化，本应该是苹果的地盘！

当时，市场上已经有几个音乐管理软件的玩家，比如 Real Jukebox 和 Windows Media Player，但是乔布斯认为这些软件操作起来都太复杂了，可以被轻易替代。就在音乐数字化兴起的时候，比尔·金凯德和杰夫·罗宾看到一个机遇——苹果居然没有为麦金塔电脑开发音乐应用软件。于是，他们迅速组建团队，开发了 SoundJam 音乐管理软件。为了加快速度，苹果公司立刻收购了 SoundJam 和罗宾的开发团队，计划把这款产品改造为苹果的专属软件，尽快发布。

收购完成后，罗宾继续管理音乐软件开发团队。乔布斯是超级音乐迷，他知道自己对于音乐软件的需求，这样，他就很容易在脑海里建立一个清晰的音乐软件产品影像。这时候，乔布斯发挥起上帝视角的作用，指导罗宾的团队，把 SoundJam 改造成苹果的产品。乔布斯的指导思想只有一个：极简。他要求罗宾团队去掉所有不必要的功能，把软件做得简单易用。

在 2001 年 1 月，苹果终于在 Macworld 大会上发布了苹果的音乐软件 iTunes。产品发布大师乔布斯激情澎湃地说："和 iTunes 一起加入音乐革命吧，它能让你的音乐设备价值增加 10 倍。"此外，所有麦金塔用户都可以免费使用该软件。iTunes 的广告语是"扒歌、混制、刻录"（Rip，Mix，Burn）。听上去，它好像是一个和 Napster 类似的盗版音乐工具。对此，当时的迪士尼 CEO 迈克尔·艾斯纳就公开指责苹果这款软件，认为其和盗版者为伍。艾斯纳此举激怒了乔布斯，使得皮克斯和迪士尼关系迅速陷入僵局。公允地说，无论 iTunes 的广告语是否妥当，显然不能将其与 Napster 归为一类，因为，iTunes 没有提供音乐内容来源，它只是一个工具而已。

乔布斯认为 iTunes 是一场音乐革命，这显然有些言过其实。那个时候，iTunes 可能只是市场上一款比竞品好用的音乐管理软件而已。

如果从连点成线的角度看，"数字中枢"是第一个点，iMovie 显然是误入歧途，不表。现在看来，iTunes 才是第二个点。按照乔布斯端到端的封闭式产品路径看，iTunes 只是满足了用户管理音乐的需求，那么，用户收听音乐怎么办呢？

关于创新的源头，我记得，已故的 IDG 创始人帕特里克·麦戈文先生说过一句话："寻找那些用户需求没有得到满足的领域。"乔布斯正是按照同样的逻辑，从第二个点摸到了第三个点：Mp3 音乐播放器。随身听的发明人盛田昭夫已经仙逝，索尼的继任者出井伸之没有意识到，音乐的介质和来源都已经在数字化率的碾压之下了。此时，随身听的音乐介质仍是磁带和 CD，但 Napster 激发了 Mp3 这种新的数字音乐介质，以及来自互联网的免费的、无穷的音乐盛宴。随身听危矣，而出井伸之浑然不觉。随身听音乐的鼻祖缺席 Mp3 音乐播放器市场，对苹果公司来说，这真是天赐良机。

乔布斯决定下注第三个点，打造苹果自己的便携式音乐播放器，使之和 iTunes 完美融合，他指示硬件负责人乔恩·鲁宾斯坦尽快启动项目。

市场上的便携式音乐播放器以杂牌为主，它们的主要的问题是，体积大、内存小，最多只能存储 16 首歌，更像粗糙的玩具，而非革命性产品。所以索尼公司才会嗤之以鼻。但是，这些便携式音乐播放器可能受制于当时的硬件供应商条件，所谓“巧妇难为无米之炊”吧。鲁宾斯坦一边稳住乔布斯，一边暗地里寻找具有突破性技术的供应商。

很简单，便携式音乐播放器要做到体积小、内存大，就需要体积小到不可思议的内存，市场上从未听说有这样的供应商。正所谓“踏破铁鞋无觅处，得来全不费工夫”，在鲁宾斯坦和乔布斯的一次日本之行中，他收获了意外惊喜。在对供应商东芝公司的例行拜访即将结束时，东芝的工程师拿出了一块 1.8 英寸（相当于 1 美元硬币大小）的有 5GB（吉字节）内存的硬盘，问鲁宾斯坦：“你看，我们刚刚研发出这款产品，你觉得能用在哪里呢？”鲁宾斯坦内心一下子就有了主意，他克制住内心的激动，安抚住东芝的人之后，立刻就赶回酒店，对乔布斯说出了自己的想法：把这款硬盘放入苹果的便携式音乐播放器当中，可以存储 1 000 首歌！乔布斯听后立刻反问道：“这个主意很好，你需要我做什么？”鲁宾斯坦回答说，买断这款硬盘的专有权！乔布斯爽快地批准了鲁宾斯坦申请的 1 000 万美元资金，并要求他尽快搞定。东芝当然无法拒绝这样的交易，于是苹果便携式音乐播放器就有了一个专属武器：当时体积最小的硬盘。

我发现，苹果公司入侵音乐市场的经历，很像是中国式的摸着石头过河，完全是走一步看一步。当乔恩·鲁宾斯坦搞定了硬盘之后，他发现自己在苹果内部居然找不到一个领军人物和有经验的开发团队，只好把目光投向外部。通过调研，一个叫托尼·法德尔的人进入了他的视野，此人正带领着一个小团队开发便携式音乐播放器，而且水平不俗。

鲁宾斯坦把法德尔叫到公司，把需求告诉了他：尽快为苹果研发一款iTunes专属的音乐播放器。法德尔当时还没有意识到苹果这款革命性产品的巨大价值，甚至还舍不得放弃自己那个小团队。鲁宾斯坦知道，用外包方式很难做出伟大的产品，因此他就威逼法德尔全职加入苹果公司，后者不得不就范。领导苹果便携式音乐播放器开发团队，可能是法德尔一生最明智的选择。

我相信，此时乔布斯脑海中的产品影像已经初步形成了：它将是一款小巧玲珑、操作简单的播放器，可以存储1 000首歌曲，和iTunes完美融合。乔布斯指示开发团队，把尽可能多的功能放进iTunes软件，这样播放器才能真正做到极简，这是最高的开发纲领。

苹果为这个代号为P–68的项目集结了最精锐的跨部门合作团队：法德尔的开发团队，罗宾的软件团队，鲁宾斯坦的硬件团队，艾夫的设计团队，甚至负责营销的菲尔·席勒也常常加入进来。当然，这其中最重要的是拥有上帝视角的乔布斯，他是那个对每个细节说“好”或者“不”的最终裁判官。我相信，当年盛田昭夫在开发随身听时，可能也扮演了类似的角色。显然，继任者出井伸之和一般大公司的职业经理人一样，并不会介入产品开发的具体细节。也许，这就是伟大的创业家和职业经理人的区别。

关于产品交互，乔布斯提出了至关重要的指南：用户找一首歌的按键次数不能超过三次！要知道，当时的音乐播放器，每次播放只能跳转一首歌，若想听到某首喜欢的歌，用户有时需要对一个小按钮点击数百次之多！显然，乔布斯不管解决方案是什么，只要结果，而当好的结果呈现在面前时，他凭借上帝视角，立刻就能捕捉到。这个不可思议的要求看似合理，却比登天还难！

以我个人的观察，苹果的音乐播放器最厉害的创新就在于，它是一场交互方式的革命，其他的创新供应链迟早都能解决。让人意想不到的是，解决这个问题的人居然是整个开发团队的局外人：营销总监菲尔·席勒！在一次研发会议的间歇，席勒突然离席，返回时拿来了几个模型，它们都采取了“滚轮”交互。席勒解释说，“滚轮”是在任何列表中迅速导航的最佳方式，不管是歌手列表、地址列表还是歌曲列表。当你越快地转动滚轮，列表就会越快地滚动，如果想选择某首歌曲，你点击中间的滚轮即可。

席勒的方案一下子就实现了乔布斯的目标：找一首歌的按键次数不能超过三次！显而易见，如果人们从按键交互出发，即使想破脑袋，也无法找出解决方案。此时我就在想，在乔布斯构建了产品影像之后，他并不知道所有的细节，但是上帝视角会赋予他一种神奇的“超能力”，让他迅速判断某个创新的优劣。当他无法得到想要的结果时，他就会利用现实扭曲力场逼迫团队实现不可能之目标。

乔布斯听完席勒的介绍，立刻大叫起来：“就是这个！”席勒像是喊出了“芝麻开门”一样，乔布斯苦思冥想的功能突然就浮现在眼前。

我记得一个著名的电影导演说过，拍摄电影就像在沙滩上捧起一捧沙子。沙子一定会从手指的缝隙流失。而导演的作用，就是竭尽全力降低沙子的流失速度，尽可能保住手里的沙子。编剧、美术、演员、摄影、道具、录音、剪辑等，相当于手指的每一个缝隙，你稍微松一松，沙子就会飞速流失。产品创新其实也是一样，如果乔布斯这里手松一下，那里手松一下，伟大的产品就在手指缝当中流走了。乔布斯作为一个产品大师的工作，就是在每一个手指的缝隙严防死守，逼迫团队里的每个成员发挥到极限。最终手中的沙子流失最少之时，伟大的产品就带着乔布斯和团队的手温，应运而生了。

我认为，席勒的滚轮交互，是一项被低估的重要发明。这事实上就是一个初级的触控界面，用不了多久，其威力将会在苹果成立以来最伟大的产品上焕发出更大的光彩。

乔布斯继续逼迫团队实现自己对产品影像的更多畅想，他要求去掉开关键，这听起来非常离谱，此前没有任何一个电子产品不设置开关键。但是，团队在濒临崩溃时想出了一个办法：产品一段时间不动，就自动进入休眠，然后触动任意按键时，它又会自动苏醒。开关就这样消失了。乔布斯不喜欢很多按钮，用户界面设计师就挖空心思，将按钮减少到 4 个：播放 / 暂停、后退、快进、菜单。乔布斯要求极简，并且不喜欢用户打开机器，于是此前所有电子产品端的标配——电池仓消失了。乔布斯对于审美更加严苛，于是艾夫团队就把产品设计成出挑的纯白色，机身、耳机、连线、甚至电源都是白色的。

就在产品快要成型时，李·克劳的广告团队出场了，他们的广告创意非常出色：一个边听歌边跳舞的剪影，白色的耳机也随之而动，他们解释说："这幅图表达了人与音乐之间紧密的情感联系。"乔布斯犹豫了一下，就接受了这个经典的广告。

苹果为这个产品取了一个响亮的品牌名——iPod，与 iMac 一脉相承。

现在我们不妨总结一下乔布斯产品影像的诞生次序。第一个节点，数字中枢 iMac；第二个节点，iTunes；第三个节点，iPod。当乔布斯批准了 iPod 的广告预算时，他惊喜地发现，这三个节点开始产生不可思议的协同效应。iPod 的宣发也将带动数字中枢 iMac 的销售，而 iMac 又会带动 iTunes 的软件安装量。音乐，就像一条线，把三个节点上的苹果产品连接起来了！这种连接，还让苹果一举突破了个人电脑这个边界，冲出了微软的垄断藩篱。现在，乔布斯可以酣畅淋漓地大口呼吸了：这个新天地是属于苹果的世界！

现在，时间来到了乔布斯最擅长的环节：2001 年 10 月 23 日举行的产品发布。我们有理由相信，当时乔布斯并没有对 iPod 抱有太大希望，因为发布会是在苹果公司总部进行的，邀请的嘉宾也不算多。这与那些苹果重大产品的发布会相比，显得低调很多。

我认为，iPod 是一款十倍创新产品，它处在音乐数字化的行业创新风口上，抵达了人类电子产品在用户体验和工业设计方面的巅峰。当你握着一个 iPod 时，你会立刻对它感到爱不释手，它是如此光彩夺目，立刻让同类产品黯然失色。

一位记者把一款新上市的 iPod 递给盖茨，请他评价一下，盖茨把玩了一会儿说："这看起来是很棒的产品，它只能在麦金塔上使用吗？"盖茨又一次对苹果的惊世之作做出了正确的评价。但是，对他提出的问题，苹果还需要一段时间才能给出答案。

同时代的竞品，以及上一代索尼的随身听，在 iPod 问世的那一天就注定要退出历史的舞台。因为我们在创新工具箱一章做出过分析，当一个行业中有十倍创新发生，同时伴随着一个创新风口之时，下列事件会随之发生：用户会出现一个从 0% 到 100% 的迁徙，在这里就是用户从 CD 介质迁徙到数字介质。在这个过程中，上一代的领先企业会迅速崩溃，一个新增市场将会加速形成，同时诞生新的垄断者。

但是，要实现这个宏大的目标，乔布斯和苹果公司还需要拓展一个新的节点，只有当这个节点与其他节贯通之时，苹果才能对音乐产业形成立体式的入侵。但是，这个节点打造之难，远远超出我们的想象，即使对于具有钢铁般意志的乔布斯而言，这也是极为严峻的考验。第四个点就是 iTunes 音乐商店。

我们暂且回到 iPod 发布时的音乐产业，Napster 等平台的诞生，深层原因是音乐数字化风口创新的临界点到了：音乐产业将告别 CD、磁带和黑胶唱片，用户将整体迁徙到数字音乐这个新天地。

但是，音乐产业链中的核心公司——五大唱片公司，还处在迷失当中。

在过往的百年中，唱片公司建立了基于唱片的商业模式。变化的是唱片的介质，从黑胶到磁带，再到CD。不变的是，唱片销售一直是唱片公司的主营业务。

对音乐产业而言，为何五大唱片公司如此重要呢？

在2000年初，独立音乐人的作品兴起，当《老鼠爱大米》以及《两只蝴蝶》风靡之时，有人就说，唱片公司模式将会崩溃。我们当时做了一个调研，对市场上的所有音乐榜单做了一个分析，包括国内外的电台以及网络平台的各种音乐排行榜，我关注的重点是上述榜单的音乐来源。结果我发现，对国内外任何一个音乐榜单来说，其50%到60%的音乐都来自五大唱片公司，越是榜单前列的音乐，五大唱片公司占比越高。

这样，我们就轻易得出了一个结论：音乐数字化转型离不开五大唱片公司。如果网络平台和用户转型到数字化，而五大唱片公司不支持，那么就只剩下盗版这种方式，因为用户无法离开五大唱片公司的音乐。

在这个时点，五大唱片公司一方面对网络平台不断发起诉讼；另一方面，他们采取了结盟的方式，发布了自己的数字化音乐平台。索尼和环球结盟，推出了Press Play订阅服务。而华纳、贝塔斯曼、百代联合里尔网络，推出了Music Net订阅服务。有趣的是，上述两个平台提供的订阅服务就意味着，用户只能播放音乐，但不能拥有音乐，而且两个平台彼此并不授权。对用户而言，订阅上述任何一个平台的产品，都只能得到一部分音乐播放权，而盗版的网络平台则没有这些限制。

唱片公司的优势是签约和包装艺人，并且制作出流行的音乐，通过出售CD、举办演唱会和艺人经纪来赚钱。从无形资产端看，每家唱片公司都拥有一个累积多年的音乐库。这就表明，唱片公司的“基因”是艺术而非科技。可笑的是，在《计算机世界》杂志评选的“历史上最差的25款科技产品”中，上述唱片公司开发的数字音乐平台获得并列第9位。

这样看来，音乐产业的临界点出现了一个窘境：第三方网络数字音乐平台发展很快，但是得不到五大唱片公司的支持，大多为盗版；而五大唱片公司自己开发的网络音乐平台又很糟糕，用户体验很差。《计算机世界》的编辑评论说："这些惊人的愚蠢功能说明，唱片公司仍然没能理解用户的需求。"

就在这个关键时刻，苹果就与音乐产业变革临界点这个千载难逢的窘境相遇了！

苹果开发了最好用的音乐管理软件 iTunes，又刚刚发布了史上最美的电子产品 iPod。但是苹果自身也面临一个问题，即用户的音乐从哪里来？合法来源是用户把购买的 CD 上的音乐通过 iTunes 拷贝到 iPod 上；"灰色"来源则是用户通过网络平台获取音乐，这有可能助长盗版。

苹果能否再向前一步，拓展下一个节点，为用户提供合法的音乐内容呢？向用户提供端到端的服务，一向是乔布斯的理想，如果能帮助用户得到合法的音乐内容，苹果就能在音乐服务领域建立一个完整的闭环。这个目标充满了挑战性，但是乔布斯决定迎接这项挑战：与五大唱片公司谈判获取数字音乐授权。这似乎是一项不可能完成的任务。历史上，没有人能够同时和五大唱片达成类似的协议。

在商务谈判中，乔布斯一向强硬难缠。但是，每当遇到没有退路的重大交易时，乔布斯就会判若两人。当把 NeXT 出售给苹果时，乔布斯就对当时苹果的买家代表吉尔·阿梅里奥彬彬有礼。现在，当面对五大唱片公司的谈判代表时，他决定故技重演，展现一个温文尔雅的乔布斯。甚至，在谈判过程中他还采用了一些《孙子兵法》之类的技巧。

在谈判之前，乔布斯设立了自己的底线和撒手锏。他的底线是：出售单曲，而不是整张专辑；每首单曲的定价为 0.99 美元；出售单曲所有权，而不是订阅或者播放音乐。他的撒手锏是：数字音乐版权局限于麦金塔电脑，麦金塔在所有电脑市场份额中只占 5% 左右，这对唱片公司而言风险可控。

现在，乔布斯拿起电话，打给他最熟悉的华纳–美国在线的CEO巴里·舒勒，请教他，苹果计划做一家拥有版权的iTunes音乐商店，怎么做好呢？被乔布斯请教，总是一件令人欣慰的事情，舒勒就指导说："盗版颠覆了所有人的认知，而能与之抗衡的就是把iTunes音乐商店做成端到端的一体化服务，从iPod到音乐商店，这样你就能最好地保护这些音乐。"听上去，舒勒的口气倒像是苹果内部人士，乔布斯连连点头称是，同时很容易就要到了华纳音乐总裁罗杰·艾姆斯的电话。

乔布斯带领团队和艾姆斯面谈，气氛友好和谐，他亲自演示了苹果的数字音乐解决方案，和舒勒总结的如出一辙。然后，乔布斯请求艾姆斯帮助苹果建立一个简明的iTunes音乐商店，向整个音乐界推广。

艾姆斯看到iTunes音乐商店的雏形和苹果的后续计划后，立刻意识到，这是华纳进军数字音乐市场的最佳方案，他随即同意华纳加入，并且爽快地答应说服其他唱片公司参与。

接下来，艾姆斯和乔布斯商定了更多合作细节。华纳顺利搞定！

乔布斯和艾姆斯介绍的环球音乐CEO道格·莫里斯的谈判同样顺利。莫里斯说："乔布斯做了一件很伟大的事。他提出了一个完整的系统——iTunes商店、音乐管理软件和iPod。"同时，莫里斯压住了内部反对的意见，环球和苹果达成交易。乔布斯再下一城！

但之后，乔布斯好运不再，他遇到了一个非常精明和强势的谈判对手：索尼音乐的新任总裁安迪·拉克。华纳和环球看到苹果的数字音乐解决方案时，如同抓住了救命稻草，因为这是当时数字音乐唯一具有可行性的解决方案，而华纳和环球更像是这个时代的溺水者。

记得我在2000年初和五大唱片公司的中国区负责人交流，希望获得他们的数字音乐授权，未果。我就说过一段话："你们对合法的合作者紧锁大门，但是Mp3音乐平台通过免责策略，在免费使用你们的音乐。这就相当于你们前门紧锁，可我分明看到，你们音乐库房围墙大开，早已被人洗劫一空。”显然，华纳和环球的总裁看到了他们的窘境，果断押注苹果。

但是，索尼的拉克刚刚入行，尚未有太多危机意识。拉克敏锐地发现，在苹果的合作方案中，唱片公司只能得到音乐的分润，然而，唱片公司提供的音乐内容，同时也促进了苹果 iPod 的销量，因此，索尼和唱片公司必须同时参与 iPod 的分润才行！拉克看到了苹果音乐产业链的实质，出售歌曲为虚，拉动 iPod 销量为实。拉克没有看到的是，这一合作对苹果来说是锦上添花，而对唱片公司来说则是雪中送炭。说穿了，在数字化浪潮面前，唱片公司已经立于危墙之下。

乔布斯对于双方的谈判地位拿捏得十分准确，他通过和其他唱片公司陆续达成协议的方式孤立索尼，同时，依然以礼相待，终于逼迫索尼就范。但是，拉克的性格就是这样，每次苹果和索尼的合同谈判都相当于一场战役。

可能有人会问，既然索尼如此难缠，苹果能否放弃索尼，只和四大唱片公司签约呢？答案是不行。因为，虽然索尼的音乐只占 20% 的市场份额，但缺少索尼的音乐会导致 iTunes 音乐商店内容不全，用户才不管商店是不是只是缺少 20% 的音乐，只要找不到他自己需要的音乐，用户就会 100% 不满。作为超级乐迷的乔布斯深知这一差异。

乔布斯能够拿下五大唱片公司的全部数字音乐授权，同时又坚守了苹果的底线，这和他在皮克斯的修炼密切相关。好莱坞和硅谷如同火星和地球，彼此完全不在一个频道。但是，乔布斯在和迪士尼经年累月的谈判中学会了好莱坞的语言和行事风格，这让他在和五大唱片公司的谈判中如鱼得水。

苹果从数字中枢这个节点看到了音乐软件，于是完成了 iTunes；从 iTunes 这个节点看到了音乐硬件的机会，于是完成了 iPod；又从 iPod 这个节点看到了音乐商店的机会，于是完成了 iTunes 音乐商店。这样一来，苹果公司连点成线，成为音乐数字化时代唯一一个端到端的提供商，对用户而言，选择苹果，就是选择了数字音乐的一站式服务，从软件、硬件到购买正版内容。

有了上述底牌，2003 年 4 月 28 日的 iTunes 音乐商店发布会对乔布斯而言就是一个驾轻就熟的表演秀。他指责 Napster 之类的网络平台为盗版，他批评订阅服务为不尊重用户。然后他说，苹果将和唱片公司一起改变世界云云。发布会的干货是：iTunes 音乐商店的初始乐库有 20 万首歌曲，这些歌曲品质极好，可以刻录成 CD，每首歌曲的价格是 0.99 美元，不到一杯拿铁咖啡价格的 1/3。用户在网络平台下载一首歌的时间是 15 分钟，而在 iTunes 音乐商店下载只需要 1 分钟。

乔布斯最后总结说，iTunes 商店将作为音乐产业的一个转折点被载入史册，他说的没错。

看完发布会之后，微软的人不淡定了。Windows 的开发主管吉姆·阿尔钦立刻群发邮件给微软的高管们说："我们被干掉了！他们是怎么把音乐公司拉进来的？"

负责在线业务的戴维·科尔立刻一针见血地回复："一旦苹果把 iTunes 引入 Windows 系统，那我们就真的有大麻烦了。"盖茨的回复最长，他提出很多疑问，并且给出指令：微软必须马上行动起来，做出最好的产品和苹果竞争。

我们回味下一科尔的评论，苹果的音乐体系虽然威力强大，但是也有一个致命的缺陷：iTunes 商店封闭在麦金塔电脑的围墙之内，而麦金塔的市场份额只有 5%。这就意味着，苹果费尽心力打造的数字音乐体系，也只是为 5% 的个人电脑用户服务而已。苹果的高管当然也看到了这个选项：iTunes 商店向 Windows 用户开放，将是一个巨大商机！

但是，乔布斯否决了这个提议。"围墙里的花园"一直是乔布斯固守的经营理念，他坚信只有端到端服务才能为用户提供最佳的体验。

然而，乔布斯可能疏忽了一个重要事实：个人电脑最辽阔的疆域已经被 Windows 厂商占领了，苹果围墙之内的地盘实在太小了。固守苹果的围墙，这充其量也只是一个小而美的世界而已。说穿了，苹果面临的选择是突破围墙，进入没有边界的世界，还是停留在围墙之内耕耘。况且，音乐用户是没有边界的，你是想为 5% 的用户服务，还是想为 100% 的用户服务呢？

这一次，乔布斯的部下集体站到他的对立面，包括席勒、鲁宾斯坦、罗宾和法德尔等。席勒说："我们觉得，我们应该立足音乐播放器市场，而不仅仅是苹果机市场。"在这场漫长的拉锯战中，乔布斯最后妥协了，他给自己一个台阶说："只要你们测算的商业回报更大，我就同意。"

其实，这个商业测算只要一个简单公式就可以证明：iPod 销量 > iMac 销量。

iTunes 向 Windows 用户开放，就意味着苹果要开发一个 Windows 版本的 iTunes 软件，这并不难。难点是苹果又要和五大唱片公司重新谈判，因为原来的授权仅限于麦金塔。不出所料的是，他们都赞成，因为这样做可以提升数字音乐的销量。只有拉克反对，因为他推测 iPod 的销量会增加，还想分一杯羹。于是，乔布斯再度分而治之，直到拉克崩溃。

2003 年 10 月，当苹果发布了 Windows 版本的 iTunes 时，这意味着两件事：其一，索尼的随身听将寿终正寝；其二，苹果将成为数字音乐的垄断者。

当拉克参加索尼年度会议之时，他带着最新的 iPod 和关于 iTunes 音乐商店的介绍。"就是这个了，随身听的大敌来了。"拉克一边说，一边从口袋里拿出了 iPod，索尼 CEO 出井伸之和北美总裁霍华德·斯金格一起凑上前来。可以想象的是，这时候会议室里的气氛十分压抑而无奈，他们的对手是百年不遇的创新天才，眼看着人家步步紧逼，直到打上门来，而偌大的索尼，竟然找不到一件可以防御的武器。

看到这一幕，我就不禁感慨起来。索尼是随身听的发明人，早在盛田昭夫时代，就高瞻远瞩地布局了索尼唱片公司这个重要资产。索尼还拥有高端电子产品的设计、技术、供应链和强大的品牌。可以说，在数字音乐风口创新的机遇到来之时，盛田昭夫已经为索尼的继任者准备好了所有的应对工具，他们完全不用像苹果公司那样，需要亦步亦趋、连点成线。索尼只要收购一支像 Napster 那样的互联网团队，再把他们的服务合法化，就可以成功。索尼数字时代的随身听可能没有苹果公司的 iPod 那样炫酷，但如果乔布斯了解到索尼已经大举进入数字音乐领域，并且构建了完整的体系，他可能就会绕道而行。

还是那句话，历史没有假设，更没有后悔药可吃。有人说，索尼输在内部官僚体系，我认为这是所有错失历史机遇的公司冠冕堂皇的托词。

其实，索尼输在乔布斯和出井伸之的对决当中！

乔布斯将自己的产品天赋渗透到音乐数字化这个创新风口当中，做出了完整布局。而出井伸之既没有乔布斯那样的创新天赋，也没有盖茨那样的商业远见，他甚至不知道，音乐数字化率就是苹果掠夺索尼市场所使用的武器。因此，在行动上，索尼是被动的、小心翼翼的、防守型的。失败，在情理之中。

苹果的数字音乐布局，激发了索尼、微软和里尔网络的兴趣，它们分别发布了自己的产品，仓促提刀上阵。但是太晚了，任谁在产品端也搞不过苹果，任谁也无法构建苹果那样完整的音乐产业链，这些公司全部铩羽而归。

有趣的是，在个人电脑行业，微软把苹果的市场份额压到 5%。当微软推出 Zune 音乐播放器时，它也只占了音乐播放器市场不到 5% 的份额，直到退市。这一次，苹果完胜。

乔布斯和团队没有大意，他们接连推出 iPod 的系列迭代创新产品，令人眼花缭乱的 iPod mini、iPod shuffle 等，苹果的产品越来越小巧，越来越炫酷，功能越来越强大。直到跟跑的所有对手气喘吁吁地掉队，苹果就毫不客气地垄断了超过 80% 的数字音乐市场，就像微软在个人电脑领域所做的那样。

iTunes 音乐商店也成为有史以来最大的音乐销售平台。第一年，iTunes 就卖出 7 000 万首歌曲。2010 年，iTunes 累计卖出了 100 亿首歌曲！2011 年，iTunes 音乐商店的活跃用户达到了 2.25 亿人。更令人惊喜的是，盗版的音乐网站被干掉了！从美国到中国，所有未经授权的音乐网络平台消失得无影无踪。乔布斯让用户建立起了付费习惯，拯救了音乐产业和唱片公司，让更多的艺术家可以分享到足够的收益，从而专心于创作。可以说，乔布斯对于音乐产业犹如天使，功莫大焉！

拉克对商业回报的判断没有错，iPod 才是重头戏：2007 年，iPod 的销售收入就占了苹果公司总收入的一半！可以说，iPod 是乔布斯迄今在商业领域最成功的创新产品。呜呼，这一次，乔布斯终于带领苹果突破了个人电脑的行业边界，跻身于更大的电子产品市场，他已经部分实现了迈克·马库拉重塑苹果的愿景。随后，苹果公司也悄悄地拿掉了“计算机”这个行业属性，成为一家综合性电子消费品公司。

iPod 取得如此了不起的成就，我们可以学到什么经验？

一是，必须叠加在数字音乐这个行业创新风口；二是，必须拿出十倍创新产品；三是，必须为其构建完整的产业链条，为用户实现一站式服务。

如今，唱片公司终于在这种合法创新的带动之下，顶住了音乐数字化的剧烈冲击，更多网络音乐平台的崛起意味着更多的版权购买。我们在回味苹果这一段精彩绝伦的重塑历史时，也应该停下来，对乔布斯说一声：谢谢了。因为就在此时，我正通过网易云音乐收听一曲古典音乐，我知道网易购买了该曲的版权，而我在获得美妙乐曲的同时，也支持了该曲的创作者。

在乔布斯的脑海当中，他又在孕育着更加了不起的伟大产品影像，那将是什么呢？

16 3G港湾

百年电信业的破局者

1876 年，亚历山大·格拉汉姆·贝尔先生发明了电话，这项伟大的创新孕育了一个全新的行业：电信和电信运营商。

我是学新闻出身的，在很早的时候，我就发现了一个现象。无论是电影、小说、音乐、戏剧还是绘画，即使最好的内容，也有人会不喜欢。反过来，沟通，却是所有人的天性。无论种族、无论年龄、无论性别、无论职业，几乎人人都有沟通的需求。

电话，显然是人类发明的第一个最高效的远距离沟通工具。电话的普及，需要电信运营商投资铺设一个本地、全国乃至全球的电话网络，再连接到每户家庭、每个公共场所和机构，电信运营商通过按照时间收费的模式，逐步收回投资，然后获取利润。电话网络是一次性投资，电信公司却可以长期向用户收费，再加上电话的普及，世界各地的电信公司都发展成为非常赚钱的大公司。

在贝尔发明电话的 100 年后，电话在西方国家得到普及。所有人都分享到了贝尔这项伟大发明所带来的便利。但是在用户端，电话领域的创新停滞了。仿佛电话已经满足了人类所有的沟通需求，没有必要再发明任何新事物了，但事实并非如此。

任正非先生说过，一切创新皆是源于学术上的突破。这次也不例外。早在贝尔发明电话的 1876 年，德国物理学家海因里希·鲁道夫·赫兹就用实验证明了电磁波的存在。24 年后的 1900 年，意大利电气工程师和发明家伽利尔摩·马可尼等人利用电磁波进行的远距离通信实验取得了成功。

这个时候，人类已经处在一个巨大机遇的门口：无线通信商用。

我记得，IDG 的创始人帕特里克·麦戈文先生曾说，创新往往来自没有被满足的客户需求。在人们突破了移动通信技术之后，还有一个疑问：无线通信有客户需求吗？那时创新者尚不知，是否有人需要可以移动的电话。这一次，激发摩托罗拉创新动力的居然是芝加哥的一位警察局长，这位局长对摩托罗拉的人抱怨说，芝加哥市内暴力犯罪数量剧增，大量警察被派出去之后，就和警察局失去了联系，有什么办法可以解决此事？当时的摩托罗拉 CEO鲍勃·高尔文马上意识到，开发一款移动设备不仅可以满足警察的需求，应该还有巨大的消费市场，他随即批准了高达 1 亿美元的研发预算。摩托罗拉的马丁·库帕奉命带领团队开发这款支持无线蜂窝网络的手持电话。

1973 年 4 月的一天，马丁·库帕用刚刚开发出来的手持电话，在纽约街头打通了史上第一个民用移动电话，库帕也因此被称为"手机之父"。终于，在贝尔发明固定电话后的近 100 年后，摩托罗拉敲开了无线通信商用的大门，人类沟通即将跨入一个新的纪元。

但是，全球第一款民用移动电话——摩托罗拉 DynaTAC 8000X，直到 10 年之后的 1983 年才真正面世！它的售价高达 3 995 美元，重量是 2 磅①，可以通话 2 小时。

人类等待去掉电话线的移动通信创新，足足等了 100 多年。这一刻，相当于个人电脑领域中牛郎星的问世。第一代移动通信创新风口的临界点到了，史称 1G（第一代移动通信技术）。

在电信产业链中，上游是电信设备供应商，中游是电信运营商，下游是终端设备厂商。对移动通信而言，仅有终端设备——移动电话是远远不够的。电信设备供应商必须研发出使用同样技术的网络设备，并且要通过电信部门的测试。然后，电信运营商才会投资铺设电信网络，铺设完成后，才能向用户出售终端设备，并且开始收取通信服务费。

摩托罗拉是那个时代唯一一个能够同时提供电信网络设备和移动终端

---

① 1 磅≈453.592 4 克。——编者注

的厂商。在1G电信网络设备方面，摩托罗拉研发出TACS（总接入通信系统）；而在移动终端方面，摩托罗拉则推出了第一款移动电话DynaTAC 8000X。

从库帕拨通第一个移动电话，到摩托罗拉发布第一款移动电话，这10年间，美国的电信行业需要铺设全国性无线通信网络，1G基站必须要有足够的覆盖才能满足正常的通话需求。这个时候，电信运营商没有任何竞争压力，也不知晓市场如何，就慢慢铺设吧，反正网络设备也需要向摩托罗拉采购。

当一切都瓜熟蒂落时，摩托罗拉把当时唯一的移动终端DynaTAC 8000X推向了市场，这款手机立刻引爆了整个行业。可以说，摩托罗拉完成了1G的十倍创新，是沉寂百年的电信行业的破局者。它从无到有地缔造了一个全新的市场，并且成为这个市场的最大受益者：当时，摩托罗拉占据了60%以上的移动终端市场以及50%的移动网络设备市场。

摩托罗拉看到，DynaTAC 8000X虽然引领了移动通信市场，但是由于价格高昂，还只是机构客户和少数富人的玩具。他们就再接再厉，发明了面向大众市场的双向寻呼机。就在20世纪90年代初，摩托罗拉的两款大作——“大哥大”和显示汉字的寻呼机也席卷了亚洲和中国市场。腾讯创始人马化腾的第一份工作，就是在深圳一家领先的寻呼机公司做工程师。

就在摩托罗拉开创了移动通信时代的第一个10年，公司交出了一张非同寻常的成绩单：1994年，摩托罗拉年营收增长31%，达220亿美元，同期利润增长为53%，达16亿美元。

那是摩托罗拉的全盛时代，它像个人电脑领域的微软一样所向披靡。

《商务周刊》写过一篇报道《别了，摩托罗拉》，非常精彩地描绘了那个时期的摩托罗拉公司。1994年的一天，刚刚走马上任的摩托罗拉中国区董事长赖炳荣先生前往美国总部，拜访了公司的主要管理层，赖炳荣和当时摩托罗拉移动通信负责人维斯·哈勃的一番对话堪称经典。

赖炳荣问了哈勃两个问题。一是，第一代移动通信向第二代移动通信过渡将发生在哪一年？二是，GSM（全球移动通信系统）和CDMA（码分多址）第二代移动通信技术中，你更看好哪一个？

哈勃的回答是：2000年和CDMA。

从事后看，这两个问题的正确答案是：1996年和GSM。

哈勃错得离谱，正是这种严重误判直接导致了摩托罗拉的衰落。其实，这位负责人的背景非常了得，他是世界知名的通信专家，也是带领摩托罗拉称霸移动通信领域的头号功臣。对于功臣的功与过，中国人早就总结说，成也萧何，败也萧何。哈勃的功劳是将摩托罗拉带至移动通信的巅峰，而他的过失则是把摩托罗拉的巅峰地位拱手让人。

赖炳荣和哈勃对话之时，移动通信从模拟时代向数字时代转型的临界点到来了。赖炳荣显然感受到了这种临界点的压力，才会提出上述问题。其实，摩托罗拉正是推动这一临界点到来的核心公司之一，他们本来不应该犯下如此常识性的错误。

就在这段时间，摩托罗拉网络通信设备部门正在和高通公司一起推动数字移动通信的标准：CDMA。而站在它们对立面的，则是欧洲的爱立信、西门子和诺基亚，它们推行的数字移动通信标准则是GSM。结果是，全球80%以上的地区都采用了GSM，包括中国。

摩托罗拉的危局是：如果全球电信运营商用新一代数字通信网络替代了模拟网络，摩托罗拉正在热销的所有模拟网络手机都将寿终正寝，而且作为过渡产品的寻呼机也将全部被淘汰出局。但是，在生死存亡的临界点，摩托罗拉手机部门的人一点也不着急。可笑的是，他们还像历史上所有的大意失荆州者一样，夜夜笙歌，还请来男模助兴，有人借着酒劲大声叫嚣说："我们有钱！"显而易见，这是垄断者在末日来临前无所顾忌的肆意狂欢。

正在磨刀霍霍的对手看到这一幕，一定会暗自窃喜。堡垒往往从内部崩溃，摩托罗拉似乎践行了这一格言。

甚至，多家美国电信公司已经开始铺设数字通信网络，并且直接向摩托罗拉索要数字手机，摩托罗拉销售部门的人只好统一回答说："没货。"因为，摩托罗拉的手机部门根本就没有研发数字手机！

匪夷所思的是，电信运营商开始采购数字通信网络，就表明临界点已过，通信数字化转型的发令枪已经响彻云霄了。但是，摩托罗拉的决策者不仅无动于衷，还把数十亿美元投资到一个商业史上骇人听闻的乌托邦项目——铱星上了。

如果说移动数字通信是一个清晰可见的创新风口，那么铱星就只是摩托罗拉管理层一个乌托邦式的"人造风口"。模拟移动通信一个最大的弊端是无法实现漫游。而数字移动通信可以轻松解决这一问题，实现室内外数字信号全覆盖。对此，摩托罗拉网络设备部门是有现成答案的。就在全球主流的电信运营商已经斥巨资铺设数字移动通信网络时，摩托罗拉却另辟蹊径，联合了一些投资人独立发展铱星项目，即搭建一个能覆盖整个地球的低轨道卫星网络，向用户提供无死角的无线通信服务。在重温铱星的资料时，我看到一个重大缺陷，那就是铱星居然无法覆盖室内通信！仅仅这一点，就宣判了铱星的死刑！况且，铱星的终端售价高昂，运营成本高企。最终，铱星在和同时期的数字移动通信解决方案的角逐中完败，直至破产清算。

作为一个总结，我发现真实的创新风口有一个显而易见的征兆：所有的创新风口都是由产业链上的核心公司共同推动发生的。包括铱星在内，靠一家公司独立完成所有产业链构建，远离主流技术的"创新风口"，皆为旁门左道和死胡同。

如此一来，模拟移动通信的霸主摩托罗拉，一方面，无视已经到来的创新风口，高傲自大、不作为；另一方面，又与主流技术背道而驰，把巨额资金投向了一个由工程师主导的、理想主义的创新项目中，导致公司腹背受敌。

这个时候，再次席卷全球的第二代移动通信技术 2G，已经不可逆转地到来了！

摩托罗拉一阵匆忙追赶后，发现新晋的数字手机巨头竟然是芬兰一家名不见经传的小公司：诺基亚。

电信业突发两个行业巨变

我们可以断定的是，当赖炳荣先生在 1994 年拜访维斯·哈勃时，恰好是 1G 向 2G 转型的临界点。1G 实现了人类移动通信的从无到有。但是其技术的局限性表现在用户端就是价格高昂，无法实现漫游等。因此，1G 时代，移动通信的普及率一直没有超过 10%，10 多年的时间仅仅发展了数千万名用户。而寻呼机，一定是一个过渡产品。解决人类的移动通信问题，需要更加卓越完整的技术：价格低廉、室内外皆可流畅通话、可以传输数据以及实现漫游等。说穿了，人类需要的移动通信是可以彻底替代固定电话，并且人人皆可享用的技术。

按照麦戈文先生所说，客户需求没有被满足之处必有商机，很多公司开始了 2G 技术的研发。很快，2G 核心技术拥有者分化为两个阵营：以诺基亚、爱立信和西门子为首的 GSM 标准，以及以高通和摩托罗拉为首的 CDMA 标准。那个时代的电信运营商一定是门庭若市，两个阵营的代表都会反复上门，游说电信部门采用自己推荐的技术标准，对第一次和世界最新通信技术同步的中国电信运营商也是如此。

最后的结果是，包括中国移动在内的全球 80% 以上的电信运营商采纳了 GSM 标准。在谈及选择 GSM 的原因时，中国电信部门的一位相关人士事后总结说，仅仅从技术角度判断，CDMA 可能比 GSM 更加先进，但是中国电信部门担心，像高通这样的知识产权公司，在收取专利费方面可能会更加贪婪，这将导致中国的 2G 网络建设成本过高，因此中国移动采用了成本相对可控、技术也不错的 GSM。可能正是基于同样的原因，全球更多的电信运营商选择了 GSM。

当全球的主流电信运营商开始投资铺设 2G 通信网络时，2G 的行业创新风口就到来了。按照本书第一章的风口创新模型，接下来必然出现用户从 0% 到 100% 的迁徙，即用户会从 1G 或者固定电话，迁徙到 2G 的服务当中。这个迁徙过程，必然导致 1G 逐渐消亡，固定电话式微。从 1995 年到 1999 年，全球模拟通信市场份额从 100% 陡降至 4%。而为全球电信公司赚了 100 年丰厚利润的固定电话业务，也从这个时点开始进入下降通道。在国内，中国电信集团以固定电话为主营业务，过往一直是电信部门的“现金牛”。在 2G 发展起来之后，以移动通信为主业的中国移动就取代了中国电信的地位，这一趋势不可逆转。

风口创新模型告诉我们，2G 会引爆一个指数级别的新增市场，同时伴随着上一代领先企业的崩溃。

这个新增市场，就是由于用户剧烈迁徙而突然爆发的移动通信终端的巨大需求。我们这里强调指数级别市场的含义是这个新增市场的从无到有，它不是缓慢爬行的增长曲线，而是一条陡峭的增长曲线！应对这一新增市场的唯一途径，是在数年前就要开始研发 2G 数字手机终端，最优方案是赌中 GSM，其次是押注 CDMA，或者兼而有之。引人瞩目的是，支持 GSM 的欧洲电信设备商诺基亚和爱立信除了研发 2G 网络设备之外，都同时开发了基于这一标准的数字手机，而这种同时横跨网络和终端的经营模式正是由摩托罗拉创造的。这样一来，当 2G 网络铺设完毕，诺基亚和爱立信的数字手机就立刻迎合了这个新增市场的巨大需求。非常具有戏剧性的一幕是，2G 商用开始后的仅仅两年，此前名不见经传的诺基亚就立刻取代摩托罗拉，登上手机市场份额第一的位置，此后更是称霸该行业 15 年之久。争抢市场的还有 2G 网络设备商爱立信的数字手机。诚然，诺基亚手机的持续创新能力毋庸置疑。但是，在 2G 商用时就武装到牙齿，才是他们登顶的最大筹码！

在这个当口，最大的悲情人物当然是缔造了1G神话的摩托罗拉移动通信负责人维斯·哈勃。在这个突然涌现的指数级别的新增市场中，1G时代的领导者摩托罗拉只要备足数字手机就可能继续保持领先地位，因为它具有当时其他公司无可比拟的人才、技术、品牌和渠道优势。

但是，摩托罗拉根本没有研发2G手机！相反，维斯·哈勃主导研发了一款模拟手机——StarTAC，它小巧玲珑、异常精美，完全摆脱了“大哥大”那种模拟机的土豪形象。但是，它来得太晚了，这是典型的在错误的时间做了正确的事，完全是徒劳之举！2G商用的第一年，摩托罗拉在手机市场的份额就降至31%，这还只是开始。刚刚上任的摩托罗拉CEO小高尔文备感压力，他厉声喝问手机部门的负责人维斯·哈勃：我们为什么没有准备好数字手机？哈勃羞愧难当、无言以对。其实，哈勃只要放下身段，走到公司内部的通信设备部门，虚心询问一下，就会知道2G发展得有多快了。但是，这位孤傲的功臣刚愎自用，最后被迫离职，为摩托罗拉留下了一个巨大的空白。随后，摩托罗拉匆匆忙忙开发出数字手机，也算赶上了2G终端的末班车，只是不得不将行业老大的地位拱手让人。

2G的新增市场还包括突如其来的移动通信服务收入。各国像中国移动这样的主导运营商将迎来未来的黄金10年，由于处在创新风口的中心位置，它们一夜之间成长为庞大的暴利公司。记得那个时代，中国移动每天的利润就超过1亿元人民币，如此日进斗金，在之前的1G时代简直无法想象。而在漫长的历史中，从贝尔发明了固定电话之后，庞大的通信市场也是缓慢形成的。这一次，叠加在风口上的移动通信市场的增长则迎来了非理性的繁荣！2G既然被称作数据通信网络，那么中国移动的暴利中就还包括了之前从未设想过的数据业务收入。

恰好，我也是这个阶段的亲历者，感触颇深。2000年的时候，我在一家香港上市公司就职，在为公司寻找新的业务方向时，我发现了日本移动通信运营商 NTT DoCoMo 推出了数据增值服务，在日本大获成功。那年秋天，公司在深圳香格里拉饭店召开了一次业务讨论会，我做了题为《如何发展手机数据业务》的主题报告，在座的有公司 CEO 和其他高管，公司的财务顾问——百富勤公司也派人前来旁听。应该说，当时这家公司的管理层人才济济。几年后，在当年参会的同事中，有一位成为中国移动数据部的总经理，还有一位成了微软中国区的 CEO。

我当年的主题报告还提到，时任中国移动市场部老总的李跃先生（后担任中国移动通信集团公司总经理）曾经带队赴日本考察 NTT DoCoMo，回国后就启动了中国移动的梦网计划。起初，这项计划应者寥寥。当时我说，这对我们而言是一个机会，我们可以主动参与梦网计划。我记得讲完之后，大家都热烈鼓掌，还颇为热情地提了很多问题。遗憾的是，我最终未能说服公司进军移动数据业务。

众所周知，移动梦网随后的发展速度远远超出预想，不仅成为中国移动数据业务的核心品牌，而且催生了一个后来从天而降的新行业：SP（服务提供商）。令人感到意外的是，中国移动的 SP 业务，竟然成为彼时风雨飘摇的中国互联网公司的“白衣骑士”。几乎所有的国内互联网公司都通过并购，或者直接和中国移动合作，建立了自己的 SP 业务。有几年，中国互联网上市公司的损益表上有一项令国外投资者费解的赚钱业务，即 SP，正是 SP 业务帮助中国第一批上市的互联网公司渡过难关，解答资本市场关于如何赚钱的质疑。这些受益于 SP 业务的公司包括腾讯、新浪、网易和搜狐等。

在 2G 的飞速发展中，我发现了一个重要现象：中国移动这样的电信运营商自然而然地成为数据业务的枢纽，移动梦网就是中国最大的数据服务平台。这似乎也很合理，因为整个 2G 通信网络就是中国移动投资铺设的。当时，移动数据业务平台就是所有 SP 的生命线。移动“感冒”，寄生在其上的大大小小的 SP 就得“发烧”。如此强势的移动梦网平台，看上去固若金汤、坚不可摧。谁能想到，中国移动数据业务的地位会被下一代创新者颠覆呢？这是后话，暂且不表。

可以说，2G 的酝酿和爆发，正好为风口创新模型提供了一个如上所述的完整案例。

就在 2G 攻城略地之时，被冷落在一旁的固定电话运营商也同时迎来了一个百年未有之变局。

我在研究数字时代时，发现了两条清晰的平行线：发轫于 20 世纪 70 年代的个人电脑是一条线，而几乎同时发明了第一代移动通信的电信行业则是另一条线。起初，这两条线并无交集，各行其是。

第一条线：个人电脑。到了 20 世纪 90 年代中期，个人电脑市场被 Wintel 联盟垄断，整个电脑产业按照摩尔定律的创新时钟快速迭代，个人电脑的运算速度越来越快，各种应用软件也激发了更多用户的需求。但是，很少有人意识到，个人电脑虽然堪称人类史上发展最快的创新产品，但仍然是一个孤岛。

第二条线：电信网络。反观电信行业，固定电话历经百年，成为一张覆盖全球的话音网络，这张百年电话网络从未进行过升级。当个人电脑兴起之时，电信产业突然涌现出第一代移动通信技术，即 1G，电信行业又铺设了第二张网络——模拟移动通信网络。时间来到了 20 世纪 90 年代中期，第二代移动通信技术，即 2G 突然爆发，电信行业铺设了第三张网络——第二代移动通信网络。此时，用户大量迁徙到 2G，历时百年的固定电话网络危矣。

这个时候，终将载入史册的两位创新者横空出世。

我猜想，在 20 世纪 90 年代初的某一天，物理学家蒂姆·伯纳斯·李可能问了自己一个问题：如果把一台台孤立的个人电脑连接起来，会发生什么呢？显然，这是一个激动人心的宏大构想，即使最疯狂的人也无法预计这种连接将会给世界带来怎样的改变，但是这个愿景已经足够激励伯纳斯·李开始行动起来。他发明了三个关键的Web工具：超文本标记语言HTML，使电脑之间能够相互通信的超文本传输协议HTTP，给每个网页唯一地址的统一资源定位系统URL。这样，蒂姆·伯纳斯·李就来到麻省理工学院，创建了W3协会，守望着互联网在这些标准的约束之下生长起来。《他们创造了美国》一书中不无惋惜地写道，在万维网造就的百万富翁名单中，没有发明者伯纳斯·李的名字。伯纳斯·李则大度地回答说，要是我不站在中立的立场开放标准，Web就不可能有今天。这是何等宽阔的胸襟！幸好，英国人看到了伯纳斯·李的伟大成就，在2004年给他授予了爵士之位。

当时，伊利诺伊大学的在校生马克·安德森敏锐地发现，只能传输文本，而不能传输图像、声音的Web缺乏吸引力。他说，这是“虚拟世界一个巨大的缺陷”。麦戈文先生所说的没有被满足的客户需求，在这里又出现了。安德森和小伙伴们的解决方案是易于操作的图像化Web浏览器——网景导航者浏览器，正是这款浏览器引爆了互联网！而导航者则占据了浏览器市场75%的份额，直到它被警觉的盖茨和微软公司拼命扼杀于摇篮之中。

史家在描写这段历史之时，都留下一个巨大的空白。让我们回到伯纳斯·李最初的假设，即把一台台孤立的个人电脑连接起来。当然，李爵士发明的标准，以及安德森开发的浏览器都是不可或缺的工具。但是，具体如何连接呢？这需要一张庞大的物理网络才行，这张网络在哪里呢？

我发现，就在这个节点，个人电脑和电信网络这两条平行线出现了第一次交集，当伯纳斯·李试图把个人电脑连接起来的时候，他唯一能借助的就是电信网络。电信部门无法判断互联网的商业前景，只能借道此前铺设的窄带电话网络，对互联网而言，这可是一条狭窄泥泞的乡间小路。

我之所以能看到这一空白，是因为我恰好也参与了中国互联网初期的建设工作。1997年深秋，当京城枫叶红了的时候，我应瀛海威创始人张树新女士的邀请，走进了位于中央电视台西侧的一栋小楼，也就是瀛海威公司的总部所在地，在这里开始了我的互联网之旅。作为拓荒者的瀛海威当年面对的情形非常现实：没有互联网用户，以及如何发展互联网用户。当时，瀛海威和美国对标公司美国在线的商业模式一样，都是 ISP（互联网服务提供商），就是帮助电信公司发展互联网接入用户。

因为这个工作背景，我对电信行业有所了解。在那个互联网早期的拓荒年代，我们发展到一个互联网接入用户之后，他的上网体验就是利用家中的固定电话线拨号上网，这根电话线的传输速率是 14.4 kbps（千比特每秒），如果把今天的 PC 互联网上网速度比作汽车，当时的上网速度就相当于步履蹒跚的老人。

这就是说，早期互联网是搭载在 100 年前的电话网络之上的。显然，用电话网络进行语音通话没有问题，但是要传输互联网这样更大的数据需求，电话网络显然是杯水车薪。我记得在 1997 年，提供接入服务的公司——瀛海威的带宽是 64 kbps，国家互联网总出口的带宽也只有区区 128 兆。

互联网的快速发展，逼迫电信公司斥巨资铺设一张专属的数据网络——电信宽带网络。我去广东看过一家宽带网络公司后，才知道铺设宽带网络之难。公司需要挖一条沟，横穿整个广东省，这条沟要毗邻高速公路，要跨越每个城镇，甚至穿越大街小巷。只有这条跨越中国大江南北、绵延万里的地面宽带网络建成了，PC 互联网这个独立的大产业才能发展起来。现在，大多数人只知 BAT，而不晓得中国电信，如果我们要追溯互联网的创新史，这一笔迟早要为电信行业补上。

我们可以这样总结，起初，PC 互联网是在电话网络上艰难地生长出来的，当看清 PC 互联网的巨大潜力之后，电信部门就投入巨资，建构了一张宽带数据网络。因此，当个人电脑和电信行业产生第一次交集时，从电话网络到宽带网络，就嫁接出一个全新的、巨大的新行业：PC 互联网！这个行业既不隶属于个人电脑行业，也不隶属于电信行业。

想想20世纪90年代中后期的景象吧，美国的美国在线、雅虎、易贝、谷歌和亚马逊以及中国的新浪、搜狐、网易、百度、腾讯和阿里巴巴这些如雷贯耳的名字，以及资本市场对它们的疯狂追逐，仿佛它们就是互联网和数字时代的杰出代表。

直到2000年，纳斯达克互联网泡沫破灭，一切才归于沉寂和理性。资本盛宴之后，冷静下来的投资人发现，这些PC互联网核心企业都无法找到赢利模式。事实是，资本市场遗忘了一个基本常识，那就是市场给予PC互联网核心企业的时间太短了。于是，资本市场要通过极端手段，把新兴的互联网相关公司的资本价值统统打翻在海滩上，希望用血流成河的方式淘汰裸游者。

但是，20世纪90年代中期，电信行业的两次行业巨变影响深远，不仅催生了2G和PC互联网，还让更多人看到了电信行业的无穷魅力和经由创新带来的巨大财富效应。全球的财团都将目光投向了电信行业，这才是创新的未来，也是财富的未来。

在不知不觉之间，电信行业的下一个更大的创新泡沫已经开始聚集起来了。

全球重仓3G

我相信，20世纪90年代中期，2G的最大价值是在全球范围内普及了移动通信，同时繁荣百年的固定电话业务也进入了下降通道。而电信行业和个人电脑两条平行线的第一次交集，则诞生了数字时代最大的“巨婴”——PC互联网。“巨”是指PC互联网核心公司的用户数非常庞大，“婴”则是指它们在商业上还非常稚嫩，尚且不知道如何建立商业模式以及如何赚钱。

腾讯就是这样的“巨婴”之一。2000年初，腾讯的A轮投资人IDG和盈科就是在这种背景下出售了腾讯的股票。事后看，这次出售导致的账面损失可能达数千亿美元。回到那次出售的时点，假设我们就是那两家机构的决策者，也许我们也会做出同样的选择。当时，腾讯拥有中国最大的QQ用户群，这些用户享受了免费服务，又消耗了庞大的服务器和带宽成本，之后却消失得无影无踪，腾讯似乎无法从他们身上赚取一分钱。

谁能穿透历史的迷雾，看到腾讯这个“巨婴”此后必成巨人这一不可逆转的趋势，谁才有资格享受这餐不可思议的资本盛宴。这样的厉害人物必定是人中龙凤，此处暂且不表。

我认为在人类创新史上，从未有过如此快速生长的行业，连2000年的纳斯达克泡沫破灭也无法遏制它的疯狂生长。PC互联网就是人类的时代创新风口，就像蒸汽革命、电气革命一样，必然会诞生福特汽车和通用电气这样的企业巨头。尼古拉斯·尼葛洛庞帝教授在《数字化生存》一书中描绘的数字时代，就这样不可逆转地到来了。当初在泡沫破灭时用地板价买入腾讯、网易等“巨婴”的股票，并且坚持长期持有的人中龙凤，当然获得了巨大的投资回报，这是上天对远见和趋势判断的最高奖赏。

站在投资的角度看，这两次电信行业的巨变所带来的市场机会可能价值数万亿美元。全球任何一个有实力的财团，都会热切地关注电信行业的下一次伟大创新。

爱因斯坦曾说：“想象力比知识更重要。”恰好有一个完美的案例可以验证此话的正确性。谁也无法预想，电信行业的下一次技术创新的种子，居然是美丽善良的好莱坞女演员海蒂·拉玛和谙熟科学的钢琴家乔治·安塞尔一起在战火纷飞的年代凭借想象力播种的。

在20世纪40年代的一个夏天，正是第二次世界大战战况激烈之时，安塞尔应邀在拉玛的家中弹钢琴，聊人生，也聊到如何干掉法西斯。楚楚动人的拉玛凝视着安塞尔手指翻飞的弹奏动作，突然就产生了一个灵感：既然按下不同的钢琴键就可以发出迥异的声音，那么在发射器和接收器之间随机不停地改变无线信号频率，不就可以避免鱼雷被信号干扰和拦截了吗？盟军如果拥有了这项技术，就可以击沉更多的纳粹舰艇。

安塞尔听罢一下子兴奋起来，他进一步完善了拉玛的想法。于是，演员和钢琴家决定联手“创作”一种新的通信技术，他们并非为了获得财富，而是希望提前终结战争。他们一起设计的通信系统采用了 88 个频率，这恰好是一架钢琴的琴键数量。当大功告成之时，拉玛和安塞尔就向美国专利局提交了题为“秘密通信系统”的专利，次年获批。遗憾的是，美国军方从来没有采用这项宝贵的专利，他们似乎不太敢相信电影明星和钢琴家的发明。于是，这项专利就被尘封，直到 20 世纪 80 年代中期美国军方解密此项专利时，恰好被刚刚成立的高通公司发现。拉玛和安塞尔在专利中首次提出了“展布频谱技术”，高通正是根据这一原理开发出了 CDMA 通信技术，这直接导致了下一代移动通信技术，即 3G 的诞生。

从此后颁布的 3G 全球标准看：美国 CDMA2000，欧洲的 WCDMA（宽带码分多址）以及中国的 TD–CDMA（时分码分多址），都是从 CDMA 技术衍生出来的，而 CDMA 的源头就是拉玛和安塞尔发明的专利。如此看来，当人类享受到 3G 通信的卓越性能之时，我们需要感谢美丽的演员海蒂·拉玛和儒雅的钢琴家乔治·安塞尔，感谢他们源于和平意愿的伟大发明。

就在那不久之前的 2G 时代，电信设备厂商、终端设备厂商和电信运营商做出了完美的合作，电信运营商从设备厂商那里购买网络设备，并铺设了 2G 无线网络，之后就开始出售终端设备厂商提供的数字手机，移动通信比预想更快地得到了普及，产业链上的所有人都赚得盘满钵盘，众人皆大欢喜。

我们有理由相信，当高通研发出 CDMA 技术，宣称提出了下一代移动通信的解决方案时，诺基亚和爱立信这样领先的电信设备厂商就立刻行动了起来，接力研发基于 CDMA 的通信网络设备。而全球各地的电信运营商也会乐见其成，眼下，2G 给电信运营商带来的高速营收增长，都反应在当时的股票价格上了，它们有足够的资本和信心建设下一代移动通信网络。

从电信产业的新逻辑来看，固网部分首先发展的是固定话音业务，然后是数据宽带业务。紧接着，无线通信1G和2G首先发展的也是话音业务，按照同样的逻辑，无线通信创新的下一个阶段，不正是数据宽带业务吗？既然固网数据宽带业务诞生了一个全新的PC互联网行业，那么同理，无线数据宽带网络也应该孵化出一个孪生兄弟——“移动互联网”吧？这样的逻辑推理无可置疑。于是，整个电信行业，甚至资本市场都在期待下一代移动通信，也就是3G早日到来。此时，高通已经为这次创新提供了一把钥匙——CDMA，核心技术已经搞定，其余看起来就顺理成章了。

很快，从高通、诺基亚和爱立信那里传来了消息：3G的室内速率可达3 Mbps（兆比特每秒），可以流畅地传输图片、音乐和视频多媒体等数据，只要铺设一个覆盖全球的多媒体数据通信网络，就可以实现全球漫游，以及在任何时间、任何地点、任何人之间无缝交流。而且，在电信运营商将无线通信和互联网连接起来后，客户就会蜂拥而至，届时无线数据业务一定会实现井喷式发展，就像2G时代那样。

在20世纪末，社会各界都被3G的测试效果以及高调推广带来的乐观情绪所感染。看上去，电信运营商参与3G网络建设的积极性非常强烈，一些觊觎已久的外部财团也纷纷跃跃欲试，甚至手握大权的政府部门也准备利用投资人的热情大赚一笔。计划率先推出3G服务的欧洲各国政府，采取了一个非常聪明的方式颁发3G牌照：竞拍。就是说，大家不是都想投资3G运营吗？那么就参与竞拍吧，3G牌照可是稀缺资源，价高者得。

好戏开始了，1999年3月18日，芬兰政府在全球率先拍出4张3G牌照，并且大获成功。这立刻激起了各国政府竞拍3G牌照的热情。

英国政府进一步把3G牌照拍卖推向高潮。2000年4月举行的3G牌照拍卖，共召集了13位买家，角逐5张3G牌照。此前英国媒体普遍认为，3G牌照拍卖可能会收到20亿到50亿英镑。拍卖会的起拍价看上去波澜不惊：第一轮总报价是5亿英镑，这充分反映了竞标者还是非常理性的。但接下来拍卖价格就如同脱缰的野马一样彻底失控了，随着拍卖价格节节攀升，谁也不肯让步。直到第94轮竞价，第一位买家才宣布退出。谁也想不到，这次电信史上最离谱的竞价，居然进行到史无前例的第150轮！而英国5张3G牌照的总价飙升到225亿英镑！我相信，没有一家竞标者能够事先预估到如此昂贵的3G入场券，所有的人都像疯了一般，沃达丰竟得了最贵的一张3G牌照，价格高达94亿英镑！

德国政府在看到英国的3G牌照竞拍奇迹之后，也不甘落后，干脆将3G牌照拆为6张，再接再厉，共拍得505亿欧元，远远超出了英国的拍卖价格。

以保守著称的欧洲其他诸国一下子兴奋起来，都跃跃欲试地准备在3G牌照拍卖上空手套白狼，大赚一笔。但是，坏消息来了，纳斯达克科技股泡沫破裂，各国电信运营商股票大跌，再也无法支持这种天价3G牌照拍卖的资本支出了。于是，步英、德后尘的欧洲其他诸国的3G牌照拍卖价格才得到控制。尽管如此，最终结果是欧洲共同体的3G牌照拍卖共取得了1 171亿欧元的收入，全部流入政府部门的腰包。

没有人停下来想一想，整个欧洲3G还没有铺设一个基站呢，游戏尚未开始，电信运营商们就已经投入了上千亿欧元！这可能是商业史上最为铺张浪费的一次创新盛宴了。

引人注目的是，在欧洲众多的3G牌照竞拍者中，就有李嘉诚先生旗下和记黄埔的身影。李先生是华人企业家中的佼佼者，他非常喜欢有长期稳定现金流的生意，为此长期持有许多公用事业类型的资产。长期以来，通信行业在投资铺设网络之后，就可以向用户收费，壁垒很高，而且现金流充裕。2G的发展速度进一步证明，除了安全边际的考量外，移动通信创新领域还可能出现爆发性的增长。在谋划良久之后，李先生决定进入欧洲主流市场的通信行业。

未曾想，这个看似超级稳健的行业，却使和记黄埔的损益表出现了坐过山车般的景象。和记黄埔进入通信行业的过程，可以分为两个10年。

第一个10年像是一杯喜庆的香槟。1991年，和记黄埔买入原来英国巴克莱银行等持有的移动业务牌照，并且随后推出了以Orange（“橙”）为品牌的第二代移动电话业务。1998年，Orange的移动电话业务拓展到荷兰、比利时、瑞士和爱尔兰，并成为英国第四大移动电话运营商。

1999年，和记黄埔收到了来自来德国曼内斯曼公司的橄榄枝，德国人提出了令人无法拒绝的报价：以480亿港元现金，价值700亿港元的曼内斯曼股份，总价值1 180亿港元，收购和记黄埔在Orange 45%的股份，这笔交易成为香港开埠以来最赚钱的单笔交易，是香港妇孺皆知的“和黄卖橙赚千亿”的神话。最终，这笔交易为和记黄埔带来了150亿美元的巨额投资收益。

而第二个10年则像是一杯难以下咽的苦酒。Orange的核心业务是2G，业务成熟稳定。彼时，通信行业正在酝酿更加具有想象力的3G，3G可以传输图片、音频、视频，甚至直接接入互联网。无疑，3G是移动通信的未来，此时布局，似乎正逢其时。企业家精神之一就是敢于冒险，和记黄埔的千亿港元尚未捂热，李嘉诚先生就决定杀个回马枪，再次重仓3G。

机会来了。2000年4月，英国电信当局拍卖5张3G牌照，为了加强竞争，其中最大带宽的一张牌照特意卖给英国本土尚无2G移动网络的竞标者，同时在拍卖价格上还给予优惠。此时，和记黄埔已经出售Orange，在英国本土并未持有2G移动网络，符合竞拍条件。这样，和记黄埔就以69亿美元的价格竞投得了此张牌照。随后，和记黄埔又以20亿美元拍下意大利的3G牌照，接下来，又先后拍得奥地利、瑞典、丹麦和爱尔兰的3G牌照，至此，和记黄埔成为欧洲最大的3G运营商之一。其实，斥巨资购买牌照只是3G庞大投资的一部分，后期还需投入更多钱铺设基站网络，以及储备不菲的运营资金。

选择欧洲作为进军3G的主战场，自有其道理。欧洲属于高端消费市场，3G作为新兴业务，初始定价可能偏高，而欧洲消费者具备更加强劲的购买力，有能力为这项高端业务买单。此外，欧洲的政策环境稳定，开放程度更高，这些都有利于3G业务的快速发展。看上去，和记黄埔手持重金，选择了成熟市场，布局了最先进的移动通信网络3G，又要重演当年“和黄卖橙赚千亿”的神话。遗憾的是，这些美好的预设并未给和记黄埔带来好运。相反，3G给和记黄埔带来的长期亏损远远超出了想象。

自2000年高价获得欧洲诸国的3G牌照之后，和记黄埔的业绩就开始受到3G业务的拖累，几乎每年都要依赖出售资产、会计安排等手段来弥补亏损。直到2007年上半年，和记黄埔在意大利、英国、爱尔兰、瑞士、丹麦以及奥地利等国家的3G业务总计亏损仍达113亿港元，与上年同期亏损相差无几。此时，和记黄埔为3G赢利给出的时间表一再推后，看上去赢利遥遥无期。

事实上，和记黄埔在3G业务上陷入长期泥潭，只是全球通信运营商的一个缩影，那时西方几乎所有通信运营商都陷入3G的巨额亏损当中。一些不堪重负的运营商甚至提出，想要退还斥巨资购买的3G牌照。此时，受到纳斯达克股票大跌的拖累，欧洲电信运营商的股票进一步下跌，大多已经无力承担巨额网络设备花费，而已经建成的3G网络，在发展用户时也是举步维艰。

相较之下，全球只有日本本土的电信运营商一枝独秀，稳步推进3G业务，居然逐步实现了几乎不可能的商业转型：从2G成功转型到3G！在我看来，日本能够在投资额巨大的3G创新中独善其身，我们有几条可以借鉴的经验。其一，日本政府明智地放弃了3G牌照拍卖，只是做了资格审查。这样，日本的电信运营商就节省了宝贵的资本。其二，由于第一个原因，日本的电信运营商能以最快速度铺设覆盖全境的3G网络，为用户诟病的信号不好的问题在日本根本不存在。其三，早在2G时代，日本电信运营商的数据服务就傲视同侪。这次他们又如法炮制，DoCoMo 发布了独立的 3G 服务品牌，同时直接干预 3G 手机终端的硬件标准和应用开发。高像素、大屏幕、全曲音乐等特点赢得了用户的喜爱，市场顿时打开。在 2007 年，和记黄埔还深陷困境之时，DoCoMo 却是轻舟已过万重山，80% 的用户都已经迁至 3G。

通信市场另外两个重量级玩家——美国和中国，在推出 3G 服务方面相对比较理性，几乎避免了欧洲电信运营商的窘境，尤其是中国政府。中国颁发 3G 牌照的时间是 2009 年 1 月，中国移动、中国联通和中国电信分别获得了信产部颁发的 3G 牌照。事后看，这是一个最恰当的时间节点。

在 2009 年的一天，联通公司的一位高管找到我所在的公司，希望我们能为他们提供一点关于 3G 的研究。我闻讯后带领团队紧锣密鼓地工作起来。我发现，联通面对的问题是，中国移动是 2G 的领导者，而中国电信则是固定电话的领导者。新晋的联通没有任何业务基础，它只有一个选择，押注 3G，并且获得成功。

显而易见，联通自己当然也知道问题所在，关键是找不到答案。如上所述，全球只有日本 DoCoMo 一家公司破解了 3G 业务拓展的难题，而欧美诸国，包括华人企业家领袖李嘉诚先生都陷入 3G 泥潭之中无法自拔。学习日本经验，可能是一个办法，我相信全球的电信运营商都去日本“拜过码头”。但是要是日本经验好学，3G 就不会是眼下的局面了。

3G，对中国移动来说，退，可以回到 2G；对中国电信来说，退，可以回到固定电话。而 3G 对联通而言，是没有退路的战场。联通不必破釜沉舟，它既无釜，亦无舟。初步调研之后，一些同事在讨论中就说，这个研究看起来是不可能完成的任务。对于看上去无解的研究，我此前倒是有一点经验，就鼓励大家继续搜集资料。

在更多资料汇集起来后，我逐渐找到了一些思路。我发现，中国移动在 2G 数据业务方面有一个软肋：他们百亿元级别的彩铃业务对音乐版权有所依赖。我坚信，3G 业务发展起来之后，彩铃就会消失，用户会选择听全曲，而不是彩铃。彩铃不就是音乐产品的边角料吗？3G 兴起之后，只要联通垄断华语曲库，用户就会为音乐而抛弃中国移动，转投联通。因为，无论世界如何变化，年轻用户根本无法离开音乐！

我对联通的第一个建议就是：出资控股五大唱片公司的大中华区业务。这个时点，可能是收购这几家唱片公司控股权的最后机遇。此时，他们被网络音乐平台搞得焦头烂额，法律诉讼周期漫长，而且还有诸多免责的法律争议。我已经做过功课，联通只需要花费很少的资本，就可以拿下五大唱片公司中华区分公司的控股权，这算是盗版者制造的历史机遇。如果联通完成上述交易，第一件事就是切断中国移动的彩铃版权供应，用户马上就会气得跳起来。

我为联通提出这个建议的时间是 2009 年。在 2013 年，我和同事去拜访中国移动的一位高管，他就对我们说，他刚从日本回来，孙正义提出一个大胆的建议，希望和中国移动联手收购五大唱片公司亚洲区域分公司的股权。中国移动侧重华语曲库，而软银集团则侧重日语曲库，各取所需。听闻此言，我不禁哑然失笑，孙正义可是亚洲投资界的教父，但是他提出这个想法，可比我晚了几年啊！时间滞后并不是小事，它意味着收购成本的大幅增加，以及交易本身的不确定性。因为，此一时，彼一时。五大唱片公司在和苹果公司的合作中已经复苏过来。

事后，我能够和中国移动的高管见面，一个非常简单的原因是联通没有采纳我的这项建议。否则，我倒是有些不好意思了。不过，投资咨询业务是为客户负责，可能我多虑了。从事后的评估看，如果联通完成上述交易，持有到今天，直接投资收益可能在 10 倍以上，间接投资收益更是无法衡量。因为，联通的 3G 用户会为此增加到百万人，乃至千万人级别。

我发现，日本 3G 发展顺利，有一个重要因素，那就是日本的 3G 应用服务种类丰富。显然，这并非联通的长项。但是，联通可以通过投资及战略合作获得这项能力。

我的建议是，联通通过二级市场成为腾讯的战略股东，并且和腾讯达成 3G 应用服务层面的战略合作伙伴关系。这样，联通就能获得 3G 应用服务方面的压倒性优势，包括社交、增值服务和游戏等。而根据日本的经验，这些都是获得 3G 用户最为有利的武器。如果联通按照 2009 年的市场价格投资腾讯，并且持有到今天，投资收益就可能超过千亿港币，而应用服务带来的用户增加的价值尚未计算。

遗憾的是，联通公司没有采纳我的两项重要建议，这是 2009 年的事。在 2013 年，我所在公司的同事讨论一项给中国移动的咨询建议，有人翻出了当年给联通提交的咨询建议书，当上述建议显示在投影墙上时，大家都惊呆了，赞叹说，这是谁做的建议书啊，太厉害了吧！我刚好在场，就有些不好意思地说，是我。

应该公允地说，我给联通提出的咨询建议，事后看是有一些潜在价值。但是，当时我并未看清 3G 的未来。其实，全球电信产业界对于 3G 的未来，也是感到一头雾水。

现在，从欧洲的伦敦、法兰克福、巴黎，到北美的纽约、洛杉矶、多伦多，再到亚洲的新加坡、首尔、北京、上海等城市，电信运营商投入上万亿美元，搭建了覆盖全球的 3G 通信网络，那些基站就矗立在大街小巷、山川河流和乡间田野之中。那些斥巨资搭建的数字设施，像是一座座空旷、奢华的 3G 港湾，毗邻每个城镇，那些烟波浩渺的数字洪水就在港湾深处，时而掀起滔天大浪，随飓风呼啸而至。然而，深邃的 3G 港湾没有一只船舶停靠，岸边更是人迹罕至。

相反，在老旧的 2G 集市上，倒是人头攒动、摩肩接踵，人们挑选着各色诺基亚、爱立信和摩托罗拉手机，心满意足、行色匆匆。

在电信运营商的地界，逼仄的 2G 集市依旧繁荣昌盛，而奢华的 3G 港湾门可罗雀。眼看着，电信运营商为兴建 3G 网络而拆借的巨额债务无法偿还，人们似乎对这一次电信产业的技术创新格外冷漠无情，大家对于所谓的无线高速数据传输，乃至连接互联网的期许，统统无动于衷。

3G 港湾静静地迎接着数字洪流的涤荡，看着日落日出，看着海鸥盘旋，似乎在等待着一位天使莅临，来拯救这无谓的消耗和无休止的等待。距离芬兰首次万众瞩目的 3G 牌照拍卖，已经过去了 8 年，世界的 3G 港湾依旧一片冷寂。

3G 有救吗？如果有救，那么前路何在呢？这种巨大的焦虑感，就积压在全球所有电信业高管的心头，而资本市场早已失去理性，人们没有耐心再倾听和记黄埔等电信公司遥遥无期的赢利预测，直接用脚投票。

在全球创新领域，这也堪称一个世界级的难题：这个领域的技术突破和巨额投资搭建的 3G 网络，可能带来卓越的用户体验。但是，客户就是不愿意为“先进”的 3G 买单，仍然滞留在更加落后的 2G 当中。

这一难题将如何破解？

17　“苹安方舟”

触屏交互：未来影像定格

2005 年 iPod 达到巅峰，当年的销量为创纪录的 2 000 万台！占苹果年营收的 45%，同时带动了麦金塔系列产品的销售。可以说，iPod 是乔布斯迄今最成功的创新产品，无论是品牌、垄断地位或者营收贡献，它都超越了此前乔布斯的所有产品，包括麦金塔、Apple Ⅱ、NeXT，甚至皮克斯都无法与之比肩！

可以想象，此时乔布斯正沉浸在这种成功所带来的巨大喜悦当中。但是，在 iPod 巨大成功的光环之下，意想不到的危机正在悄悄聚集。

2004 年的一天，摩托罗拉的 CEO 爱德华·詹德突然对乔布斯分析说：“当你出门时，你确定会带三样东西：钥匙、钱包和手机。你的 iPod 不在这张清单中。”乔布斯闻听此言，突然一激灵。詹德的分析说明了两件事：其一，作为个人通信工具，手机的重要性要超过 iPod；其二，既然如此，只要有人把音乐播放功能植入手机，iPod 就可能会被替代。

这才是创新者的窘境！想想看，那时 iPod 是乔布斯在商业上最成功的创新产品，独占了 80% 的音乐播放器市场，拯救了风雨飘摇的音乐产业，为苹果公司创造了接近 50% 的营收。同时，在美学和客户体验上，iPod 堪称完美，是一座无法超越的丰碑。相较之下，乔布斯作为缔造者，在个人电脑行业搏杀了 20 多年，殚精竭虑创造出的革命性创新产品麦金塔，通过不断迭代创新，最终也只占据了不足 10% 的市场份额。

但是，一个残酷的事实是，可能所有的音乐播放器皆为过渡性产品，纵使完美如 iPod，也终将消失在茫茫人海中。这种预测一旦成真，将会连同 iPod 一起，连根拔掉苹果近一半的营收，乔布斯回归之后苦心经营的成果顷刻间就会化为泡影，把苹果再度逼回到已经被微软牢牢把持的个人电脑行业当中，沦为跟班。

其实，当时已经有一些类似的征兆。影像的数字化带来一个空前的机遇，日本厂商的数码相机产品迅速崛起，正在疯狂取代胶片相机。但是，越来越多的手机厂商开始改善手机的拍照功能，这样数码相机就面临一个巨大风险：拍照越来越好的手机将会取代数码相机。这一趋势和音乐播放器市场有着惊人的相似性。

我们不妨延伸一下詹德的判断。人们出门时，会带上钥匙、手机和钱包，然后，会再带上 iPod 和一款数码相机吗？显然，在手机集成了拍照和音乐播放功能之后，人们只会带上手机。你的数码相机和音乐播放器无论做得多好，最终也会被人们放弃，因为太不方便了。

诺基亚和索爱等手机厂商显然已经看清了这一趋势，分别推出了自己的音乐手机品牌。索爱出手非常犀利，干脆把自己的音乐手机定位为随身听音乐手机，内置了很多歌曲，还配套了漂亮的耳机。

当乔布斯和高管团队进行头脑风暴时，大家的判断趋于一致：在更强大的音乐手机上市之后，iPod危矣！

这个时候，老谋深算的爱德华·詹德就等在此处，他提出苹果和摩托罗拉可以联合制作一款音乐手机，这样就能化解iPod潜在的危机。深思熟虑之后，乔布斯发现自己无法拒绝这个提议。

合作很难产生伟大的创新，这几乎可以被确定为一个商业常识。因为在一开始，合作双方的诉求就有所不同。虽然对苹果的软肋看得非常清楚，但是詹德当然不是帮助苹果的天使，他自有算盘——借助苹果之力，帮助摩托罗拉制作一款有竞争力的音乐手机，仅此而已。而苹果自然希望搭上摩托罗拉的便车，驶入手机领域，通过合作建立起一个防火墙，避免殃及iPod这款伟大的产品。或者，中国人很早就看透了人性的弱点：两个和尚没水吃。

2004年7月26日，摩托罗拉和苹果公司举行发布会，宣布要合作开发音乐手机ROKR，苹果将提供全新的手机版iTunes播放软件，而摩托罗拉则会把该软件作为合作版本手机的标准播放器。发布会后，苹果的股价立刻大涨。资本市场的反馈有时非常幼稚，华尔街可能认为，苹果并未投入过多资本，其音乐业务就侵入了更大的手机市场。潜在风险却无人深思，对iPod而言，ROKR到底是竞争对手还是合作伙伴？换句话说，如果iPod真的消失了，ROKR能弥补苹果断崖式的营收下滑吗？显然，苹果找对了病症，未来音乐手机可能是iPod的终结者。但是，苹果找错了药方，因为ROKR无论成功与否，都无法拯救iPod。

在发布会的激情消退之后，合作的弊端立刻显现：苹果对提供所谓先进的iTunes软件一定有所保留，因为iPod还在热销中，如果ROKR用户体验更好，一定是iPod遭殃。同时，乔布斯希望iTunes能够植入摩托罗拉最畅销的刀锋手机的升级版，詹德却打起了小算盘，既然刀锋手机无须iTunes就可以卖得很好，那么借助iTunes再推出一款畅销机型，岂不美哉？想到此，詹德就相中了摩托罗拉上市后反应平平的音乐手机 E398，想将其改造成为 ROKR 手机。乔布斯立刻看穿了詹德的意图，感到非常不爽。这种同床异梦的模式早就为 KOKR 埋下了失败的种子，但是合作还要继续，因为苹果此时并无其他选择。

2005 年 9 月 7 日，ROKR 终于面世。我找到了一张 KOKR 的图片，不消说，一眼看去，这是一款外观和诺基亚或者索爱手机像极了的平庸之作，音乐功能更是稀松平常，只能限定存储 100 首歌曲，而且必须通过个人电脑下载，再传输到手机上才能使用。相较之下，当时的 iPod 早就可以存储 1 000 首歌曲。敏锐的《连线》杂志不无讽刺地说："你们把这部手机称作未来趋势？"

ROKR 的失败从一开始就是命中注定，无须赘述。但是，苹果从中得到了两个收益。其一，乔布斯借此结识了美国第二大电信运营商 Cingular 的 CEO，这个重要人物在日后发挥了巨大的价值；其二，乔布斯意识到最佳的防守其实是进攻，苹果守护自己在音乐领域丰硕成果的唯一出路，是独自挺进令人生畏且更加巨大的手机行业。

在苹果公司内部对进军手机行业逐渐达成共识之后，一个现实问题立刻摆在面前，对手机行业而言，苹果公司就是一张白纸，此前没有任何技术积累，他们能否造出一部合格的手机都不一定，创新更是无从谈起。这样看来，苹果公司制造手机十分不靠谱。乔布斯在和高管们的头脑风暴中，不断抱怨眼下所有的手机用户体验都极差。但是，能指出他人产品的缺陷是一回事，自己通过创新亲手造出一件超越他人的产品则是另一回事。

这个时候，我们必须回到乔布斯产品天赋的第一步，他必须首先在脑海里建立一个未来的产品影像。历史的经验表明，只有当乔布斯建立起未来产品影像之时，苹果才可能开发出下一代革命性的创新产品。

回顾数字经济的创新史，我发现，几乎所有的革命性创新都和人机交互的进化史相关。我们不妨就从这里入手，看看在 2005 年之前，人类在人机交互方面都做出过哪些改进？

从表 1 可以看出，在人机交互的革命中，苹果曾经多次扮演领导者角色。读了本书第二章的读者就会了解到，在斯蒂夫·沃兹设计出 Apple Ⅱ 之前，牛郎星作为史上第一款个人电脑，使用的是主机上的按钮和指示灯交互，这显然非常原始。沃兹发现，西方人早就发明了两样好东西：打字机键盘和电视机屏幕，这显然是更加直观和高效的人机交互方式。于是，沃兹就设计了电脑键盘和显示屏。此后，当 IBM 后发制人地推出个人电脑时，比尔·盖茨顺理成章地继承了沃兹的发明，编写出 MS–DOS 操作系统。于是，在苹果和 IBM 的加持之下，基于键盘的字符交互就成为个人电脑早期的行业标准。这是 20 世纪 70 年代末的事情。

表 1

时间	交互方式 / 介质	标准
个人电脑早期	字符交互 / 键盘	Apple Ⅱ；MS–DOS
个人电脑中后期	图形用户界面 / 键盘 + 鼠标	麦金塔；Windows
移动终端早期	字符交互 / 物理键盘 + 手写笔	诺基亚 / 塞班操作系统 /WP
移动终端中期	滚轴交互 / 手指	iPod
移动终端后期	?	?

接下来，当乔布斯访问施乐的帕克研究中心，首次看到图形用户界面的电脑时，他就惊呆了。乔布斯敏锐地意识到，图形用户界面将会是个人电脑的未来。此时，除了键盘，鼠标作为人机交互工具也加入进来，直到今天。彼时，苹果公司已经连续推出了数款失败的电脑产品，正面临创新的窘境。乔布斯把图形用户界面用于一款新的产品——麦金塔时，苹果公司终于看到了曙光。事实证明，麦金塔以及后续的迭代产品成为苹果公司生命周期最长的产品，绝非偶然。因为，在麦金塔和复制创新者 Windows 之后，个人电脑交互的革命就停滞了。这是 20 世纪 90 年代初的事情。

2G 触发了移动通信的迅速普及，北欧芬兰的诺基亚成为这一趋势的最大受益者，诺基亚具有前瞻性地研发出了一系列 2G 手机，取代了1G 的领导者摩托罗拉，成为 2G 手机终端的领导者。我们如果翻阅诺基亚鼎盛时期的手机图片，就会立刻发现，这些手机的交互方式，几乎都是数字键盘和显示屏。需要指出的是，数字键盘和 QWERTY 英文键盘不同，前者是以电话拨号为主，只是在数字键下方也置入了英文字母。我仍能清晰地记得，采用这种数字键盘输入文字是十分困难的，需要反复按键，才能选定一个字母。

位于加拿大的 RIM（移动研究公司）发现了诺基亚手机的缺陷，所以他们研发的黑莓手机全部采用了 QWERTY 英文键盘和更大的显示屏，但囿于手机的体积，这种键盘的按键非常小。黑莓立刻得到了西方商务人士的青睐，因为其输入更加高效，且提供了便捷的邮件服务，黑莓被称为“邮件手机”。QWERTY 英文键盘在手机交互方面是一个显著的进步。但是，2G 移动终端无论是采用数字键盘，还是 QWERTY 英文键盘，都相当于个人电脑的字符交互阶段。这个阶段的手机，正处于以移动通信为主的阶段，其他功能皆为辅助。这是 20 世纪 90 年代中后期的事情。

在研发 iPod 时，乔布斯偏执地要求产品不能有开关键，而且每次选歌时，用户按键不能超过三次。乔布斯自己也不知道具体如何实现，直到席勒发明了滚轴交互这个方法，顷刻间，乔布斯的所有苛刻诉求居然全部实现了！ iPod 的滚轴交互是人机交互的一次革命，它带来了用户体验的一次飞跃，并且在音乐播放器市场上取得了压倒性的胜利。这是 2000 年初的事情。

关于如何以及何时启动手机项目，即使苹果公司内部也有不同说法。我认为，苹果设计主管艾夫的回忆更加可信。艾夫的说法是，2003 年末，当设计团队进行一次关于人机交互的头脑风暴时，工业设计师邓肯·克尔作为主讲人，给大家分享了多点触控技术。克尔用两三个手指操作，就可以实现屏幕旋转和图片缩放。设计师们一下子就迷上了这项技术，立刻开始讨论多点触控可以用在何处？

任正非曾经多次谈到，华为几乎所有的突破性技术都来自科学家和大学教授。多点触控技术也类似。就在乔布斯带领团队苦苦研发麦金塔的1982年，多伦多大学就发明了能感应食指指压的多点触控屏幕。同年，贝尔实验室发表了首份探讨多点触控技术的学术文献。1991年，皮埃尔·韦尔纳研制出一种名为数码桌面的触屏技术，容许使用者用多个手指触控以及拉动触屏内的影像。这个时候，多点触控技术已经逼近大规模商用。有证据显示，微软比苹果更早开始研究这项技术，但微软在这个领域没有任何进展。

当克尔为苹果设计团队主讲多点触控技术时，艾夫马上敏锐地意识到，这项技术对苹果至关重要。因此，艾夫小心翼翼地选择在和乔布斯独处时，向他演示了多点触控技术，乔布斯看罢，没有任何迟疑地说："这就是未来！"

2005年初，苹果公司悄悄收购了一家叫"Finger Works"的公司，获得了其专利，该公司开发出了最早将触控技术用于平板电脑的原型机，并且申请了相关专利，保护手指触控缩放和滑动浏览技术。有趣的是，两位创始人是来自美国特拉华大学的学者。看起来，学者对于突破性技术具有更高的敏锐性，但他们的商业运营能力常常不足，这恰好是苹果的机会。

现在，苹果手中拥有了两项交互技术——滚轴交互技术和多点触控技术，终于可以在移动终端发力了。起初，艾夫想把多点触控技术用于平板电脑，这对苹果而言显然更加稳妥，因为平板电脑仍属于苹果擅长的领域。

但是，苹果在ROKR项目上铩羽而归，让乔布斯非常恼火，他厌恶市场上所有手机的用户体验。触控技术的可能性让乔布斯朦朦胧胧地看到了未来产品的影像，直觉告诉他，多点触控完全可以被用于手机交互。另外，要想彻底解决iPod的潜在危机，唯有自创品牌手机，而非平板电脑。

于是，乔布斯果断拍板：暂停平板电脑项目，秘密启动苹果手机项目！

从电脑领域跨界到巨头林立的手机行业，对苹果而言，这是异常惊险的一跃：胜，将鲤鱼跳龙门；败，则万劫不复。不过，乔布斯并不担心，他凭借手中的一张王牌——多点触控技术，已经建立起强大的未来产品影像，这个影像必将引领苹果公司像闹海的哪吒一样，在手机行业掀起滔天巨浪。

世界将再次为之战栗！

iPhone：商业史上最强的十倍创新

乔布斯并非心思缜密的谋略家，他的天赋和毕生精力全部集中在产品创新之上，心无旁骛、偏执狂傲。从摩尔定律魔咒看，只要是与计算相关的工具类型硬件，从长期看都无法建立有效的壁垒。因此，乔布斯在个人电脑领域无论如何辗转腾挪，掀起滔天巨浪，都无法摆脱比尔·盖茨和微软的压制。

乔布斯跨出个人电脑的边界，凭借史上最酷的消费电子产品 iPod 绑定了音乐内容，取得了创业以来最显赫的商业成就：第一次成为一个产品乃至一个行业的垄断者。但是，iPod 生不逢时。随着移动通信和计算机行业的迭代发展，网络速度和计算能力快速提升，手机的功能日益强大，不断扩张自己的边界，手机正在替代电脑，成为个人数字中枢，这一定位直接让正如日中天的 iPod 处于危险之中。

苹果进军手机领域的初衷很简单：守护 iPod 的成果不被侵蚀。乔布斯和团队的信心只有一个：彼时市场上的手机都太差了，苹果只要制造一款更棒的手机就可以赢得市场。从规模上看，iPod 所在的音乐播放器是一个小型市场（年销量千万级别），麦金塔所在的个人电脑市场是一个中型市场（年销量亿级别），而手机市场则是有史以来最大的消费电子市场（年销量十亿级别）。

此时的苹果公司只是一家中型科技公司，而领先的手机厂商则是大型科技公司，从品牌认知、销售渠道、资金实力、市场价值、专利储备、研发投入和员工人数等指标看，苹果和当时手机市场的霸主诺基亚都不在一个重量级。

我曾去现场看过一场拳击比赛，在赛前，我有幸和拳王泰森在一个论坛上近距离讨论拳击运动的发展。直观地看，重量级拳手和轻量级拳手同时站在擂台上，几乎不用动手就可知道结果。苹果制造手机，更像是轻量级拳手试图挑战重量级拳手。

苹果公司只有制造个人电脑和音乐播放器的经验，所有高管对手机一无所知，公司也没有任何专利储备，涉足手机领域看上去像是一个无知者无畏的鲁莽之举。苹果的律师哈德罗·麦克希尼就发出了理性的声音："当迈入手机这一领域时，苹果承担了巨大的风险。想象一下，苹果之前是一家成功的电脑公司，也是一个成功的音乐公司。但是，他们准备进入一个完全由大鳄们控制的领域……苹果在手机领域绝对没有半点知名度，根本就是毫无声誉。"麦克希尼顿了顿，又说，他坚信，这项计划是错误的，可能会毁了整个公司！

仅仅从常识看，哈德罗·麦克希尼当然是对的。乔布斯决定做手机，和当年 IBM 的小沃森决定破釜沉舟研发标准的大型计算机，又或者与比尔·盖茨力排众议，一意孤行地要研发 Windows，是何其相像！历史的经验告诉我们，对企业而言，最佳的创新博弈应该发生在企业财务表现最好的时候。这个时期，企业有稳定的利润和现金流，可以支持创新所需要的资本和人才。背水一战的伟大创新很难成功，不仅仅是因为创新需要雄厚的资金实力，同时创新还需要充裕的时间积累，无法一蹴而就。

至少在当下，iPod 正处在巅峰状态，危机并未发生。这时候，我又不禁想起"风起于青萍之末"这个成语。在行业变革的前夜，唯独具有企业家精神的创新者小沃森、盖茨和乔布斯，才能感知掠过青萍的微风，并且预知这缕若有若无的微风，必将酿成巨大的行业风暴。

我们在讨论苹果进军手机行业的利弊时，可能遗忘了一个事实：乔布斯已经发现了多点触控技术，并且在脑海里建立起关于未来手机的产品影像，他似乎不经意地说："这才是未来。"无论是谁发明了多点触控技术，乔布斯才是计划将这项技术用于手机的鼻祖，此前人们最大胆的设想是，用多点触控技术研发下一代手持电脑。

此时，乔布斯似乎还有些拿不准。为了稳妥起见，他将苹果秘密的手机研发团队分为 P1 和 P2 两个彼此独立的小组。P1 由 iPod 硬件负责人托尼·法德尔领衔，主要探索滚轴交互方向，并且把 iPod 和手机嫁接；P2 由设计负责人艾夫领衔，主要探索多点触控技术。而斯科特·福斯特尔则负责组建手机操作系统研发小组，这个小组的成员大多来自 NeXT，是麦金塔升级版操作系统——Mac OS X 的功臣。

对滚轴交互技术有所了解的人都知道，这是一条死胡同。滚轴交互几乎只能适用于音乐播放器，因为我们在听歌时所需要的交互非常简单，就是选歌和播放，滚轴交互非常完美地解决了这一问题。但是，手机交互所面临的问题要复杂得多，我们有多种交互需求，比如输入电话号码、文字等，滚轴交互立刻捉襟见肘。

约定的半年时间到了，P1 和 P2 团队分别演示了阶段性研发成果，托尼·法德尔沮丧地说："我们被困住了，无论如何努力，P1 都不能完成上网，不能运行应用软件。"乔布斯听罢，立刻否决了 P1 方向。艾夫负责的 P2 虽然也问题多多，但是多点触控技术在乔布斯脑海中日益丰满起来，他总结说："我们都知道这才是我们想要做的，让我们一起来实现它。"

现在，苹果公司进军手机领域已经经历了两个弯路：与摩托罗拉合作的音乐手机 ROKR 宣告失败，内部探索把 iPod 的滚轴技术用于手机的研发也显示此路不通。现在，乔布斯只有一条路可走：将多点触控技术用于手机研发。乔布斯向来不惧怕孤注一掷，他可能反而更喜欢这样的选择带来的好处：专注。于是，乔布斯集结了苹果最强大的手机研发阵容：艾夫负责工业设计，法德尔负责工程设计，福斯特尔负责手机操作系统开发。高高在上的乔布斯沙场点兵，朗声说道："你们可以调用公司内部任何员工来完成这个项目，绝不可以找公司以外的人来做。"

但是，被点将的团队心中忐忑不安。因为无论从哪个层面看，他们从事的研究都是从零开始的。这意味着，他们肩上的重任在于，要拿下苹果历史上最艰巨的项目，同时还要兼顾同期麦金塔和 iPod 产品的研发。一个回荡在大家心中的担忧是，该项目如果不成功，对苹果而言可能是致命一击！福斯特尔就说："如果研发失败，我们将不得不面临无法全部推出这款产品的损失，还无法在同一时间用其他产品弥补空缺。"话虽如此，福斯特尔还是在苹果大楼里征用了一整层，并将其封闭起来，取名为"搏击俱乐部"。因为他知道，这必将是一场没有退路的恶战。

随着研究的进展，艾夫和团队逐渐将注意力聚焦在屏幕上，他们发现多点触控 + 大屏幕，才能珠联璧合，相得益彰。这有两层含义：一是，触控技术需要的屏幕要比市场上的所有手机屏幕都大；二是，这一屏幕必须坚固耐磨，他们拿不准已有的供应链公司是否有这样的屏幕。

在手机这种重大项目研发方面，乔布斯从来不是看客，而是事必躬亲的团队成员。在产品影像建立起来之后，乔布斯的作用就是提供上帝视角，引领产品研发方向，以及确认无数个产品细节。在屏幕事项被提出之后，乔布斯最擅长的部分——现实扭曲力场就登场了。

正当艾夫提出的屏幕需求无处可寻之际，有人向乔布斯推荐了位于纽约的百年老店——康宁公司。不久后，乔布斯就出现在康宁公司 CEO温德尔·威克斯的面前，他问对方，康宁是否有这样的玻璃：超薄，坚硬，耐磨，可以用于手机屏幕。凑巧的是，康宁的专利库中居然真有这样的玻璃。早在 1960 年，康宁的工程师就研发出一款钢铁般坚硬的玻璃，号称"金刚玻璃”，这款玻璃每平方英寸居然能够承受10万磅的重压！但是，公司的销售部门无法为这款坚硬的玻璃找到客户，因此，金刚玻璃就被打入冷宫，直到乔布斯找上门来。

乔布斯听到金刚玻璃的介绍，立刻眼前一亮，这不正是苹果手机所需要的屏幕吗！他正色要求威克斯在半年内生产出金刚玻璃，越多越好。

此时，威克斯还没有见识过乔布斯的现实扭曲力场，就实事求是地说：“我们没有这个能力，我们的工厂现在都不生产这种玻璃。”康宁此时根本没有现成的金刚玻璃生产线，要为苹果专门新建一条生产线，半年的时间显然不现实。

乔布斯带着鼓励的语气说：“别害怕。”

威克斯克制地回答：“不切实际的信心并不能克服工程难题。”

乔布斯充满魔力地盯着对方说：“行的，你们能做到。开动脑筋，好好想想，你们能做到的。”

威利斯觉得乔布斯的要求不可思议，但是后来康宁果然在半年之内就生产出数千米金刚玻璃，满足了苹果手机的量产要求。回想起来，威克斯至今仍觉得这一切非常神奇，他说：“我们把最优秀的科学家和工程师都用在这个项目上，我们成功了。”威利斯和康宁的案例至少说明，乔布斯的现实扭曲力场的正向作用，是迫使团队和合作伙伴挖掘潜能、走向卓越，这就是苹果的制胜之道，它经由苹果，传递到苹果的供应链端。我们在康宁甚至在富士康都见证过类似的奇迹。

很难想象如果没有金刚玻璃，苹果手机能否问世。因为，多点触控技术玩的就是屏幕，而普通屏幕在反复触摸之下，很快就会划痕毕现、伤痕累累，这样的产品，用户一定会弃若敝屣吧？乔布斯当然知道金刚玻璃对于苹果手机的重要性，他特意给威克斯发来信息说“如果没有你，我们做不到。”这是乔布斯少有的温情脉脉的一面。

我发现，只要乔布斯建立起未来产品影像，他在产品研发进程中就会展现出上帝视角，他就会扮演起团队引路人的角色。当有人提议，苹果手机要像黑莓手机一样，配备物理键盘，乔布斯立刻否决——物理键盘会挤占屏幕空间，不行。于是，苹果手机更宽阔的屏幕就预留出来了。

乔布斯还进一步畅想道："如果我们能够用软件把键盘放在屏幕上，那你想想，我们能够在这个基础上做多少创新？赌上一把吧，我们能找到可行的办法。"于是，当用户点击搜索框时，苹果手机的虚拟键盘就会弹出来，虚位以待，这是何等完美的用户体验啊。

仅仅在改进屏幕显示方面，乔布斯就和团队一起花了半年时间，他说："这是我拥有过的最复杂的乐趣。"因为，舍弃键盘的苹果手机像极了一款手持电脑，人们和机器的交互方式就是触控，此时屏幕就成为一切的中心。所有的硬件和软件都围绕着屏幕展开。

有时人们会说，苹果并未发明什么了不起的技术，他们只是基于现有技术创造了许多伟大的产品。我们如果把多点触控技术和苹果手机产品做一个比较，就会发现，研发出这一伟大技术的多伦多大学教授固然重要，但是苹果将这一技术应用到手机上，并进行数以百计的创新和再造，同样堪称伟大！为此，乔布斯和研发团队花费了整整两年半的时间，直到苹果手机样机摆在他的案头。我想，面对这款动用了他毕生储备的机器，乔布斯一定是百感交集，哈，改变世界的小精灵，就是它了！

但是，当乔布斯和团队一起检验这款凝聚了所有人心血的样机时，他们立刻面色凝重起来。《连线》杂志事后的描述是这样的："很显然，原型机依然很糟糕。问题很严重，可不是修修补补几个漏洞那么简单，样机根本就无法运行。通话时电话常常挂断，电池还没充满就不能续充了，数据和应用经常崩溃，无法使用。"更可怕的是，当人们将手机拿到脸旁时屏幕就自动关掉，类似问题层出不穷，似乎没有一样功能可以正常运行。

在冷酷的现实面前，此前乔布斯信誓旦旦承诺的革命性创新和卓越的用户体验，像是负心汉轻佻的甜言蜜语；而研发团队夜以继日地挑灯夜战，更成为盲人摸象般的笑谈。

面对此情此景，一向暴躁的乔布斯一反常态，用压抑的腔调低语道："我们还没有造出产品。"

房间内的团队成员都吓坏了，大家屏息静气、低头不语。也许在这个时刻，当初反对研发手机项目的声音回响在大家心中，其中一个说法是，一切都是从零开始。对啊，这也许就是从零开始的门外汉必须付出的代价吧！

这个时候，我会想起一句话——伟大是熬出来的，这是煎熬的熬。纵使灾难从天而降，伟大的企业家也临危不惧，乔布斯只是要求大家尽快找到问题，告诉大家一定可以找出解决办法。现实扭曲力场有时就是一种神奇的定力，让团队坚定信念，相信奇迹一定会发生！

我相信，团队成员接下来的修补和改进工程的难度不亚于诺曼底登陆，这是决战前排山倒海的决绝冲锋。然后，不可思议的奇迹果然就发生了：就在苹果手机发布会前几周，艾夫团队终于造出了一款可以正常工作的原型机。

乔布斯没有丝毫迟疑，在 2006 年 12 月，他带着这款原型机，前往拉斯韦加斯去见 AT&T（美国电话电报公司）的 CEO 斯坦·西格曼。后者把玩了苹果手机一会儿，惊喜地说："我从未见过这么好的设备。"西格曼是识货之人，苹果和摩托罗拉的合作将会开启一个新的时代，也就是苹果智能手机所代表的移动互联网时代，这是后话了。

现在，先让我们随着乔布斯的脚步，一起走进苹果手机的发布会，这才是乔布斯的主场。发布会的时间是 2007 年 1 月 9 日，地点是旧金山的 Macworld 大会。

我们都知道，乔布斯是为创造伟大产品而生的，伟大产品才是他改变世界的手段和路径。但是，纵观乔布斯带领团队创造出的产品，哪些堪称十倍创新产品呢？

其实，乔布斯心如明镜。你看，他是这样开场的："今天，苹果将重新发明手机。为了这一天，我已经期待了两年半。每隔一段时间，就会有革命性产品出现，然后改变一切。应该这么说，人一生能参与一件这样的产品创新就非常幸运了。而苹果非常幸运，能够推出好几款这样的产品。1984 年，我们推出了麦金塔电脑。它不仅改变了苹果，还改变了计算机行业。2001 年，我们推出了 iPod，它不仅改变了我们听音乐的方式，还改变了整个音乐产业。今天，苹果要重新发明手机。"

接下来，乔布斯抛出一个精心设计的悬念："今天，我们将推出三款这一水准的革命性产品，第一个是宽屏触控式 iPod，第二个是革命性手机，第三个是突破性的互联网通信设备。"他不厌其烦地复述上述三款产品，制造出足够的噱头之后，突然话锋一转，朗声反诘道："你们明白了吗？这不是三台独立的设备，而是一台设备，我们称它为 iPhone。"

且慢，这其中信息量极大。我们首先确认一个答案：在乔布斯执掌苹果公司的历史上，他总共带领公司完成了三个十倍创新产品，分别为：麦金塔、iPod 和 iPhone！这三款十倍创新产品分别引领和改变了个人电脑、音乐和手机三个行业。令人唏嘘的是，从商业结果来看，这三款十倍创新产品的表现大相径庭。

麦金塔建立了个人电脑新的行业标准：图形用户界面！遗憾的是，它被复制和开放性创新者微软的 Windows 掠夺了大部分市场。在此后的余生当中，乔布斯竭尽全力，也无法带领麦金塔翻盘。最后，麦金塔只是勉力维持了一个较小的个人电脑市场份额。

从产品端而言，iPod 堪称完美。在商业上，它也是攻城略地，占领了从硬件、软件到内容的大部分数字音乐市场，这是苹果第一次在一个商业产品上处于垄断地位，并且赚得盆满钵满。不幸的是，手机行业大浪袭来，必将吞噬 iPod 所在的音乐播放器市场。从终局看，iPod 和其他音乐播放器都只能沦为过渡性产品，这是时代使然，和产品是否卓越无关。这才是真正的创新者的窘境呢！但是，正是在这一绝境当中，乔布斯带领苹果逆势研发出下一代伟大产品：iPhone。

iPhone 作为一款集苹果所有技术积累和乔布斯毕生才华于一身的十倍创新巨作，终于在商业上征服了世界，把苹果带至世界之巅，正所谓毕其功于一役是也。

乔布斯在发布会上所说的 iPhone 集三款产品于一身，并非戏言：宽屏触控的 iPod，表明 iPhone 把 iPod 音乐播放器装进了手机；革命性手机，是指 iPhone 采用的多点触控技术和金刚玻璃打造的宽屏手机，彻底颠覆了市场上所有的功能性手机；而突破性的互联网通信设备，则是为"i"点题，i = Internet，表明这是一款完美的上网终端设备。

乔布斯宣称，苹果重新定义了手机，这绝对名副其实，上述三点创新之处正是 iPhone 的画龙点睛之笔。

当重温这段人类创新史上的华彩乐章之时，我发现，2007 年发布的 iPhone 作为一款十倍创新产品，刚上市就得到了诸多赞美，甚至引发了"果粉"在全球各地的苹果零售店彻夜排队购机的浪潮。美国计算机科学家艾伦·凯曾说："乔布斯了解人性的欲望。"如果你在 2007 年 iPhone 上市时路过任何一家苹果零售店，你就会发现艾伦·凯所言极是。这像极了一个属于乔布斯和"果粉"的狂欢节，大家都喜气洋洋地将刚买到手的 iPhone 高高举过头顶，像是中了六合彩一样。乔布斯当然不愿意错过这个重大节日，他也来到苹果零售店视察。乔布斯一下子就在人群中发现了麦金塔的元老比尔·阿特金森正举着 iPhone 的包装盒挤出拥挤的人群，阿特金森说自己排了整整一夜的队。乔布斯听罢，当然笑得合不拢嘴。这一壮观场面，可能就是用户对创新者的最高奖赏吧，你呕心沥血研发出一款产品，消费者愿意彻夜排队来购买，这种感觉真是好极了！一些用户甚至将 iPhone 奉若神明，将它称为"耶稣手机"！连以严肃著称的《华尔街日报》也对这样的称号津津乐道。

史家都愿意记述这样的狂欢景象，而没有留意 2007 年初代 iPhone 的缺陷。在我看来，这些缺陷对于襁褓中的 iPhone 是致命的，如果不及时补救，甚至可能让 iPhone 昙花一现！别忘了，2007 年的初代 iPhone 是一款 2G 手机，缺陷之一就在这里，难道乔布斯和团队对于已经铺设的 3G 网络置若罔闻吗？乔布斯在发布会上宣称的“突破性的互联网通信设备”，在 2G 网络环境下如何实现呢？如果不能流畅地上网，就意味着，iPhone 用户无法在早已建成的 3G 高速数据网络环境下，享受到 PC 互联网时代积累的海量资讯和服务。很难设想，对美国用户而言，不能流畅地使用脸书、雅虎和谷歌的服务意味着什么。

也许有人争辩说，苹果推出 3G 手机只是时间问题，不要对新事物求全责备。那么，iPhone 的另一个缺陷则是它面临一个重大的战略选择，而且乔布斯始终不愿意妥协，这个选择，对于 iPhone 堪称生死抉择！初代 iPhone 没有外部人员开发的应用程序。原因很简单，乔布斯拒绝向外人开放 iPhone！倾其一生，乔布斯都笃信封闭的端到端产品的优越，认为只有软件和硬件服务由同一家公司掌控，才能提供卓越的用户体验。而微软则将自己的软件授权给彼此竞争的硬件厂商。那么，两者孰优孰劣呢？有一次，《财富》杂志的记者把乔布斯和盖茨约到一起，请他们评价彼此的经营理念。乔布斯很艺术地评价说，在音乐市场，集成的做法更好，这已经有 iTunes 和 iPod 的组合可以证明了。但在电脑市场，微软的分离政策发展得更好。乔布斯没有提及的是 iTunes 向 Windows 开放所带来的巨大价值，当时，他站在所有团队的对立面，坚持不向 Windows 开放，直到最后妥协。

那么在眼下的手机市场呢？显而易见，乔布斯仍然坚持封闭的做法。乔布斯担心，一旦向外部开发者开放，他们就会把 iPhone 搞得乱七八糟，让手机感染病毒，或者破坏手机的完整性。

非常幸运的是，当时乔布斯周遭不乏有识之士，这些人锲而不舍地向他讲解 iPhone 开放可能带来的种种好处。苹果的营销总监席勒就说：“我无法想象，我们能制造出 iPhone 这样强大的产品，却不愿意授权开发者制作应用程序，我知道消费者会喜欢的。”

苹果董事会成员亚瑟·莱文森就对《史蒂夫·乔布斯传》的作者沃尔特·艾萨克森回忆说：“我给他打电话，游说他开放应用程序。”莱文森的理由是，如果苹果不允许开发者制作应用程序，而其他智能手机制造商允许，那么实际上苹果就将竞争优势拱手相让。

另一位支持 iPhone 开放的外部人士来自投资界，他是乔布斯的邻居，也是著名的风险投资家约翰·多尔。约翰认为，开放应用程序平台能催生出新型的创业者，他们都会创造出新的服务。甚至，约翰还承诺说，如果 iPhone 开放，他就会募集基金来支持外部开发者。

回顾历史，我们也许应该铭记席勒、莱文森和约翰的名字，他们分别从消费者、竞争对手和平台层面给乔布斯提出积极的建议。也正是这些富有远见的人的坚持，才让乔布斯的态度有所松动。

乔布斯最终想到一个折中的办法，苹果公司允许外部人员为 iPhone 开发应用程序，但是他们必须接受苹果公司的测试和批准，并且只能通过 iTunes 商店出售自己的应用。这一政策的高明之处在于，苹果既能获得众多开发者提供的高质量的应用软件，又能保持足够的控制力，以保证乔布斯固守的 iPhone 的完整性和用户体验。在苹果设计的软件应用商店模式中，苹果主要负责提供平台和软件开发工具包（SDK），以及负责应用商店的营销和收费。而开发者负责应用开发，自主运营平台上的自有应用，并且自主定价。

我个人认为，有控制地对全球的软件开发者开放，并在 iPhone 上打造一家软件应用商店，才是苹果有史以来最伟大的发明！

2008 年 3 月 6 日，苹果对外发布了针对 iPhone 的软件开发工具包，供开发者免费下载。第一周，就有 10 万次下载，接下来，成千上万的全球软件开发者像是听到集结号一样，都迅即加入了这一历史上最大的创新盛宴。

我的案头有一张苹果应用软件数和累计下载量统计表。仅从开局看，苹果应用软件商店的起点不高，2008 年 7 月 11 日，商店里上线的应用软件只有区区 500 个，用户下载量是 0。4 天之后，应用软件数攀升到 800 个，用户累计下载次数达到 1 000 万次，还不错。到了 2008 年末，应用软件数刚超过 10 000 个，而用户下载次数令人惊喜，达到了 3 亿次！

我相信，世界上没有一个人，包括苹果公司内部最乐观的人，能预测到终局：10 年之后的 2018 年，苹果软件商店里的应用软件数达到了石破天惊的 2 000 万个！从 500 个到 2 000 万个，这绝对是拔地而起的指数级别的疯狂增长！如果说苹果应用软件商店的开局只是涓涓细流，那么 10 年之后它就成为一泻千里、奔腾跳跃的大江大河了吧！

有人说，苹果的历史，就是一部产品创新史：苹果公司凭借一个又一个伟大的创新产品，不断推动公司营收高速增长，永不停歇。在我看来，这也许只是事物的表象。此刻，我想到乔布斯回归苹果后，面对濒临破产的苹果公司，想到他和迈克·马库拉的那次对谈。马库拉提到“重塑”这个词，并且为乔布斯指出了“重塑”苹果的路径：进军消费电子市场！此后数年，乔布斯就不断突破苹果的边界，果然从个人电脑市场突围到消费电子市场。但是，马库拉没有想到的是，乔布斯不仅成功地侵入消费电子领域，还对整个消费电子行业进行了“重塑”。在很大程度上，消费电子产品就是内容服务的载体。比如，我们购买电视机，其实是为了收看电视节目。在过往的产业链条当中，电视机生产厂商只提供电视机，而电视台提供电视内容服务。

消费电子产品的数字化率提供了一种可能，把消费电子产品和内容服务绑定在一起，为消费者提供一站式的产品。在乔布斯独创的 iPod + iTunes 模式中，苹果就把消费电子产品承载的内容服务包括进来，并且见证了内容服务本身的巨大潜力。在这个模式中，苹果的内容服务仅限于音乐本身，并且是由苹果公司自营的内容服务。

接下来，乔布斯进一步突破边界，又创造了 iPhone + App Store（苹果应用程序商店）模式。这一次，苹果提供 iPhone，而将软件应用商店向全球开发者有条件地开放。这样一来，苹果相当于创建了一个没有边界的内容服务生态体系。

从商业本质上看，何为软件应用商店呢？

我翻遍了与此相关的史料、书籍和评论，没有找到一个对此非常恰当的总结。这是源于大家对 iPhone 这一款十倍创新产品在理解上的差异。只有认清了 iPhone 的本质，我们才能一窥搭载在其上的软件应用商店的全貌。

我认为，iPhone 是在通信技术、计算机技术和互联网应用技术的交会点之上，创建的数字方舟的引擎和船体。同时，iPhone 正好停泊在由 3G 网络建设引发的移动互联网创新风口之上。按照本书第二章的风口创新模型，创新风口的出现，一定会伴随着用户大规模的迁徙，以及指数级别新增市场的出现。也就是，iPhone 上市后，市场上所有的 2G 功能手机用户，将会大规模迁徙至以 iPhone 为代表的智能手机之上，按照人流即商流的商业常识，迁徙至此的用户激发了一个从天而降的指数级别的新增市场！

我们继续深究，用户迁徙到的 iPhone 数字方舟究竟是个什么去处呢？其实，iPhone 就像一个用户体验绝佳的“数字视窗”。经由 3G 数据网络，通过 iPhone 多点触控和金刚玻璃打造的显示屏，用户就可以快速、便捷地抵达虚拟的数字世界。

那么，为何数字方舟是 iPhone，而非诺基亚和摩托罗拉手机呢？只要同时把诺基亚功能手机和 iPhone 摆在一起，稍微体验一下，任何人都会立刻丢掉诺基亚手机，而选择 iPhone。简单地说，如果把 3G 网络比作一条数据高速公路，那么，诺基亚就是一台老旧的、难以驾驭的拖拉机，而 iPhone 则是一台漂亮时尚，同时操控灵敏的保时捷跑车。

那么问题来了，人们通过 iPhone 抵达的数字世界是空荡荡的，就像是从繁华的上海来到荒无人烟的戈壁沙漠。显然，人们需要完备、齐全的数字设施，才能在此定居生活。人们常说，罗马不是一天建成的，言下之意是，一座繁华城市的建造需要百年之功，比如建设道路、地下管网和水电煤等公共设施，建造生活区域、工作区域、学校、医院、公园、商场、政府部门、娱乐设施等。假如建造数字世界也需要百年之功，那么 iPhone 必定是一款昙花一现的产品。

数字世界和物理世界的不同之处在于，数字世界是虚拟的，归根结底都是一些软件代码而已。这就是说，数字世界是可以加速形成的，这才是形成指数级别新增市场的根基。也许我们可以借此说，建造现实世界的罗马可能需要百年之功，但是建造一个数字世界，可能只需要数年之力。

说穿了，iPhone 这个数字方舟急需为蜂拥而至的用户建造数字设施，而且必须像电影快进镜头那样快速。显然，苹果的软件工程师无法完成这样的壮举，事实上，世界上没有任何一家公司可以独立完成如此浩大的数字工程。

因此，苹果需要开放软件应用商店，向全球的“软件工匠”招标，大兴土木，快快共建一个数字城市所需的所有数字基础设施。那么，这些软件工匠为何要来呢？因为软件工程师听说，这里的用户在快速聚集，有一个庞大数字市场正在形成，一传十，十传百，他们就结伴而来。2008 年发布的第二代 iPhone 里面只预装了区区 500 个应用软件。几年之后，其数量就突破了 10 万大关!

而 iPhonc 用户看到绚丽如万花筒般正在日益完善的数字设施，就无法克制自己的欲望，像滔滔洪水一样奔涌而至！数据显示，从 2007 年至 2015 年，智能手机增幅高达 1 000%！其实，仅仅谈论智能手机的增幅还不够准确，应当说天下所有手机皆为智能手机。追根溯源，这都是由 iPhone 的十倍创新引爆的。

《互联网四大》的作者斯科特·加洛韦以及苹果的主要投资者巴菲特都认为，iPhone 可以被归入奢侈品的范畴，从产品毛利来看，这是没错的。

但我的看法是，苹果的软件应用商店才是 iPhone 这一奢侈品的基石和坚固的护城河，去掉软件应用商店，不仅 iPhone 这一奢侈品将瞬间瓦解，其固若金汤的商业城池亦将岌岌可危。按照摩尔定律魔咒，对于苹果在 iPhone 硬件上的所有创新，竞争者假以时日都可以无限逼近，唯有软件应用商店可以确保 iPhone 高枕无忧。

我在投资机构工作时，我们积极寻找那些能够保持长期高速增长，同时又具有较宽护城河的互联网公司。用户规模、网络效应、平台，乃至生态，都是互联网公司护城河的组成部分。在我看来，苹果的软件应用商店可能是有史以来最成功的生态构建，为苹果打造了最坚固、最辽阔的护城河。

软件应用商店也许是商业史上最不可思议的护城河，坚不可摧、固若金汤。因为，这条护城河集结了整个世界之力，方才建成！

在 2018 年，苹果发布 iPhone 3G 时，已经弥补了之前的两个缺陷。iPhone 3G 可以搭载 3G 网络，同时苹果的软件应用商店向全球开发者开放。从某种意义上说，通过 iPhone 3G，苹果建造了一艘数字方舟，吸引了全球的开发者共建一个没有边界的数字世界。苹果拥有这艘数字方舟，同时向软件开发者收取“苹果税”。

乔布斯常说，他要改变世界。他做到了吗？他是如何做到的呢？乔布斯带领团队创造了一款十倍创新的手机：iPhone。然后，世界子民纷纷蜂拥而来，迁徙至此，生活在这个不一样的数字世界当中，世界当然为之大变。

这时候，就像我们在万物创新模型当中谈到的，觊觎这块世界上最美味的蛋糕的聪明人，当然会快速行动起来，加入逐鹿中原的战场！

安卓：商业史上最强的复制创新

乔布斯做梦也想不到的是，在暗中觊觎 iPhone 的竟然是一个名不见经传的“素人”。从其成长经历来说，此人几乎就是为了狙击 iPhone 而生的，他一路走来，正堵在 iPhone 崛起的入口处。他因与 iPhone 短兵相接而一战成名，此前或此后，他的战绩都乏善可陈，稀松平常。甚至，他还因为性骚扰而蒙受道德谴责。但是，他蚍蜉撼树般地与大人物乔布斯一战，这一战堪称创新领域史诗般的经典战役。终局，他主导开发的安卓在与史上最伟大的十倍创新产品 iPhone 的角逐中居然完胜，赢取了大半壁江山，并与 iPhone 隔江而治，二者并称双雄。更加蹊跷的是，此人早年还曾经担任过苹果公司的工程师，也许他职级太低，乔布斯当时对他的存在浑然不知。

此人就是安卓之父安迪·鲁宾。

我从鲁宾的经历中发现，他大部分工作都和手机相关，无论在手机软件还是硬件领域，他都是积极而富有远见的创新者。公允地说，仅就开发智能手机操作系统的时间而言，鲁宾甚至要早于苹果公司。

令人惊奇的是，鲁宾正是在苹果打工时，主导开发了可能是全球最早的手机操作系统。

那是在约翰·斯卡利主政苹果的 1989 年，鲁宾进入苹果公司担任工程师。不久，苹果分拆了手持电脑和通信设备部门，成立了一家新公司，鲁宾就在这家公司的研发部门工作。就在这一时期，鲁宾激情迸发，带领一支几人的小团队在办公室搭起行军床，夜以继日地主导开发了手机操作系统——Magic Cap。那个时候，移动通信处在 1G 时代，市场上流行的还是摩托罗拉的大哥大手机。我发现，Magic Cap 问世的时间比塞班手机操作系统还要早，显然太过超前了。即使再好的创新，如果不能和一个行业创新风口契合，最终也无法赢得市场，这就是 Magic Cap 面临的窘境。那时 2G 商用尚未开启，Magic Cap 自然无法找到可以合作的手机厂商，在惨淡的业绩之下，鲁宾所在的研发部门被迫解散，他不得不离开苹果。

接下来，鲁宾又独立开发出北美最早的智能手机之一。

那是 1999 年，鲁宾和友人共同成立了一家叫 Danger（危险）的公司，开发出智能手机——Sidekick，鲁宾把这款手机称作互联网手机。正是在这一年，欧洲的电信运营商开始铺设 3G 网络，移动互联网创新风口的临界点正在逼近。有人说，Danger 还是开发软件应用商店的先驱，由此可见鲁宾在手机创新领域的非凡远见。

Sidekick 手机对鲁宾而言更像是一块恰当的敲门砖，他借此结识了两位终将改变自己命运的大人物：谷歌的创始人拉里·佩奇和谢尔盖·布林。那是 2002 年的事，缘分来自鲁宾在斯坦福大学给硅谷工程师的一次授课，在课堂的听众中，就有拉里·佩奇和谢尔盖·布林。课后，佩奇主动上前和鲁宾打招呼，佩奇拿起桌上的 Sidekick 手机，当他看到这款手机内置了谷歌的搜索引擎时，不禁赞叹道："真酷！"我相信，鲁宾那时趁机和佩奇交换了名片。有消息说，正是鲁宾的 Sidekick 手机，促使佩奇和布林开始思考一个问题：谷歌应该如何布局移动互联网？就在佩奇他们正在思考之时，鲁宾已经开始行动。

鲁宾离开了 Danger 公司，此时他脑海里有了更好的主意，他迫不及待地想开发一款向所有软件开放的第三方智能手机操作系统，这一次，鲁宾的目标更加逼近移动互联网的创新风口。他成立的新公司就叫安卓，这个词的灵感来自法国作家利尔·亚当 1886 年的科幻小说《未来的夏娃》中一个机器人的名字，谁让鲁宾是个不可救药的机器人迷呢，这是 2003 年的事情。此时，苹果公司的 iPod 正风靡市场，乔布斯压根儿还没有考虑手机的事情。

我们暂且不论安卓本身的开发难度，仅仅就鲁宾为安卓设计的商业模式而言，它就复杂得不可思议，简直是无法完成的任务！

当时，电信运营商是通信产业链上的中枢公司，手机生产厂商必须将手机卖给电信运营商，再由电信运营商卖给客户。原因很简单，电信运营商投资建设了移动通信网络，其商业模式就是日后向客户收取话费，因此他们不希望将客户拱手让给手机生产厂商。设想一下，如果客户直接购买手机厂商的手机，再随意入网任何一个电信运营商，那么电信运营商的商业模式就成了浮萍。

安卓面临的问题是，操作系统开发好之后，安卓应该如何打开市场？谁是客户？如何赚钱？鲁宾的算盘是，免费向手机生产厂商提供安卓操作系统，这样电信运营商就能拿到预装了安卓系统的手机。然后，安卓向电信运营商出售基于安卓的增值服务。听上去，安卓想把产品免费送给一个人，然后试图向另一个人收费，而收费对象还是这个行业的大哥。站在电信运营商的角度看，安卓这个名不见经传的小弟根本就是异想天开。

鲁宾的意图是占据最大份额的手机市场，如果直接向手机厂商出售安卓，他就无法达成这一目标。于是，安卓这个初创公司一方面必须开发出强大易用并且超越市场同类产品的智能手机操作系统；另一方面，产品开发出来之后，它还无法直接销售，公司如何生存呢？以我在投资机构的经验来看，彼时安卓这样的公司，属于风险巨大并且让人看不懂之列，投资人很难做出投资决定。可以想象，安卓承载了鲁宾巨大的梦想，也和移动互联网的创新风口相契合。但问题是，无论安卓产品多么强大，它都无法打开市场，风险投资也会保持观望，这就是安卓面临的创业窘境——丰满的理想和骨感的现实。

我相信，这个时候的拉里·佩奇和谢尔盖·布林仍在思考如何布局移动互联网。谷歌的核心业务是搜索引擎，还有一些顶级的 PC 互联网应用，比如谷歌邮箱、谷歌地图和 YouTube（优兔）等。很简单，只要把这些产品搬到移动互联网就好了，由于谷歌产品的稀缺性，相信大多数手机厂商都不会拒绝谷歌的大牌产品。况且这个时候，正是谷歌一统除中国以外的全球搜索江湖之时，没有任何危机可言。这就是被动的、消极的甚至危险的转型。

中国人讲的“居安思危”，被应用于商业方面，绝对是至理名言。因为，就在谷歌这艘巨轮前行的方向上，危险的冰川正在聚集：移动互联网的临界点已经不可逆转地到来了。可能鲁宾就是窥见了这种黎明前的微光才奋起创业的。佩奇呢，他也不想被动等待，他可能想，也许鲁宾正在捣鼓的安卓手机操作系统才是谷歌进军移动互联网的主动转型方式。想到此，他就让人致电约见鲁宾。

鲁宾的安卓可能尚在襁褓之中，但是鲁宾可能是同时代第一个看清移动互联网创新风口并且揭竿而起的创新者，鲁宾意识到，未来，人们需要的是一部可以上网的智能手机，而并非只是拨打电话、收发短信的功能性手机。如果这个趋势成立，那么市场可能就需要一个新的、革命性的手机操作系统，这就是安卓的历史机遇。这次会面让佩奇当面聆听了鲁宾的上述见解，并看到了安卓未来的巨大潜力：成为下一代智能手机的标准操作系统！

于是，佩奇做出了一生中最伟大的一个投资决策，全资收购成立仅仅22个月的安卓公司！安卓当时的运营状况是产品开发尚未完成，销售收入为零。谷歌提出的5 000万美元报价堪称天价，鲁宾和团队显然无法拒绝。这是2005年的事情。

就在鲁宾和安卓团队搬进谷歌的44号办公楼，准备撸起袖子大干一场的时候，乔布斯刚刚下定了决心：调集优势兵力，全力开发iPhone。此时，他们都还不知道彼此的存在，更无法预计未来必然会遭遇的火星撞地球般的惨烈竞争。两支队伍只是紧锣密鼓地开发各自的产品，并且对市场高度保密。

我发现，iPhone对苹果而言，是举全公司之力的CEO工程。而安卓只是佩奇对移动互联网布下的一枚棋子而已，5 000万美元对谷歌而言只是九牛一毛而已。这样看，鲁宾的安卓团队更像是在谷歌内部创业，缺点是获得的内部支持极少，优势是很少有人干涉公司的业务方向。谷歌对于安卓的最大恩惠是提供足够的开发预算，同时不会逼迫他们立刻挣钱。

鲁宾始终要兼顾两件事。其一，保持安卓的开发进度和领先性。我发现，尽管安卓项目的启动时间要早于 iPhone，但是其开发方向是彼时市场上最像智能手机的黑莓。显然，这是一个错误的方向。但是，当时的鲁宾还不知道这一点，事实上，没有人能够预先知道这一点。因为，彼时未来的行业标准——iPhone 自己还正在寻找出路。其二，建立一个包括芯片厂商、手机厂商和电信运营商在内的行业联盟。当时正是 2G 手机的巅峰时代，手机厂商没有任何危机感，也没有人会停下来，耐心听完鲁宾描绘的虚无缥缈的未来。从事后看，安卓正是这些大牌手机的拯救者。

新老板拉里·佩奇对创新有着很大的包容度，他也是软件工程师出身，他理解鲁宾的难处，并没有像其他财务投资者那样逼迫安卓团队快速商业化。

鲁宾和团队终于拿出了搭载第一代安卓操作系统的原型机，它看上去像是黑莓手机和 Sidekick 的混合物，包括一个物理键盘和显示屏，没有采用多点触控技术，没有虚拟键盘。我认为，鲁宾最初设想的智能手机就是一款可以流畅上网的黑莓手机。鲁宾的原计划是在 2007 年末正式发布这款手机和安卓操作系统。但是，一个意外的事件突然打乱了鲁宾的计划。

2007 年 1 月 9 日，鲁宾正在乘车去开会的途中，他从手机上看到 iPhone 发布会的直播，顿时惊呆了，他立刻让司机把车停在路边，屏息静气地看完了 iPhone 发布会。苹果的保密工作做得太好了，此前鲁宾对苹果开发 iPhone 的计划浑然不知。

我仿佛看到，那一刻，鲁宾呆坐在车里面，沉默不语。因为他意识到，iPhone 才是未来的行业标准，安卓的唯一出路就是借鉴 iOS 和 iPhone 的成果。一位安卓的工程师说："作为手机爱好者，我立刻就想拥有一部 iPhone 手机，但是作为安卓的工程师，我知道，我们必须重新来过了。"我猜想，所谓的重新来过，就是安卓不得不以 iPhone 为参照进行复制创新，并且把原先设计好的安卓系统推倒重来。可以想象，这一刻，安卓团队可能产生了巨大的挫败感。

此时鲁宾没有意识到，乔布斯其实已经把一块天大的蛋糕拱手让给了潜在对手，而安卓是这块蛋糕的唯一竞争者。按照彼得·蒂尔的理论，iPhone 和 iOS 才是从 0 到 1 的全新事物，而安卓则属于从 1 到 N 的复制创新，我们能否得出蒂尔书中的结论，即像安卓这样的复制创新者没有商业价值？显然，这个结论值得商榷。为什么呢？

这里我们不妨追问一个问题，苹果试图成为全球智能手机的唯一经营者，独占自己创造的巨大市场，这可能吗？

乔布斯带领苹果缔造了十倍创新产品 iPhone，但一如既往的是，苹果仍然计划采取封闭的端到端经营策略。这就意味着，如果 iPhone 是下一代智能手机的行业标准，那么用户只能有一个选择：购买苹果的产品。这显然是不可能的，iPhone 的相关专利也无法阻挡竞争者入局。

本书的万物创新模型其实就是在解读此类创新格局，iPhone 相当于“道生一”的创新者，苹果公司从无到有地创造了一个全新的事物，一个超过万亿美元的新增市场，这像极了一头丰腴的“鹿”。那么，“一生二”阶段一定会引发群雄逐鹿的局面。环顾周遭，安卓几乎是唯一准备好的竞争者。

你看，iPhone 封闭；安卓开放，干脆开放源代码。iPhone 独创了多点触控技术；安卓只要照猫画虎即可掌握，只要不触碰对方的专利保护即可。iPhone 软件和硬件通吃，必然与所有手机厂商为敌；安卓只做软件，必然与天下所有厂商为友。iPhone 挑战并且挤压电信运营商的主导地位；安卓，至少从表面上看，是电信运营商共同应对 iOS 的合作伙伴。

这其中最重要的因素是，市场上只有安卓和 iOS 最为接近，并且只有安卓准备推翻自己的操作系统，全面复制 iOS。又或者，看到 iOS 的十倍创新之后，鲁宾内心深处的想法可能是把安卓做成一个开放的 iOS 就好了。既然 iPhone 重新定义了手机，那么安卓只要复制这样的定义就好了。一个残酷的事实是，未来，市场上和 iOS 对立的产品都会被淘汰。

乔布斯生前最恨的一个人可能就是鲁宾，他讽刺鲁宾甚至在复制自己的形象。网络上正好有一张乔布斯和鲁宾对比的照片，果然，二人的发型、眼镜、着装甚至神态都非常相像。有可能，鲁宾并不掩盖自己想成为另一个乔布斯的意图。

毛泽东曾经说过一句充满哲理的话："凡是敌人反对的，我们就要拥护，凡是敌人拥护的，我们就要反对。"鲁宾的经营策略可能正好践行了这句话。既然乔布斯的策略是以天下的手机厂商和电信运营商为敌，那么安卓就以它们为友好了。

2007 年 11 月 5 日，鲁宾多年"周游列国"进行游说的结盟策略突然结出硕果，谷歌公司正式向外界展示了安卓操作系统，并且在这天宣布建立一个全球性的联盟组织，该组织由 34 家手机制造商、软件开发商、电信运营商以及芯片制造商共同组成。与此同时，谷歌还与 84 家硬件制造商、软件开发商和电信运营商组成开放手持设备联盟，共同开发、改良安卓系统，这一联盟将支持谷歌发布的手机操作系统以及应用软件，谷歌以阿帕奇（Apache）免费开源许可证的授权方式，发布了安卓的源代码。

这其中的信息量很大，我们不妨逐一分析一下。为何安卓此前推进数年一直未果的结盟突然达成？电信运营商认为，iPhone 和 AT&T 签订的合作协议，是一份对运营商非常不利的霸王合约，在 iPhone 摧枯拉朽的销售浪潮中，电信运营商闻到了很多火药味，苹果正在快速掠夺它们赖以生存的根基：手机用户。此时，安卓一下子就成为救命稻草。一位安卓员工的评论一语中的："安卓给（电信）运营商带来了另一种应对 iPhone 的方式，我们需要做的就是生产（电信）运营商乐于见到并能对抗 iPhone 的东西。"于是，联盟迅即达成。

第一次对外"展示"操作系统时，安卓其实还没有开发完成，因为他们必须参照 iOS 的功能改写代码。

安卓为何有能力联络产业链上所有的伙伴？这是因为，安卓只提供操作系统，不与产业链上的任何人竞争。

谷歌发布源代码，这表明安卓操作系统是一场免费盛宴吗？不，用户必须接受阿帕奇协议，这里头大有文章。阿帕奇协议，以及支持谷歌操作系统和应用软件的承诺，就宣示了谷歌对于安卓的掌控权力，以及谷歌巨大的影响力。相信世界上有免费午餐的联盟成员，或迟或早，必将为这种天真付出代价。

安卓虽然开源，但是，钥匙还在谷歌手中。

就在 2007 年，全球手机市场出现了井喷，出货量达到创纪录的 11.5 亿部！诺基亚仍然牢牢占据着市场份额第一的位置，三星、摩托罗拉、索爱和 LG（乐金）也都位居前五。苹果的第一代 iPhone 虽然声誉卓著，但是，在市场份额上仍属追赶者。

2008 年，搭载了软件应用商店的 iPhone 3G 上市，销量增长快速，正在逐渐逼近手机主流市场。此时安卓虽然号称拥有 84 个联盟伙伴，但是仍然无法为安卓操作系统找到一家主流手机生产厂商。无奈之下，有人向鲁宾介绍了中国台湾一家名不见经传的代工厂 HTC（宏达电子公司）的 CEO，鲁宾顿时如获至宝，他游说 HTC 和谷歌共同设计生产了第一款安卓手机——HTC G1。就在 2008 年 9 月，谷歌终于发布了安卓操作系统 1.0，HTC G1 也同步上市。我猜想，此时鲁宾团队仍未搞定多点触控技术，因此 HTC G1 虽然拥有和 iPhone 类似的大显示屏，但是，还是在下方隐藏了一个物理键盘。这款手机虽然受到 iPhone 的影响，但只是一款绑定了谷歌应用软件的黑莓而已。

显然，HTC G1 仍然无法和 iPhone 3G 相提并论，但是由于其搭载了谷歌的顶级互联网应用软件——谷歌邮箱和 YouTube，在上网体验方面还是超越了诺基亚等一众功能手机厂商。引人注目的是，HTC G1 也发布了应用软件商店，由于其影响力远逊于苹果，软件开发者寥寥无几，但是这个开端对于未来非同小可。接下来，尝到甜头的 HTC 继续和谷歌合作推出了多部升级版本的安卓手机，一时间，原先寂寂无名的 HTC 一跃成为那个年代销量提升最快的手机厂商。HTC 给谷歌带来的最大价值并非手机市场份额本身，而是这种示范效应终于打动了主流手机生产厂商。2009 年，安卓迭代创新到 2.0 版本时，摩托罗拉加入进来，和谷歌合作推出了摩托罗拉 Droid（智能手机品牌）手机，值得注意的是，这款手机虽然在外观设计上有明显提升，但是仍然采用了物理键盘，多点触控技术仍未登场。人们普遍认为，这是市场上最出色的非 iPhone 手机，受到压力的美国第一大电信运营商 Verizon（威瑞森）花了 1 亿美元来推广摩托罗拉的 Droid 手机。主流手机厂商和电信运营商的加持，使得安卓平台逐渐进入更多手机厂商的视野，更多的 OEM（原始设备制造商）厂商开始纷纷投入安卓的怀抱。而且，谷歌开源的策略，让电信运营商和手机厂商误以为谷歌不会对安卓拥有绝对权力。显然，谷歌愿意造成大家这样的误解，继续掩盖谷歌实际掌控安卓的事实。

我认为，谷歌那时一定拼命迭代升级安卓系统。更多主流手机厂商加入安卓的阵营，谷歌自身应用软件的强大地位，以及持续开放的应用软件商店，这些因素叠加在一起，迅速提升了安卓的市场份额。在安卓所有的升级努力中，也许采用多点触控技术才是最重要的升级，只是谷歌不愿意公开承认罢了。一个证据是，安卓员工阿加瓦尔就说："所有人把这看作一个划时代的时刻。我觉得苹果带来的更直接的影响是，我们看到了人们使用全触屏设备的意愿。所有人都知道，这才是未来所在。我觉得，苹果使得安卓更快地转向这个方向。"

我发现，2009 年，安卓上市次年的市场数据还是波澜不惊，只是 HTC G1 小试牛刀吧；2010 年，安卓机的出货量增长突然加速，一下子就反超了 iPhone，显然这是摩托罗拉和一众 OEM 手机加入竞争导致的；2011 年，安卓机持续爆发，居然力压市场领导者诺基亚，成为手机市场之王！后来，安卓大家庭来了一个重量级玩家——三星，市场立刻发生了根本性的逆转。

在那个时代，安卓拼命迭代创新，升级版本早已实现多点触控技术，虚拟键盘也已替代了物理键盘，软件应用商店日臻完善，它正在一步一步逼近iOS。安卓再好，也只是一副上好的鞍，它还需要一匹良马，方能纵横天下。显然，对安卓而言，硬件大师三星电子就是自己期待中的宝马良驹！从2007年开始，三星已经连年在功能手机市场中位居次席，一直在觊觎诺基亚手机市场第一的宝座。应该说，三星的硬件供应链布局早已傲视同侪，它只是苦候一个历史契机。稍做迟疑，三星终于看清局势，iOS和安卓将成为行业新的软件标杆，既然iOS概不对外，那么倾集团之力押注安卓，就是三星唯一的选择，结果一押即中。

说穿了，三星的安卓机皇Galaxy（盖乐世）系列手机，就是安卓领域的苹果机，与iPhone并称智能手机时代的双雄。而同时代的其他手机厂商皆为过客，直到中国手机厂商整体性崛起，才改变了市场格局，这是后话。

苹果和安卓合并成舟

安卓在苹果之侧，跟随着苹果开创的智能手机市场脚步，步履越来越快，陡然间，市场份额超过苹果！

其实，乔布斯早就看不下去了。乔布斯一定无法忘怀当年的一幕，他从施乐参观归来，立刻决定开发一款图形用户界面的电脑——麦金塔。乔布斯认为，麦金塔需要及早引入第三方应用软件开发者，他就一通电话，招来了那个时代最聪明的比尔·盖茨，他兴致勃勃地向盖茨展示了麦金塔的强大功能。微软要为麦金塔开发应用软件，所以就可以近距离地了解麦金塔的整个开发过程。盖茨立刻就意识到，在个人电脑过渡到图形用户界面之后，MS–DOS就完了。因此，微软开始秘密开发Windows，直到被乔布斯发现，雷霆震怒之下，苹果诉讼微软多年。但是，这没能改变微软凭借Windows一统个人电脑江湖的局面，麦金塔被挤压到一个小众市场。

年年岁岁花相似，在苹果进军手机领域的重大时刻，乔布斯疑似犯了和当年同样的错误。2005年，苹果开始秘密研发iPhone。次年，乔布斯把谷歌的CEO埃里克·施密特请进了苹果董事会。那时，谷歌是比苹果更大的互联网公司，乔布斯可能也想借此加强苹果董事会的影响力，重要的是苹果看起来和谷歌的业务没有任何竞争关系。乔布斯当然不知道，此时谷歌已经全资收购了安卓，正在全力开发一款智能手机的操作系统，它必然在市场上和 iPhone 短兵相接。

一个史料上没有提及的问题是，施密特是否从苹果的董事会上窃听到 iPhone 开发的有关信息，并且将之用于改进安卓的开发呢？施密特在他的大作《重新定义公司》中无意间披露了一个细节，他写道，乔布斯常常会为董事会准备一些精心排练的产品演示，就像百老汇准备演出一样一丝不苟。那么，乔布斯曾经在苹果董事会上演示过尚未对外发布的 iPhone 吗？按照乔布斯的个性和苹果董事会的议事风格，这极有可能。况且，在施密特担任苹果董事的 2006 年至 2009 年之间，苹果唯一的重大产品就是 iPhone，再无其他。这样一来，施密特就有可能“被迫提前看到了”iPhone 的某些开发内幕。

2007 年 6 月 iPhone 发布，同年末，安卓团队在自家的 YouTube 上发布了一则视频，来展示安卓的工作成果。乔布斯凑近电脑屏幕，仔细观看了这则视频，然后指出视频中描述的用户体验与苹果手机及操作系统 iOS 大同小异。

乔布斯立刻约见了施密特，不客气地指责对方：“我把你们抓了个正着，”乔布斯一贯自信，好像已经胜券在握似的，继续总结说，“我不想要你们的钱，就算你们拿出 50 亿美元要求和解，我也不会要的。我有的是钱，我要求你们立刻停止在安卓上使用我们的创意，这才是我想要的。”以上气势逼人的说法来自《史蒂夫·乔布斯传》。

而施密特在《重新定义公司》一书中则有不同的描述，施密特可能回避了双方这次会面的火药味。他写道，乔布斯说：“安卓操作系统的基础是苹果的知识产权。”而施密特反驳说：“安卓是谷歌自行开发出来的。”

无论双方会面的过程如何，结果却是一致的，谁都不愿意妥协。于是，乔布斯再次赶到谷歌总部，与佩奇、布林和鲁宾大吵一架。乔布斯威胁说，如果谷歌继续研发安卓并使用iPhone的功能，如多点触控，他会发起诉讼。在这个当口，谷歌当然不会妥协。因为，此时佩奇他们已经看清了移动互联网的未来，知晓安卓是一个千载难逢的战略要地，谷歌必须死守、强攻。

苹果终于等来了一个恰当的诉讼时机：2010年，HTC推出一款新的安卓手机，并且大张旗鼓地宣扬其多点触控功能以及与iPhone在观感上的相似之处。苹果搜集到上述证据之后，就起诉了HTC，并将安卓作为关联方一同起诉。苹果主张的法律权利包括：多点触控，滑动解锁，通过双触点滑动进行缩放，以及判断手势姿态的传感器等。

乔布斯在向传记作家沃尔特·艾萨克森回忆这段历史时仍然怒不可遏，他说："我们的诉讼是这样说的，谷歌，该死的你抄袭了iPhone，完全抄袭了我们……我们要摧毁安卓，因为它是偷来的产品。我愿意为此发动核战争。"

在谷歌一方看来，iOS与安卓之争，只是经营理念的差异而已。施密特就总结说："史蒂夫管理苹果有其独特的方式，和20年前一样，苹果是封闭系统的创新者。他们不希望别人在未经许可的情况下进入自己的平台。封闭平台的好处就是控制。但是谷歌相信，开放是更好的方式，因为这能带来更多的可能性和竞争，并且给消费者更多选择。"

乔布斯则隔空反驳说："我们是封闭的，他们是开放的。好吧，让我们看看结果，安卓一团糟。安卓手机屏幕大小和版本都不相同，有上百种样子，"乔布斯顿了顿，继续为自己的理念辩护，"我要为整个用户体验负责，我们这样做不是为了钱，而是因为我们要创造伟大的产品，而非安卓这样的垃圾。"

"封闭，为用户体验负全责"这一经营理念贯穿乔布斯的一生，纵使为此遭遇天大的困难，他也从未动摇。25年之前，乔布斯为此不惜和微软一战，而今，又为此与谷歌再战。

安卓在法律上是否侵犯了 iPhone 的权利，应当由美国的法庭判断。事实表明，我们可以将安卓定义为对 iOS 的复制创新者，就和当年 Windows 对麦金塔的复制创新有某种类似之处。只是这种复制创新是否涉嫌侵权，则另当别论。

回顾这段历史，我心中渐渐形成了一个结论：其实正是乔布斯自己的理念亲手导致了安卓的产生。

你看，从多点触控技术出发，苹果研发出的十倍创新产品 iPhone 必将带来一个趋势，未来每个人都会使用这种伟大的智能手机。但是，由于苹果采取了封闭的政策，并且定价很高，这样一来，消费者要选择革命性智能手机，就只有一个选择：全部都购买苹果手机。显然，对自由市场竞争法则而言，这不太现实。在一个万亿美元级别的市场，必然会有竞争者拼命地加入进来，分食这一天大的蛋糕。其实，从时间节点上看，鲁宾开发安卓的时间还要早于苹果。

当然，在苹果重新定义了手机之后，安卓就拼命追逐和复制苹果的创意，这也是不争的事实。

这个时候，盖茨的总结一语中的："苹果拒绝授权 iOS 操作系统，这一行为让竞争对手，如安卓，有机会获得更大市场空间。"

让我们暂且跳出苹果和谷歌的是非之争，站在更大的视野来审视这一波澜壮阔的创新史诗。

20 世纪末，移动互联网最大的临界点已经到来。其标志性事件就是，电信运营商开始在全球大肆铺设 3G 网络。电信行业和计算机行业的第一次交会，诞生了 PC 互联网。这一次，电信运营商期待着电信行业和计算机行业的第二次交会：移动互联网必将从天而降，而电信行业则将是这一趋势的最大受益者。因此，他们毫不犹豫地为 3G 网络建设投入了数千亿美元，企图占领移动互联网的战略高地。电信运营商的逻辑是这样的，当他们铺设好光纤宽带网络时，PC 互联网就快速形成了。在此基础上，只要他们铺好移动宽带数据网络，移动互联网也会步其后尘，用户也一定会蜂拥而至。

令人大跌眼镜的是，在 3G 网络铺设好后，电信运营商期待中抢购 3G 数据服务的场景没有出现，相反，被大肆宣传的 3G 网络几乎无人问津！相较之下，2G 服务依然门庭若市，在 2007 年，手机销量还创下历史新高。难道，用户宁可选择落后的 2G 服务，而对于更加先进的移动通信网络 3G 无动于衷？

我相信，这个难题，几乎难倒了彼时全球除了日本以外的所有的电信运营商（中国的电信运营商也要除外，因为那时我们尚未推出 3G 服务）。难题既然无解，全球电信运营商的股票就只好纷纷下跌。这其实是投资人的追问，既然 3G 网络无人问津，那么，电信运营商投入的巨大的 3G 网络建设成本如何收回呢？

年复一年，3G 网络就成为几乎每一家电信运营商的一个沉重的包袱，电信运营商每个季度的财务报告都必须回答投资人同一个追问：3G 怎么办？好在，2G 服务还在赚钱，但也无法填补 3G 网络建设可能带来的巨大亏损。

此时，我就想起了中国移动前任董事长王建宙对互联网的一个总结，他说，互联网包括三个层面：网络连接、终端设备和应用服务。我研究互联网多年，所以我知道，这是一个何等精辟的总结！事实上，谈到互联网，大多数人脑海里的定义都不相同，这有点盲人摸象的意味。对大多数人来说，互联网仅仅是应用服务而已。事实上，失去了网络连接和终端设备的应用服务，难道不是空中楼阁吗？

其实，“3G 网络难题如何破解”的答案就在王建宙先生的话语当中。电信运营商希望发力移动互联网，他们就信心满满地斥巨资铺设了 3G 移动通信网络。

那么问题来了，终端设备何在呢？最简单的答案是，手机终端厂商立马就可以生产能连接3G网络的手机啊。

然而，客户拒绝接受穿着2G马甲的3G手机！而客户总是对的。原因很简单，2G手机上网或是接受数据服务的体验实在太差了，物理键盘，小到不可思议的显示屏，以及像解数学题一样艰难的交互方式等让人却步。

此处再结合本书的一个总结，只有电信行业和计算机行业第二次交会，方可诞生移动互联网。我们就可以为3G的窘境找到完整的答案。解决3G设备终端，还必须仰仗计算机行业，而非通信行业。因为，3G手机首先是一个上网终端，或者说，3G手机就是一个手持电脑！只是这个手持电脑的交互方式，将和PC大相径庭而已。

也就是说，2G手机不行，把个人电脑直接小型化也不行。整个电信世界其实在等待一个革命性终端产品来解决这一世纪难题。谁也不知道这款终端产品为何物，甚至客户自己也不知道。

乔布斯决定做手机的初衷，只是为了保护来之不易的胜利果实iPod不被其他手机厂商夺走。冷静下来时，乔布斯意识到彼时的手机都太差了。在艾夫的团队发现了多点触控技术之后，乔布斯就建立了强大的未来产品影像。于是，乔布斯为iPhone组建了强大的开发团队，历尽艰辛之后终于大成。

客户马上就意识到，iPhone才是他们期盼的3G网络终端！iPhone上市第一周，销量就突破了100万部，这还不能说明问题吗？iPhone就是解决3G网络难题的完美钥匙，也是客户喜闻乐见的移动微型电脑终端。

更早看到机遇的鲁宾组建安卓，被谷歌收购后安卓如虎添翼。鲁宾看到iPhone发布会直播，就一边继续开发安卓，一边对iOS进行了复制创新，直到学到了所有精髓。之后，安卓的开放策略，在苹果攻城略地的掩护下，顺利登场，从小到大，从弱到强。直到安卓吸引了摩托罗拉和三星这些大牌手机厂商入局，有谷歌自身强大的互联网应用产品的加持，以及应用软件商店的开放策略等，安卓终于和苹果联手，一起终结了上一代手机终端设备巨头。

iPhone 太强大了！谷歌其实是通过开放代码和复制创新，并且联合了全球一切可以联合的力量——电信运营商、手机厂商、芯片厂商等，方才超越苹果，占据了移动互联网的大半壁江山。从这个意义上说，苹果是以一己之力，抗衡了谷歌所集结的整个天下之力。

这个时刻，我的脑海里就产生了一幅壮丽的画面。iPhone 就是乔布斯带领团队打造的一艘惊艳无比的数字方舟，但是乔布斯想独享这艘史上最伟大的数字舟楫。此时，鲁宾看到了机遇，就反其道而行之，采取开放策略，和天下手机厂商联手。同时，iPhone 和安卓都向天下的软件工匠开放应用商店，各自征集应用软件。于是乎，这艘数字方舟就建起一个包罗万象的数字城市。

也许，我们可以将这艘数字方舟称作“苹安方舟”。

我眼见，“苹安方舟”在全球数千万的软件数字工匠的装点之下，熠熠生辉、光芒万丈，它迎风启航，驶入了电信运营商早已搭建好的 3G 港湾。

此时，全球的客户都兴奋起来，争先恐后地买票登上这艘史上最伟大的数字舟楫，电信运营商自然是笑得合不拢嘴。这艘价值万亿美元的数字舟楫其实分属于苹果公司和谷歌公司，这种巨大的商业价值当然是经由十倍创新，并且搭载在移动互联网的创新风口之上，方才大功告成。

而我等数字子民，正川流不息、喜气洋洋地迁徙到数字方舟之上，欣然享受着数字世界的美好和便捷，这是一个跨越地域的，一周 7 天，一天 24 小时不打烊的虚拟之地。这里有朋友圈，有信息流，有长短视频，有音乐，有商店，有学校，有钱包，有快递……难怪我们甘愿呼朋唤友迁徙至此，又乐此不疲。

就在“苹安方舟”上万家灯火，人影幢幢之时，我们听到了一个不幸的消息，这艘数字方舟的建造者，伟大的创新者乔布斯先生不幸因病辞世，这是 2011 年 10 月 5 日的事，乔布斯先生享年 56 岁，他辞世时的最后作品定格为 iPhone 4，这是苹果自第一代 iPhone 以来最大的飞跃。那一天，世界都为他哀悼。时任美国总统奥巴马就评价说："乔布斯是美国最伟大的创新领袖之一，他的卓越天赋也让他成为能够改变世界的人。"乔布斯一生的对手和合作伙伴比尔·盖茨则充满激情地说："很少有人像乔布斯那样对世界产生影响，这种影响将是长期的。"是日，当你抬头仰望微软公司总部大楼，你就会发现，微软公司还为乔布斯的辞世降半旗致哀。

此时，我就想到了"凤凰涅槃"这个词。人们说，凤凰是人间幸福的使者，它纵身跃入火海，以生命和美丽的终结换取了人世的祥和幸福。然后，凤凰历经磨难而重生。

乔布斯倾其一生，为我们创造了最伟大的产品——iPhone 这艘数字舟楫，等我们结伴而行、鱼贯而入之时，"乔帮主"却卸下行囊，自顾驾鹤西行。

他，不正是涅槃之凤凰吗？

第四章
被抛下方舟的巨头

巨头立足的冰面下方，已经炸开了巨大裂痕。我甚至可以听到冰面崩塌之前嘎吱作响的声音。凝望那些巨头掌门人的面孔，你看到的却是一如既往的乐观和自信，还夹杂着依稀可闻的爽朗笑声。然而下一秒，他们就将消失在炸开的冰面深不见底的裂缝当中，无影无踪。人们对于灾难是如此健忘，那些矗立百年的企业，历经数次经济大萧条和世界级战争而不倒，却葬送在数字化的巨大洪流当中。这不期而至的洪流，是一些人的盛宴，同时也是另一些人的丧钟。

18 方舟主战场的生死之战

价值万亿美元的移动通信市场，通过十几年的持续竞争，已经出现了难以撼动的垄断者和坚固辽阔的护城河。

2007 年，一款新上市的手机似乎打破了某种平衡，就像有人在波澜不惊的大湖扔下一颗石子，荡起一圈圈涟漪。可能只有极少数人才能意识到，这颗石子，绝非荡起几许涟漪那么简单。它落入湖底之时正在默默蓄力，将会酝酿一场骇人的飓风。

人类对一些著名战役做过很多有价值的反思。既然战争的目标之一是征服和掠夺，那么商战何尝不是如此呢？然而我发现，对这场刚刚发生的血腥的商战，只有支离破碎的零星文章记述其经过。更多的人，对于看上去大而不倒的公司骤死，甚至一个行业整建制的消亡，都是选择性地遗忘。

在 2007 年夏天打响的方舟主战场的生死之战，可能是创新领域非常罕见的经典案例。

现在，我就和读者一起来重温这场由一款创新产品引发的惨烈商战。

以卵击石的开局

回想起来，这场手机行业的创新之战应该定格在 2007 年 1 月 9 日的 iPhone 发布会，乔布斯宣布苹果重新发明了手机，就如同响彻手机市场的清脆的枪声。

表面上看，似乎没有人将乔布斯的“枪声”当回事。因为，一些厚脸皮的创新者常常将重新定义某某产品挂在嘴边，事后证明都是笑谈而已。但是，如今这位“叩响扳机”的人是大名鼎鼎的乔布斯。私下里，业内人士不会将乔布斯的话当作耳旁风。你看，诺基亚的董事长就专门召集了一次高层会议，高管们围拢过来，仔细端详苹果公司的新产品 iPhone，它既不像一款手机，也不像一款电脑，谁会喜欢这样新奇、怪异的产品呢？我相信，这样的场景同样会出现在摩托罗拉、三星、LG 和索爱公司的高层会议室里。从事后的应对看，在这些彼时全球手机市场最有权势的人中，没有一个人能够预测出，这款由电脑公司制造的手机，对手机行业意味着什么。

就在这个时候，战役的攻方阵营已经悄然集结完成。

攻方主力：苹果公司和谷歌公司。

苹果公司的武器是 iPhone，这是一款苹果公司自主创新的端到端手机产品，采用了自家的手机操作系统 iOS；谷歌公司的武器是开放式安卓操作系统，这是针对苹果公司 iOS 的复制创新产品，它必须和手机厂商结合之后才能形成进攻能力。

攻方的番号是：触屏手机。

守方主力：诺基亚、摩托罗拉、三星、LG、索爱。

上述手机五巨头占据了手机市场 80% 以上的市场份额，它们是彼时手机市场的垄断者和既得利益者。在它们身后，还站着黑莓和微软两位助攻选手。黑莓创造了一个独立的手机品类——可以实时收发邮件的手机，它也在警惕地注视可能的入侵者。当然，苹果的老对手微软也早已渗透到手机厂商的队伍中，正在推销自己的手机操作系统。微软的目标世人皆知，那就是复制其在个人电脑领域的经验，成为手机行业的标准操作系统。

守方番号是键盘手机。因为，它们的手机无论如何变化，都会带有一个物理键盘，五大手机厂商采用拨号键盘，而黑莓则采用 QWERTY 键盘。

这样看来，我可以将这场手机之战称作“触屏”和“键盘”之战，这当然是由乔布斯主导的十倍创新引发的商战。

仅仅从历史业绩上看，攻方主力苹果公司过往的业绩并不显赫。苹果作为个人电脑行业的缔造者，经过多年的征战，完败于微软，最终只占据了 5% 左右的市场份额。在音乐播放器市场，苹果凭借 iPod 狠狠地回击了微软，获得了垄断地位。但是，音乐播放器市场的问题在于市场规模太小，无法和个人电脑市场的规模相提并论。更可怕的是，随着手机终端的迭代，带有音乐播放器功能的手机，可能替代音乐播放器。

乔布斯十年磨一剑，好不容易研发出一款名利双收的伟大产品 iPod，然而好景不长，iPod 可能被更加庞大的手机终端吞噬。于是，苹果倾全公司之力，研发出可以内置音乐播放器的手机产品 iPhone。由此看，乔布斯打造 iPhone 的初衷是防守而非进攻。

乔布斯不是知己知彼的商业谋略家，他并没有花时间分析手机终端市场的格局，没有制定出进军手机行业的作战图，更没有兴趣做商学院教授的 SWOT（态势分析法）。乔布斯是极为纯粹的创新者，他只关注目前的手机是否好用，以及苹果能否集中精力造出一台超越对手的、令用户爱不释手的革命性手机产品。

仅仅就创新而言，乔布斯就是电子消费品领域的爱迪生，他热衷于发明伟大的电子产品。在他的心目中，只要手中有了伟大的产品，他就可以赢得市场。乔布斯比爱迪生更加厉害的是，他成功创建了苹果公司。他认为，公司就是制造和销售伟大产品的完美组织。此时，乔布斯手中握着一款这样的十倍创新产品，正迫不及待地想要进军从未涉足的手机市场。

我翻遍乔布斯的各种传记，试图还原乔布斯在 iPhone 上市那一刻的最大野心，也许他的期望只是让 iPhone 在强手如林的手机市场占据一个显著的位置，仅此而已。

更多证据表明，乔布斯从未思考过商学院教授的竞争策略，更加极端的是，他甚至无视市场上主要竞争对手的运营模式。乔布斯一生未变的产品策略就是软件和硬件合二为一，以及封闭的端到端的产品。因为他坚信，只有这种策略能够为完美的用户体验负全责。乔布斯引领了几乎个人电脑领域的所有创新，但是由于固守端到端的封闭策略，他被狡黠的盖茨打得遍体鳞伤。在音乐播放器市场，乔布斯依然坚守自己的主张，终于联手五大唱片公司，席卷了数字音乐市场。

这一次，乔布斯研发出令人惊叹的触屏手机 iPhone，不出意外，他依然采取了惯用的封闭策略。这就意味着，iOS 就是 iPhone 的专属操作系统，苹果不会向其他手机厂商授权 iOS。这就为复制创新者留下了一块天大的蛋糕：开放的触屏手机操作系统。我在翻阅史料时发现，iPhone 发布之时，在偌大的西方商业体系当中，只有一个人看到了这一巨大机遇并且提前做好了准备，此人就是安卓之父鲁宾，彼时他已经被谷歌收编。鲁宾带领安卓团队夜以继日地复制 iOS 的主要功能，并且采取了对其他手机厂商开放的策略。

这样一来，2007 年，手机市场的攻方的武器就是苹果公司的 iPhone 2G，以及正在积极筹备的安卓操作系统。在某种意义上说，安卓甚至不能被称作一件完整的武器，因为安卓必须安装在他人的手机上才构成一个完整的手机产品。问题是，主要的手机厂商都有诸多操作系统可以选择。

如此看来，攻方看上去声色俱厉，但武器倒是稀松平常，一款手机和一个无人问津的操作系统，这在竞争激烈的手机市场能掀起什么大浪呢？

相较之下，这场战役的守方固若金汤，其背景亦是令人肃然起敬。对于苹果和谷歌这样的后生而言，横亘在眼前的每一家公司都是一座令人生畏的高山。

称霸手机行业 10 年之久的诺基亚是一家百年老店，它是 2G 网络 GSM 的标准制定者和主要网络设备供应商之一。2G 推出伊始，诺基亚就作风强悍地将 1G 的唯一垄断者摩托罗拉拉下马，并且一次又一次成功击退了所有挑战者。因为卓著的业绩，诺基亚还成为彼时整个欧洲市值最高的企业之一。仅仅在刚过去的 2006 年，诺基亚就成功在全球售出了 3 亿多部手机，这个数字超过了同年全球个人电脑销量的总和。

摩托罗拉在美国的地位堪比 IBM，是多个行业从 0 到 1 的创新者，包括车载通信、移动通信网络设备、手机和半导体等。在固定电话发明了 100 年之后，摩托罗拉从无到有地发明了整个移动通信行业，并且成为 1G

时代唯一垄断经营者。可以这样说，没有摩托罗拉，就没有移动通信。过往，摩托罗拉和苹果公司有诸多交集，它们几乎独家为苹果电脑提供微处理器，同时，又与苹果公司合作生产了一款音乐手机。只是在 2G 爆发之时，摩托罗拉像一头睡狮，错过了布局数字手机的最佳时机，猝不及防地让诺基亚夺走了霸主地位。不过，后来摩托罗拉奋起直追，在五大手机厂商中稳稳获得了一席之地。

三星和 LG 是韩国排名前两位的大型综合性企业集团，它们以布局整个供应链和出类拔萃的设计见长，这种业务结构给它们带来一个巨大优势，可以将最好的手机零部件优先使用在自家的手机产品上。索爱背后的股东则是欧洲最大的网络通信设备厂商之一爱立信和日本最厉害的电子消费品企业索尼公司。

手机产品看上去是处于早已供过于求的红海市场。五大手机厂商中的每一家都有数十种手机产品供消费者选择，开机方式有滑盖、翻盖、直板，外观色彩有红、白、黑，尺寸上有大、中、小，看上去，人们需要的所有手机都被制造出来了。你走进任何一家手机零售店，都会发现货架上的手机产品琳琅满目，令人目不暇接。人们的困惑似乎不在于需要一款新的手机，而在于如何从已有的手机产品当中选择自己钟爱的一款。

在手机软件供应方面，同样也是供过于求。诺基亚、爱立信（那时尚未和索尼合并）和摩托罗拉一起研发设立了塞班，塞班成为领先手机厂商共享的操作系统。在过往的数年当中，塞班一直是处于垄断地位的手机软件。此后，除了诺基亚之外的每个手机厂商又独自开发了自己的操作系统。只有一家例外，黑莓手机一直坚持使用自己专属的操作系统 BlackBerry OS。也许还嫌这种局面不够热闹，全球最大的软件厂商微软也笑眯眯地加入进来，拿出了 Windows 手机操作系统，微软的手机操作系统前后改了三次品牌，但目的都没变，就是试图成为整个手机硬件的标准操作系统。所谓司马昭之心，路人皆知。

2007年，就在这强手如林、熙熙攘攘的手机红海当中，苹果带了一款叫iPhone的新手机，谷歌带了一款叫安卓的操作系统，分别加入了战局。这场商战的实质，是以苹果和谷歌为首的触屏交互智能手机，向上一代五巨头的键盘交互功能手机发起的创新战役。简言之，就是触屏和键盘之战。苹果和安卓的触屏手机，就相当于刚刚落成的数字方舟，此乃方舟主战场的生死之战。触屏胜，“苹安方舟”就会顺利驶入3G港湾；键盘胜，则意味着五巨头联手封杀了“苹安方舟”，手机仍然滞留在键盘手机时代。

仅仅就一触即发的战事的实力对比而言，我脑海中立刻涌现出“以卵击石”这个成语，苹果公司如累卵，而以诺基亚为首的五大公司则为巨石。那些坚如磐石的对手已经迫不及待地开始对iPhone品头论足起来了。

微软CEO史蒂夫·鲍尔默就预测说，iPhone是一个利基产品（缝隙产品），而微软将会统治智能手机市场。鲍尔默打击对手的同时，不忘抬高自己，尽管此时微软在手机市场根本不是什么重要角色。从事后看，充满激情的鲍尔默在担任盖茨助手时尚可发挥积极作用，一旦独挑大梁，必须面对企业重大抉择之时，他并非称职的CEO人选。

诺基亚的CEO康培凯则说道：“苹果不会对诺基亚造成任何影响，因为诺基亚专注做手机很多年了，同时又有满足任何价位和需求的产品线，而苹果仅仅只有一款产品。”为了进一步宣示信心，少顷，这位CEO又大度地表示，他欢迎苹果进入手机市场。这一幕，好似当年乔布斯欢迎IBM进军个人电脑市场。仅仅从商业常识出发，康培凯说的也许没错，诺基亚有非常丰富的产品线，而苹果公司仅仅只有一款产品，应该翻不起什么大浪。

黑莓当时的CEO声称：“（iPhone）只不过让本来面临众多选择的消费者面前又多了一个选择，但这会对黑莓产生影响，我认为这有点夸大了。”他的判断和康培凯如出一辙，苹果的一款产品在琳琅满目的手机市场，只是杯水车薪而已。

大众对于 iPhone 的反馈出现了两极分化，粉丝惊叹 iPhone 为“耶稣手机”，彻夜在苹果零售店排队购机；而批评者则说，iPhone 可能还没有准备好就仓促推出，触控屏将被证明一无是处。

守方 CEO 们对 iPhone 的评价完全是基于商业常识，这对我也是一种警醒。原来，我并未意识到，苹果只是凭借 iPhone 一款产品攻进手机战场，其实可能轻易遭到对手的围剿。这也引发了一个问题，对手机厂商而言，是制造一款产品好呢，还是同时生产多种产品好呢？

乔布斯从来没有考虑过所谓“单一产品依赖”这种风险，他只是关注产品创新本身。当年刚刚回到苹果公司，他就立刻砍掉了复杂的产品线，要求公司一个阶段只专注一款产品，这样才能集中所有公司资源将这款产品的创新做到极致。显然，乔布斯专注于单一产品创新的模式，是和彼时所有的手机制造商背道而驰的。以诺基亚为首的五大手机制造商们更愿意相信，消费者的需求是多元化的，甚至是个性化的，因此它们接连不断地推出令人眼花缭乱的新产品。这种模式在财务上看更加稳健，一款或者几款产品滞销，并不影响公司的整体业绩。

然而，守方 CEO 们疏忽了一个重点，乔布斯专注于单一产品创新还有一个后手，就是持续不断地围绕着这款产品迭代创新。纵观乔布斯的创新史，我们就会发现，这是他一以贯之的做法，从麦金塔电脑的迭代创新，到 iPod 的迭代创新，莫不如是。这一点与互联网公司的创新路径也非常吻合。所谓产品 1.0、2.0，直到产品 N.0，就是迭代创新的真谛。初代产品可能比较稚嫩，但通过持续不断的迭代创新，产品会日臻完善，漏洞都被补上了，产品功能也日益强大。又或者，迭代创新就是滚雪球，有人看到刚刚滚好的雪球就盖棺定论，说这雪球也太小了吧？岂不知，只要雪道足够厚，滚雪球的人足够专注，雪球就会越滚越大，最后雪球的巨大体积会让人瞠目结舌！

这就意味着，初代 iPhone 2G 仅仅是一个开端，此后苹果公司将围绕着这款产品进行迭代创新，把好的功能保留，填补漏洞，并不断加入更多好玩的功能，让这款产品更加强大。

我们不妨把 2007 年刚刚发布的 iPhone 和同年上市的诺基亚 1200 做一番比较，后者是一款低端彩屏手机，机身采用塑料外壳，以及手感不错的软键盘。深究之下，我们立刻会发现，诺基亚 1200 和所有的功能手机如出一辙，拨号键盘是其中的交互核心，配备了非常小的显示屏。我认为，所有的功能性手机无论外观如何演变，都可以被称作“拨号键盘手机”。你看，拨号键盘显示的首先是阿拉伯数字，在每个阿拉伯数字右下角才是英文字母。显然，这就体现出拨号优先，交互为辅的思路。这类手机的设计源头来自固定电话的拨号键盘，只是多了一个小型显示屏而已。

拨号键盘的交互方式令人感到崩溃，你需要在一连串的英文字母当中选择其中的一个，才能打出一个英文单词中的一个字母。另外，由于物理键盘不可或缺，显示屏就只能被压缩得微乎其微。

我们的问题随之而来，采用物理拨号键盘和小显示屏，用户如何实现流畅交互，如何上网，如何实现需要密集交互的深度应用呢？说穿了，功能手机的核心是通话，交互只是作为辅助。此前，谁也没有意识到问题的严重性，正是这种交互缺陷才导致 3G 发展乏力。用户是何等聪明，用此类手机既然无法实现流畅交互，干脆就留在 2G 得了。不过，键盘手机打电话还是没有问题的。此时，诺基亚不仅没有受到惩罚，反而获得了用户的奖赏，和 iPhone 同年发布的诺基亚 1200 最后的销售数量定格在 1.5 亿部，在这种出色的业绩面前，谁会停下忙碌的脚步去思考未来呢？

当认真把玩 2007 年的初代 iPhone 时，用户一定会惊喜万分。内置的弹出式 QWERTY 键盘，使得 iPhone 做到了史上最大的屏占比！而当滑动手指时，用户就可以轻松寻找应用和内容，选中后轻轻点击，即可打开应用或内容。还有，令人赞叹的手指缩放功能，更是让人欲罢不能，这就是传说中的多点触控技术啊！细究之下，我们可以说，iPhone 是一个功能强大的手持电脑，可以完成除了编程之外的大多数应用；iPhone 还是一个完美的上网设备，上网体验不亚于任何电脑；此外，iPhone 也是一个很好用的电话，通讯录的浏览和拨号易如反掌。可能只有很少的人才会发现，iPhone 和 3G 就是绝配，它将拯救嗷嗷待哺的 3G 市场。

只要把一部 iPhone 和一部诺基亚 1200 同时放在用户面前，几乎所有的人都会选择 iPhone。当然，iPhone 比诺基亚 1200 好上 10 倍，这是显而易见的事实。

2007 年，初代 iPhone 2G 只有半年的销售期，到了年末，共售出 230 万部手机，而诺基亚 1200 则大卖了数千万部。对苹果公司而言，这是很好的开局。但是这一销量，只是占当年全球手机 0.6% 的市场份额。iPhone 这个如此卓越的产品仍然被落后产品压制，这又该做何解释呢？

早年在研究媒体时，我就发现一个现象：当一个新的媒体崛起时，其销售能力的建立往往有些滞后；当一个老媒体衰落时，其销售下滑也有些滞后。这个经验放在产品创新领域也是可以的。诺基亚具有强大的品牌和渠道优势，其产品销售就会有一个惯性。而 iPhone 则是手机领域的创新产品，建立品牌和渠道需要一个过程。就是说，消费者认知、触摸并且感知到一款伟大产品有一个时间差。

这里的关键不是短期的销售指标，而是中长期不可逆转的趋势，这就是 iPhone 的崛起，以及诺基亚的式微！

时间来到了 2008 年，iPhone 的两项创新加持看似风轻云淡，实则非同小可：一是，全面支持 3G；二是向全球开发者开放应用软件商店。如果说 iPhone 2G 只是一款不同凡响的手机，那么，迭代创新的 iPhone 3G 已经进化为一艘战力强大的数字方舟！这就是本书第一章临界点定律当中所描述的水壶滋滋响的声音，再过些时候，乔布斯装在水壶里的将不再是水，而是扶摇而上的“气体”了。

此时的 iPhone 3G 已经与市场上热销的键盘手机属于完全不同的“物

种”，将会碾压式摧毁以诺基亚为代表的功能性手机厂商的所有地盘！iPhone 3G 只是需要一点时间而已。

回望历史，在金融危机疯狂肆虐的 2008 年，几乎所有股票都遭到了投资者的疯狂抛售，美国资本市场宛如世界末日的到来。记得一位美国同事忧心忡忡地对我说，已经有人在警告，这次经济危机可能就相当于 1929 年的大萧条，所有人都将无法躲过这场风暴而独善其身。

巨大的经济危机当前，谁会停下来去研究已经远远供过于求的手机市场上，又一款新上市的叫 iPhone 3G 的手机呢？

2008 年，苹果零售店人头攒动，iPhone 的销量突破了 1 000 万部，但它仍然没有动摇键盘手机的根基，创新产品的滞后效应仍在起作用。在当年的全球手机销量统计中，iPhone 仍被归类为其他。

2008 年 9 月 23 日，安卓气喘吁吁地跟上了 iPhone 3G 的脚步，鲁宾成功说服了一家名不见经传的手机厂商 HTC，生产了第一款安卓手机。这一年，iPhone 3G 销量突破 2 000 万部大关，刚刚上市的安卓 HTC 出货量不足 1 000 万部。在当年全球手机销量 12.1 亿部面前，攻方仍然显得势单力薄。

这似乎印证了鲍尔默的预测，苹果只是一个利基市场的玩家，只会在整个手机市场扮演一个小角色，就像它在个人电脑行业那样。这一结果，让那些本来顾忌苹果手机的厂商松了一口气，看来 iPhone 不过是雷声大、雨点小的玩家而已。

从 2007 年到 2009 年，攻方阵营中 iPhone 3G 已经在手机市场征战三年，而安卓费尽周折也只招募到一位孤零零的伙伴 HTC。此时攻方的队伍倒是很像堂吉诃德和桑丘，看似来势汹汹，实则不堪一击。

而守方阵型岿然不动，以诺基亚为首的五大手机厂商仍旧人声鼎沸、门庭若市。

弃暗投明的中场

回顾这场手机市场的世纪之战，我脑海里突然涌现出一幅老鹰捉小鸡的画面。你看，iPhone 为鹰，而安卓拽着 iPhone 身后的衣襟，正在围猎以诺基亚为首的“小鸡”群，其后依次排着三星、摩托罗拉、LG、索爱，以及黑莓和微软等庞大的鸡群。

两只老鹰扎着马步，屏息静气地盯着身形高大的诺基亚身后的“鸡阵”，iPhone 辗转腾挪的目的就是吃掉“小鸡”，而安卓则是为了俘获“小鸡”，以便给它们安装安卓的软件，并且劝其加入自己的阵营。在 2009 年，iPhone 吃掉了一些体弱的“小鸡”，而安卓则捉到了排在队尾的一只“小鸡”HTC，为其安装了安卓。这样，老鹰的队伍就多了一位成员，安卓 HTC。“鸡阵”出现了一点小小的骚乱，很快定下神来。但是老鹰们仍然没有罢休，继续寻找猎物。

这场攻方发起的围猎绝非儿戏，而是一场你死我活的殊死搏杀。

在攻方阵营中，iPhone 是定海神针一样的存在，自顾自地以年为时间单位迭代创新，仿佛过五关斩六将的关云长，在手机市场如入无人之境。鲁宾则有些坐立不安，安卓已经高调与芯片厂商、设备厂商、电信运营商和手机厂商缔结了阵容豪华的产业联盟。但是，作为一个操作系统，它还必须说服更多手机厂商预装安卓，才能成为一件完整的武器，继而实现手机行业标准操作系统的宏大愿景。

幸运的是，销量不俗的安卓 HTC 作为一匹黑马，已经引起了其他手机厂商的注意。此时，鲁宾正在苦苦搜索下一个入局安卓的目标，最好是五大手机厂商中的一员。

其实，上帝之手正在将“鸡群”中五大手机厂商中的一位推到鲁宾面前。

就在 iPhone 手机高调登场之时，键盘手机阵营当中，正上演着一场暗自角力的惊险搏杀。

来自北欧芬兰的诺基亚遥遥领先于其他公司，称霸手机市场超过 10 年，市场份额从未低于 35%。可以想象的是，很多公司都会觊觎诺基亚的王者之位。

摩托罗拉公司的管理层一直认为，他们才是移动通信的缔造者，丢掉手机市场的领导者地位是一种耻辱。因此，历任摩托罗拉高层一直在伺机夺回手机行业霸主的地位。2007 年，摩托罗拉 CEO 詹德受到“刀锋”系列手机销量大增的刺激，认为和诺基亚决战的时刻到了！他勒令公司全力以赴冲击市场份额，看上去效果显著。摩托罗拉这一年市场份额陡增至 21%。面对摩托罗拉的步步紧逼，诺基亚管理层不禁惊出一身冷汗。谁曾想，这一刻却定格为摩托罗拉最后的疯狂，它此后便一蹶不振。原因也不难寻找，摩托罗拉并非靠系列产品创新逼近对手，而是依赖不可持续的价格战。

2008 年，摩托罗拉榨干了“刀锋”系列手机的最后一丝红利，市场份额断崖式下滑。凶悍的三星借势掠夺了摩托罗拉手机行业第二的位置，就在后者喘息未定之时，另一家韩国厂商 LG 又开始觊觎摩托罗拉手机销量第三的地位，正欲取而代之。

就在这段时间，摩托罗拉移动迎来了一位新掌门——桑杰·贾，他是高通公司前 CEO，对电信软硬件均有深刻的理解。桑杰回忆了他到摩托罗拉上班第二天的情形：“我坐了三个小时，观察每样物品，目瞪口呆——那里没有智能手机。”显然，桑杰此时已经敏锐地意识到，三星、LG 固然不好对付，但是，以 iPhone 为首的触屏手机才是摩托罗拉的真正对手。

桑杰进一步了解到，摩托罗拉的技术底蕴是如此深厚，居然是智能手机多个领先技术的最早开发者！公司最先使用了 QWERTY 键盘、彩色屏幕和触摸技术。天知道摩托罗拉将这些足以改变世界的技术用在了何处，公司内部的官僚体系又是怎样阻碍这些技术成为伟大产品的。与此同时，摩托罗拉和其他功能手机巨头一样，遵循传统工业的一项法则，相信用户的需求是多样化的，所以尽可能多地推出花样繁多的新产品。因此，摩托罗拉的手机产品多达几十种。

乔布斯在创新领域一项被低估的举措，是在同一时间只专注研发一款产品。这样一来，公司就可以将设计、软件、硬件、供应链和营销上的所有优势都集中在这款产品上，以确保其绝对的领先性。可能乔布斯相信，相对于个性化而言，用户会偏爱体验更加卓越的产品。

桑杰决定照猫画虎，倾全公司之力，做出一款和 iPhone 媲美的手机。写到此处，我不由得赞叹桑杰的睿智，他无视高高在上的诺基亚和趁机反超的三星，而是将尚未成为霸主的 iPhone 作为假想敌。桑杰力排众议，计划开发一部基于安卓的手机。

摩托罗拉这样底蕴深厚的大厂，在这个时点选择安卓，其实面临着巨大的压力。摩托罗拉“刀锋”系列手机已是强弩之末，冲击诺基亚霸主地位已经带来巨大的亏损，雪上加霜的是，公司的市场份额出现了从未有过的断崖式下滑。

解决这种内外交困的方法何在？

回到那个时点的摩托罗拉，公司至少有 4 个选项：塞班、自家操作系统、微软的 Windows Mobile 和安卓。那时塞班仍是首屈一指的手机操作系统，虽然摩托罗拉早已主动放弃了塞班，为了生存重新回归塞班可能属于上策；自家的操作系统一团乱麻，不用也罢；中策也许是彼时市场上使用率第二的手机操作系统 Windows Mobile，微软的后续服务能力毋庸置疑；相较之下，选择安卓可能属于下策了。因为，在市场上几十家手机厂商中，只有一家寂寂无名的小厂 HTC 投入安卓的怀抱，虽然安卓 HTC 销量不错，但是其成功是否可以延续？谁能给出答案？

我发现，商业史上的正确决策大都是力排众议的逆势而为，这次也不例外。

桑杰采用安卓的计划在摩托罗拉管理层引起巨大的反对声浪，果然大家的质疑主要集中在这个问题上：为何不选择世界上最大的软件公司微软开发的手机操作系统？我相信，那时桑杰无法给出合理的解释，他只好使出撒手锏，抛给董事会两个选择：采用安卓操作系统，或者完全关闭手机业务。谁敢关闭摩托罗拉的手机业务呢？瘦死的骆驼比马大。无奈之下，公司董事会以 4 比 3 的投票选择了安卓。

在“老鹰”一端，安卓正在虎视眈眈地寻找新猎物。在“小鸡”一端，摩托罗拉因为冲击市场份额第一而陷入窘境，急于寻找出路，恰好找到桑杰这位审时度势的新掌门，此君欲破釜沉舟拯救摩托罗拉，从而开出了采用安卓这剂猛药！鲁宾闻讯当然是大喜过望，立刻来到了桑杰身旁。

摩托罗拉挑选了 200 多名工程师，和鲁宾的安卓团队紧密合作，开发出一款叫 Droid 的安卓手机，并于 2009 年 10 月上市。在最初的几个月内，Droid 的销量甚至反超了 iPhone，同时使得亏损 4 年的摩托罗拉手机部门重新盈利。

我认为，Droid 的最大意义也许不在于摩托罗拉推出了安卓手机，以及绝地反击式的短暂成功。其更大的价值，是让其他正在观望的手机厂商意识到，安卓才是能够和 iPhone 并驾齐驱的操作系统。

在音乐领域，有些歌手一生似乎只有一首有名的歌曲，他们站在台上时，总是唱着同一首歌。在创新领域也有这样的人，桑杰以及鲁宾可能就属于只会一首歌的“歌唱家”，鲁宾的“名曲”当然是安卓。而桑杰呢，他的“名曲”似乎就是 Droid 这款摩托罗拉的安卓手机，这也是安卓操作系统的里程碑。令人唏嘘的是，桑杰推出了 Droid 之后仿佛换了一个人，默默地消失在人海当中，再无惊人之举。而摩托罗拉仿佛又回到过去那个官僚体系当中。甚至，摩托罗拉又回到了过往轻车熟路的机海模型当中，在推出了多款安卓机型后，摩托罗拉再度一蹶不振。

现在，老鹰阵营中已经有 4 位小伙伴：iPhone、安卓、安卓 HTC 和安卓摩托罗拉。安卓 HTC 和安卓摩托罗拉的大卖，已经严重动摇了“小鸡”

阵营的军心，在利益的驱动下，本来紧紧抓着诺基亚衣襟的三星悄悄地松开了手。

在2010年春天，三星集团会长李健熙决定在韩国水源成立专门小组，专攻安卓手机。我相信，李健熙的团队一定系统研究了整个老鹰阵营的崛起之路。作为一个小厂，HTC因为采用了安卓系统，立刻就能在强手如林的手机市场立足。摩托罗拉本已经是三星的手下败将，同样因为采用了安卓，新机的销量马上创了新高。这充分说明，在彼时的手机市场，安卓就是最好的手机操作系统。

但是别忘了，在老鹰阵营中，iPhone才是创新的源头。我猜想，三星团队一定将iOS和安卓做了详细的比较，同时他们一定解剖了iPhone、安卓HTC和安卓摩托罗拉。这种系统研究，一定会指向一个结论：表面上看，安卓机是三星下一代机型的样板。但是，为何不越过这些安卓机，直接借鉴他们共同的师父iPhone呢？

在今天看来，这些逻辑推理显得稀松平常。但是在当时，可能三星是唯一拨开迷雾，看到手机行业变革真相的企业。我无法向三星的水源研究团队证实上述研究的过程，我之所以坚信自己的判断，是因为从那时起直到今天，三星的打法从未改变：直接将历代iPhone作为唯一的假想敌。深思熟虑之后，三星决定研发一款以Galaxy为品牌的安卓机型，直接与iPhone竞争。

此时，行业内一件重大事件发生了。2010年6月，乔布斯亲自主持了iPhone 4的发布会。这款手机是iPhone上市以来最大的迭代创新，包括了100多项改进，乔布斯称之为史上最美的消费品。乔布斯在发布会上并未谈及的一个重大信号是，更多厉害的开发者已经被点燃，他们正在苦思冥想人们在移动端的杀手级应用，并且在世界各地敲响了代码。安卓手机也是这一趋势的受益者，因为开发者在为苹果手机写好软件之后，转身就会再写一个安卓版本的软件。

有评论说，iPhone 4 是一款真正的划时代旗舰机，像一颗闪亮的星星划过天空，划破黑暗，为手机的未来发展指明了方向。这就表明，iPhone 4 为整个触屏手机奠定了新的硬件标准，也是触屏手机走向成熟并且即将占领整个消费者市场的里程碑。换言之，从这一刻开始，消费者即将抛弃所有键盘手机，奔向触屏手机的怀抱。

几乎在同一时间，三星也对外发布了第一代 Galaxy S 安卓手机，这款机器显示效果出众，机身超薄，硬件配置超群，仅仅 7 个月，出货量就超过了 1 000 万部。

初战告捷之后，三星再接再厉，在 2011 年 2 月 14 日西方情人节这天，正式发布了全球最薄并且号称是 iPhone 杀手的 Galaxy S2。这款产品让众多消费者对三星有了全新的认识，而三星手机也借此上升到一个新高度。

当然，当年问世的 Galaxy Note 引起了更大的轰动。此前，可能是受到了“便携”这种观念的束缚，包括 iPhone 在内，市场上所有机型的显示屏都没有超过 4 英寸。而 Galaxy Note 首次采用了 5.3 英寸的超大显示屏，挑战了人们的固有思维。同时，它逼迫 iPhone 在随后几年不得不推出大屏手机。三星引领的大屏时代，其实迎合了 3G 时代消费者巨大的潜在需求，那就是更好的娱乐和阅读体验。

我认为，三星在供应链上的优势以及设计上的大胆突破是其制胜的法宝。但是，被所有人忽略的深层原因是，在同时代的手机企业中，三星第一个看到了手机行业变革的内在原因和未来趋势：内在原因是苹果公司才是这次变革的源头，未来的趋势则是所有的键盘手机都会退出市场。当然，三星也曾经试图摆脱安卓的压制，独自开发一套触屏手机操作系统，但很快就发现这是一条死路，被迫再度回到安卓的怀抱。

在消费品市场，一些追赶者采取了卓有成效的跟跑策略，麦当劳与肯德基如影相随；百事可乐也会与可口可乐互相缠斗。那么，既然三星选择了 iPhone 这一标杆，在营销策略上，三星就开始了和 iPhone 捆绑炒作的策略。凡是在 iPhone 出现的地方，必然就有三星的 Galaxy。几乎每个人都会喜欢触屏手机，但不是每个人都会购买 iPhone，三星希望通过这种策略建立起一种消费者认知：Galaxy 就是安卓机当中的 iPhone！这种策略贯穿于产品设计和营销策略的整个环节，再加上三星的供应链优势，使三星在安卓机当中脱颖而出，成为领军企业。

如此看来，三星超越 HTC 和摩托罗拉就是顺理成章的了。到了 2011 年末，三星手机逼近了诺基亚的市场份额，实现反超指日可待。总结起来，三星只是做对了一件事：果断采用安卓，并且志存高远地将 iPhone 作为追逐目标。

现在，“老鹰”阵营如虎添翼，有 iPhone、安卓、三星、摩托罗拉以及 HTC 等。仅仅一个三星，就已经和诺基亚平分秋色。“小鸡”阵营闻讯大惊失色，队形顷刻大乱。雪上加霜的是一个更加不可思议的事件发生了，这给“小鸡”阵营带来了最后的致命一击。

就在 2011 年 8 月，谷歌突然宣布出资 125 亿美元收购摩托罗拉，这一消息在业界产生了巨大反响。这意味着，未来摩托罗拉将成为谷歌的全资子公司。原先，iPhone 是一款封闭的软硬件产品，谷歌的安卓是一款开放的第三方软件产品。收购摩托罗拉之后，谷歌同时拥有了自己的软件安卓，以及自己的硬件摩托罗拉手机，将会和 iPhone 正面竞争。此时，乔布斯已经辞世，否则，看到这种局面，联想到当年他还将谷歌 CEO 施密特请进苹果公司董事会，他一定会怒不可遏。现在，就看蒂姆 · 库克将如何应对这一局面了。

事情的复杂性还在于，谷歌拥有了自己的手机硬件之后，先前采用安卓软件的三星和 HTC 一定会非常担心：谷歌过往只是单纯的软件供应商，现在则成为直接竞争对手，未来，在安卓软件升级时，谷歌当然会照顾自己的“亲儿子”摩托罗拉。无论如何，采用竞争对手的操作系统，都是一件异常凶险的事情吧。事后，尽管谷歌出面安慰三星和 HTC，说会让摩托罗拉保持独立运营，不会对其给予特殊的照顾云云，但谁会轻易相信这些承诺呢？

我们进一步分析一下谷歌收购摩托罗拉的动机，在拥有手机硬件的那一刻，谷歌已经偏离了自己的初衷：只做第三方手机软件，成为手机领域的微软。谷歌当然评估过如下风险：拥有自己的硬件之后，将会动摇刚刚形成的安卓阵营的军心。这起收购带来的混乱局面，将会波及彼时手机行业的每一个玩家，并且会影响谷歌自己未来的战略。谷歌同时拥有了自己的软硬件，还希望自己的软件成为行业标准，从长期看，两者的目标是互相冲突的，正所谓鱼肉和熊掌不可兼得。

聪明的谷歌管理层当然知晓收购摩托罗拉的种种风险，但是他们逆势而为之，深层原因何在呢？其实只有一个：为了摩托罗拉拥有的1.7万项专利！谷歌期望在手机领域扮演重要角色，这些专利将会是必不可少的保护伞。也许，谷歌管理层的想法非常简单：未来，保留专利，再度转卖摩托罗拉移动的资产，也是不错的选项。果然，长于软件的谷歌仍然玩不转日渐式微的摩托罗拉手机。正是摩托罗拉这位扶不起的阿斗，才没有让三星和HTC这些被绑架在安卓战车上的成员分崩离析，它们也许想，反正摩托罗拉算不上什么竞争对手，眼下又没有其他更好的选择，还是用安卓吧。

2011年，是以iPhone为首的触屏手机，向以诺基亚为首的键盘手机发起总攻的时刻。“小鸡”阵营中唯有三星看破了整个战局，采用安卓操作系统的同时，将自己包装成为安卓阵营当中唯一可以和iPhone比肩的手机，当然Galaxy系列产品也融入了三星强大的供应链优势，这一策略非常了得，旋即将诺基亚打了一个趔趄。

诺基亚CEO康培凯在接受英国《卫报》采访时承认：“的确，我们尚未推出令消费者心仪的高端产品，但是我们仍在努力。”就在这段时间，诺基亚董事会早已对康培凯失去耐心，正在私下物色新的CEO人选。

现在，攻防双方的战局出现了逆转，“老鹰”阵营当中，人声鼎沸、气势如虹，谷歌收购摩托罗拉的噪声早就被三星的庆贺声淹没了。

而“小鸡”阵营中则四面楚歌、风雨飘摇，人人皆可看出，老大诺基亚手机的霸主地位已经岌岌可危。

丢盔卸甲的终局

在诺基亚身后，只剩下黑莓和同样日渐孤单的微软手机操作系统几位仁兄，还在坚守着风声鹤唳的键盘手机阵地。

手机主战场已经从欧洲迁徙到北美，可以想象，远在芬兰的诺基亚董事会陷入了不知所措的慌乱，他们的解决方案是解雇从内部培养起来的CEO 康培凯，聘请时任微软高管史蒂芬·埃洛普作为继任者。

我反复研读了诺基亚新任 CEO 埃洛普充满诗意的备忘录——“我们必须做出生死抉择”，试图找出他做出重大决策的逻辑依据。

埃洛普从一个“钻进燃烧的平台”的故事开始，类比诺基亚也身处一个充满危机的燃烧的平台的现实。这个故事的引入本身可能就是错误的，因为，根据埃洛普的描述，燃烧的钻井平台上的工人纵身跃入大海，最终获救。这给人一种强烈的暗示，诺基亚也将不可避免地跃入风高浪急的大海之中。我们无法设想，拥有数万员工的诺基亚跳进大海后，如何能够获救呢？

埃洛普谈到苹果时说，iPhone 占据了高端市场的主要份额，这是事实，而非分析。他也谈到了安卓，说这款软件正在演变为一个平台，将各种变革的力量吸引到自己身边，这同样是事实，而非分析。他也谈到了生态，声称目前的设备之战其实是生态之战，这个没错。但是，从他的叙述看，此人对生态的理解还非常初级。当然，埃洛普指出了人人皆知的问题：诺基亚没有可以与 iPhone 匹敌的产品。

从埃洛普备忘录上的言论可以看出，他完全没有搞清楚手机行业正在发生什么，以及未来将会发生什么，显而易见，他必然会将诺基亚引入歧途。诺基亚试图借助空降兵解决困境，这点没错，它想从手机变革的主战场美国找到 CEO 人选，也没错。但是，这位 CEO 来自微软，可能就大错特错了。微软无疑是一家令人尊敬的伟大公司，但是，微软的所有优势全部集中在电脑软件领域，它在手机操作系统的布局远远落后于当时的 iOS 和安卓。而且，微软从未涉足手机硬件领域。因此，来自微软的埃洛普可能是一位电脑软件专家，但是他对手机软件所知不多，对手机硬件更是一窍不通。可以想象，诺基亚在遴选 CEO 之时，是多么匆忙和慌乱，从一开始就犯了常识性的错误。

我们不妨站在诺基亚的视角，回顾一下他们的危机是如何发生的。2007 年，iPhone 发布，2009 年安卓才携手名不见经传的 HTC 正式入局。起初的三年，iPhone 可谓雷声大、雨点小，乔布斯信誓旦旦地说要重新定义手机，但是落实到市场份额上，iPhone 只是手机市场的一个小角色而已。而安卓看上去像一个匆忙上阵的追随者。

在诺基亚称霸手机市场的十多年中，这样的变故它见得多了，这不，诺基亚刚刚收拾了试图挑战自己"王位"的摩托罗拉。现在，又来了两位自不量力的挑战者：苹果和谷歌，看上去也不难处理。

手机市场的巨变集中发生在 2007 年至 2011 年这 5 年当中，任何编剧都无法构思出这其中的戏剧性：前三年的"战争"像是演习一般，观战者都会感到无趣之极。谁曾想，随后两年，战局突变，挑战者猝不及防地发起总攻，阵地瞬间易主。

这 5 年当中，iPhone 的成长曲线看起来非常稳健，最后也只是占领了 20% 左右的市场份额。而安卓的成长曲线则异常陡峭，市场份额从无到 50% 只用了三年。我们由此可以断言，是安卓终结了诺基亚的手机霸主地位。

你看，安卓的进攻路线如下：2009 年，安卓低调进场，只有一家孤零零的手机厂商 HTC 预装了安卓；2010 年，安卓手机陡然逼近诺基亚手机的市场份额；2011 年，安卓手机一举超越诺基亚！我认为，这种戏剧性的变化，甚至远远超出了安卓之父鲁宾最乐观的预期。因为，安卓此前经历了长达 8 年的漫长煎熬，一路跌跌撞撞，数次险些夭折。

当初诺基亚董事会就是在这千钧一发之际，做出了临阵换帅的举动，试图借助外力挽回令人不知所措的败局。于是，埃洛普临危受命担任 CEO，我在他的备忘录中，只读到了一个有用的关键词——燃烧，即诺基亚正处在一个燃烧的平台之上。但这是世人皆知的事实而已。

在危机面前，指出问题从来不是要点，关键是接下来怎么办。

彼时的诺基亚正处在十字路口，必须尽快做出生死抉择：

1. 继续使用塞班，或者是与英特尔合作开发的 MeeGo 操作系统。
2. 放弃塞班，押注微软的 WP（Windows Phone）操作系统。
3. 像三星一样，采用安卓操作系统。

只有做出上述选择之后，才能谈得上如何研发一款可以和 iPhone 以及 Galaxy 匹敌的产品，夺回失去的市场份额。此时，诺基亚不缺技术，不缺工程师，不缺供应链，不缺品牌，不缺销售渠道，唯独缺少能够审时度势，做出正确抉择，同时可以力挽狂澜的伟大人物。

显然，埃洛普不是这样的正确人选，他一番鼓噪之后，将诺基亚的救命稻草指向自己的老东家，这一点也不奇怪，因为他刚刚走出微软的大门，熟悉微软的一切。这就意味着，诺基亚将放弃塞班，押注于 WP，可以想象的是，只有一个人心里乐开了花：微软彼时的 CEO 鲍尔默先生。

我感到疑惑不解的是，从始至终，诺基亚似乎从未考虑过安卓这个选项！2011 年之前，这也许可以理解，诺基亚舍不得自家使用了 10 年之久的塞班。但是，他们没有看到一个显而易见的事实吗？手机市场的赢家都出在采用安卓系统的企业当中，尤其是三星，正是采用了安卓之后三星才将诺基亚打翻在地的。安卓是一个开源的操作系统，谷歌肯定不会限制诺基亚使用安卓，反而会张开怀抱欢迎。

而微软呢？没有一家手机厂商因为采用WP而赢得竞争，一个案例都没有！

为何埃洛普能够说服诺基亚董事会，在弃用塞班后，放着安卓这条康庄大道不走，反而孤身一人，昂首挺胸地走向微软这条死胡同呢？彼时除了诺基亚，几乎所有的手机厂商都投奔到了安卓的阵营。

但是，在埃洛普看来，未来手机市场的格局至少属于iOS、安卓和WP，三分天下，每一个操作系统都会孕育一个强大的手机厂商，iOS是iPhone，安卓是三星，而WP则将是诺基亚。这无疑是一个美好的蓝图，但是有一点疏忽，iOS和安卓是触屏手机的操作系统，而且集结了庞大的应用软件开发者。那么，市场上是否还有WP的立足之地呢？

在个人电脑市场，微软是无法撼动的垄断者。但是在手机市场，微软只是一个和诺基亚同病相怜的失败者。从当时埃洛普的言论看，他对安卓的理解非常不到位，误以为安卓只是三星的专属操作系统，或者安卓操作系统只能有一个手机赢家。这真是匪夷所思的想法。"当时我们所担心的是在安卓领域可能会出现一家占据统治地位的硬件厂商，这对我们来说是有相当大的风险的。"埃洛普如此分析说。

我们类比一下个人电脑行业，Windows是行业标准操作系统，那么采用Windows的电脑厂商只能有一个赢家吗？这显然不是事实！埃洛普来自微软，怎么会不明白，安卓就相当于电脑行业的Windows，假设诺基亚采用安卓，它完全可以做出和Galaxy比肩的手机产品啊。更重要的是，安卓诺基亚产品立刻就能共享现成的应用软件生态。回顾这段历史，我们就会发现，诺基亚的悲剧就在于一错再错的战略选择，而且他们错的几乎都是基本的商业常识。比如，当三星发现摩托罗拉选择安卓，并且获得了成功时，三星很快就做出了明智的选择。而当诺基亚发现，三星采用安卓取得成功时，它却得出完全相反的结论：我们应该采用 WP，才能和三星对抗。

我发现，当企业生死存亡之际，做正确的事永远比正确地做事更加重要！当埃洛普为诺基亚选择了一条错误的道路，采用 WP 操作系统，诺基亚就陷入了正确地做事的陷阱，它无论如何努力，都只是徒劳地挣扎而已。

2011 年 2 月 11 日，伦敦正被蒙蒙细雨笼罩，诺基亚和微软的高层却热情高涨，高调宣布双方达成全球战略合作伙伴关系，诺基亚承诺将全面采用 WP 操作系统。作为回报，微软也带来了厚礼：为此支付给诺基亚 10 亿美元，并承诺提供额外资金推广双方的 WP 手机。为了宣示决心，埃洛普甚至悄悄解散了塞班团队，这对全球塞班迷而言，一定是一个黯然神伤的日子。

我们有理由相信，合作伊始，诺基亚和微软都怀着必胜的信心全力投入产品研发。因为，仅仅几个月后，双方的合作成果就问世了。同年 10 月 26 日，诺基亚世界大会就发布了首批 WP 手机，他们还为这类手机命名了一个新品牌：Lumia。

显然，Lumia 是对标 iPhone 和 Galaxy 的高端手机品牌，那么这种手机应该如何归类呢？

市场观察家将这一时期的手机分为功能手机和智能手机，还声称，在 1994 年，美国南方贝尔公司和 IBM 推出的西蒙 PDA 手机（Simon PDA cellphone）就是第一款智能手机云云。我认为，这种分类造成了人为的混乱。如果上述手机也可以被称作智能手机，就意味着在 iPhone 发布之前，市场上就已经有了智能手机这个类别。那么我的问题是，iPhone 和上述智能手机有何区别呢？按照这种分类方式，iPhone 也只是一款新的智能手机而已。

如此看来，如何解释 iPhone 的十倍创新，以及它对手机行业带来的革命性变革呢？从创新的维度看，我认为 iPhone 和安卓才是智能手机的真正开端，此前的手机品类都可以归为功能手机，或者键盘手机。

在我看来，2007 年第一代 iPhone 以及 2009 年安卓 HTC 才是最早的智能手机，此后，安卓摩托罗拉和安卓三星都属于智能手机的范畴。经过反复斟酌，我为智能手机下了一个新的定义：触屏交互、开放的软件应用商店以及核心应用软件。iPhone 和安卓以年为单位的迭代创新同样重要，在这个过程中，其他竞争者一个无法追赶的硬性指标就是应用软件数量和质量。

上述分析就可以为 WP 操作系统和诺基亚的 Lumia 手机为何失败找到理由。在软件的友好度和功能上，也许 WP 还有可能照猫画虎地逼近 iOS 和安卓，但是，iOS 和安卓以指数级增长的应用软件数量和天文数字的用户下载量，是 WP 永远无法企及的。

从 2011 年至 2013 年，诺基亚和微软合作推出了数个呕心沥血的机型，全部都铩羽而归。

2012 年末，诺基亚已经身陷绝境：市场份额陡降至 14%，手机霸主的地位已经被三星取代，苦心经营多年的塞班操作系统被所有手机厂商弃用，硕果仅存的 LG、索爱早已不顾一切地投奔到安卓的怀抱。

在同期的全球手机销量排行榜上，诺基亚仍然勉强维持了前三的市场份额，但是各项财务指标非常难看，收入大幅下降，亏损不断扩大。原因很简单，在高端的智能手机市场中，iPhone 和安卓手机已将占据了 90% 以上的市场份额，诺基亚的 Lumia 和 WP 系列机型在这个榜单中几乎不见踪影。这就表明，在这几年中，诺基亚几乎都是凭借低端的功能手机苦苦支撑，而这种机型拥有低价格和低毛利，这才是诺基亚同期营收下降和持续亏损的内在原因。

一个危险信号是，在 2013 年，智能手机销量反超功能手机。这就意味着，诺基亚在智能手机市场毫无建树，而赖以生存的功能手机也走到了穷途末路。从市场数据可以看出这样的趋势，未来某个时点，功能手机就会整体消失，这一天正在逼近。

几乎所有人都可以一眼看出，诺基亚已经进入全面崩溃的倒计时。

但是，有一个大人物和众人的观点截然相反，他认为诺基亚遇到的问题只是暂时的，假以时日，诺基亚必然会英雄归来，此人就是彼时的微软公司CEO鲍尔默。为此，他在微软内部发起了一个投票：微软是否应该全资收购诺基亚？

在微软长达40多年的历史上，只有三任CEO，而且全部来自微软内部。可见，这家科技巨头在管理上的稳健的确非同寻常。据悉，在鲍尔默发起的收购诺基亚的投票中，有两个人对这笔交易投了反对票，一个是盖茨，另一位则是鲍尔默的继任者萨提亚·纳德拉。就是说，微软三任CEO中，有两位投了反对票。有目击者甚至说，盖茨为了反对这笔交易和鲍尔默大吵一架。

然而，鲍尔默居然无视来自内部和外部的巨大压力，力排众议、一意孤行地完成了对诺基亚的收购。人们普遍相信，这笔交易带来的失败，正是鲍尔默被迫辞职的导火索。

2013年9月3日，微软宣布以71.7亿美元收购诺基亚手机业务以及大批专利组合。收购完成后，将其更名为微软移动，并保留诺基亚品牌，同时其3.2万名员工将加入微软。

我们试着从正面理解一下鲍尔默收购诺基亚移动业务的逻辑。微软一直没变的野心，是成为标准的手机操作系统，然而经过了多年的辗转腾挪，都未能如愿以偿。可能鲍尔默认为，微软的WP好极了，但是手机厂商们不识货。微软唯有在诺基亚面临困境时才有机会低价收购。谷歌收购摩托罗拉的价格是125亿美元，而摩托罗拉在手机行业的地位远逊于诺基亚，那这个收购价格就很划算了吧。

如果全资拥有一个全球领先的手机品牌，微软就可以随心所欲地采用WP操作系统，并借此在手机市场占据一个主要份额。微软是最大的软件厂商，加上最大的手机厂商之一诺基亚，还干不过谷歌的安卓吗？

显然，鲍尔默此时仍然没有看到 iPhone 这款十倍创新产品的杀伤力，以及 WP 与 iOS、安卓渐行渐远，无法弥合的巨大差距。

有趣的是，埃洛普当年毫不犹豫地押注 WP 操作系统，一定让鲍尔默感到十分温暖。现在，埃洛普遇到滑铁卢，鲍尔默就投桃报李地抛出橄榄枝。这两位“眉目传情”之间，都先后赔上了自己的职业生涯。

微软很快就发现，收购诺基亚是一笔糟糕透顶的交易。这个阶段，从微软底层成长起来的纳德拉取代了鲍尔默，成为微软新任 CEO。和高大威猛、性格彪悍的鲍尔默相比，纳德拉显得温文尔雅，甚至看上去有些软弱可欺。谁曾想，纳德拉让天下人见识到，强势，并不需要伴随着咆哮激烈的言辞，不动声色之间同样可以表现出强势作风。我发现，有职业经理人背景的 CEO，往往有着极高的情商，能够在重大决策上做到态度坚决而又言辞温和。在这一点上，阿里巴巴的新任 CEO 张勇和纳德拉倒是有几分相似。

微软完成收购诺基亚的最后时间是 2014 年 4 月 25 日，几个月后，纳德拉就亲自宣布这笔收购交易是失败的！

通常，大规模并购交易都会有漫长的审批流程，以及严格设定的付款条件。我相信，微软在宣布这项并购交易失败时，可能刚刚向诺基亚支付完并购款项。这真是并购史上非常罕见的案例，一项花费如此巨大的并购交易，刚刚完成交割，收购方就宣布收购失败！这就意味着，微软刚刚向诺基亚支付了 71.7 亿美元，马上宣布买到的资产没有价值。同时，微软也将不会再投入资本推出微软移动，或者诺基亚品牌的手机了。好在微软家大业大，能够消化这笔交易失败带来的巨大损失，要是一般公司，早就被巨大的商誉减值拖垮了！

在《刷新》这本书中，萨提亚·纳德拉在总结整个事情的经过时说：“在我出任 CEO 几个月后，收购诺基亚的交易正式完成，我们的团队着力开发采用新设备和新操作系统且能提供新体验的 WP。但要收复我们已经失去的领地，为时已晚。我们已经被竞争对手远远甩在了后面。几个月后，我宣布这笔交易失败，并计划裁员 1.8 万人，其中大部分是因为这次对诺基亚设备和服务部门的收购。”

为时已晚，以及被竞争对手远远甩在后面，这种竞争分析应该属于并购之前要做的功课吧。当然，这一失误的全部责任在鲍尔默。

接下来，纳德拉总结说：“领导者可以从诺基亚并购交易中学到很多教训，收购低市场份额的公司一向充满风险。进军移动计算领域，我们最需要的是全新的、与竞争对手区隔的战略。”

纳德拉深知长痛不如短痛的道理，微软倘若继续押注诺基亚手机业务，最终的结果只是在 71.7 亿美元的基础上烧更多钱，并且证明已经知道的事实，那样纳德拉还会毁掉自己的职业信誉。幸好，纳德拉未来将会证明，他本人比 71.7 亿美元要值钱得多。纳德拉拯救微软的方式，正是他所说的“全新的、与竞争对手区隔的战略”。

本书写到此处，我刚好读到一则新闻。比尔·盖茨在接受采访时突然说，他此生最大的失误是让自己损失了 4 000 亿美元！盖茨表示，这一错误就是给了谷歌推出安卓这一“标准化的、非苹果阵营的手机操作平台”的机会。盖茨还说：“给予非苹果操作系统的机会只有一个，它值多少钱？（如果这个机会属于微软，）将会有 4 000 亿美元从谷歌转移到微软公司。”

这就相当于，盖茨为微软 WP 的失败估算了一个具体价值：4 000 亿美元。我们不妨抽丝剥茧地分析一下盖茨言论当中蕴含的深层次内容。

第一，这则新闻发布的时间是 2019 年 6 月 24 日。这时，微软在新 CEO 萨提亚·纳德拉的带领下，已经成功转型，微软的市值超过万亿美元，和苹果公司市值已经在伯仲之间。我猜想，盖茨一生最大的失误所带来的痛楚，其实在他的内心深处已经埋藏很久了。之所以在这个时点才能坦然面对，是因为此时的微软已经完全度过这种失误带来的长期低迷，他多年的心结才得以打开。

第二，谷歌新增的 4 000 亿美元的投资回报如何？盖茨认为，在谷歌的市值当中，安卓最少值 4 000 亿美元。谷歌当年收购安卓的价格是 5 000 万美元，假设盖茨的测算是公允的话，那么这项收购给谷歌带来的投资回报就是 8 000 倍！难怪，鲁宾因为性丑闻被迫离开谷歌时，谢尔盖·布林顶着巨大的舆论压力，支付给鲁宾一笔巨额“分手费”。这是因为，谢尔盖知道，鲁宾的安卓给谷歌带来的价值实在太过巨大，有些不好意思罢了。

第三，盖茨把这次失误概括为，微软没有做出“标准化的、非苹果阵营的手机操作平台”，这是我能想到的对安卓最精准的定义！因为，盖茨深刻地认识到，iOS 才是真正的十倍创新和新的行业标准。但是，乔布斯仍然固守封闭的端到端的策略，就给开放的、标准化的非苹果阵营的手机操作系统留下了一个巨大机遇，这和当年的麦金塔与 Windows 如出一辙。所不同的是，盖茨抓住了那次天赐良机。盖茨多年称霸世界首富的地位，难道不是拜 Windows 所赐吗？我们甚至可以说，如果没有 Windows，今天的微软都可能不复存在了吧。

第四，现在，我们可以进入实质性的问题：微软的 Windows 在个人电脑行业成为标准化的、非苹果操作系统，他们怎么会错过手机领域高达 4 000 亿美元的巨大蛋糕呢？事实上，微软是全球最好的软件公司，他们的核心业务就是研发和运营标准化的软件，他们最有经验，最有钱，工程师最多，微软在自己的主场，怎么会输给名不见经传的鲁宾呢？在微软，像鲁宾这样水准的软件工程师可以说车载斗量吧。对此，盖茨轻描淡写地说，微软的失误在于管理方面，这一点我不敢苟同。

找到微软错失“标准化的、非苹果阵营的手机操作系统”的真正原因，难道不可以成为一篇工商管理学的毕业论文吗？有多少此类论文涉及 4 000 亿美元的机会呢？我愿意在此做出尝试。因为，这刚好和本章的主题非常契合。

事实上，微软是最早看到移动操作系统的机会，并且开始行动的公司。

早在 1997 年，微软就发布了针对移动设备的操作系统 Windows CE 1.0，微软的如意算盘是，先占领手持电脑市场，然后再渗透到手机市场。这样，微软就可以复制其在个人电脑领域的经验，将 Windows CE 发展为整个移动终端的标准操作系统。微软做手机操作系统，手机厂商做硬件，然后微软向手机厂商收取系统授权费，这样微软的疆域就会从个人电脑延伸到市场更大的移动领域，显而易见，这是一个无懈可击的完美计划。

我们现在就来复盘一下，武装到牙齿并且“起了个大早”的微软，是如何一步一步输掉这场价值 4 000 亿美元的牌局的。

第一局：微软 vs. 塞班。

结果：微软败。

1997 年，盖茨刚刚终结了一场世纪大战，通过不断迭代的 Windows，他带领微软牢牢控制了个人电脑市场。我发现，盖茨的远见在同时代的企业家中无人能及，他没有错过任何可能捕捉到的重大机遇。这一次，仍在担任微软 CEO 的盖茨嗅到了手机操作系统的味道，于是，他想复制在个人电脑领域的经验，从最大的手机厂商诺基亚入手。也许他想，只要诺基亚采用了微软的 Windows CE，微软就可以各个击破其他手机厂商，逐步占领整个手机市场。

想到此，盖茨就向诺基亚频频示好，希望对方能够接受 Windows CE，成为第一个采用微软手机操作系统的大厂。

我想，诺基亚的管理层一定认真研究过微软在个人电脑领域的做法，即微软是如何通过搞定 IBM 而垄断了整个行业的。诺基亚和当年的 IBM 不同的是，IBM 没有操作系统，整个机器就玩不转。而诺基亚在没有操作系统的前提下，已经成为手机行业的霸主。在这种情形下，诺基亚当然不愿意受制于人。

也许，盖茨的急迫心情反而提醒了诺基亚管理层，既然诺基亚不愿意和微软合作，就应当拥有自己的操作系统才对。我认为，这才是诺基亚联手爱立信、摩托罗拉共同成立塞班公司的背景，塞班的成立时间是 1998 年，恰好是盖茨主动洽谈合作的那段时间。历史的经验告诉我们，彼此直接竞争的对手建立的联盟没有一个可以长期持续，塞班当然无法逃离同样的宿命，最终沦为诺基亚独家的操作系统。

刚刚成立的塞班，就相当于三大手机厂商联手公开向微软宣战的信号，他们将会用自己专属的操作系统对抗微软的产品。这就相当于，当年的 IBM 联手戴尔、惠普电脑共同成立一家软件公司，开发自己的操作系统。微软并没有退缩，而是采取农村包围城市的方式和塞班周旋起来。

直到 2007 年 iPhone 发布，在手机操作系统的角逐中，塞班以超过 70% 的市场份额，完胜微软的手机操作系统（此时，微软操作系统已经更名为 Windows Mobile，再后来又换成 WP）。大多数主流手机厂商都对微软的手机操作系统保持警觉，其市场份额徘徊于 20% 上下，当然是前路渺茫。这就表明，在整个功能性手机时代，Windows Mobile 就已经完败于塞班。

第二局：微软 vs. 安卓。

结果：微软再败。

2008 年 6 月，比尔 · 盖茨宣布退休，这就表明他应该为微软输掉和塞班的角逐负责。可能是因为准备退休了，盖茨一向敏锐的商业触角有些迟钝了，他没有发觉 iPhone 所蕴含的巨大威力。

这边，盖茨正在踌躇满志地准备解甲归田，微软在个人电脑领域的垄断地位已经将公司市值推向新高，同时盖茨早已成为世界首富；那边，雄心勃勃的鲁宾正在带领团队夜以继日地修改代码，向 iOS 的核心功能无限逼近。旋即，风雨飘摇的 Windows Mobile 将迎来一位新的竞争对手——同为第三方手机操作系统的安卓。

2008 年正式上市的安卓其实腹背受敌，正面是以诺基亚为首的三大手机厂商支持的塞班，侧面是微软的 Windows Mobile。关键是，所有的手机厂商都有现成的操作系统可用，因此安卓很难找到第一个吃螃蟹的人。好在安卓搞定了企图转型的 HTC，未曾想，搭载了安卓的 HTC 手机居然大卖。

对任何第三方手机操作系统而言，如果其市场份额不能越过 50% 这个分界线，最终都很难独立生存。因为，到竞争结束，尘埃落定之时，第三方手机操作系统只会剩下一家。从这个角度看，安卓的首要对手并非彼时的 Windows Mobile，而是处于垄断地位的塞班，只有打败塞班，安卓才能立足，届时 Windows Mobile 之患也就顺带解决了。

我们这里不妨用第一章中的万物创新模型来分析一下这场手机操作系统之战。万物创新模型的第一阶段是横空出世，即一个足以引发行业变革的全新事物诞生了。创新主导者研发出一个从无到有的新产品，一个新增市场正在形成。

显而易见，此处的创新主导者就是苹果公司，而其研发的新产品就是 iPhone 和其专属的操作系统 iOS。乔布斯说过，iPhone 重新定义了手机，主要是指对多点触控技术的完美应用，以及对虚拟键盘的巧妙设计等。这里的新增市场就是以 iPhone 为代表的智能手机市场。

万物创新模型的第二个阶段是群雄逐鹿引发的竞争，即看到巨大的新增市场之后，复制创新者以及上一代行业领先者都会加入竞争的行列，试图围猎创新主导者，抢夺胜利果实。此处，复制创新者就是安卓，它竭尽全力复制创新主导者 iOS 的核心功能，但是在运营策略上，又和 iOS 相反。上一代领先者则包括塞班体系内的诺基亚、爱立信和三星等，或者，我们也可以勉强将 Windows Mobile 归为上一代领先者。

听上去有些乱，我们进一步理清一下竞争格局。iPhone 和 iOS 作为创新主导者，采取端到端封闭的经营策略。安卓作为创新复制者，采取开放的经营策略。但是，二者都代表了智能手机阵营，先后杀入功能手机的地盘。因为，要打开智能手机这个新兴市场，首先必须除掉整个功能手机市场。

功能手机阵营以诺基亚领衔的塞班体系为主，加上 Windows Mobile 手机和黑莓手机被迫奋起反击。

事实上，这是一场围绕着手机领导者地位的生死之战，群雄逐鹿的混战已经打响！从实力对比看，智能手机阵营的玩家苹果和安卓必须从零起步，而功能手机阵营的玩家诺基亚、三星和摩托罗拉等已经手握每年 10 亿部手机销量。

从双方的实力对比来看，iPhone 属于十倍创新者，而诺基亚、三星、摩托罗拉和 WP 都属于行业巨头和既得利益者。这时候，我们必须记住盖茨的定义，安卓是市场上唯一“标准化的、非苹果阵营的操作系统”。这就意味着，安卓就是通过复制创新形成的开放的 iOS，具备了十倍领先于对手的巨大优势，而同期的塞班、WP 等来源各不相同，都和 iOS 差距很大。

因此，只要安装了安卓的手机都会立刻大卖的现实，使得越来越多的手机厂商弃暗投明，投奔安卓。当三星的惊世大作 Galaxy 终于将安卓的性能发挥到极致之时，战争就结束了。先是塞班崩盘，然后是诺基亚和微软达成战略合作，以及后来微软收购诺基亚做最后一搏，这些都已经无济于事。

安卓其实干掉了市场上除了师父 iOS 以外的所有操作系统，成为唯一“标准化的、非苹果阵营的操作系统”。这是 2011 年的事情。在 2011 年至 2014 年，诺基亚和微软联手做了一些垂死挣扎的事情，之后由纳德拉宣布偃旗息鼓，挂免战牌。

于是，微软就这样将这一价值 4 000 亿美元的手机操作系统拱手送给了安卓。

到了 2014 年，iPhone 和安卓几乎统一了整个手机江湖，打败了所有对手。市场上只剩下一位“末代皇帝”——加拿大的黑莓手机还在勉力维持。

又过了两年，黑莓也不得不宣布退出市场。

从 2007 年开始的由 iPhone 十倍创新引发的价值万亿美元的手机市场商战，到了 2016 年，随着黑莓的倒下，就全部结束了。

以下是被“苹安方舟”抛下的巨头。

移动通信领域的缔造者摩托罗拉，在市场份额陡降、巨额亏损的背景下，被连续出售，先是卖给谷歌，然后又被卖给中国的联想集团，逐渐沦为一个可以被忽略不计的手机玩家。

2G 时代的王者诺基亚，被日渐强大的安卓阵营打得狼狈不堪，卖给微软之后被打入冷宫，最后被微软转卖给一家小公司，勉力维持一个小众市场。在诺基亚一路加持之下，曾经占据市场主导地位的塞班操作系统，在被诺基亚弃用之后就无人问津，成为安卓的阶下囚。

加拿大国宝级黑莓手机，曾经横扫美国政商高端市场多年，苦苦支撑到最后一刻，骤然倒下。

个人电脑的唯一统治者微软，也是最早涉足手机操作系统的大鳄，一败再败，最后憋红了脸，为本已无可救药的诺基亚抬了轿子，白白花费了 71.7 亿美元，很不体面地离场。

还有，五大手机厂商中，索爱变成了索尼，日渐没落；本来气势汹汹的 LG 也逐渐掉队，一蹶不振。

站在领奖台上的赢家，是这次创新商战的发动者 iPhone，复制创新者安卓，以及鲤鱼跳龙门的三星。三星，作为上一代五大手机巨头中唯一的自我救赎者，晋升为全球手机销量之王。

这一切，都源于乔布斯主导的一次骇人的十倍创新的伟大产品 iPhone，和其以年为单位的迭代创新。

谁也无法预想的一个结果是，数年之后，中国手机军团聚集力量，将会整建制地取代摩托罗拉、诺基亚、LG 和索爱这些被抛下方舟的巨头，填补它们留下来的空缺。这是另一场让人心仪的佳话。

19 数字化率：摧毁了整个胶片行业

令人仰望的巅峰

作为创业家，谁不梦想自己创办的企业能够穿越历史的迷雾，成为一家百年老店呢？但是现实的情形是，大多数企业在创办的最初几年就夭折了。我发现，侥幸存活下来的企业竟然和人类的寿命有些吻合，只有极少数企业的寿命超过了百年。我们冷静下来审视一下，一家生存了百年的企业可能要经历管理层的更替和传承，行业竞争，持续不断的创新，世界大战，国家政权的更迭，经济大萧条等，正如同人类或迟或早会面对疾病的侵袭，企业也会面对来自内部和外部层出不穷的枪林弹雨。

所以，百年企业和百岁老人一样，都是世间极为稀有的珍宝。

柯达，正是这样一家寿命高达130年的美国国宝级公司。柯达的崛起，并非通过掠夺他人的财富或者压榨员工的利益。正相反，柯达是通过年复一年的创新，开创并且垄断了摄影这个行业的。因此，柯达才是创新领域弥足珍贵的经典案例。

早在乔治·伊士曼之前，英国人就发明了湿版曝光摄影技术。在23岁那年，伊士曼买了一部照相机，体验了一下湿版摄影的过程，他认为照相所使用的湿版太麻烦了，难怪摄影还是一个小众行业。彼时，伊士曼只是一家银行职员，没有任何化学知识，但是，他坚信自己能够找到一种让摄影更简单的办法。于是，他在母亲的厨房里夜以继日地研究了两年，终于发明了干板曝光乳剂，并且注册了专利。

伊士曼决定辞职创业，他找到一位制造商合作伙伴，二人共同成立了伊士曼干板公司。这是1880年的事，也是摄影行业大规模商业化的开端。又过了几年，伊士曼发明了引发摄影行业革命的十倍创新——胶卷，他再接再厉，推出了携带感光胶卷的小型照相机和那句著名的广告语："你只需按动快门，剩下的交给我们做。"伊士曼为自己发明的胶卷起了一个响亮的名字“柯达”，他太喜欢这个品牌了，于是干脆把公司名称改为伊士曼柯达公司。

倾其一生，伊士曼从未改变的一点是，践行让摄影更简单这一理念，并且将这种持续不断的创新文化注入柯达公司的血脉。让人非常震惊的一点是，柯达的继任者们把这种创新文化坚守了百年之久，其结果是，摄影行业中大多数发明都来自柯达！甚至，最终葬送柯达的数字技术产品，也是柯达的作品。

他们发明了勃朗宁盒式相机，售价仅仅1美元。勃朗宁相机不仅价格低廉，而且简单易用，彻底改变了人们对于照相机是庞大、昂贵之物的印象，一下子让摄影惠及普罗大众。因此，勃朗宁和其后续迭代创新产品居然持续销售了半个世纪之久。

接下来，他们又发明了彩色胶片柯达克罗姆，这是全球第一款取得商业成功的彩色胶片，从1935年上市，克罗姆胶片共生产了74年，这种胶片定格了无数世界级经典照片。

1963年，柯达再次推出了傻瓜系列相机，这种相机可以在任何自然环境中打开相机后盖更换胶卷，进一步简化了摄影者的操作。柯达傻瓜系列相机创下了照相机销量的世界纪录，从1963年至1970年，柯达共出售了超过5 000万部傻瓜相机。

吉列可能是产品多次销售的先驱，他们亏损销售吉列剃须刀架，售价只是其成本的1/5，而剃须刀片的售价是成本价的5倍。伊士曼很早就为柯达设计了类似于吉列剃须刀的商业模式，压低照相机的销售价格，最大限度地扩大用户基数，然后在胶片销售和洗印费上获取利润。百年以来，无论柯达如何创新，它始终没有偏离这一商业模式。正如更换刀片才是吉列的商业核心一样，销售胶片和洗印服务才是柯达商业体系的根基。

纵观美国的创新史，你会发现很多这样的公司，它们通过创新占据了美国市场，然后通过全球化垄断了整个行业，也许垄断还不能概括这类公司的强势地位，它们甚至就相当于一个行业的代名词。柯达就是这样的公司，柯达就等于摄影，它集行业的缔造者和垄断者于一身。

在占据了大众摄影市场之后，柯达还成功地渗透到专业市场。柯达创造了胶片之后，一些创新者就在思考，胶片除了用于拍照，也许还有其他可能性。你看，发明家爱迪生正是借助柯达胶片，发明了电影摄影机，这样柯达顺理成章地侵入了电影胶片市场。同样，德国物理学家伦琴发现了X射线，然后，伦琴也采用柯达胶片拍摄了世界上第一张X光照片，于是，柯达顺藤摸瓜地进入了医疗领域。

伊士曼的厉害之处在于，他不仅仅是一位多产的发明家，还是一位业绩卓著的企业家。他为柯达建立了源远流长的价值观：让摄影更简单。他为柯达设计了以胶片销售和洗印服务为核心的完美的商业模式。在打造公司品牌的手段上，伊士曼同样富有远见，朗朗上口的柯达品牌和让人过目不忘的广告语都是伊士曼的杰作。早在1896年，伊士曼就开出支票，让柯达成为在希腊举行的第一届现代奥林匹克运动会的主要赞助商。摄影和运动本来就有天然的交集，当柯达和世界第一运动会产生了某种关联，当然柯达就成了世界顶级消费品牌。虽然伊士曼日后选择了极端的方式离开了这个世界，但柯达的创新血脉和商业核心还是一代又一代地传承了下来，这真是一个奇迹。在现实世界，大多数有名的企业，甚至在创始人健在之时，也无法为自己找到一位合格的继任者。

我们无法想象，如果没有柯达创造的影像行业，人类的生活将会失去多少珍贵的记忆。我们用影像记录了战争的残酷，以便警醒后人；我们用影像记录了运动之美，以便激励人类挖掘自身的潜能；我们用影像记录了登月的瞬间，以便开启更多的太空探索；我们用影像拍摄了壮丽山河，以便足不出户就能看到世界之美；我们用影像制作出梦幻般的电影，以便拓宽人类的精神世界；我们用影像透视人体，以便治愈更多疾病。

对每个家庭而言，影像就是一位娓娓道来的史家，它记录了生命的诞生，生日会，毕业典礼，婚庆场面，抑或是庄严的葬礼等。在 20 世纪 70 年代，你叩开任何一个美国人的家门，都会发现用柯达胶卷拍摄的温馨的照片墙和泛黄的家庭相册。对于影像服务，我们真的像伊士曼所承诺的那样，按下快门，然后交给柯达处理。

作为提供如此伟大产品和服务的公司，柯达在商业上当然成绩斐然。其业务包括面对大众和专业领域的摄影，以及医疗影像和商业影像，在上述业务中，柯达都占据了压倒性的市场份额。哈佛商学院一份研究报告显示，截至 1975 年，柯达垄断了美国 90% 的胶卷市场和 85% 的相机市场份额，也是全球五大最有价值的品牌之一。在某种意义上说，柯达就是那个年代的微软。

生死临界点

贝尔实验室堪称美国诸多信息技术领域的创新源头，就在 1969 年，贝尔实验室的两位科学家发明了 CCD（电荷耦合元件）原型，最初只是为了改进存储技术。随后人们认识到，CCD 可以利用光电效应拍摄并存储图像。

贝尔实验室这项成果触动了柯达应用电子研究中心一位工程师史蒂文·塞尚的神经，他开始浮想联翩，也许可以用 CCD 技术开发出一款电子照相机呢？在回忆这段历史时，塞尚就说："在当时，数码技术非常困难，CCD 很难控制，数码存储介质难于获取，而且容量很小。当时没有个人电脑，回访设备需要量身定做。这些难点让我们用了一年时间才完成这部相机。"

1975 年，史蒂文·塞尚带领两位同事研发出世界上第一部数码相机原型，他用这款一万像素的相机拍摄了一个孩子和小狗的黑白图像，这是首次没有采用胶片拍摄的影像。这款数码相机采用了卡式录音磁带，可以存储相当于一个胶卷的 30 张照片。塞尚回忆说："当原型机第一次展示给投资者时，他们询问这种产品何时可以成为消费品。我回答，要 15~20 年，这种产品才会走进普通消费者家庭。”从事后看，塞尚的判断相当精准。可以说，柯达公司对数码相机的技术研发还算积极，在 1979 年末至 1980 年初，柯达实验室就产生了 1 000 多项与数码相机相关的专利，从而奠定了数码相机的架构和发展基础。

有趣的是，塞尚研发出数码相机的 1975 年，正是世界上第一台个人电脑牛郎星推向市场的时候。以今天的眼光看，牛郎星和柯达这款数码相机都堪称“史前产品”，只有极少数人才会看到这些简陋不堪的产品背后所蕴含的巨大价值。

你看，牛郎星将要替代的产品是彼时像一个房间那么大的大型计算机，艾伦和盖茨一下子就看到其中的巨大机遇：个人电脑时代即将来临。而柯达这款数码相机，将要替代的产品则是柯达自己的胶片相机，更深层的含义是，摄影的物理原理将会被颠覆。

终极问题是，未来，数码相机是作为胶片相机的补充，还是最终的替代者？这一答案直接决定着柯达公司的抉择和命运。

这一次的预言家是柯达的前高管、罗彻斯特大学西蒙商学院教授拉里·马特森，他告诉《经济学人》，他曾经在 1979 年撰写过一份非常精准的报告，预测了市场不同部分将如何从胶片时代转向数码时代，首先是政府勘测机构，随后是专业摄影领域，最后是主流市场，到 2010 年全面普及。他的误差只有几年而已。

柯达在全球唯一的竞争对手——日本富士公司，在 1980 年也看到了危机的到来，他们制定了三管齐下的战略：尽可能地从胶片业务中抽离资金，为向数码时代的转型做好准备，并开发新的业务。

柯达公司巅峰时期的年收入超过 100 亿美元，员工超过 14 万人，业务遍及全球 150 个国家。仅仅在中国，柯达的冲印店就有 8 000 多家，布满了大小城市的主要街区。我们设想一下，当马特森的研究报告放在柯达管理层的案头时，谁敢当真呢？柯达的主营业务收入就是胶片销售和洗印服务，割舍这部分收入，就相当于壮士断臂。马特森的说法代表了彼时柯达公司高管的心态："如果说胶片时代的利润为 70 美分，那么数码时代的利润最多仅为 5 美分。聪明的商人会认为，最好不要急于转型。"

聪明的商人柯达研发出全球第一款数码相机原型，也准确预测了数码转型的未来趋势，但是，在舍弃巨大的眼前利益时，柯达显得患得患失。他们也许有意拖延数码转型的时间表，就像击鼓传花一样，他们飞快地把麻烦丢向下一个倒霉蛋。

但是，摄影行业的数字化进程丝毫没有停歇的意思。

在数码相机的所有技术指标当中，像素是一个分辨率的单位，而像素的数值就是指数码相机所支持的有效最大分辨率。我发现，数码相机像素指标的提升，刚好可以用来描述数码相机的商业化进程。

我们这里先记住数码相机像素的起点，柯达公司的史蒂文·塞尚开发的第一款数码相机的像素是 1 万，时间是 1975 年。此后的几十年当中，数码相机经历了三次像素爆炸。

1975 年至 1987 年，数码相机第一次像素爆炸，最高像素逼近 100 万，是初始阶段的 100 倍。但是，这个阶段的数码相机还没有成为真正的消费品，相机的形态五花八门，存储介质各不相同。100 万像素的数码相机和胶片相机的清晰度相距甚远，胶片工业仍然坚如磐石，柯达的管理层也长舒了一口气，他们可能在想，好吧，数码相机这匹狼还没有来，只要继续研发，不要掉队就好。

但是，一个信号被柯达管理层忽略了：日本众多厂商蜂拥而至，包括富士、尼康、索尼、佳能、松下等一线消费电子公司纷纷进行数码相机的研发。

1988 年至 1998 年，是数码相机第二次像素爆发，最高像素升至 600 万级别。这 10 年间，数码相机技术向两个方向聚焦：以闪存媒介为存储介质和以卡片机与单反为相机形态。此时，柯达仍然保持在数码相机第一梯队。在塞尚预言的数码相机成为消费品的时间表内，柯达率先推出真正意义上的数码单反相机柯达 DSC100，成为业界的标杆，这是 1991 年的事。

600 万像素的数码相机仍然不能和胶片相机相提并论，但是柯达管理层可能被吓出一身冷汗。因为，胶片相机原地踏步，而数码相机的像素仍在爆炸增长阶段。这种追赶者咚咚作响的脚步声，足以令柯达管理层心烦意乱。好消息是，柯达在 1998 年推出了一款 610 万像素的数码相机。坏消息是，柯达无法阻挡日系电子企业推出同等级别，甚至更高级别像素的相机。

这个阶段相关的重大事件是，两个因素互相叠加，使得个人电脑快速进入家庭市场。其一，微软的 Windows 95 上市，Wintel 联盟形成，个人电脑更好用了；其二，PC 互联网启动，上网需求进一步刺激个人电脑的销量。个人电脑普及家庭，对于数码相机的意义重大。正如乔布斯回归苹果后提出的数字中枢的概念，随着家庭数字产品的增多，个人电脑将扮演管理者的角色。

具体到数码相机，就是说用户拍摄的数码照片可以传输到个人电脑里进行展示和存储，这反过来会加速数码相机的发展。

1999 年至 2008 年，数码相机像素迎来了第三次爆发，最高像素超过 2 000 万的大关。应该说，像素达到 1 000 万，就是数码相机进入高速增长临界点的最后信号。这表明，数码相机已经无限逼近胶片相机的成像水准，数码相机市场正式引爆，并且成长势头不可逆转。

作为业余摄影爱好者，我个人的选择可能也有一定的代表性。以前，我一直使用尼康胶片相机，同时购买柯达胶卷，拍完后直接送到柯达冲印店洗印照片。2002 年，柯达、尼康和佳能先后推出千万级别像素的数码相机，同时，相机成本快速下降。我觉得换机器的时候到了，就在这段时间为自己购买了一部 1 000 万像素的尼康相机，选择尼康的原因很简单，他们的数码相机可以共享以前的胶片相机的镜头。几年后，我又换了一部

2 000 万像素的尼康数码相机，此后，我就再也没有使用过胶片相机。当然，我再也没有购买过柯达胶卷。

过去的百年当中，柯达的核心竞争力主要集中于胶片和冲印领域。当数码相机发展起来之后，相机镜头和电子系统成为关键，这方面历来是日本企业的优势。在这个过程中，日本的佳能、尼康和索尼逐渐成为数码相机这一新兴市场的主导者。

2007 年至 2008 年，摄影行业又发生了两个重大事件。一是，尼康和佳能竞相推出了 2 400 万像素的数码相机，在成像方面，胶片相机已经没有任何优势了。此时，一定出现了史无前例的更换数码相机的热潮，而初次购买相机的用户，没有悬念地都会选择数码相机。二是，iPhone 和安卓发布，智能手机时代到了。

对胶片相机而言，1 000 万到 2 000 万像素的数码相机一定是最后的生死临界点，这个时点之后，胶片相机就进入了不可逆转的衰退的倒计时。这个时候，智能手机的快速普及，更使得胶片相机雪上加霜。

写作至此，我看到雷军发布了一款新的小米手机，其镜头的像素居然达到创纪录的 1 亿！这简直太不可思议了，而且，看上去未来手机摄像头的像素竞赛依然没有结束，我们谁都不知道，未来像素的终点在何处，又会给人类带来怎样神奇的用户体验。我们只知道，摩尔定律仍然在推动着创新的发生。

终局：百年老店骤死

2012 年，从市场中搏杀出来的数码相机厂商，沐浴了温暖的早春。

这年优质的数码相机迭出。索尼的 RX100 是同类画质中体积最小的数码相机，可以揣到裤兜里；尼康 S800c 是世界上第一款采用安卓系统的相机；而三星 EK–GC100 则是世界上第一款具备 3G 网络互联能力的相机，屡创新高的像素已经不是重点，数码相机的智能化、网络化扑面而来，让摄影迷们如沐春风。

在这一年，iOS 和安卓领衔的智能手机，以压倒性优势反超功能性手机阵营，智能手机时代呼啸而至。与此同时，几乎每一家智能手机厂商都非常重视拍照功能，手机摄像头的像素飞速提升。

2012 年，柯达这家摄影行业的百年老店，却遭遇了最凛冽的寒冬。

柯达公司在资本市场的市值从历史峰值的 310 亿美元，像自由落体一样，降至这年年初的 1.75 亿美元，过去的十余年间，柯达市值蒸发超过 99%！显然，导致柯达股价下跌的原因是主营业务收入出现了单边下降和持续亏损。如果你是柯达的长期投资者，你就能体会这种下跌带来的煎熬和痛苦。2012 年 1 月 4 日，柯达管理层收到了纽约证券交易所的书面通知，由于过去 30 个交易日中，柯达股价持续低于 1 美元，按照规定，如果柯达股价在未来 6 个月内无法达标，它就将面临摘牌的风险。

在危机面前，柯达于 2012 年 1 月 19 日在纽约依据美国《破产法》第十一章提出破产保护申请破产。来到这个时点，柯达手中只有庞大的专利储备这一张王牌了，他们准备动用专利武器，起诉苹果和 HTC。所有人都知道，这些诉讼只是短期资产处置的手段而已，已经无法拯救柯达。

写作至此，我又看到一则新闻，阿里巴巴将公司的愿景调整为：追求成为一家活 102 年的好公司。作为中国乃至全球数字经济领域的巨头，阿里巴巴处在一个科技创新频仍的行业当中，设定这样的愿景实属不易。

相较之下，2012 年的柯达，作为摄影行业的创新者、缔造者和垄断者，即将度过其 132 岁的生日，却不得不向政府部门递交了破产保护申请。我们眼前的景象是，一家数字经济巨头正在把自己的愿景设定为百年老店，而另一家百年老店，却倒在了数字经济高速发展的车轮之下。

柯达是如何走到这一步的？如果历史可以重来，柯达能否避免这样的窘境呢？我没能在过往的文章和书籍中找到令人信服的答案，可能人类的本性就是如此，对悲剧的理性反思太少，并且很快选择性遗忘。还有什么比一个巨大的全球性行业，连同其中的百年老店被连根拔除，来得血腥和刺激呢？我们难道不应该在此停下匆匆的脚步，做一番有价值的复盘吗？

我的研究发现，柯达之死，和以往任何一次大企业倒闭都不一样的是，柯达从始至终都没有看到一个明确的竞争对手。也就是没有任何人事先看好摄影这一市场，准备通过技术创新取代柯达的地位。这就有些让人费解了！

让我们先回到原点，看看 100 年前，伊士曼先生为柯达设计的商业模式：胶片销售和胶片洗印。百年以来，柯达这一商业模式从未改变。这就意味着，胶片就是柯达的命脉所在！胶片在，柯达就在。

在 1975 年，世界上第一款个人电脑牛郎星和第一款数码相机原型先后发布，后者还是柯达公司工程师塞尚的作品。此后，个人电脑不断迭代创新，逐渐演变为家庭数字中枢，开始接管家庭的各种数字产品，包括摄影、录像、文档和音乐等。

这时候，一个重要趋势——数字化率出现了！现实世界的商品可以被分为两大类，虚拟商品和实物商品。理论上说，所有虚拟商品，都可以被数字化。最先被数字化的虚拟商品是游戏，接下来是音乐，图片紧随其后。

我的研究发现，虚拟商品数字化的进程，首先是介质的数字化，然后是终端的数字化。

你看，音乐介质的数字化，就是 Mp3 格式的数字音乐。而音乐终端的数字化，就是用户从 CD 随身听，迁徙到 iPod 上。音乐介质变了，终端必然随之改变。

同理，图片介质的数字化，就是胶片图片成为数字图片。而图片终端的数字化，就是用户从胶片相机迁徙到数码相机上。

最初，图片终端数码相机的成像和胶片相机差距较大，塞尚的第一款数码相机原型只有区区 1 万像素，这显然还是蚍蜉撼树的阶段，此时的胶片相机自是岿然不动。在研究数码像相机成长史时，我发现了像素大爆炸这条主线。

说穿了，数码相机和胶片相机的博弈史，就是像素成长史。数码相机为 1 万像素时，胶片相机当然只能报以“呵呵”的冷笑。像素超过百万级别时，胶片相机不屑一顾。然后是数百万像素，胶片相机仍然选择无视。接下来，当数码相机的像素攀升至 1 000 万级别，胶片相机第一次感到了一丝寒意。

1 000 万像素的数码相机出现时，就是数码相机和胶片相机博弈的临界点。此后，像素的提升速度更快，而胶片相机除了被动等待，已经毫无还手之力。2 000 万像素的数码相机，就是胶片相机的终结者。

当像素达到 2 000 万时，柯达仍然在数码相机的一线阵容当中。但是，柯达在这场没有任何优势的角逐中已经非常吃力了。然后，数码相机的领先地位就被日本的佳能和尼康夺走。这是 2000 年初期的事情。

时间来到了 2007 年，iPhone 发布，随后安卓跟进，智能手机时代突然来临。这时候，图片行业的数字化率陡然加速，出现了一个更加让人意想不到的情形：图片数字化终端之战再度打响。这一次，是智能手机的拍照功能和数码相机之战，胶片相机早已沦为看客。

我们曾经在第三章中反复提及，乔布斯之所以发力研发手机，其初衷是担心 iPod 这款革命性的音乐播放器的市场被其他手机厂商无情掠夺。因为乔布斯和团队发现了一个趋势，即手机正在变成用户新的数字中枢，手机厂商正在把音乐播放功能集成到手机上。这意味着，iPod 危矣。也许进攻就是最佳的防守，乔布斯悲壮地带领团队挺进陌生的手机领域。

当以 iPhone 为代表的智能手机登场的时候，果然，iPod 就逐渐在市场上消失了。好在，苹果把自己的 iTunes 软件完美地集成在 iPhone 当中，苹果用户只是将 iPod 换成了 iPhone 而已，仍在苹果的地盘。

同理，智能手机日益强大的拍摄功能，也必然会威胁方兴未艾的数码相机！换句话说，图片的数字化进程尚未结束，智能手机就突然从天而降，将大众用户从数码相机市场强行劫持到手机当中！可以说，数码相机把柯达打了一个趔趄，而智能手机突然来了一个左直拳，直接把摇摇晃晃的柯达放倒！这才是对 2012 年柯达申请破产的准确解读。

在本书第二章中，数字化率定律有一个判断，当一个行业的数字化率达到 100% 时，这个行业就会整体性地消失，这是何等残忍之事，然而这是冷酷的现实。

柯达因何而死？

答案就在数字化率这个定律当中：命中注定，图片是数字化率 100% 的行业，因此，胶片工业就会整体性地消失。而 100 年前，柯达创始人伊士曼先生为公司设定的商业模式的根基正是胶片，在图片介质被 100% 数字化之后，胶片当然不复存在，于是，柯达这座令人仰望的百年大厦轰然倒下。

图片行业 100% 数字化，就是指图片的拍摄、展示、存储，乃至分享，都实现了数字化。过去，所有人都采用胶片相机拍摄，大众用傻瓜胶片相机，爱好者和专业人士采用单反胶片相机。拍完之后，我们就把胶卷送到柯达冲印店冲洗成照片。

今天，大众用手机拍摄，爱好者和专业人士采用单反数码相机拍摄。再也没有人使用胶片相机了，胶片也随之消失。当然，更没有人购买胶片和洗印服务，柯达的商业模式土崩瓦解。这一切源于用户无情的数字化迁徙，背后则是创新引发的图片行业的 100% 数字化率。

你看，当“苹安方舟”浩浩荡荡启航之时，百年柯达被无情地抛下方舟，柯达的末代高管无奈地游弋于冰冷的数字洪水中，注视着这艘巨大的方舟翻滚着浪花，绝尘而去。

最终，柯达凭借变卖储备多年的专利，勉力生存了下来。2013 年 9 月 4 日，柯达公司宣布完成破产重组，正式退出破产保护程序，大部分股权被私募股权和投资公司收购。此时履新的 CEO杰夫·克拉克宣布，新柯达公司的愿景是成为全球领先的B2B（企业对企业）科技企业。

我查了一下，2019年9月柯达公司的市值是1.2亿美元，不到巅峰时期市值的1%！显然，新柯达的愿景仍然遥遥无期。这还是当年那个叱咤风云，称霸全球胶片工业的百年柯达公司吗？在当今中国的私募市场，动辄一家新公司的B轮融资都会超过1亿美元。但是，资本市场缘何如此吝啬地给出柯达地板价的估值呢？原因只有一个：这家公司已经没有未来了。

只要环顾四周，我们就会看到，被抛下方舟的巨头绝不限于诺基亚、摩托罗拉和柯达公司。

同样风行百年的传统媒体整体遭遇了数字洪流，它们正好也记载了数字经济崛起的所有重大事件，乔布斯的重大创新和跌宕起伏的人生故事，多次被刊载于《财富》《时代周刊》《纽约时报》《华尔街日报》这些顶级西方媒体上。但是，现在这些评头论足、指点江山的媒体本身出现了问题，它们经营困难、股票下跌，而且看上去这种趋势无法逆转。

未来有一天，世界上所有的报纸和杂志是否会关门大吉呢？

这要看数字化率本身的进程，以及新的阅读终端，比如折叠屏的普及速度。这带来一个非常严肃的社会问题，对西方人而言，假如失去了《纽约时报》《华尔街日报》《泰晤士报》，那么，谁是合格的替代者呢？我的结论是没有，脸书的信息流和谷歌的搜索结果，就如同信息的汪洋大海，人们需要资讯的灯塔，需要新闻的雷达，需要舆论的晴雨表，这当然是信息流产品无法替代的！

正当这些绵延百年的社会公共产品的载体——报纸和杂志，正在被抛下方舟之时，它们的经营被削弱了，股票价格下跌，影响力也日渐衰落。令人唏嘘的是，没有人能阻止这一切，更没有任何解决方案。

报纸和杂志的经营部分——广告，已经出现了多年的负增长，正在被新兴的数字媒体平台无情吞噬。那些曾经指点江山的编辑和记者的口袋日渐干瘪，他们可能已经开始心不在焉起来。数字巨头杰夫·贝佐斯像玩儿一样，拿出一点零花钱，就买下了美国国宝级报纸《华盛顿邮报》。这究竟是报纸的福音还是悲哀呢？

在传统媒体时代成长起来的广告代理商4A公司，开始迷失起来，在这种新的媒体平台势力越来越大的时代，如何帮助广告主合理投放广告呢？收视率、订阅量和满意度调查这些指标还有用吗？广告行业的一句格言是，我知道自己投放的广告浪费了80%，但是，我不知道浪费了哪80%。这是因为，在传统媒体投放广告和人们的购买行为之间有着巨大的鸿沟。但是，人们在淘宝和亚马逊的平台上投放广告，可能立刻产生了购买行为。这样一来，大部分广告投放浪费是否会避免呢？贝佐斯正是用掠夺报纸广告所赚的钱，买下了一家美国最有名的报社，这真让《华盛顿邮报》的股东哭笑不得。

过往，正是汽车拯救了广播业。但是，正在大踏步走来的车联网，是否会葬送广播业呢？

网飞这样的互联网视频平台正在攻城拔寨，侵蚀的正是HBO（有线电视频道）的业务，用户订阅了前者，就会抛弃后者。如果此刻我站在大学新闻系的讲台上，我真的不知道如何面对那些目光炯炯的学生，他们每天消磨于抖音平台，而我可能要教他们如何编辑一份报纸，这听上去可笑至极。在今天，难道我们要取消编辑课，而改教学生如何拍摄抖音视频吗？也许明天又有新的5G娱乐平台诞生，我们又该怎么办呢？此时，我真的很庆幸我已经离开讲台，不用面对这样的窘境了。

是啊，既然传统媒体正在陨落，那么大学新闻系的教授该怎么办呢？教材的更新速度如何能够跟上创新的脚步呢？要是这一切没变，新闻系的教授可以拿出一份报纸，告诉学生如何排版，如何撰写标题，以及如何完成一篇报道。现在，报纸正处在风雨飘摇中，哪位学生会认真聆听阁下的过时演说呢？

照此推演，过往的电信运营商会感到更加懊悔。当自己花费巨资建设了宽带网络，这个网络上却嫁接了一种他们始料未及的“新物种”：谷歌和亚马逊。当他们投资兴建了3G网络，这个网络上又成长出了微信和手机QQ，这些“新物种”反过来又侵蚀了电信运营商的通信收入。

未来，5G网络上又将生长出什么物种呢？天知道！那么，电信运营商能不能别投资5G了，省得再自掘坟墓？当然不行，电信收入的增长还需要5G的推动，尽管这种投资可能还会带来新的不速之客。他们必须继续投资，而且要大规模大张旗鼓地投资，因为，5G不仅关乎电信公司本身的业务增长，还承载着孵化国家更多创新的重任。本来，通信就是国家基础设施的一部分。

简言之，与创新风口同向而行，你前行的脚步就会像风一样。而与创新风口背道而驰，你会感到举步维艰，稍不留意，还会被抛下方舟，被巨大的波涛吞噬。

现在，如果你在百年报纸《纽约时报》上班，你会感到一种无可奈何花落去的氛围。而在脸书的信息流部门上班，则会感到脚步无比轻快。当侧耳倾听时，你会听到欢快的口哨。

这真是一个有趣的时代，这也是一个残酷的时代。

第五章
船票争夺战

我们需要回答几个基本问题。移动互联网船票说最早可能出自马化腾。但是，一直让我感到困惑不解的是，有没有人追问过，那艘船在哪里呢？谁又是船的主人呢？为何船票对于互联网企业如此重要呢？那些没有买到船票的互联网企业，会付出怎样的代价呢？为何只有马化腾首先意识到船票的重要性？

未来，还会出现这种决定生死存亡的巨大变故吗？或者说，在未来的某个时点，是否有人会制造出新的方舟？那时我们还需要购买新的船票吗？

20 驶入中国的“苹安方舟”

3G 牌照：中国船票开售

现在，我们依稀可以看到，“苹安方舟”就停泊在电信部门斥巨资兴建的 3G 港湾里，准备乘风启航，而聚集百年的数字洪水已经拥有了巨大的势能，正将这艘史无前例的方舟高高托起，这场景和《圣经》当中描述的挪亚方舟那一幕倒是有几分相似。挪亚方舟的建造过程超过了百年，而人类迎来这艘数字方舟同样花费了百年时光。电话被发明了百年之后，通信行业和计算机行业出现了第二次交会，才将这艘创新而成的伟大数字舟楫推到人类的面前。

但是，世间只有极少数人看到这艘方舟，以及它所蕴含的巨大能量，比如，腾讯的创始人马化腾，他似乎有些急迫地说，腾讯需要一张可以登上这艘方舟的船票。

起初方舟的影像极为模糊，甚至只有一些支离破碎的画面。2007 年，乔布斯召开新闻发布会，说苹果发明了一款革命性手机 iPhone。这又有什么了不起的呢？一家电脑厂商生产了一款手机而已，或者，我们只是迫切地希望拥有一款这样的手机罢了。在地球另一端的中国，我们还能怎么样呢？

接下来的 2008 年，乔布斯再次站在舞台的中央，发布了第二代 iPhone，这只是 iPhone 的迭代创新而已，第二代可能比第一代 iPhone 好用一些吧，我们喃喃自语道。等等，乔布斯说这是一款 3G 手机，还有，这款 iPhone 向开发者开放应用软件，全球所有的人都可以为这款手机开发应用软件。3G 和应用软件？乔布斯已经透露了更多未来影像，那又怎么样呢？中国甚至没有发 3G 牌照，也没办法为这款手机开发应用软件吧，我们也许这样想。

几个月之后，谷歌推出了一款安卓 HTC 手机。我们如果亲手把玩这款手机，就会发现，它和 iPhone 有几分相像，都有超大显示屏，并且采用了触屏交互。这与市面上正在热销的诺基亚等功能手机倒是有些不同，我们可能感慨一番。鲁宾好像说，谷歌也向开发者开放软件应用商店，叫谷歌市场。

那时如果有人能将 iPhone 和安卓手机联系在一起，那他也算是有远见的人了。这种都采用触屏交互的手机，究竟意味着什么呢？它们只是一种新奇的手机产品，还是代表着手机行业的未来呢？

就在这个当口，2009 年 1 月，中国信产部宣布了一个重磅消息：将向中国移动、中国电信和中国联通发放 3G 牌照。彼时的中国，2G 移动用户数已经雄冠全球，这对全球通信行业而言无疑是一个重大的风向标。当然，诺基亚、爱立信和华为公司闻风而动，这对电信设备厂商而言，就是巨大的蛋糕。这就意味着，未来，中国将会很快铺设可以传输高速数据的移动通信网络。

按照本书第一章的临界点定律看，我们几乎可以拼接出那个关于未来行业变革的初步影像。换句话说，中国的 3G 牌照发放和 3G 网络建设即刻启动，就相当于雪山顶端最后一块巨石从天而降，一场行业变革的雪崩即将席卷而来！

我们几乎可以脱口而出：千呼万唤的移动互联网时代将至！

风口创新模型和移动互联网

这个时候，我们就可以打开本书第一章的创新工具箱了。当移动互联网风口创新到来之时，我们将会怎么样呢？风口创新模型是这样讲的：风口创新是一个基础设施级别的创新。

这就意味着，围绕着移动互联网，将会形成一个全新的基础设施。我们现在可以断言，这个新的基础设施就是“苹安方舟”，说白了，就是苹果和安卓开放的软件应用商店。对业内人士而言，拿到这艘数字舟楫的船票的唯一方式，就是开发出重要应用场景的独占应用软件！

风口创新会出现从 0% 到 100% 的大迁徙。

这就意味着，用户会像《地球脉动》里的犀牛群一样，不顾一切地奔跑，逃离 2G，甚至逃离 PC，疯狂地奔向移动互联网上这艘史无前例的巨大的数字舟楫。如果你的业务架构在 2G 或是 PC 之上，那么过往无论你在这些地盘上如何风光，你都会迅速面临一个无法遏制的场景：用户以不可思议的速度消失了！按照商学院所说的，以前坚固无比的护城河，在这种用户流失速度面前，早就被不知从何而来的空降兵轻易越过。这和一场游戏的失利一样，眼看着各种妖魔鬼怪肆无忌惮地冲垮你的城池，而你早已浪费掉最后一颗子弹，只能眼睁睁看着敌军四处横行。和游戏不同的是，当用户完成了 100% 的大迁徙之时，你的重启键就失灵了，局势就像已经过去的时光一样不可逆转。

如果稍微留意一下这段时间各种研究公司的数据，你就会发现一个不可逆转的趋势：用户正在以惊人的速度流向智能手机端和 3G！在中国互联网络信息中心（CNNIC）发布的 2012 年报告中，一个冷冰冰的数据表明，中国手机网民数达 3.88 亿，超过了电脑网民数，手机成为第一大上网终端。对那些核心业务架构在 PC 互联网上的大公司而言，这难道不是晴天霹雳吗？

风口创新会突然引爆一个指数级别的新增市场。

这就意味着，移动互联网就是这个指数级别的新增市场。如果去过桂林，你就会知道那种没有任何过渡就在平原上拔地而起的山体。里德·霍夫曼将这种指数级增长称作“闪电式扩张”，倒是十分有趣。在常态的商业环境之中，我们被告知不能拔苗助长；要撒上一层土，踩实了，再撒上一层土；罗马不是一天建成的等。在大多数情形下，这些老人言绝对是至理名言，需要认真聆听和小心践行。

但是，当指数级新增市场来临之时，这就像电影的快进镜头，事情又变成了一切皆有可能，就有人在“一天之内”建成了罗马。比如在乔布斯的带领下，2007 年之后的苹果。你去看一个流传甚广的榜单——全球公司市值排行榜，此前数十年，乔布斯如同堂吉诃德般一次次冲锋不止，苹果与这个财富榜单相距甚远。但是，自从十倍创新的 iPhone 问世，只用了短短 5 年时间，苹果的市值就像坐上了火箭一样，陡然驾临全球公司市值排行榜之首，直到今天。需要指出的是，这一成就并非是一步一个脚印地逐步得来的，而是以闪电般的速度获得的。这绝非魔术师的戏法，而是移动互联网风口创新模型之下，指数级别新增市场的特征所带来的商业神话。如果将时钟再往后拨几年，我们就会发现，这样的商业神话其实不止一个，就在中国，就在我们身边，出现了多个这样的商业神话。我们必须对移动互联网风口创新模型当中的指数级别新增市场这一特征重视起来。因为，这事关闪电般的财富聚集。写到此处，我就想起经济学家的一项统计数据，在漫长的人类历史长河中，大部分时间的财富增长速度是这样的：每一千年，这个星球上的大部分地区的财富增长都不到 10%。彼时置身其中的人类祖先是感受不到任何财富增长的，造成这种财富零增长的原因只有一个：创新的缺失。我们把过往这种财富增速和今天指数级别市场的财富增速放到一起比照一番，就会感受到一种强烈的震撼。这正是科技创新及其背后隐藏的内在规律——风口创新模型所带来的。想到此，我不禁感叹不已。

风口创新可能会导致上一代市场领先企业迅速崩溃。

在本书第四章当中，我们已经预先体会到这种特征的巨大威力。胶片行业的缔造者柯达，移动通信的缔造者摩托罗拉，以及 2G 通信巨头诺基亚，它们的业务崩塌之快，有谁事先可以预见？在我看来，它们都是移动互联网风口创新模型中“上一代领先企业会迅速崩溃”这个特征之下的牺牲品。需要在此处强调的是，这并非一次次黑天鹅事件，而是掩藏在风口创新模型之下的内在规律。假以时日，未来只要新的创新风口再次光顾，我们一定还会见证这样的悲剧。就像我此前说过的，每一次创新风口都是赢家的盛宴，也是输家的丧钟。而这些输家，往往正是上一代无可争议的行业霸主，那又怎么样呢？规律就是如此无情。难道，我们不应该潜心发现，小心识别这些不期而遇、事关生死存亡的创新风口吗？

风口创新有一个稍纵即逝的跟随者效应。

翻过令人心情沉重的悲剧的部分，即“被抛下方舟的巨头”这一章之后，我们平复一下心情，则会看到移动互联网创新风口当中，令人心情愉悦的另一幅画面：闻鸡起舞一般的跟随者效应开始发挥作用了。这些跟随者当中，既有腰缠万贯的行业巨头，也有毫无背景的凡夫俗子，这就非常有趣了。请不要忘掉“稍纵即逝”这个特征，这里有一个微妙的时间轴，对中国的互联网创业者而言，这个时间区间就是 2010 年至 2013 年。错过这个时间而获得成功的似乎只有一家企业——拼多多。这一个案有着特别的机缘，后面我将会详细分析。

人们常常言及创新，但我发现，只有叠加在创新风口的创新者，才会得到上帝的额外眷顾。就如同从长江上游沿江而下的大诗人李白，“两岸猿声啼不住，轻舟已过万重山”，这是何等的惬意之事呢。而失去创新风口庇佑的创新者，则如同沿江逆流而上的纤夫，创新成了李白笔下“蜀道难，难于上青天”的艰难之旅。这里必须指出的是，创新风口并不会经常出现，它是格外稀有的时间窗口。

我们采用风口创新模型，几乎还原了 10 年前刚刚发生的船票争夺战前夜的背景，恰好，我们每一位都是当事人和见证者。

现在“苹安方舟”的船票已经开始出售了。售票地点有两处：苹果软件应用商店和谷歌软件应用市场。作为创新者，你需要苦思冥想一番的是，应该写一个什么样的软件，上传到这两家软件应用商店的拥有者那里。只要他们通过并且发布了你的软件，你就距离创造奇迹更近了一步，这很像是一场豪赌，而且太刺激了！因为，其中的赢家将会见证一个千古未有的奇迹：跟随者效应所带来的指数级别的财富增长。

只要你凑近“苹安方舟”，就可以依稀看到船体上写着两行小字：

苹果船票开放日期：2008 年 7 月。

谷歌船票开放日期：2008 年 10 月。

中国的创新者还需要再等些时日，因为中国政府颁发 3G 牌照的时间是 2009 年 1 月。对了，这就是中国船票开售的日子，也是财富神奇增长的源头。这个时候需要创新者思考两件事情：其一，是否能够先于他人，看到移动互联网的未来；其二，是否具备写好一个超级软件，以及打败赛道上的所有对手，赢得竞争的才能。

这是自工业革命以来，中国人头一次和世界创新保持了同步。美国人早两年就抵达了移动互联网创新风口的赛场。2009 年，这个赛场也将迎来中国选手。同样的规则，同样的条件，同样的时间，所谓的船票争夺战，就是和平年代的世界创新博弈。

这一刻，我脑海里浮现出一个有趣的场景，如果当年瓦特发明蒸汽机时，中国人也在现场，那么，世界史可能就会讲述另外一个故事了。这些年我们改革开放，难道不是在倾举国之力，创造这样一个契机，让中国和世界创新保持同步，发挥中国人的聪明才智吗？

现在，我们站在“苹安方舟”的下方，来思考一个最基本的问题。所谓的 PC 互联网，就是对 PC 这种终端的属性和边界的考量，投资者和创新者经过了十几年的摸索，淘汰了 ISP 的代表美国在线，接着抛弃了门户网站的代表雅虎，PC 互联网最终博弈的成果是搜索、电商和社交，分别对应了美国的谷歌、亚马逊和脸书这三家公司。在中国，BAT 正是上述三种模式的集大成者。

而移动互联网，则要对乔布斯重新定义的智能手机的属性和边界做出考量。移动互联网和 PC 互联网有何不同？也许，我们只需要将 PC 互联网的最终成果直接搬到手机上就行了，换句话说，我们也许只需要将手机接入 PC 互联网就是移动互联网。有一个证据显示，乔布斯本人也不知道答案，在 iPhone 4 的发布会上，我看到他花费了很多时间，吃力地将 iPhone 连接到一家 PC 互联网的公司网页上。

“苹安方舟”向开发者出售船票，其实质是将这个世界难题交给了全球的开发者。

你们来想想，移动互联网应该有哪些杀手级应用呢？这个数字世界现在是一张白纸，你们正好可以画出最美丽的图画。在 iPhone 和安卓手机巨大销量的刺激下，最有远见的软件工程师开始苦思冥想起来。毫无疑问，他们当中的赢家将会一跃成为国家级乃至世界级的财富拥有者。

现在，就让我们回顾一下中国船票争夺战中的众多创新故事究竟是如何发生的。这是见证有关速度、规模和戏剧性的奇迹的时刻，也是我撰写本书的最大原动力。

得船票者得天下

从“互联网女皇”玛丽·米克尔 2009 年的互联网研究报告来看，当年中国的 3G 用户渗透率要远低于欧洲和北美，这是因为我们的 3G 牌照发放要晚于西方。这一年，iPhone 继续高歌猛进，同时安卓 HTC 和安卓 Droid 都已高调侵入手机市场，对以诺基亚为首的功能手机发出了挑战。有一个趋势渐渐明显起来，那就是触屏交互的智能手机将会激发移动互联网在全球的普及。我在玛丽·米克尔的报告中发现了一个数据。2009 年，iPhone 的手机销量不大，市场份额还只能被归入“其他”类别。但是，来自 iPhone 上网浏览网页的排名远远高于同期的塞班系列手机，这就说明，几乎每个 iPhone 用户都会用手机上网，而塞班手机的用户可能只是通话或者收发短信，因为，用后者的上网体验实在是太差了。

一个更令人惊讶的数据显示，苹果应用商店的软件迅速膨胀：2009

年，其上线应用软件的数量已经逼近 10 万大关，而且用户下载上述软件已经超过了 20 亿次！同期的中国互联网和软件行业却是一片沉寂。是啊，我们的 3G 之门刚刚开启，iPhone 尚未进入中国。回顾这段历史，我发现在应用软件端，中国恰好比北美滞后了三年，我们正在等待 iPhone 和安卓手机的普及。

在西方人已经开始奋力奔跑之时，中国软件工程师还在场下做着无聊的准备活动。事后看，后发而至的中国人在应用软件端所展现的创造力，让世界为之惊叹。此后几年的玛丽·米克尔研究报告就不断指出，这一次，美国反过来开始复制中国应用软件的成功模式。

我在玛丽·米克尔的报告中还看到，她已经窥到了移动互联网的趋势，同时尖锐地问道：移动端的杀手级应用到底是什么呢？其实，她是代表整个投资行业在发问的。彼时，对这个问题并没有准确的答案。

如果将 2009 年到 2019 年中美市值最高的互联网公司做一个对比，我们就会发现一个关键词：洗牌。在过去 10 年中，大多数互联网巨头成功转型，在用户从 PC 端迁徙到手机端的过程中把握住了机遇，市值得到了巨大的提升。个别巨头掉队，市值原地踏步。与此同时，中美都出现了一些新面孔，即那些在移动互联网创新风口中以指数级别高速增长的“小巨头”。

我常常读到商学院的一句名言：唯一不变的就是变化。这听上去非常具有哲理，但是，市场何时会出现巨变呢？人们不仅需要观念，还需要更加明确的答案。现在，本书愿意提供一个准确答案：市场巨变只有在创新风口到来时才会发生。那么，创新风口何时会来呢？第一章的临界点定律给出了具体的提示。2009 年，移动互联网创新风口到来，数字经济领域的企业出现了预期当中的重新洗牌。假设未来没有创新风口出现，请放心，市场巨变就不会发生。换句话说，目前互联网行业形成的新的市场格局，直到下一次创新风口到来时才会被打破。

PC 互联网发展到 2009 年，社交、电商和搜索替代了门户网站，成为 PC 互联网估值最高的领域，这些巨头在美国是脸书、亚马逊和谷歌，在中国则是腾讯、阿里巴巴和百度。我相信，如果没有新的移动互联网创新风口出现，上述垄断格局很难被打破。

到了 2019 年，上述公司的估值只有一家中国公司掉队了，就是百度，而其他 5 家公司的市值都上了一个巨大的台阶，亚马逊和谷歌的市值达到了 8 000 亿美元这个台阶。脸书、腾讯和阿里巴巴的市值到达了 4 000 亿美元到 5 000 亿美元这个台阶，只有百度的市值仍然停留在 2009 年的 400 亿美元这个台阶。

我们的问题是，为何上述 6 巨头中，只有百度掉队了，而其他 5 巨头的市值则大幅攀升了呢？原因只有一个：那 5 家企业都通过产品创新提早拿到了最有价值的方舟船票。

脸书通过现有社交产品的转型，以及收购瓦茨普（WhatsApp）和照片墙（Instagram），获得了西方世界最大的移动社交船票。谷歌通过安卓，以及搭载在安卓上的谷歌移动服务（GMS），在移动端获得了统治地位。而亚马逊则成功地将其在 PC 端的优势转移到移动端，超过 50% 的美国人在亚马逊移动应用上购物。腾讯的微信和手机 QQ，以及阿里巴巴的支付宝和淘宝，都是中国最有价值的超级移动端应用软件。

相较之下，百度却没有对移动端做出有效布局，其市值停滞不前就毫不意外了。

按照风口创新模型，此时一定会出现一个指数级别的新增市场，一些从无到有的创业者可能会毫不犹豫地把握住这样的天赐良机。

2018 年 7 月，成立仅仅 3 年的拼多多上市，市值攀升至 400 多亿美元，和百度的市值在伯仲之间。同年 9 月，成立 8 年的美团上市，市值经过一段波动之后，很快超过百度，达到了惊人的 700 多亿美元！在私募市场，同样成立了 7 年的今日头条和滴滴的最后一轮的估值分别达到了 750 亿美元和 500 亿美元。

今日头条、美团、滴滴和拼多多这“四小龙”完全生长于移动互联网时代，它们的估值纷纷超越 PC 互联网的王者百度。原因只有一个：它们都拿到了价值数百亿美元的超级赛道的方舟船票。

这样看来，在 2009 年至 2019 年，互联网世界的法则非常简单，就是得船票者得天下。

21　头等舱船票

我反复揣摩 2019 年中国应用软件用户排行榜，我相信，指数级新增市场的全部秘密都在这张榜单当中。最后，我发现了两张价值最昂贵的船票：一张是最大用户覆盖的船票——移动通信社交，一张是最大数字市场覆盖的船票——移动电商和移动支付。虽然这有些事后诸葛亮的味道，但是我发现，即使在尘埃落定的今天，似乎也没有人尝试对船票的价值做出令人信服的分析。从今天的结果倒推，这两张船票的价值都超过了千亿美元！

千亿美元之移动社交船票

赢家：微信和手机 QQ。

输家：来自小米的“米聊”，来自阿里巴巴的“来往”，来自中国电信和网易的“易信”，来自中国移动的飞信。

其他竞争者：陌陌。

其实，PC 端的社交软件已经分出胜负，中国腾讯的 QQ 通过持续不断的本土化迭代创新，一步一步将 MSN 赶出了中国市场；在美国，厚积薄发的脸书将更早占领市场的 MySpace（聚友网）打翻在地。

那么，一个延伸问题是，移动社交等于 PC 社交吗？如果结论是肯定的，那么中国的 QQ 和美国的脸书只要将产品复制到手机上，就可以终结所有的竞争。

显然，那些跃跃欲试的天才软件工程师可不这么想，苹果和安卓的软件应用商店已经向全球的软件工程师广发英雄帖，这正是改天换地的历史性时刻，谁不想将巨头拉下马，并取而代之呢？

2010 年 10 月 19 日，一款叫 Kik 的社交软件悄悄在苹果应用商店和安卓市场发布。这一年，仅仅在苹果应用商店上线的各种软件就超过了 25 万个，而且已经有 50 亿次下载了。可以想象的是，Kik 就淹没在软件的海洋当中，谁会留意一款无名之辈开发的软件呢？

Kik 是一款简单到极致的跨平台即时通信软件，它的重要创新之处在于，用户登录时需要输入电话号码，这些个人信息会上传到 Kik 服务器。旋即，后台系统会在数据库中自动检索，看看通讯录中哪些人同样安装了 Kik 并进行匹配，之后向朋友推送提示，问他们是否愿意与此人成为 Kik 上的好友。这种设计源于 Kik 团队的一项重要思考，正如其团队成员特拉·克里斯滕所说："如果你悲观地认为，这一代人的社交关系完全基于互联网，那就说明你的做法有误。互联网和现实世界应该是无缝的。"

Kik 无缝的产品设计就是激活手机通讯录，而手机通讯录里的人是用户更为熟悉的人，也正是互联网与现实世界的最好连接点。而且，基于手机通讯录这一层社交的应用一直是空白领域。

结果，Kik 上线 15 天就吸引了 100 万名使用者！

从某种意义上说，Kik 就是彼得·蒂尔所说的移动社交软件从 0 到 1 的创新产品，但是遗憾的是，这一次，Kik 团队和很多从 0 到 1 的原创者一样，倒在了竞争对手的凶悍围猎之下。这再次证明了本书第一章创新工具箱当中的万物创新模型的重要性，从 0 到 1 的创新固然非常令人钦佩，但是你还需要同时应对群雄逐鹿的惨烈竞争，才能最终笑傲于创新的江湖。换句话说，Kik 发现了通讯录，但是，这只是捅破了一层窗户纸而已，对于后来者没有任何壁垒可言。

从事后看，Kik 的最大价值是打开了中国移动社交的潘多拉盒子。有两位天才软件工程师几乎同时发现了 Kik 的威力，并且雷厉风行地行动起来。

2010 年 3 月 3 日，雷军刚刚完成了 A 轮融资，组建了小米公司，计划进军智能手机领域。此前，雷军没有任何从事硬件行业工作的经验，他只拿到了区区数千万美元，就信心满满地要入侵早已是一片红海的手机市场。但是，雷军的优势也许有两点，其一，他是彼时手机行业当中唯一看懂了苹果模式的人，他明白智能手机即将引爆的历史机遇，雷军将此类机会概括为“风口”；其二，他是非常厉害的连续创业者，具有迅速搭建团队、制定战略和攻占市场的强悍能力。

几个月后，雷军首先发现了 Kik 这款软件，他敏锐地意识到，这款软件将会是移动互联网杀手级的应用。可以想象，雷军作为中国第一个成功的软件企业——金山公司的 CEO，看到移动社交方向之后的那种难以抑制的兴奋。当雷军决定要开发“米聊”这款移动社交产品之时，其实已经偏离了小米作为一家手机硬件厂商的目标。发明了“风口”这个词的雷军不需要为跨界涉足软件领域寻找任何理由，他只需要雷霆般迅速地行动。有人说，小米仅仅用一周时间就开发出了米聊。这就说明，雷军已然窥见移动社交船票的巨大潜力，并且十分渴望迅即占领这一市场。

2010 年 12 月，可能尚未完善的米聊被匆匆推向市场。此时，雷军唯一担心的是千里之外的腾讯的动向，此时腾讯的市值已经逼近 400 亿美元，手中又有 QQ 这款拥有数亿用户的 PC 社交产品，况且社交产品正是腾讯血脉中的强大基因。相较之下，刚刚组建的小米，手中资本有限，资源更是杯水车薪，无力在这个领域和腾讯正面对抗。此时雷军可能十分忐忑，只是盼望腾讯晚一些觉醒，让米聊的子弹再飞一会儿，这样小米的胜算就增加一分。

一个坏消息是，曾经和雷军擦肩而过的软件天才张小龙也发现了 Kik，并且立刻嗅到了其中所蕴含的巨大潜力。此前，张小龙开发了一款厉害的邮箱软件 Foxmail，差点卖给雷军。谁曾想，当年的大忙人雷军居然错过了这项优质资产，辗转之后，张小龙团队和他的邮箱软件被腾讯全资买下。

此后，张小龙在腾讯的业绩是将 Foxmail 和腾讯邮箱完美融合，帮助腾讯邮箱一举超越网易邮箱的市场份额。接下来，张小龙的业绩就定格在此处，再也没有大的建树。马化腾似乎也不着急，并未给张小龙的广州研发部门施加过多压力。我们有理由相信，张小龙只是蛰伏于广州，在静候那个百年一遇的创新风口。

中国移动社交船票的争端始于一封至关重要的邮件。2010 年 10 月的一个夜晚，张小龙反复琢磨 Kik 的产品特性，可能深吸了一口他所钟爱的箭牌香烟，就给马化腾发了一封邮件，介绍了 Kik 的产品特性和巨大潜力，最后他问：可否组建一支团队，立刻开发一款类似于 Kik 的移动社交软件？据悉，马化腾的回复非常干脆：同意。

张小龙主导开发的微信，不仅仅为腾讯赢得了一张价值超过千亿美元的移动社交船票，它还应该是中国互联网史上最伟大的单一软件产品！因为，从未有一款产品像微信一样，能够将每一位持有手机的中国人紧密地连接在一起，直至今天，微信的注册用户数和月活用户数都无人能够企及。

我猜想，张小龙在开发微信时，一定发现了已经抢先上线的米聊。甚至，在腾讯内部，也有两个团队在同时开发移动社交产品，这是马化腾推崇的赛马机制在起作用。可是，一些迹象表明，张小龙并未因此而加快开发进程。因为，微信的上线时间是两个月之后的 2011 年的 1 月。

这个时候，中国移动社交软件船票争夺战，就在米聊和微信之间展开了。

吴晓波的大作《腾讯传》非常精彩地还原了这段历史。微信 1.0 版并未引起太大反响，这可能让雷军稍稍松了一口气。我猜想，起初米聊和微信更像是对 Kik 的复制创新，但在接下来的迭代创新中，双方同时失去了参照物，这才是比拼产品原创能力的关键时刻。

微信 1.2 版本增加了图片分享功能，仍然不温不火。

接下来，雷军团队为米聊增加了对讲机功能，用户一下子热情起来，米聊团队信心大增。

张小龙的微信新版本也快速加上了语音聊天功能，用户这才出现第一次显著增长。受到激励的微信团队才思泉涌，摇一摇和漂流瓶等年轻用户喜爱的功能相继上线。

应该说，在最初双方你来我往的产品迭代过程中，米聊和微信打得难解难分，谁都不落下风。

《腾讯传》引用张小龙的话说，在微信推出了“查看附近的人”这项功能之后，战局才彻底扭转了过来。这个时候，张小龙除了应对米聊的竞争，还需要向马化腾证明，微信是一款可以和 QQ 比肩的战略级别的产品。在 2011 年 7 月，张小龙做到了，此后微信的日增用户数一跃达到了惊人的 10 万级别。此时，腾讯公司级别的战略资源火力全开，无线部门的流量从天而降，微信在这种巨大能量的托举之下，终结了和米聊的竞争，并且继续向前一路狂奔。

2012 年 3 月 29 日，马化腾按捺不住喜悦的心情，在腾讯微博上发了这样一行字：“终于，突破了 1 亿！”此时，距离微信上线仅仅 433 天。

张小龙带领的微信团队的创新能力依然像火山爆发一样无法遏制。4 月 9 日上线的朋友圈，将微信的社交属性推向新的高峰；8 月 23 日推出的公众号则开启了中国的自媒体时代，而企业家们则敏锐地发现，公众号恰好是他们连接客户的高效纽带；2014 年的春节，微信红包功能干脆引发了一场兴高采烈的中国人的全民狂欢！

在中国的互联网创新史上，微信创造了多项无人企及的纪录，必将载入史册。对此，做出最大贡献的张小龙当然有话要说，在腾讯内部的一次分享会上，不善言辞的他居然一口气讲了 8 个小时，最后，他出人意料地总结说："我所说的都是错的。"我猜想，他可能想强调，每一次产品创新，都是一次全新的旅程，微信的经验即使你听到了，也未必用得上。

这个时候，马化腾站出来宣布说，微信只是移动互联网的一张站台票。

我相信，在那段时间，微信这种指数级别的强势扩张，就像老子说的流水一样，迅速渗透到所有中国人的社交生活当中，其不断跨越边界的巨大能量，在当时的互联网行业产生了巨大的震动。微信已经席卷了每一个持有手机的中国人，并且将他们的朋友一网打尽！如果微信只是一张小小的站台票，那么，移动互联网的坐票、卧铺票还能是何种模样呢？显然，所谓的站台票一说，只是马化腾的谦辞而已。

无疑，微信已经掠走了"苹安方舟"最大的一张船票，这种无形的压力正在向整个互联网行业蔓延。

2013 年 8 月 19 日，网易和中国电信合作开发了"易信"，这是全球首个电信运营商和互联网公司联合打造的即时通信社交产品。丁磊亲自为易信站台，并且强调自己的产品具有领先于对手的种种优势。

2013 年 9 月 23 日，阿里巴巴的移动社交软件"来往"正式高调上线，其核心功能是实现熟人之间的社交。马云在一封内部邮件当中强调，阿里巴巴必须赢得这场社交战争，就像他们当年打败易贝一样。

仔细推敲一下，我们就会发现，易信和来往都是微信的复制创新产品。网易和阿里巴巴都是令人尊敬的互联网巨头，它们当然知道一个无法回避的事实：2013 年，微信的注册用户数已经达到 3.55 亿，其地位已经无法撼动了。

我发现，在创新领域，每当对手的产品兵临城下，危及自身的主营业务时，大多数人都会做出本能的选择，在大势已去时仍然做出绝地反击。我将这种类型的创新称作"延长线创新"，即在对手产品端的延长线上做出一些改进后就匆忙推出竞品，这是无法取得成功的。在微信获得巨大成功的压力之下，网易和阿里巴巴如此成功的企业也不得不匆忙应对，最终当然是无功而返。稍后，马云和丁磊就会发现，在“苹安方舟”上，仍然有不亚于微信价值的超级船票等待他们争取，那才是他们基因范畴内的主场。

对赢得了移动社交超级船票的腾讯而言，仅仅在几年后，它就遇到了同等级别的考验：来自抖音这款短视频社交产品的巨大威胁！上次的赢家腾讯，这次是否做出了正确应对呢？你看，一位叫潘乱的作者就发表长文《腾讯没有梦想》，对此提出了质疑。从这个意义上看，上天也是公平的。

无论如何，微信是一款惊艳的软件产品，通过张小龙团队持续不断的迭代创新，以及腾讯战略资源的加持，微信终结了所有的竞争，最终拿到了一张价值千亿美元的移动社交船票。我们反过来看，如果微信不在腾讯公司手中，而是属于雷军的小米公司，那么，小米就有可能取代腾讯今天的位置。又或者，当年雷军买下张小龙的 Foxmail，同时又拉他一起创办小米，几乎可以断定，米聊的产品经理一定非张小龙莫属，那样，社交软件这场战役鹿死谁手，也未可知。

历史虽然没有重启键，但是我们今天的每一项决策，都可能会影响未来某个重大创新战役的结局，这是不争的事实。这让我想起楚汉相争的终局，项羽陷入人山人海的重围之中，而带兵围猎他的不是别人，正是当年受过他胯下之辱的韩信，这种宿命难道不是一种有意义的警示吗？也许有人会反驳说，谁人能知，今天一位穷小子，未来能蜕变为驾驭千军万马的将军呢？别忘了，月下追韩信的萧何就预知此人必成大器。

腾讯另一项了不起的成就，是在微信取得巨大成功的同时，也将 QQ 转型为一款超级移动社交产品：手机 QQ。我非常好奇的是，在某种意义上说，微信就是 QQ 终结者的角色，但是，腾讯内部是如何做到鱼和熊掌兼得的呢？

当然，一个简单的答案就是，手机 QQ 团队的产品创新同样出色。而我的关注点则在于，马化腾是如何同时平衡微信的崛起和 QQ 的转型的呢？换句话说，最终，微信的唯一竞争对手就是来自内部的 QQ。这对任何领导者而言，都是一个棘手的问题吧。

对此疑问，我在腾讯公司的年报上找到了一些线索，每一年，马化腾都会做一个主席报告。微信是 2010 年初推出的，在 2011 年的主席报告上，马化腾没有太多提及微信，反而对腾讯日后放弃的业务——SP、微博、搜索和电商着墨不少。在 2012 的主席报告上，马化腾在谈到移动互联网的发展趋势时说，互联网用户的应用范围出现了重大转移，由个人电脑转移至手机。同时，马化腾公布了微信的全球月活用户数：1.6 亿。

2013 年，马化腾对腾讯移动互联网发展战略的看法更加明晰了，他说，移动应用正在占据主要舞台，成为众多互联网服务的主流。少顷，他又强调，移动互联网正在促使格局重新洗牌。当年，微信的全球月活用户数达到 3.55 亿，同比增长 120%。而同期 QQ 的月活用户数增长只有区区 1.7%。

2015 年，微信的月活用户数达到了惊人的 6.97 亿，一举反超同期的手机 QQ 月活用户数。这一年，腾讯在手机领域的耕耘获得了显著的商业回报，手机广告、手机游戏和手机支付全面开花结果。从文风上看，马化腾难掩喜悦之情。

时间来到 2016 年，微信已经完全超过了 QQ 的整体用户数，达到了 8.98 亿，依然保持着 27.6% 的强劲增长。至此，微信已经取代 QQ，成为腾讯移动社交的旗舰产品。就在这一年的主席报告中，马化腾对微信和手机 QQ 的差异化做出了清晰的定义。他说，手机 QQ 进一步优化其娱乐导向，功能进一步迎合年轻人，而微信则主要为人们的日常生活提供便捷。

在我看来，微信突破边界的最大胆的创新是 2017 年初推出的小程序，我看到的最新数据显示，在微信小程序的商户中，已经有 5 个软件的月活用户数突破了 1 亿的大关！尽管腾讯强调小程序只是低频应用软件的轻应用，不会取代 App（应用程序）。但是，我们几乎立刻可以看出，小程序其实已经挑战了“苹安方舟”的生态地位。或者，腾讯就是围绕微信，建立了一个新的软件应用商店，我们也许可以弱弱地将其称为“微信方舟”？

“苹安方舟”价值千亿美元的移动社交船票——微信和手机 QQ，被腾讯公司收入囊中。也许有人会挑战说，为何移动社交船票价值会达到千亿美元呢？我的证据是，2008 年，腾讯的市值刚刚超过 100 亿美元，10 年之后的 2018 年，腾讯市值已经超过 4 000 亿美元！在这 10 年当中，腾讯最大的战略就是成功实现了移动互联网转型，成果就是微信和手机 QQ，以及围绕它们攫取的巨额商业化收益。

反过来看，假设我们从腾讯公司拿掉微信和手机 QQ，资本市场将如何为腾讯重新估值呢？另一个课题也摆在了马化腾的案头，当微信的用户数超过 11 亿时，这已经是一个史无前例的数字王国了，但是几乎同时发生的手机 QQ 的下滑该怎么应对呢？

千亿美元之移动电商和移动支付船票

2003 年之前，阿里巴巴实行的是特立独行的 B2B 模式，既没有显著的对手，也没有太大的美国可比公司，似乎游离于中美互联网的主流模式之外。当中国四大门户网站形成之时，阿里巴巴不见踪影。当 SP 成为主要互联网公司的第一桶金时，也没有阿里巴巴。后来，盛大创建了网游模式，腾讯和网易先后跟进，成为最先赢利的互联网公司之时，也不见阿里巴巴的身影。阿里巴巴的主要机构股东软银集团的孙正义看上去一点也不着急，反正阿里巴巴的 B2B 业务很稳健，他对马云的信任颇有些子期和伯牙的味道。

我在想，那时候的马云在想什么呢？事后看，这个时期更像是马云和阿里巴巴的一个漫长的蛰伏期。对舞台中央的马云而言，这显得有些不同寻常。

2003 年 5 月，马云像是闭关下山的风清扬，突然宣布一件大事：阿里巴巴要进军 C2C（个人对个人）业务。这起码带来三个疑问。其一，阿里巴巴要从 B2B 跨界到消费电商业务，这一跨越十分巨大，他们行吗？其二，阿里巴巴在这个领域的对手易贝，是 C2C 模式的开创者和那个时代世界上最大的跨国电商公司，公司体量最少是阿里巴巴的几十倍，这是否属于以卵击石之举呢？其三，彼时阿里巴巴刚刚完成了 2 000 万美元的 B 轮融资，可能一开战，就会迅速耗光有限的现金。看上去，马云的这次跨界，赢面很小，一旦输掉，反而可能拖垮整个公司。

这种时刻，我想到了小沃森破釜沉舟开发 360 大型电子计算机，比尔·盖茨不顾一切研发 Windows 操作系统，又或者乔布斯义无反顾地要做一款手机。这都是具有企业家精神的惊险一跃，一旦越过深邃的峡谷，他们就能鲤鱼跳龙门。

此时，易贝通过收购中国易趣公司股份，正准备在中国复制其美国模型，一举打开最大的国际化市场，这是华尔街喜欢听的成长故事。他们没想到的是，来自中国的名不见经传的马云和刚刚成立的淘宝网，竟然成为易贝进军中国的噩梦。马云将淘宝网和易贝中国的竞争形容为扬子鳄和鲨鱼之间的战争，作战地点是中国的长江。事后看，马云将扬子鳄的优势发挥到了极致，针对商户的免费政策以及发明支付宝作为信用工具等本土化系列组合拳，最终将水土不服、鞭长莫及的易贝逐出了中国市场。

淘宝网的冒险推出，逐渐明朗的战局，以及更加有吸引力的融资故事，使阿里巴巴终于进入互联网的主战场——电子商务，想象空间一下子打开了。2004 年 2 月，阿里巴巴借势完成了 8 200 万美元的 C 轮融资，其中软银集团的孙正义就追加了 6 000 万美元，成为本轮融资的领投方。

当马云带领淘宝网实现了对易贝中国的逆袭，成为中国 C2C 市场的领先者时，一个更大的惊喜来临了。此时，作为美国互联网市值之王的雅虎也有一个烦恼，雅虎中国的业务起色不大，他们一直在私下寻找本地合作伙伴。据说，那时杨致远已经物色好了合作对象，正准备签约。有人突然向杨致远建议说，你不如和马云聊聊。正是这次会晤，让杨致远将本地合作伙伴改为阿里巴巴。我想，杨致远在和马云的交流当中可能发现了一个有趣的事实，既然阿里巴巴在中国打败了实力如此强大的易贝，那么如此强悍的合作伙伴一定可以将雅虎中国的业务做起来。

这次交易的内容是，雅虎以 10 亿美元现金加上中国所有业务，换取阿里巴巴 40% 的股份。这是当时中国互联网行业最大的一笔私募融资。

任谁也无法预测到这项投资的结局，马云的团队不仅没有将雅虎中国的业务做起来，还在几年之后关闭了这项业务。阿里巴巴管理下的雅虎中国，既打不过新浪、搜狐等门户网站，又无法撼动如日中天的百度，这一结果和杨致远当初的设想大相径庭。但是，这项投资在阿里巴巴最擅长的电商领域收获了巨大的回报，马云正是用这笔巨资终结了和易贝在中国的竞争。雅虎中国对阿里巴巴的贡献令人啼笑皆非，雅虎的技术团队迁至杭州，帮助阿里巴巴完善了淘宝网的站内搜索，最后悉数被阿里巴巴收编。

接下来的几年，亚马逊 B2C（企业对消费者）模式逐渐成为电商的主流，中国本土这种模式的成功复制者京东快速崛起。阿里巴巴被迫创办了天猫，挺进 B2C 市场，动用的也是雅虎的这笔融资。在我看来，阿里巴巴早期最成功的创新是支付宝。起初，阿里巴巴用这个工具解决了商家和用户之间的信用难题，随后，又将支付宝拓展为一个便捷的支付工具。可以说，支付宝为阿里巴巴构筑了最坚固的护城河，也成为阿里巴巴在电商领域的武器。

2011 年和 2012 年，阿里巴巴相继完成了两轮总额为 59 亿美元的巨额融资，这是私募市场对阿里巴巴在电商领域获得领先地位的额外奖赏，也为其进一步拓展市场份额提供了用之不竭的粮草，阿里巴巴的集市模式本来就不烧钱，有了如此丰盈的现金储备，更是天下无敌了。

2013 年，阿里巴巴在 C2C 领域的淘宝，在 B2C 领域的天猫，以及在金融领域的支付宝都处于行业领先地位，加上账面上的巨额资金储备，可以想象这段时间马云的心情好极了。

就在这期间的一个晚上，我和中国企业家领袖俱乐部的创始人刘东华共进晚餐，马云正是这家俱乐部的创始会员，他担任主席还是后来的事了。我问东华："阿里巴巴如此成功，为何不上市呢？马云究竟是怎么想的？"东华突然放大嗓门喝道："马云大家都看不懂，他的志向是成为纳斯达克的太阳！"我还清晰地记得，在餐厅的顶灯映照之下，东华有些谢顶的脑门锃亮，眼神犀利，声如洪钟，我听后为之一惊。

但是，危机正是在马云最安逸的时刻开始聚集发酵的。"苹安方舟"正在用力地拍打着浪花，在中国的海岸线游弋。2013 年，iPhone 和安卓手机已经在西方完成了对诺基亚等功能手机的围剿，正在长驱直入地挺进中国市场。

在中国领先的互联网企业当中，马化腾最先看到了"苹安方舟"的巨大威力，并且支持张小龙开发出微信这款伟大的移动社交产品，在这一年的腾讯年报上，微信的注册用户数已经到达惊人的 3.5 亿，而且还在高速增长。微信拿到了那一年中国互联网行业公认的唯一一张移动互联网的船票。

阿里巴巴此前的成功全部集中在 PC 互联网之上。越来越多的证据显示，用户正在像潮水一样涌向移动终端，如果这种趋势不可遏制，那么阿里巴巴多年征战所积累的用户资源是否会突然消失呢？这样一来，阿里巴巴的整个商业体系也会快速瓦解吧。显然，这不仅仅是阿里巴巴的危机，更是中国所有领先互联网公司的共同危机。

我和阿里巴巴的总参谋长曾鸣有过一面之缘，那时他刚从美国学成归来，作为管理学教授的他对互联网行业非常感兴趣，我们在一个朋友的创业项目上相遇了。因为这层关系，我一直非常关注曾鸣的动向。

2018 年，曾鸣出版了一本新书《智能商业》，我立刻买来仔细拜读了。

应该说，这是我读到的中国作者撰写的最好的一本互联网著作，凝结了曾鸣扎实的学术功底和在阿里巴巴的长期实践，我自然读得有滋有味。

曾鸣总结的阿里巴巴各个时期的战略节点正好与本书有关，当然是我关注的重点。他说，2007 年，阿里巴巴集团会议提出“建设一个开放、协同繁荣的电子商务生态系统”，由此，阿里巴巴的市值达到了千亿美元。的确，电商生态逐渐成为阿里巴巴日后的基石。2009 年，阿里巴巴讨论了云，最早开始了这项业务的布局，并且在这一领域取得了中国领先地位。2010 年阿里巴巴的战略讨论主题是互联网商业文明。2011 年阿里巴巴关注了云和大数据。2012 年他们研讨了 C2B（消费者对企业）模式。2014 年他们率先提出了数据时代。

而我感兴趣的战略讨论一直没有出现，阿里巴巴是何时商议移动互联网战略的呢？我没有在曾鸣的书中找到答案。

不得已，我在百度上设计了各种关键词，都没有搜到想要的答案。直到我意外发现了马云的一封隐藏很深的内部邮件，这才揭开了阿里巴巴移动战略启动的源头。

马云这封已公开的内部邮件的主题有些绕口，叫“纠结和疼痛就是参与感”，时间是 2014 年 2 月 28 日。这段时间发生了什么事件，让马云感到纠结和疼痛了呢？我找到了一些线索，这年春节期间，正是微信红包火遍大江南北之时，几乎每个家庭的人都被卷入其中，不亦乐乎。马云作为阿里巴巴的掌门人，面对这种竞品带来的出人意料的全民狂欢，方才感到了“纠结和疼痛”。我相信，在这一刻，马云也许想到了移动互联网所蕴藏的原子般的巨大势能，当你找到一个引爆点之后，它就会像火山一样喷发起来。

就在 2013 年 9 月，阿里巴巴已经强势推出了一款针对微信的竞争产品——“来往”，当时的阿里巴巴集团 CEO 陆兆禧下了破釜沉舟的决心，马云也发出措辞激烈的内部指令，但是收效甚微。既然“来往”可能折戟沙场，那么，阿里巴巴移动互联网转型的立足点何在呢？这才是让马云感到“纠结和疼痛”的根源。

公允地说，彼时放眼全球，在电商领域没有人做出成功的尝试，阿里巴巴面对的其实是一个世界级的难题。在美国，同样是移动社交领域的公司率先拿到了船票，脸书将自身的产品转型到移动端，用强势收购的方式建立了移动社交领域的巨大优势。

马云在这封信中最重要的一句话，相当于一个死命令：2014 年的重点是“云+端”，阿里巴巴要 All in 移动电商！熟悉得州扑克玩法的人都知道，All in 意味着倾其所有、毕其功于一役的押注。

马云在邮件中没有指出具体打法，好在阿里巴巴猛将如云，马云钦点张勇负责整个阿里巴巴集团的移动转型。有一次，我问刘东华，他和顶级大企业家打交道多年，能否告诉我，作为企业领军人物的主要职责是什么呢？东华毫不犹豫地说，定方向和选人。此刻，马云看好了移动互联网转型这个大方向，同时，选中张勇作为具体执行者。

阿里巴巴移动电商船票的接力棒，就这样交到了 CFO 出身的张勇手中，在当时，这看上去是一个非常烫手的山芋。今天，张勇已经出任阿里巴巴董事长兼 CEO，很多人提到他，都会褒奖他所创建的“双十一”，这是人类有史以来最大规模的购物节，当然非常了不起。但是在我看来，张勇的最大业绩是，在阿里巴巴管理层的“纠结和疼痛”中，在微信一骑绝尘的背景下，他带领阿里巴巴拿到了价值千亿美元的“苹安方舟”的船票。我曾经指导自己的硕士研究生写了一篇关于“微信支付和支付宝对比研究”的论文，部分地总结了这段惊心动魄的创新史。

数据显示，张勇接管阿里巴巴移动转型的前一年，淘宝移动购物收入占比是 14.1%，他将从这个起点开始启程。

2009 年张勇接管天猫业务的前身——淘宝商城时，就显露出他的管理天赋，他创办的“双十一”发展成为世界上最大的购物节，他还亲手将天猫打造成阿里零售业务的旗舰店和利润来源。可能从那时起，张勇就进入了马云选帅的视野，他随即被提拔为集团的COO。

看上去，张勇要将淘宝在PC端建立的巨大优势转移到移动端，面对的最大问题是没有任何前人的经验可以借鉴，因为此前没有任何人做到过此事。但是，这也有一个额外的好处：在这个领域没有太多竞争。这次转型，更像是淘宝要针对移动互联网的特点进行一次孤独的自我革命。

张勇一定全面审视了阿里巴巴在移动转型过程中的尝试，不仅仅“来往”这款产品遇到了困境，事实上，阿里巴巴每个业务部门都开发了各种App，无论从整体上还是局部看，都没有任何突破。其实，马云的那封内部邮件倒是指出了一个明确的转型方向——All in移动电商。

渐渐地，淘宝无线团队达成了一个共识，可能唯一的解决方案是想办法将PC端的淘宝网整体搬到手机端。这几乎是孤注一掷的打法。胜，则鲤鱼跳龙门；败，则万劫不复。此前集团内部开发的各种App，都可以视为手机淘宝的一个模块，一个频道或者一个功能。

一篇名为《从PC到移动：阿里的All in赌局》的文章记载了一些操作细节。确定好方向的手机淘宝团队开始了痛苦的磨合，包括兵与将的磨合，部门负责人之间的磨合，原先的团队经过洗礼，几乎都换了一遍。最终，他们通过严酷的淘汰机制形成了一个铁三角式的骨干团队成员阵容：技术负责人南天、用户体验设计负责人青云和产品负责人蒋凡。他们耗时两年，带领前赴后继的团队完成了PC淘宝网的大迁徙。

既定的迁徙策略成为后期开发工作一个明确的指引，PC淘宝网的所有功能要尽可能保留，再根据手机端的用户体验进行修改和优化，同时还要兼顾手机内存、流量以及宕机等问题对手机淘宝的影响。

手机淘宝的创新包括：从PC端的搜索改为更为便捷的导航，利用历史数据积累实现了个性化页面，查看物流信息等。

一位手机淘宝的员工回忆说：“All in开战后，很多人从原有部门被调到战场最前线，有人不适应走掉了，后续援军再补上。感觉不管走多少人，这场战争也得打下来。”从这个维度看，阿里巴巴移动转型的成功之道不在于技术，而在于认清战略方向之后，无比强悍的执行力。

最终，手机淘宝 App 迭代为一个简单易用的产品，在运营层面，他们又通过低价促销的策略将客户引流到移动端，日积月累，小步快跑，历时两年，最终完成了 PC 淘宝的大迁徙。我在阿里巴巴的年报上查到的数据是：2005 年，阿里巴巴移动端 GMV（商品交易总额）收入占比提高到 36%，他们似乎看到了一线曙光。2015 年，移动端收入占比越过 50% 的分水岭，团队信心大增。而到了 2016 年，移动端收入占比稳稳地接近 80%，可以说大功告成。

我相信，这一刻马云心中的“纠结和疼痛”可能变成了“欣慰和自豪”。他亲自制定的“All in 无线”的战略目标终于超出预期地实现了，而且，是由他钦点的张勇带领团队完成的。阿里巴巴文化当中一条清晰的主线就是对有功之臣的褒奖。我注意到，这次移动转型的功臣之一蒋凡后来出任了淘宝和天猫的双料总裁。

张勇将天猫打造成了阿里巴巴力压对手的核心业务，又临危受命，带领团队打赢了前无古人的手机淘宝的攻坚战。他思路清晰，意志坚定，善于用人，执行力强，能打硬仗，马云在观察良久之后，将阿里巴巴集团的 CEO 替换为张勇。

2016 年 3 月 21 日，阿里巴巴新任 CEO 张勇发布内部邮件，宣布完成手机淘宝团队和淘宝网团队的合并。“淘宝的无线化已经完成，消费者也已经完全迁徙到无线上。”张勇不辱使命，完成了马云“All in 无线”的战略部署。阿里人自己则说，这场迁移是如此惊心动魄，仿佛“在高速公路上将汽车引擎换成波音 747 飞机引擎”。

这样一来，张勇带领团队帮助阿里巴巴拿到了价值千亿美元的移动电商船票，直接将公司市值推高到 5 000 亿美元的大关，阿里巴巴和腾讯一起跻身全球十大市值公司之列。与此同时，和手机淘宝唇齿相依的支付宝也完成移动端转型，同样为阿里巴巴拿到一张价值千亿美元的移动支付船票，也将阿里巴巴集团旗下的蚂蚁金服的估值推到 1 500 亿美元的新高，有公司最近一轮融资为证。

中国的商业史上，从未有过如此体量的巨大公司，我们今天甚至很难描述阿里巴巴是一家什么公司。除了电商业务和金融业务，阿里巴巴还涉足了万亿级别的市场，如物流、云和线下零售等，这些业务的潜在市场规模应该能达到几十万亿美元的天文数字！我看到，阿里巴巴将自己概括为数字经济体，这似乎超出了一家大型科技公司的内涵。

阿里巴巴虽然体量巨大，但在我看来，手机淘宝和支付宝拿到的超级船票才是公司一切业务的基石。

22　公务舱船票

数百亿美元之移动信息资讯船票

赢家：字节跳动。

其他竞争者：微博，门户新闻 App，百度信息流，腾讯信息流。

信息资讯赛道是 PC 互联网最早商业化的领域。美国几乎引领了这个赛道的每一轮创新：门户时代的雅虎，搜索时代的谷歌，社交时代的脸书和推特。随着这些信息资讯巨头的崛起，传统的信息资讯的领导者——百年报纸行业就无法避免地衰落了，其代表就是默多克所引领的新闻集团的式微。原因很简单，引用本书第一章创新工具箱的定律就可以解释，信息资讯是数字化率 100% 的行业，报业巨头直接撞上了新兴互联网公司的枪口。我是新闻科班出身的，又是中国媒体产业最早的研究者之一，恰好也为新闻集团提供过咨询服务，那时正是默多克如日中天的时候。在互联网时代，作为报纸从业者，正如汽车时代的顶尖马车夫一样，只能发出无可奈何花落去的感叹。

中国的公司几乎完整复制了美国的互联网信息资讯行业的所有模式，新浪、搜狐、网易和腾讯作为四大门户，对标公司就是雅虎；百度复制了谷歌；社交领域的 QQ 空间和脸书有些类似；而新浪微博则参照了推特。

在 PC 互联网时代，信息资讯领域的最终领导者都是搜索引擎，即美国的谷歌和中国的百度。原因很简单，搜索的技术手段，就是 PC 互联网最高效的信息分发手段。

2009 年，有人在波澜不惊的信息资讯领域投出一枚石子——新浪微博，问世后新浪微博发展迅猛，本来被百度打了个趔趄的众门户网站立刻大惊失色，随后纷纷推出了各自的微博网站，腾讯微博、搜狐微博和网易微博都声称要击败新浪，赢得这场微博大战。

当“苹安方舟”驶入中国之时，微博很像是信息资讯船票的有力争夺者，140 个字的限制，刚好使微博适合在智能手机上阅读。中国互联网络信息中心的统计显示，2011 年中国微博总体用户数已经接近两亿，而且移动端转化率上升到 34%。看上去，没人能够挑战新浪微博的领先地位，这是因为新浪在门户时代聚集了中国最强的采编团队、资讯品牌以及明星大 V 的召集能力。

2012 年，门户网站看到移动信息资讯的巨大潜力，都竞相推出了各自的新闻客户端和微博产品，而且用户增长都很快。百度在 PC 端把持着最大的流量入口，用户迁徙刚刚开始，他们似乎不急于在移动端发力。

当时几乎所有人都相信，移动信息资讯赛道的船票持有者非四大门户和百度莫属，因为它们已经在信息资讯领域建立了巨大的竞争壁垒。阿里巴巴这样强大的公司，当年都没能将基础雄厚的雅虎中国做起来，就是一例。

但是，张一鸣没有被这种行业共识吓倒。2012 年初春，他对 A 轮投资人海纳亚洲创投基金的王琼讲了一个移动互联网新产品“今日头条”的构想，并很快就拿到了第一笔投资。张一鸣曾经对记者说，2013 年启动的 B 轮融资进行得很艰难，因为此时今日头条产品已经上线，但是用户规模还没有做起来。几乎所有的投资人都会问同一个问题：今日头条和门户网站的新闻客户端相比，谁的用户更多，你的产品如何超越它们？今日头条 B 轮的领投方是非常厉害的投资集团 DST，我见过他们的创始人尤里，他建立了一种有别于美国人的风险投资模型，他有着惊人的鉴别能力和过人的胆识。

拿到 B 轮融资的张一鸣做到了一点，2014 年，今日头条的用户规模达到了 9 000 万人，日活用户 1 000 万人，每月保持了 100 万人的用户增速。过硬的用户增速，推动今日头条完成了 1 亿美元的 C 轮融资，投资方是红衫资本。有趣的是，新浪微博也在本轮投资者的名单中。显然，此时曹国伟和张一鸣都没有意识到，他们未来会成为短兵相接的竞争对手。

在我看来，红衫中国的创始人沈南鹏有一项非同寻常的能力，他会对错过的优质项目果断追加投资。前一个例子是京东，他在京东估值为 1 亿美元时错过了，但在京东估值为几十亿美元时追加了投资。一个未经证实的消息是，沈南鹏错过了今日头条 5 000 万美元的 B 轮融资，所以红衫在今日头条估值为 5 亿美元的 C 轮估值时成为领投方。这种果断认错，敢于追高的胆识，令我十分钦佩。

C 轮融资完成之后，今日头条就进入了无法抑制的高速发展通道。到了 2016 年，其激活用户超过 6 亿人，月活用户超过 1.4 亿人。引人注目的是，今日头条的用户日均时长居然超过了 76 分钟！显然，今日头条不仅仅在用户规模上超过了门户网站的新闻客户端，更关键的是其不可思议的用户日均时长。为何用户会花费如此多的时间在这个客户端上呢？

此时，新浪微博已经击败了所有竞品，成功在纳斯达克分拆上市。如果今日头条的创新就停在此处，它有可能和新浪微博成为移动信息资讯赛道的双雄，如果上市，其估值也会在百亿美元上下，这已然是一个非常了不起的成就。因为新浪本来就是门户时代的领导者，创办微博也是厚积薄发，腾讯倾巢出动，也没能撼动新浪在这个领域的霸主地位。

张一鸣是程序员出身，外形和言辞上似乎也没有咄咄逼人的霸气，他本可能会见好就收，止步于此。但是，同样程序员出身的马化腾、丁磊和李彦宏，也都是性格温和的理工男，他们创办的企业就不断突破边界。此前，我还写过一篇题为《寻找中国的马丁·李》的文章，因为我发现，这种技术出身的创始人有一个巨大优势，就是他们懂得技术，而互联网正是技术驱动的产物。这就告诉我们，内敛的性格和成就大业的格局观并不矛盾。说穿了，互联网公司的推动力是具有网络效应的创新产品，而非其他。

就在今日头条高歌猛进之时，张一鸣发现了一个新的领域：短视频。这个地盘早已被更早涉足的快手占领了，2015 年，快手的用户数已经达到令人生畏的 3 亿，这是一个足以令大多数人望而却步的竞争壁垒。

但是张一鸣可能想的是如何突破边界，以今日头条为根据地，侵入更多细分市场，他的进攻武器就是产品创新。抖音就是在这种背景下上线的，这是 2016 年秋天的事情。我猜想，当时快手的创始人宿华并未将抖音这个不速之客放在眼里，因为快手正是在和众多对手的拼杀中脱颖而出的，用户数就是快手强大的护城河。

正如今日头条的成功出人意料，抖音的崛起更加让人不可思议。2017 年春节，一位年轻同事到家里做客，他给我演示了抖音，说这个短视频太好玩了，他周围所有朋友都欲罢不能。而就在几天前，我随意询问了几位“90 后”是否还会刷抖音。他们的回答是，已经卸载了。为什么呢？我追问道。他们的回复让我吃惊不已——太容易上瘾了，只要刷起抖音就停不下来。

在研究中国移动互联网船票争夺战时，我发现，只有两款产品会让人上瘾——微信和抖音，而且人们对抖音的上瘾程度更高。在互联网创新领域，后发而至的产品很少能够超越先发产品，最近的例子就是所有微博和微信的复制创新者都铩羽而归。但是，就在一种全民狂欢的情绪下，抖音的用户数和用户日均时长超过了所有竞争对手，包括这个细分市场的领导者快手。这又是为什么呢？

在短短几年当中就取得了如此成就的张一鸣仍然没有停下脚步，这一次，他瞄上了海外市场。此前，包括 BAT 在内，几乎没有一家中国互联网公司在海外取得过商业意义上的成功。彼时，中国互联网公司的企业价值全部来自国内市场，无论是用户还是货币化，中国是全球最大的单一用户市场，这也是中国互联网公司的最大红利。

张一鸣想越过这条边界线，去大洋彼岸看看。他选中了一个音乐短视频社区 App——Musical.ly，这是一款由中国创业者开发，意外地在美国流行起来的应用软件。2017 年 11 月，张一鸣出价 10 亿美元收购了 Musical.ly，计划将其打造成为抖音的海外版。这对仍处在成长期的今日头条而言显得不同寻常，此前的类似收购都是竞争压力导致的。张一鸣这次收购的唯一动机是帮助抖音出海，这个目标看上去又是一个无法完成的任务，因为此前 BAT 的所有国际化努力全部失败了。这些疑问对张一鸣而言，都不是问题，他认为抖音的产品优势可以让它在海外立足。拿到 Musical.ly 的股权后，张一鸣将这款产品更名为 TikTok，将抖音的技术和产品特性融入其中，然后，TikTok 就迅速在世界各地上线了。

我看到的最新数据是，在 2019 年全球苹果应用商店和安卓市场下载排行中，TikTok 位居第三，第一名是脸书的瓦茨普，第二名是脸书的 Facebook Messenger。TikTok 的累计下载量已经达到了惊人的 15 亿次，成为中国有史以来唯一一款成功的出海应用软件！张一鸣做到了马云、李彦宏和马化腾都未曾做到的事。

换句话说，TikTok 为国人拿到了迄今唯一一张“苹安方舟”的国际船票！

请等一等，中国改革开放40多年，一款中国应用软件产品，如此深入地侵入美国市场的核心地带，独霸美国“Z世代”用户的心智和娱乐，这是美国主流社会之前无法想象的事实。即使最乐观的中国创业家，也很难想象这种场景。TikTok的这种摧枯拉朽式的产品冲击力，一定让美国的社交媒体对手脸书备感压力。看上去，美国人通过市场的力量已经无法阻止TikTok前行的步伐！

就在本书出版前夕，美国总统特朗普分别在2020年8月6日和14日，先后两次签署行政命令，要求字节跳动公司在90天内剥离其在美国的TikTok资产及其在美国收集的任何数据。原因呢？特朗普在行政令中表示：“有可靠的证据使我相信，字节跳动……可能会采取有可能损害美国国家安全的行动。”我们在此稍微斟酌一下，就会发现“可靠的证据”和“可能会采取”这样的措辞本身相互矛盾，显然，美国政府并未找到TikTok损害美国国家安全的任何证据。最后，特朗普威胁说：“TikTok必须在9月15日之前卖给美国，否则必须关门。”

对张一鸣而言，似乎只有三个选项：出售，在美国政府的监管条件下继续运营TikTok美国业务，或是被迫关闭TikTok美国业务。

目前，美国媒体披露的TikTok美国业务最活跃的买家是微软公司。在这个扑朔迷离的当口，2020年8月28日，中国商务部更新了《中国禁止出口限制出口目录》，以便保证国内核心技术不会流失。分析人士认为，在这一目录的约束下，字节跳动在洽谈出售TikTok美国业务时，不得出售其核心算法技术，这当然是字节跳动一直坚守的核心诉求。这就表明，微软和字节跳动如果想要达成交易，条件是：核心算法技术不在交易清单中。

面对美国政府出面施压，本土企业企图趁机低价收购他国资产的行为，即使在潜在收购方微软公司的内部，也出现了反对的声音。一方面，微软前CEO鲍尔默对媒体说，收购TikTok是“令人兴奋的”。读过本书第四章的读者，一定对微软在移动互联网上的失败布局印象深刻，而收购 TikTok 则可能让微软补上一张船票。另一方面，微软公司的一项内部调查显示，公司 60% 以上的员工认为，收购 TikTok 是不道德的行为，会损害公司形象。

当甲骨文出现在竞购 TikTok 美国业务的名单上时，我产生了一个疑惑：甲骨文是一家 2B（面向企业）的软件公司，此前从未涉及 2C（面向消费者）业务，他们真的想涉足自己并不擅长的 2C 社交业务吗？最新的消息揭开了谜底，美国财政部长姆努钦证实，甲骨文将成为 TikTok“可以信赖的数据安全合作伙伴”，显然，字节跳动和甲骨文洽谈的是业务合作，而非出售资产。这就表明，一旦这一合作获得美国政府的批准，TikTok 美国业务的控制权仍然在字节跳动手中。那么，何为“数据安全合作伙伴呢”？甲骨文正在发力云计算，他们在这个领域已经远远落后于亚马逊和微软。这次合作的实质是，甲骨文拉到了 TikTok 美国业务这个大客户。双方的合作一旦达成，TikTok 美国的业务数据将会置于甲骨文的云端服务器之下，这就满足了美国政府所谓的国家安全需求。

显然，在所有的选项中，与甲骨文的云合作，对字节跳动最为有利，也能同时满足中国政府的相关法令。

无疑，美国是数字经济的起始国家和最大受益者。美国所获得的巨大经济利益，正是建立在他国的市场开放和互联互通的基础之上。现在美国政府采取行政手段，压制一家来自中国的合法经营的创新公司，这是全球数字经济创新史上极为罕见的事件。最终，无论 TikTok 美国资产的最终命运如何，从长期看，这一事件都将削弱美国这一创新强国的国际信誉。

字节跳动在短短 7 年内，就连续斩获了移动信息资讯领域的三张超级船票：今日头条、抖音和 TikTok。有研究公司发布的数据显示，2019 年头条系的数字广告收入已经超过了百度和腾讯，仅次于阿里巴巴集团。这些业绩将今日头条母公司字节跳动的市值推到了 750 亿美元！2018 年，今日头条 Pre–IPO 轮次的融资规模高达 40 亿美元，这可能是中国私募市场最大的单笔融资之一。

作为一家创业公司，今日头条为何能不断超越强大的竞争对手，在很短的时间内完成了如此众多不可能完成的任务呢？张一鸣先是超越了包括腾讯在内的四大门户的新闻客户端，让今日头条拿到了最大一张信息资讯船票；接下来，他开发出后发而至的抖音，在短视频赛道超越了行业领导者快手，又拿到最大的短视频赛道的超级船票；然后，张一鸣通过“收购 + 运营”，将抖音的海外版 TikTok 做成了下载量全球第三的超级应用软件。

为何是张一鸣能够不断突破边界，创造奇迹呢？

现在，由于今日头条发展太快了，张一鸣的竞争对手已经变成了腾讯和百度这样的巨头，证据显示，这两家公司正在竭尽全力阻止今日头条的疯狂扩张。但是，张一鸣仍然没有打算停下前进的脚步，2019 年，今日头条上线了头条搜索。在这个重大产品上线发布时，张一鸣甚至都没有出面。对百度而言，今日头条这次不是绕道而行，而是已经兵临城下。

我们现在就揭晓答案。我认为，今日头条疯狂增长的秘密只有一个：研发出新一代算法推荐技术，并且将其融入今日头条、抖音和 TikTok 这三款产品当中。这项技术的核心是根据用户的浏览兴趣，推荐更多的相关内容。从某种意义上说，算法和推荐就像一种读心术，这就可以解释，为何今日头条、抖音产品都有如此高的用户日均时长，因为软件是在投其所好啊。一些用户对抖音感知到明显的上瘾，也是同样的理由。

头条系产品和其他内容类产品相比，还有一个巨大优势，就是内容获取成本几乎为零。早期，头条可能还会依赖传统媒体提供的内容，到了中后期，头条系产品通过运营，滚动出数百万乃至上千万个 UGC（用户生成内容）——史上最庞大的自媒体内容提供者，这些人自愿为头条系产品免费提供内容。

相较之下，移动长视频平台爱奇艺和移动音乐播放平台 QQ 音乐，都要额外花费巨资采购版权内容，这对其赢利造成巨大困难。

这样一来，头条系产品巨大的流量就能换取超额的广告收入，却无须支付过多内容成本，这就使其有更多现金去突破边界，拓展新的领域，比如搜索。据我了解的数据显示，在 2019 年，当百度和腾讯广告增速放缓时，头条系广告收入却一枝独秀，获得了高速增长。

对众多的移动互联网船票获得者而言，最大的难题是如何将巨大的流量转化为收入。头条系产品却没有这样的烦恼，它们一边收获流量，一边有着极强的变现能力。当然，张一鸣在产品研发和商业变现方面都组建了强大的团队，这是原因之一。大多数移动端的流量产品能拥有一种商业模式就已经谢天谢地了，但是，头条系产品除了大规模的广告收入之外，还具有电商导流能力，用户在抖音信息流上看到一个商品广告，可能立刻就点击相应的电商网站，完成购物。而一个正在观看长视频电影的用户则不会停下来，去点击插播的广告，因为他正在被电影的内容所吸引。而抖音上的内容通常很短、很碎片化，用户随时都可以停下来完成点击。

抖音的这种成本更低、商业化手段却更丰富的特质，就让其拥有一种巨大的话语权和可能性。

最后，抖音让人上瘾还有一个原因：其瀑布流的产品呈现方式，让用户对喜爱的内容有着取之不尽用之不竭的感受。只要你“刷”个不停，它就会“抖”个不停，直到用户自己感到厌烦为止，这是一个巨大的信息黑洞，拥有永远也看不完的内容。

这时候我就想到，如果乔布斯在世，张一鸣向他展示一番抖音的玩法，里面可能有乔布斯感兴趣的禅宗或者音乐内容，“乔帮主”自己可能也会乐不可支，根本停不下来。我发现，触屏交互方式最大的优势在抖音这种产品当中得到了最完美的体现，用户只要轻轻滑动手指，内容就像泉水一样奔涌不停，直到永远。在世界的另一边，无数的内容创造者就像永动机一样，提供着无穷无尽的好玩的内容。这边，有人上传不止，那边，有人看个不停，抖音就在这种几乎疯狂的自我循环中膨胀起来，人类从来没有以这种不可思议的方式疯狂制造内容，也从未有这么多人在疯狂欣赏内容。从中国到全球，唯一的差别是，在地球的其他地方，抖音只是换了个名字，叫 TikTok。

这时候的张一鸣，多像哈利·波特世界里的魔法师啊！

好了，我们说说抖音的问题。有人说投其所好会导致一个“信息茧房”，用户获取的内容越来越局限。新闻类资讯应该有全面而完整的覆盖，而不是用户对什么感兴趣就提供什么，那么用户的“信息营养”是否会失调呢？还有，如何区分优质内容、权威内容和“标题党”的内容呢？信息是越多就越好吗？这些问题可能需要张一鸣给出答案。

我们看到的是，头条系获得了移动信息资讯领域最大的三张船票，这些超级船票支撑了今日头条母公司 750 亿美元的上轮融资的估值，公司如果进行首次公开募股，也许会获得更高的市值。因为，他们在获得惊人的流量之后，立刻就能将其变现。

现在，永不满足的张一鸣又开始盯着新的超级船票：移动搜索。也许未来我们有机会获知答案，这一次张一鸣是否会再次创造奇迹呢？

数百亿美元之移动生活服务船票

赢家：美团。

输家：窝窝团，拉手网，百度糯米等。

其他竞争者：阿里巴巴旗下的饿了么和口碑。

记得 IDG 公司创始合伙人周全曾经对我说过，在互联网早期，他们投资的大部分公司中，创业者在融资时讲了一个故事，后来公司做成后又变成另外一个故事。将周全这个经验用于移动生活服务这个赛道，倒是非常贴切的。最初，这个赛道的融资故事是团购，而尘埃落定之时则变成了移动生活服务，几乎所有的早期参与者都已经不复存在，只剩下美团和阿里巴巴两个玩家。

这个赛道的缘起，是2008年11月上线的美国团购网站的鼻祖Groupon（高朋）公司，其经营模式是以网友团购为经营卖点，每天只推一款折扣产品供网友竞拍，其服务具有地域性，线下销售团队规模远远超过线上团队。Groupon的模式获得了风投的热烈追捧，两年内就融资10亿美元，这在当时是非常罕见的情况。

互联网和风险投资都源于美国，因此，互联网商业模式的实验大部分也源于美国。当我第一次听到“烧钱”这个词的时候，我感到有些心惊肉跳。我想，除了疯子和酒鬼，世界上会有人“烧钱”吗？进入风险投资这个行业后，我理解了，所谓“烧钱”，就是创业者和风险投资者一起，用金钱检测一种互联网商业模式，如果失败了，就相当于钱被烧掉了。问题是，明知投资的钱可能被烧掉，为何风险投资者会还会冒险呢？本书的1–99法则可以解释这种看上去非常愚蠢的行为。因为，一旦风险投资者收获了一个超级回报项目，比如谷歌，投资人不仅会收回所有被烧掉的投资，还会赚得盆满钵满。

当一种商业模式在美国取得成功时，就表明美国的风险投资家和创业者一起成功地验证了一种新的商业模式。此前，新浪、搜狐复制了雅虎的模式，百度复制了谷歌的模式，阿里巴巴复制了易贝的模式，现在谁来复制Groupon的模式呢？答案当然是前赴后继的中国创业者。

2010年初，刚刚在“饭否”项目上折戟的王兴，决定利用剩余团队在中国复制Groupon的模式。好消息是，王兴的团队可能是中国最早涉足团购这一领域创业者，坏消息是，中国有数千个团队抱有同样的想法。中国的Groupon最终可能只有一家，但是为何不会是自己呢？这就是互联网“千团大战”的背景。

这年3月4日，美团正式上线了，作为连续创业者的王兴开发这样的网站并不难。此后的一天，王兴应约来到红衫中国的办公室，见到了大名鼎鼎的沈南鹏。据沈南鹏事后回忆，他和王兴一见如故，没有任何生疏的感觉，沈南鹏还说："8年前，移动互联网颇为喧嚣和浮躁，但是我们见面时，基本没有聊具体的运营情况，更多是在讨论这个产业的远景和未来。"一般而言，风投和创业者首次见面的标准流程是，创业者将自己的电脑连上投影，向坐在对面的风投团队演示自己的商业计划书。如此理性的沈南鹏居然省略了这个必不可少的环节，这就显得有些不同寻常。

红衫资本是中国移动互联网创新风口的最大受益者，他们的投资模型简单有效：寻找最好的赛道和选手，果断投资。显然，经过研究，团购是红衫必须覆盖的赛道。那么，对沈南鹏而言，当时的工作就是寻找团购领域的最佳选手。王兴是移动互联网创业者中非常稀有的思想家，他酷爱阅读、勤于思考，对自己所涉足的团购领域必定做足了功课。沈南鹏正在寻找选手，而此时的王兴可能就是那个对的人，他连续创业的经验非常宝贵，而且他对团购行业的洞见一针见血。

我非常好奇的是，一位是顶级投资人，一位是谋定而动的连续创业者，他们当天谈了些什么呢？我在界面一篇叫《美团简史》的文章中找到了蛛丝马迹。下列的问答纯属猜想，但是也并非无中生有，因为答案正来自王兴在创办美团之前的思考。

"你认为的团购市场的本质是什么？"沈南鹏可能这样发问。

"团购，就是社会化网络与电子商务的交集，这个交集的本质像淘宝，聚合了买家和卖家的需求，低成本、高效率，并且将营销和销售很好地结合在一起。"王兴可能这样回答，这是他在创办美团时就想好了的。

无疑，这是一个非常具有杀伤力的答案，团购的本质是淘宝？那么，未来这个赛道的赢家将会是一家大体量的公司啊！想到此，沈南鹏可能心中暗喜。

“那么，从竞争层面看，团购领域的卖家是什么样的企业呢？”沈南鹏可能继续发问。

“团购的卖家是本地中小企业，并未被门户、搜索和电商平台所覆盖。”王兴可能这样答道，他对此早已经胸有成竹。

这个答案告诉沈南鹏，不必担心来自巨头的竞争，它们的平台无法触达团购商户，这是一片蓝海。

“那么，美团的商业模式是什么？”沈南鹏穷追不舍地继续问道。

“美团从卖家手中拿到低折扣商品，低价吸引买家购买。卖家节省了广告费，直接得到交易。买家得到了实惠，而美团收获了交易佣金。”王兴的回答似乎天衣无缝。

就在双方精彩的问答之间，沈南鹏可能认可了王兴就是团购赛道上优秀的选手。如此一来，红杉就成为美团唯一的 A 轮投资者。唯一，体现了红杉的决心，以及其他风投的迟疑，而未来巨大投资回报的种子就这样播种下去了。

拿到红杉 1 200 万美元的王兴团队自然非常兴奋，终于可以放开手脚大干一场了。谁知，等待他们的将会是异常惨烈的竞争的开始。美团的成长史，就是一部战斗史，又或者说，美团的江山就是打出来的。这就表明，团购行业的潜在市场虽大，但是初期的准入门槛实在是太低了。有一个证据是，美团第一天上线时，只有 79 个人购买了他们的产品，这枚雪球实在是太小了，小到足以让任何人都觉得唾手可得。

这时候，我就想到，在长出地面的一刻，小草和参天大树的幼苗是等高的，不懂植物的人甚至无从分辨。

第一战：千团大战。美团 vs. 上千家团购网站。

结果：美团胜。

在我的记忆当中，在同一个赛道的创新史中，很少出现团购早期那种群雄并起的壮观景象。2010 年 3 月 14 日，窝窝团上线；3 月 15 日，F 团上线；3 月 16 日，拉手网上线。按照当时多家媒体的数据显示，最高峰时，市场上居然出现了 5 000 家团购网站。令人不安的是，可能数十家团购网站都拿到了风投的投资。这就意味着，最终，这其中的大部分投资都会被烧掉，每个人都不希望血本无归的结局发生在自己身上，但是理性地看，其中的赔率可能不到 1% 吧。

Groupon 团购网站的线下团队规模远远超过了线上，这就告诉我们，初期团购网站博弈的重点是商户拓展，而非线上营销。问题是，商户分散在全国各地的成百上千个城市当中，唯一的办法是组织一支分布在全国的地面部队，一对一地向商户游说、洽谈、签约。

多家媒体的报道显示，2011 年夏天之前，美团在融资规模、商户拓展，甚至交易规模方面都没有处于行业领先地位，这甚至导致美团 B 轮融资遇到了困难，沈南鹏事后的回忆也证明了这一点。以我在投资机构的经验看，在 B 轮融资时，人们更愿意押注那些商户数和交易规模领先的公司，这样成功率会更高。

你看，这年 4 月，大众点评拿到了 1 亿美元融资，宣布进军团购市场。这家成立于 2003 年的老牌公司，是全球最早建立的第三方消费者点评网站，为消费者提供商户信息、消费点评以及优惠券服务。其他团购网站需要从零开始拓展商户，而大众点评早已积累了最多的商户资源，虽然不是为了团购，但是他们早已为这些商户服务多年。在用户端，大众点评也已经积累了最多的用户流量。显然，当风投见到正在融资的美团时，就会犹豫不决，因为从任何方面看，大众点评的胜算都更大。这还不是问题的全部，因为在从零起步的团购网站当中，拉手网通过三轮融资已经拿到 1.6 亿美元，从商户和交易数据看，拉手网当时的表现似乎也优于美团。

当然，王兴事后挑战说，大多数竞争对手的融资规模严重注水，他们实际上没有融到宣布的那么多钱。这有点像当年曹操号称 80 万大军攻城，只是为了恐吓对手而已。但是，王兴无法否认竞争对手先于美团拿到了投资。按照我的经验，那些投资大众点评以及拉手网的风投，可能也同时看过美团，比较之后才做出了投资决定。这就再次证明，此时美团的运营数据可能并未处于领先地位。

雪上加霜的是，在竞争对手们融到巨额资本之后，他们采取了更加激进的经营策略，显然是想尽快清除对手，结束战斗。这些策略中还包括铺天盖地的线下广告投放。根据界面披露的数据，团宝网全年投放 5.5 亿元广告费用，糯米网投放 2 亿元，大众点评投放 3 亿到 4 亿元。当然，这些广告投放额也可能有些水分，但是这种随处可见的广告，对商户造成了相当大的影响，也是不争的事实。另外，为了更快拓展商户，很多团购网采取预付报销的方式，一次性买断商户的产品，商户当然欢迎，因为这样可以看到现实利益的交易。

对美团而言，一个最简单的问题是，无法完成 B 轮融资，公司就会猝死，在这个赛道如果没有 10 亿美元甚至更多的资本投入，任谁也无法成功。我非常好奇的是，在这种泰山压顶一般的重压之下，王兴和美团在想什么，又在做什么呢？

我从一些报道当中找到了一些头绪，这个时候的王兴为美团制定的策略类似于朱元璋提出的深挖洞、广积粮、缓称王，美团不参与线下广告投放，不参与商户预付报销，也许在王兴看来，依靠烧钱获得的优势只是暂时的，最终还是要回到产品质量和用户体验。美团的深挖洞之策是短期很难见效的产品研发，这些产品包括移动端和各种商户管理系统，都是围绕着提升用户体验和降低运营成本展开的。

那边，竞争对手激进扩张，其模式需要持续不断的融资接力；这边，王兴带领美团卧薪尝胆，暂缓称王。到了 2011 年 6 月，团购网站融资的窗口逐渐关闭，风投可能对这种无序的竞争感到惧怕，不敢继续投资了。当融资链条被逐渐切断时，大多数团购网陡然陷入冬天，这时人们意识到，原来团购行业虚假的繁荣就是资本推动的。人们看到，拉手网上市折戟，大多数团购网站纷纷开始裁员、拖欠商户账款。

2011 年 7 月，美团终于拿到了阿里巴巴领投的 5 000 万美元的 B 轮融资。如果美团没有拿到这笔钱，或者更晚时才能拿到融资，美团是否会最终胜出呢？我相信没人能给出答案。这就表明，阿里巴巴这笔融资对美团而言弥足珍贵，甚至事关生死。假如阿里巴巴猜到了最终结果：美团有一天会和自己反目，并且成为这个赛道唯一和阿里巴巴竞争的对手，阿里巴巴可能会非常后悔做出这样的决定，尽管从投资本身而言，阿里巴巴也赚到很多钱，但这并非阿里巴巴的初衷。

美团拿到这笔钱后，王兴做出了一个惊人的举动，他晒出了美团的账单：6 200 万美元。其实，这正是美团绝地反击，向所有团购网站发起总攻的信号！

连续创业的美团团队线上能力强大，又经过了持续不断的研发，产品体验已经不弱于任何对手。当大多数对手已经烧掉手中的现金，正处于内外交困之时，美团拿到了充裕的资本。但是，美团还有一个短板尚未解决：如何有效拓展分布于全国各地的上百万家商户？在某种意义上说，对当时打得难解难分的团购网站而言，得商户者方可得天下。

阿里巴巴对整个互联网行业有一个被低估的贡献是，它在 B2B 时代建立了一个强大的“中供铁军”，所谓“供”，乃供应商之意。这个铁军不仅帮助创业伊始的阿里巴巴完成了商业化，此后还为整个中国互联网 2B（面向企业的）市场输送了人才。

现在，王兴在阿里巴巴的“中供铁军”当中找到了一位有缘人：干嘉伟。他三顾茅庐，成功说服干嘉伟加盟美团。

2011 年末，美团兵强马壮、粮草充足，主要竞争对手纷纷处于困境中，王兴在此时发起了总攻。干嘉伟到任后，重组上万人的美团地推团队，发起了“狂拜访，狂上单”的指令，干嘉伟惊喜地发现，只要一线团队增加供给，美团的业绩就会水涨船高地自然增长，市场份额也会随之增长。当干嘉伟将这个重大发现告知王兴时，后者只是淡淡地回答：“自然。”王兴的远见，让干嘉伟感叹不已。

2012 年初，王兴对美团的总结是两个字：上岸。市场数据显示，在千团大战中，美团已经稳居市场份额第一，此前风声鹤唳的千团大战已经偃旗息鼓了。

第二战：O2O（线上到线下）平台之战。美团 vs. 大众点评，百度糯米。

结果：美团并购大众点评。

我们不妨在此停顿一下，假设美团赢得团购之战，最后成为中国这个领域唯一的玩家，今天的结果会是怎样呢？我们只要看看团购网站的鼻祖 Groupon 的大起大落就可以得出结论。2011 年 Groupon 首次公开上市的市值是 170 亿美元，这在当时是非常了不起的成绩。我刚刚查了一下，发现 Groupon 在 2019 年 12 月 9 日的市值是 16.66 亿美元，市值缩水了 90%！

这就表明，美团如果固守在团购市场中，可能今天的结局和 Groupon 相仿，只是一家在美国上市的小市值公司，早就被人们遗忘了。只要你打开上市公司列表，你就会立刻发现，这样不温不火的公司其实才是资本市场的主流吧。

当你走进一片树林，你就会发现，植物的高度是由基因决定的：小草、灌木丛、刺槐都很矮……而真正的参天大树，生长于澳大利亚的杏仁桉树，可以达到 156 米！植物学家发现，杏仁桉树之所以能够长得这么高，主要因为其吸水能力极强，而且根系非常发达，能够把根扎到地下很深的地方。

也许，王兴就是中国人当中的杏仁桉树吧，他不想过早就限定美团的高度，哪怕因此和主要股东阿里巴巴反目也在所不惜，他的梦想就是打造一家可以和阿里巴巴比肩的公司。

当美团好不容易摆脱了团购领域的其他对手，王兴就开始思考下一个目标。没费什么事，他就发现了美国突然兴起的 O2O 模式，这是指将线下的商务机会与线上移动互联网相结合，让移动互联网成为一个行业线下交易的前台。美国人很快就摸索出两种 O2O 的商业模式——本地出行领域的优步和旅游领域的爱彼迎，并且两家公司相继获得了数百亿美元的估值。

王兴为美团设计了一种突破边界的 T 型战略：横是团购，竖则是美团即将进入的新行业。美团很快就锁定了两个竖型 O2O 市场：移动电影票和移动酒店住宿。

新的 O2O 市场虽然有吸引力，但美团必然会触动他人的奶酪。由于进入有价值的市场而引发的竞争，从来不是王兴关注的重点。在移动电影票领域，美团猫眼电影的竞争对手很快变成 BAT——腾讯的竞品是微影，阿里巴巴的竞品是淘票票，百度的竞品则是糯米电影票。有人可能会说，猫眼有来自团购客户端的流量支持。如果说来自彼时美团团购的流量支持是涓涓细流的话，那么 BAT 的流量则是大江大河了吧。移动电影票只是一个价值数百亿元人民币的市场，就引发了美团和巨头之间的混战，这是王兴在跨界时必须面对的难题。

而在酒店住宿领域，美团面对的竞争可能更加严峻，其对手是在线旅游行业的冠军企业携程以及百度旗下的新锐企业去哪儿。酒店住宿正是它们的主营业务，美团必然遭到其有力的反击。

看来，王兴的 T 型战略虽好，但美团想要在任何一个竖型 O2O 市场站稳脚跟，都必须与强大的对手奋力一战。王兴当然知道知易行难的道理，他透过一个个竖型 O2O 市场看到了更大的疆域，准备逐一入侵这些堡垒，并且已经做好了打持久战的心理准备。2013 年，他向团队动员说："O2O 的 10 年注定是又苦又牛的 10 年。"

王兴要求内部探索竖型 O2O 市场的嗓门越来越大，既然没有人知道哪个 O2O 市场更加适合美团，王惠文的办法就是在公司内部测试，只要测试的数据喜人，就大规模推广；而如果测试数据不理想，就果断放弃。美团在移动电影票和酒店住宿领域与对手开打之时，王惠文的部门又测试了一款 O2O 产品：外卖。从事后看，正是这个不起眼的新业务，将美团的业务体量提升了一个巨大的台阶，如果没有外卖业务，美团的市值可能会减少 50% 之多。

美团横冲直撞，其战略好似霸王拳法，王兴的 T 型战略更像是美团侵入他人地盘的一个理论借口。2012 年 12 月 9 日，美团外卖在北京主站测试上线。此时，这一市场的开创者饿了么已经运营了整整三年，刚刚完成了 2 500 万美元的 C 轮融资。有趣的是，红杉资本正是本轮融资的领投方。我好奇的是，当沈南鹏听到美团上线外卖产品线时，会有何感想呢？

我在想，王兴如果生于战国时代，可能会是一位好战且善战的将军，他不停地为美团找到作战的理由和高屋建瓴的口号。美团一时间开辟了多个战场，同时和迥然不同的对手勇猛作战。美团之战，从来不是防守，而是赤裸裸地进攻。当投资美团时，红杉就想好这是布局团购赛道；当投资饿了么时，红杉就想好这是布局外卖赛道。岂不知，在王兴眼里，突破边界才是王道，反正这些都是美团 T 型市场的一部分，团购是我的，外卖也是我的，这有问题吗？“嗯，惠文的测试数据很理想，干！”王兴也许这样低语道。于是，红杉在书本上划出的地盘被王兴冲得七零八碎。

你看，美团对界面的记者说，外卖的市场规模不亚于团购的市场。美团外卖将快速扩张，未来三年投资 10 亿元，覆盖 100 个城市。而且，美团还要在各地建立外卖城市团队。当美团宣布这些雄心勃勃的计划时，它如入无人之境。饿了么以及阿里巴巴的淘点点团队会怎么想呢？

这个时候，美团外卖面前又出现了一个新的强悍对手：百度外卖。业界普遍认为，百度在移动端的布局太过迟疑。在匆忙之间，百度斥巨资收购了 91 无线，从事后看，这一赛道只是过渡性业务，手机应用市场的开创者 91 无线和豌豆荚最后都衰落了。就在 O2O 市场兴起之时，李彦宏终于决定将其纳入百度的核心战略。接下来，百度收购千橡互动旗下的糯米网，更名为百度糯米，同时在公司内部成立了百度外卖，准备大举进军 O2O 市场。从我了解的数据看，最初，百度糯米和百度外卖的发展势头异常迅猛，这给了李彦宏强大的信心，他对外宣布，百度在 O2O 领域的投资不设限，将会投资 200 亿元人民币！

我们甚至很难描绘 2012 年至 2014 年的 O2O 市场。看上去，市场上出现了三家综合性 O2O 布局的公司，分别是美团、百度糯米和大众点评。值得一提的是，大众点评虽然在团购市场未能战胜美团，但是，前者的餐饮评论基础厚实，聚集了最多的商家和消费者。值得一提的是，大众点评的 A 轮投资人也是红杉。时间到了 2014 年，腾讯大举投资大众点评网。而美团则被视为阿里巴巴在这个领域的布局，因为在美团的 C 轮融时，阿里巴巴再次加入领投的行列。

当时业界的普遍观点是，综合 O2O 领域又演变成 BAT 在移动互联网角力的新战场——百度系的糯米，阿里巴巴系的美团和腾讯系的大众点评。

当我将这个时期美团的竞争者列出来时，我大吃一惊。美团在综合 O2O 领域的强大对手为百度糯米和大众点评；在电影票市场，竞争者是阿里巴巴的淘票票和腾讯的微影；在酒店住宿领域，竞争者是携程和去哪儿；在外卖领域，竞争者是饿了么和百度外卖。看上去，美团正在与中国大半个互联网圈作战，四处树敌。这在中国乃至世界创新史上，可能都是绝无仅有的案例吧。如果我们了解王兴的野心，这一切就顺理成章了，他欲谋求天下，而非一隅。

此时美团面对的局面是千团大战的升级版，其对手全是如雷贯耳的名字，王兴不想放弃任何一个已经侵入的领域，各条业务线都是硝烟弥漫的战场，无一处可以安然无恙。令人称奇的是，就在这种混战的局面下，美团的用户数据和交易数据仍然保持了强劲的增长！

在 2015 年的美团年会上，踌躇满志的王兴站在舞台中央，做了题为

《2015年是O2O大决战之年》的主题演讲。王兴决战的底气是2014年强劲增长的各项业务数据：美团当年交易额突破460亿元，增长180%，其移动端交易额占比高达90%以上。美团称其当年激活的用户超过2亿人，覆盖商户80万家，较前一年增长300%。美团业务覆盖城市接近1 000个，较前一年增长400%。在上述业务数据的支持下，美团在2015年1月完成了7亿美元的新一轮融资，估值已达70亿美元。

王兴说，美团的市场份额已经提高到60%，美团在地理位置上已经基本覆盖了神州大地。在团购市场，美团在全国前100个城市中的93个城市领先于对手；在电影市场，猫眼已经是市场第一，全国每三张电影票就有一张是美团卖掉的；在外卖市场，王兴含糊其词地说，美团反超对手，初步奠定了一个优势地位；在酒店住宿领域，美团仅次于携程，成为中国第二大酒店预订平台。

王兴最后宣布，美团要发起大决战，正式确立在O2O的王者地位，他充满诗意地说："让我们既往不恋，纵情向前。"

但是，危机正是在王兴感到亢奋之时降临了。在美团各项业务数据狂飙突进的背景下，有一个重要前提：大决战可能需要数十亿美元的资本投入，美团必须继续融到远远超过对手的资金，才能支持王兴O2O大决战的巨大野心。

就在美团年会结束后不久，大众点评于2015年4月拿到了腾讯领投的8.5亿美元，已经超过了美团上一轮融资的金额，而且腾讯大额投资的背后，可能还有深不见底的流量支持。而李彦宏早早就宣布未来三年将向百度糯米投资200亿元人民币，似乎也要背水一战。我们稍加留意就可以看出，阿里巴巴虽然是美团的主要投资人，但是远远未到战略投资者这个量级。这就意味着，独立于BAT之外的美团，在O2O领域的对手是百度和腾讯。与美团相比，这两家巨头的资本和流量可能无限大。在一个至关重要的侧翼战场——外卖领域，饿了么的表现仍然如狼似虎。按照王兴在年会上的说法，美团似乎并未在外卖领域获得领先优势。雪上加霜的是，在这年 5 月，饿了么也拿到 3.5 亿美元的大额融资。这就表明，本轮投资人仍然相信，饿了么能打赢这场外卖战争。

以我在投资机构的经验看，美团必须启动一轮超过 10 亿美元的大额融资，才能发动真正的大决战。问题是，虽然美团的业务数据非常靓丽，但在这个时间点融资，也会让投资人犹豫不决，因为这个赛道的烧钱规模像个无底洞，美团目前的阶段性胜利果实能否保住仍有巨大的不确定性。

我发现，在回忆美团成长的重要节点时，沈南鹏详细提及了美团和大众点评的合并。其实，我们只要冷静观察就可以发现，在 O2O 市场上的三个玩家——美团、百度糯米和大众点评，就是典型的“三国演义”。这个时候，三家公司需要的不是融资，而是采用一个资本工具——合并，才可以结束战斗。

我知道的事实是，百度糯米早早就开始和大众点评进行着马拉松式的谈判，希望探讨合并事宜。但是，谈判进展断断续续，这就表明，双方无法在并购后的控制权上达成共识，或者没有任何一方意识到合并的紧迫性。

如果百度糯米和大众点评合并成功，这对于美团就意味着灾难。在这个千钧一发之际，可能沈南鹏意识到了问题的严重性。红杉在美团和大众点评都有投资，但是我看到，红杉在大众点评的 E 轮和 F 轮就没有跟进了。这就表明，红杉在美团的利益更大。另外，假设百度糯米和大众点评合并成功，腾讯和百度也许会联合领投，此时则美团危矣，在这种情形下，红杉的利益只能保住一头。假设美团和大众点评合并，则红杉在这两家公司的利益都保住了，收益最大。沈南鹏应该很快就想到了风险和利益所在，我相信，沈南鹏可能就是美团和大众点评合并的最大幕后推手，他是两家公司的 A 轮投资者，身份最为恰当。

我了解到的情况是，美团和大众点评的合并是一场速战速决的战斗，其中，王兴强大的执行力和沈南鹏的艰苦斡旋是关键因素。当然，沈南鹏特别提到，在这次合并中，腾讯公司的马化腾和刘炽平在这个赛道继续布局的巨大决心也是合并成功极为重要的因素。

我记得，2015 年 10 月 1 日之前，美团和大众点评谈定了合并交易，并且签署了投资框架协议，准备在国庆节后签订正式协议。就在那年假期前一天，一位了解三家公司合并谈判进展的投资界朋友和我谈起了上述交易的一些内幕，他说，李彦宏听到美团和大众点评签署框架协议的消息后非常震惊。当然了，李彦宏知道，一旦双方正式协议签订，则百度糯米危矣。这位朋友问我，你觉得百度还有机会挽回这笔交易吗？我知道，推翻一笔签署了框架协议的合并交易的成功率几乎为零。但是，和百度未来可能关闭糯米所造成的巨大损失相比，百度也可能有一些解决方案。

“愿闻其详。”这位朋友追问道。我说，从死马当作活马医的角度看，我的方案是，百度提价 30% 以上，委任大众点评团队为主要管理层，让管理层亲自游说马化腾。当然，没人会真正理睬我的方案。

美团和大众点评的合并木已成舟。双方合并之后不久，新美大就迎来一轮巨额融资：这是腾讯领投的高达 33 亿美元的 E 轮融资，我看到，我的老东家高瓴资本也在其中，不出所料，红杉再度跟投。

这个时候，我读到沈南鹏的一番感慨。他说，未来，谁要是写这段互联网史，应当记住大众点评创始人张涛的气度，在双方合并之后，他主动退出了联合 CEO 的位置，将新美大的权杖全部交给了王兴。我认为，这是沈南鹏的肺腑之言，张涛这一举动当然值得赞赏。中国人早就知道一山不容二虎的道理，但是，历史上因为不知进退、不舍名利而拼死一战，最终两败俱伤的案例比比皆是。显然，张涛将名利放下，还权杖给王兴，这是新美大繁荣昌盛之幸事。

这场合并并非皆大欢喜，还有两个“副产品”。

一是，几乎无法避免地，百度糯米衰落了，即使继续融资也几乎没有胜算，胜利的天平已经在新美大一端了。手握 33 亿美元的资本，加上大众点评的流量，腾讯的加持，美团甚至无须破釜沉舟式的大决战了。所谓不战而屈人之兵，此算一例。本来剑拔弩张的O2O大战事实上就偃旗息鼓了，新美大胜。

二是，美团和大众点评合并时，王兴亲赴杭州，希望得到老股东阿里巴巴的支持，未果。其中的缘由是，王兴不愿意成为阿里巴巴的附庸，而O2O赛道是阿里巴巴的必争之地。此外，新美大当中，腾讯和阿里巴巴也是一山不容二虎，无法和平共处的。

这样一来，阿里巴巴就在新美大问题上选择了战略性撤退。未来，在阿里巴巴和新美大之间，一场无法避免的新的战役又将打响。王兴欲谋求更大之天下，而阿里巴巴也看中了这片天地，两者之战，也是偶然中之必然吧。

第三战：移动生活服务船票之战。美团 vs. 阿里巴巴旗下的生活服务平台。结果：美团胜。

我相信，美团和大众点评的业务、团队、管理、文化和财务的真正融合也是一项艰巨的工程。你是美团的人，我是大众点评的人，原先大家在战场上刺刀见红，现在突然在一个锅里吃饭，精神上的认可和融合并非易事。好在张涛急流勇退，为这种融合扫清了障碍。

当百度糯米的声音日渐微弱之时，美团在主战场上的竞争对手似乎只剩下饿了么。美团现在是集团军作战，饿了么是在外卖这个单品上作战。我相信，看到新美大日渐庞大的身躯，财务投资人都不敢继续当饿了么下一轮次的领投者。这个时候，阿里巴巴出现了。就在新美大完成了33亿美元那轮融资之后不久，阿里巴巴就作为领投方，向饿了么投资了12.5亿美元。

2016年6月，阿里巴巴还做了一个动作，阿里巴巴集团与蚂蚁金融服务集团深度整合双方优势资源，重新启用“口碑”品牌。口碑的业务线和美团的业务线完全重合，除了外卖业务。显而易见，阿里巴巴通过口碑和战略投资饿了么，两条线同时向美团开战。

2016年至2018年，美团外卖和饿了么打了整整两年，在2017年，阿里巴巴再度领投饿了么10亿美元，支持其和美团继续战斗。

从战况来看，美团外卖业务大体维持了60%的市场份额。美团外卖部门的负责人对凤凰科技表示，美团外卖之所以能够顶住对手的压力，主要原因是他们的几大核心：用户基础、商家基础和配送网络。甚至，外卖已经在战斗中成长为美团的主营业务。在我看来，外卖对美团而言，意义不仅仅在于收入本身。外卖是O2O的战略高地，其高频、刚需的特点，构成了美团多元化业务坚固的护城河。从2019年这个时点看，只要守住外卖这块阵地，美团的业务体系就会安然无恙。

王兴一边和饿了么作战，一边重新思考了美团的战略。他在接受一家美国科技媒体的采访时，披露了自己的结论。这一次，美团的战略不再是团购，也不再是O2O，而是成为提供服务的电子商务平台。他总结说，亚马逊和阿里巴巴是实物电商平台，而美团则属于服务电商平台。他继续解释说，这就能解释美团看似眼花缭乱的业务了，它们其实都是服务电商而已。在王兴看来，在美团上就餐、点餐、看电影、旅游租车的基本上是同一群人，王兴划定了美团的客户：整个中国新兴的中产阶级。王兴还花费了一年，为美团构思了一个新口号：帮大家吃得更好，生活更好。王兴用手在地图上比画了一下，就好像将构思中的新业务全部归为己有。

当这些信息汇集到阿里巴巴总部的时候，我相信一定有人感到不爽。有谁规定，做实物电商平台的人不能做服务电商平台呢？我们继续推演就会发现，实物电商平台的人群和服务电商的人群，难道不是同一批人吗？

如果美团在服务电商平台成为垄断者，王兴是否又会说，服务电商和实物电商其实也没有边界，他会不会直接越过服务电商这条边界，直接打到阿里巴巴的核心业务——实物电商的核心地段来呢？谁知道呢？王兴已经从团购跨到了 O2O，又从 O2O 跨到了服务电商。谁知道他在羽翼丰满之时，是否又会临时起意呢？

我猜想，阿里巴巴管理层想到此，一定会惊出一身冷汗。不行，必须大力下注于服务电商这个赛道，全面围堵美团任何跨界的企图。

在 2016 年末，美团计划在中国香港进行首次公开募股的消息已经世人皆知了。阿里巴巴决定必须采取更加强硬的举措，为美团上市设置障碍。在 2017 年 4 月，阿里巴巴宣布，公司斥资 95 亿美元巨资全资收购饿了么，并且将口碑和饿了么整合为阿里巴巴生活服务平台，口碑主攻“到店”，饿了么主攻“到家”。阿里巴巴向计划上市的美团发起了总攻，张勇发给全体员工的一封信，就像是一个动员令。

王兴再次站在了火山口上。事实上，阿里巴巴没能阻止美团上市的步伐。2018 年 9 月，美团成功在香港上市，但是，不久就跌破发行价。一些分析人士就说，美团跌破发行价，原因是在外卖业务线和阿里巴巴竞争，前景未卜，其多元化业务也面临携程等巨头的奋力反击云云。

但是，王兴带领美团与阿里巴巴、携程同时作战，主战场就是外卖和酒店住宿。美团顶住了对手强大的压力，然后美团的市场份额逐渐增加，最后取得了明显优势。奇迹般地，美团的股价从低谷开始攀升。2019 年 12 月，美团的整体估值已经超过 700 亿美元，超过百度、京东、网易，成为中国第三大互联网公司！

这个时候，王兴又为美团布局了新的业务线：美团买菜。显然，这和阿里巴巴的新零售业务高度重合。阿里巴巴当然不会坐视不管，因此美团和阿里巴巴的竞争仍在继续，胜负仍未可知。

但是，阿里巴巴必须直面一个事实，美团已经不是当年那个 B 轮融资遇到困难，屈尊找上门来寻求融资的创业公司了，美团已经成长为新的互联网巨人。因此，阿里巴巴和美团已经旗鼓相当，它们的战争已经有些阵地战的味道了。

如此看来，移动服务电商这张弥足珍贵的船票，几乎是打出来的，而且战争仍在继续。我们必须发出赞叹的是，王兴开创的这一市场在美国几乎无人涉足，这是“苹安方舟”船票争夺战中彻头彻尾的中国故事。令人唏嘘的是，美团起步时复制创新的对象，团购行业的鼻祖 Groupon 已经沦为一家二流公司，成为资本市场中一个无足轻重的小角色，几乎无人提及了。

此时我想，Groupon 就是商学院总结的专注、专业的好榜样，规规矩矩地将团购这件事做到极致，不越雷池一步；而美团好像一个不断跨越边界的“坏学生”。结果美团成长为世界级的生活服务电商，而 Groupon 还是那个专注于将一件事做好，但市值严重缩水的小公司。

数百亿美元之本地出行之王

从某个角度看，滴滴的故事更像是一个靠着出色的运营业绩打赢并且收编对手，平衡巨头利益，以及融到史无前例的巨额资本的故事。

我们如果回顾一下那些超级赛道船票的拥有者，就会知道，腾讯是通过微信打造了一张 10 亿人的熟人社交网络，阿里巴巴是通过手机淘宝和支付宝打造了一张惠及数亿人的购物和支付网络，字节跳动是通过头条和抖音这样的产品打造了一张覆盖数亿人的个性化推荐资讯网络，而美团则是通过美团系列软件打造了一张惠及数亿人的生活服务网络。

这些网络连接人和人、人和资讯、人和物品以及人和服务，所覆盖的人群越多、使用频次越高、使用时长越久，其船票的价值就越大。

那么，对“苹安方舟”而言，还有什么最有价值的网络没有被打造出来呢？

2010 年，美国打车 App 优步上线。此前，在全球范围内，出租车司机和乘客之间的互动方式大同小异。乘客通过出租车上显示的空车标志，在街边拦截乘车，而出租车司机则需要在驾车的同时，发现乘客在路边伸出的手臂。显然，这是一种非常低效、原始的互动方式，同时浪费了双方的大量时间。在智能手机和移动互联网普及以前，人们没有察觉这种方式有何不妥。但是，优步的创始人敏锐地发现，在出租车司机和乘客都拥有一部接入 3G 的智能手机之后，问题就简单了，开发出一款好用的打车软件，尽可能多地安装在出租车司机和乘客的智能手机上，优步就有机会成为美国乃至全球最大的虚拟出租车公司。

优步发现的这个用户痛点非常精准，这种网约车模式很快在美国流行起来。一年之后，优步将业务拓展至法国巴黎；2012 年，优步的服务在英国伦敦上线。看上去，优步不仅仅在美国有市场，网约车也将成为一项国际化业务。当然，优步的高速增长也获得了投资机构的青睐，其 B 轮融资就获得了来自高盛等著名机构的联合投资。

聪明的中国创业者当然看到了这一巨大机遇，在中国所有的一二线城市中，打车难的问题甚至比西方更加严重。就在这时，在阿里巴巴 B2B 销售部门任职多年的程维坐不住了，他果断辞职创办了小桔科技公司，也就是滴滴出行的前身，准备在网约车领域大干一场。据悉，程维只拿到 80 万元人民币的天使投资就开始创业了，而不止一位竞争对手拿到了比他高十几倍的创业资本，这是 2012 年的事情。

我相信，准备在中国复制优步模式的创业者肯定不在少数。从事后看，进入网约车行业的创业者数量虽然没有千团大战那样多，可能只有几十家公司，但是其竞争的惨烈程度比团购市场有过之而无不及。

程维的滴滴为何能够从网约车大战中脱颖而出？他们先是打败了几家体量比他们稍大的区域性竞争对手，最后，滴滴遭遇了两场创新史上罕见的生死之战：第一战，对战阿里巴巴战略投资的强悍对手——快的，最后收购快的；第二战，对战行业鼻祖优步的中国公司，最后收购优步中国。战后，程维充满豪气地总结说："打则惊天动地，合则恩爱到底。"尽显王者风范。

我认为，滴滴打赢区域性的竞争对手，凭借程维在阿里巴巴积累的线下战斗经验就可以应付了。但是，要打赢阿里巴巴加持的快的和国际巨头优步，就需要构建一个强大均衡的创始团队，融到几乎取之不尽的资本以及找到强大的战略合作伙伴。

我常常琢磨高瓴资本张磊的那句话：要寻找具有大格局观的企业家。但是如何在茫茫人海中识别出这种具有大格局观的企业家呢？当然，程维是阿里巴巴销售体系当中的少壮派，业绩显赫。但是，我们不能简单推理说，来自阿里巴巴、和程维成就相近的创业者都能成就大业。从程维组建创始团队的经历看，他正是张磊所说的那种具有大格局观的企业家。

我认为，程维邀请柳青和张博加盟，是滴滴取得成功必不可少的条件。程维强在战略制定和线下作战能力，柳青强在国际视野和资本运作能力，张博强在技术和产品能力。围绕三人核心团队，滴滴团队构成了一个没有明显短板的坚固木桶。很多创业公司也可以找到类似背景的团队成员，但是如何从无到有，由此养成一支互相信任、具有强大战斗力的团队，就需要领军人物具有大格局观。我读到一则程维带领团队一起前往拉萨的旅程，一路风餐露宿、风雨兼程，长途数千公里，团队从始至终不屈不挠。我从这个旅程中看到程维试图传导给团队的信念、意志和信任，一种谋求大业而百折不挠的勇气。一部《西游记》，贯穿始终的是唐僧的大格局观：无论如何，他们都要抵达西天取经，其他皆为过程。写到此，我不禁感慨起来，找到出色的团队也许不难，难的是将团队打造成一个有信念的整体，三人如一人，百人如一人，千人如一人，万人如一人，这就需要程维这样具有大格局观的领导者，方可为之。

创新史上有很多经典战役，有些是技术战，有些是运营战，有些是商业化之战。对滴滴而言，打败快的和优步中国，是一场史无前例的资本战。我看了滴滴 20 次融资的数据，融资额超过了 1 000 亿元人民币！一家未上市、未赢利的创业公司，融到了如此规模的庞大资本，不仅在中国史无前例，即使放在西方，可能也是极为罕见吧！我看到，滴滴的百家股东不仅仅包括腾讯和阿里巴巴，还包括中国最大的国有银行，一些全球性大型财团和科技公司，甚至包括苹果公司提供的10亿美元。苹果为一家中国的应用软件开发者投资，这可能也是非常罕见的案例吧。换句话说，滴滴融到了世界上能融到的所有的钱。

滴滴在融资方面做到的事情，腾讯和阿里巴巴没有做到过，苹果、微软没有做到过，谷歌和脸书也没有做到过。我们如果知道滴滴融到资本的主要用途，就会感到更加心惊肉跳。其主要用途是，在和竞争对手作战时，烧钱补贴用户。这就意味着，这些数以百亿级别的资本，即使赢得竞争，也会被烧掉。滴滴最后几轮次的投资者，难道不担心这一点吗？

滴滴是如何做到如此巨大规模的多轮次融资的呢？

在本地出行这个赛道逐渐清晰起来之后，腾讯和阿里巴巴做出了各自的选择：腾讯在2013年B轮就投资了滴滴，此后一路追加投资，一路升级至战略级别的投资；阿里巴巴也是在2013年B轮投资了快的，此后一路追加投资，也升级为战略级别的投资。这样看来，滴滴和快的之战，就升级为腾讯和阿里巴巴之战。

2014年初，当滴滴和快的正面交战之时，双方的融资额度都突然增多！从事后披露的融资数据看，滴滴当年两轮融资金额高达8亿美元！而快的当年的融资金额则不太透明。这个时候，滴滴和快的的补贴大战打响了，它们开始是争相向乘客端补贴，此后是争相向司机端补贴。据悉，双方补贴最凶的时候，每天都会合计烧掉几千万元！这个时刻，谁都不敢轻易停止补贴，否则用户就会快速逃向补贴力度更大的一方，投降的一方则会前功尽弃。对腾讯和阿里巴巴而言，除了抢占本地出行这个超级赛道之外，它们更大的图谋是占领移动支付场景。微信支付正是在这场战役中获得巨大的市场份额，马云看到此消彼长的数据，也许会惊出一身冷汗。

那一年，是网约车司机和乘客的短暂盛宴，也是培养用户移动支付习惯的良机。微信支付借助滴滴攻城略地，支付宝借助快的固守城池。用户在各种优惠的诱惑下，乖乖地培养出移动支付的习惯。

最后，从日均订单数量这个核心数据看，滴滴更胜一筹。据悉，是更加保守的马化腾首先拿起电话，打给同样犹豫不决的马云，提出了滴滴和快的偃旗息鼓，休战合并的提议。合并，可能只是委婉的说法，这一合并，更像是滴滴对快的的收购。因为，所谓联席 CEO 都是权宜之计，此后，快的品牌就消失了。这是 2015 年初的事情。

对滴滴而言，还没有到举杯欢庆的时候，更大的对手优步，正气势汹汹地挺进中国市场，那正是优步在全球各地大肆扩张，并且意图拿下中国这个全球最大的单一市场的时候。此前在这个领域并未采取行动的百度，战略投资了优步中国，可能也投入了相应的流量资源。

为了打赢这场更大的战役，滴滴需要更大的资本投入。因为，快的的资本实力和优步不可同日而语。

我看到，滴滴最终和优步合并的时间是 2016 年 8 月，但是在这之前，滴滴三轮融资额高达 85 亿美元！苹果公司投资的 10 亿美元，就包含在其中。这些融资事件，发生在滴滴和优步中国开战的整个过程中。滴滴能够融到如此规模庞大的资本，这本身就是一个故事，从滴滴的日均订单交易看，它已经成为中国乃至世界最大的本地出行公司。看上去，滴滴必然会赢得这场全球最大的网约车之战！

当然，滴滴战无不胜的团队是公司获胜的最大砝码，但是腾讯和阿里巴巴两大巨头的战略资源也是狙击对手的有力武器。结果，滴滴逼迫优步签下合并协议，实为收购。这一次，滴滴成为货真价实的全球本地出行之王，在中国这个全球最大的单一市场运筹帷幄、砥砺前行，成就如此大业。滴滴已经获得数亿名用户，每天的订单交易达到了 2 000 多万单，业务拓展到出租、快车、专车、代驾、顺风车，乃至大巴等。在这个时候，滴滴打败并且收编了所有强大的竞争对手，似乎没有任何力量能够阻止滴滴高速前行的脚步。程维于是雄心勃勃地宣布了滴滴的新目标：智能驾驶以及国际化等。

有时候，企业的危机正是发生在巅峰之时，而非危难之际。滴滴遇到了成立以来最大的危机：安全事件。2018 年 5 月的一个晚上，一位下班的空姐在郑州搭乘一辆滴滴顺风车赶往市中心，结果途中惨遭司机杀害。面对这样触动大众神经的恶性安全事件，任何低概率的安全统计数据都失去了意义，对受害者家属而言，这就是 100%！

这次事件让滴滴遭遇了铺天盖地的负面舆论的攻击，导致滴滴被迫停运最赚钱的顺风车业务。此后，滴滴开始了漫长的蛰伏期。其间，滴滴管理层可能认真反省了安全对于网约车业务到底意味着什么，企业高速发展和公共责任之间的界限何在，以及未来如何承担安全事故的企业责任等。直到最近，我们才听到滴滴恢复顺风车业务的消息，当然滴滴已经充分考虑到了未来这一业务的安全隐患以及防范措施。

滴滴必须正视的另一个事实是，网约车的鼻祖优步在美国上市后，其市值大幅下跌，远低于发行价，甚至还低于其上市前的最后一轮的私募价格。显然，资本市场对于这个领域已经非常理性，网约车经过了 10 年的发展，必须回答企业何时赢利，以及如何突破商业瓶颈的问题，这一问题困扰着优步的管理层，同样值得滴滴的管理层深思。滴滴没有匆忙上市，反而是一件好事。

我们看看程维和柳青他们将如何解答这些行业难题，在泡沫破灭之后，如何让滴滴在商业上也成为一家健康并且可持续发展的好公司。

数百亿美元之社交电商之王

2015 年，当滴滴和快的合并之时，看上去“苹安方舟”的超级船票已经售完。这并非天下软件工程师和创业者都已经江郎才尽，而是移动互联网的创新风口已经到了强弩之末，流量红利正在迅速衰减。

就在“苹安方舟”的售票窗口正要打烊之时，有一位叫黄峥的浙江人正在急促地叩响售票处的窗棂。从事后看，这可能是“苹安方舟”最后售出的一张超级船票。这张船票产生于垄断巨头早已把持的赛道，其成长故事像是阿汤哥主演的那部闻名遐迩的电影——《不可能完成的任务》。

我非常好奇的是，2015 年的一天，当黄峥走进高榕资本的办公室，面对这家基金的创始合伙人张震时，他们都谈到了什么？恰好，我认识张震多年，了解他的思维方式和行事风格，他是那种非常理性的、讲究严谨逻辑的投资人。我仔细聆听了黄峥进行首次公开募股那天的演讲，我发现，黄峥和张震的思维方式很像，同样是理性和严谨的。

这次创新领域极为重要的融资事件的主角，是两位极为理性严谨之人，他们讨论的话题却极为疯狂：一位计划创办一家新电商公司，同时挑战马云和刘强东，另一位可能为这个疯狂的计划提供资本。

那么问题来了，拼多多打算涉足电商，要如何应对阿里巴巴和京东的竞争，以及在成长过程中可能面对的封杀？封杀拼多多可能非常简单，只要从商户入手，还有什么商户是淘宝没有覆盖的呢？

好了，你说拼多多打算采取拼团的模式，和对手差异化竞争，那么聚划算不就是团购模式吗？性格如此强势的王兴，在创办美团时，都小心绕过实物拼团领域，因为王兴知道，这是阿里巴巴最为擅长的地方。

你说可以借助微信的流量？其实，京东的单一大股东就是腾讯，腾讯会坐视一家新电商公司用自己的流量来掠夺自己作为第一大股东的公司的奶酪吗？如果微信封杀拼多多，应该易如反掌吧？

如果你仔细观察黄峥，你会发现，他的眼神中似乎没有王兴和程维那种舍我其谁的霸气。而他计划挑战的对手马云和刘强东早已是征战多年的新经济领袖。

黄峥曾经随步步高集团董事长段永平见过巴菲特，他应该熟知老巴的护城河理论。对阿里巴巴和京东而言，其护城河之深，足以抵挡世界级的入侵者，比如富可敌国的亚马逊。在他人成为巨人时，拼多多还是一纸计划书，这难道不是以卵击石吗？

言及创新风口，2015 年，移动互联网红利已经是强弩之末，创业也太晚了吧。而作为创始人的黄峥，其过往的经历更像是精英之路，好中学，好大学，留学，然后是《财富》世界 500 强公司的好工作，顺风顺水，养尊处优，他能否抗住创业必须面对的海啸般的冲击呢？

好了，上述问题在理论上完全无解，这似乎是张震起身告辞、融资散会的前兆。

但是，张震可能发现了黄峥计划当中的一些闪光点。因为，高才生黄峥在创业之初，当然预演了上述问答，并且一一找到了应对方案，这才谋定而动。

我们知道的事实是，张震的高榕资本在 A 轮投资了拼多多，然后，非常少见的是，高榕在拼多多 B 轮融资时仍然扮演了领投的角色，要知道，拼多多的 B 轮融资中还有腾讯的身影。这就表明，当时腾讯看到拼多多的市场数据，觉得还不错，可以按照风投的逻辑尝试跟进一下。还有一种可能，腾讯担心京东不太开心，所以动作上稍微迟疑了一下。高榕的出资能力和腾讯相比完全是九牛一毛，在 B 轮融资中，高榕却豪气冲天地扮演了领投的角色，正是这一决定，让高榕成为拼多多首次公开募股后最大的财务投资者，拼多多也为其创造了船票争夺战中最大的财务回报之一。从获得财务回报的速度和规模看，张震绝对创造了一个投资界前所未有的奇迹。

这个时候，我就想起老朋友，中国人寿投资部前负责人贾栋先生的一句评论。他对我说，投资，只有两次赚大钱的机会：一是，别人没看懂时，你看懂了；二是，别人有机会投资一个大家都看懂的好公司，而你没有机会投资。

拼多多进入一片巨头遮天的红海，错过了船票争夺战的最佳时点，它没有什么了不起的技术创新，也没有组建一支魅力四射的创业团队。但是，拼多多创造了中国有史以来最快的财富增长纪录，创办第三年，拼多多就在美国上市，并获得了超过 400 亿美元的市值。就在 2019 年，据悉，拼多多的真实成交总额已经超过了京东。黄峥曾经说，当他介绍拼多多的市场数据时，大多数人都觉得这是假的，从常识出发，拼多多不可能实现如此不可思议的高速增长。

仅仅从拼多多的市场数据看，它不像是进入了一个竞争严酷的红海市场，倒像是闯入一个可以肆意横行的无人区。究竟发生了什么神奇的事件，让拼多多能够如此快速地崛起？拼多多的财富故事，就是 1–99 法则中那条令人沉迷的陡峭的幂次曲线。对于高榕这样的拼多多早期股东，这意味着巨大的财富。

此时，我们就有必要重温一下，在拼多多还是一纸计划时，张震看懂了哪些我们没有看懂的东西。

我的结论是，关于拼多多，我们没有看懂的部分是，黄峥通过模式创新以及对巨头资源的撬动，在红海中成功创造了一片蓝海。具体看，拼多多的财富实现路径如下。

前提之一：拼多多不可思议的增长速度，正好挖掘了微信超过 10 亿人的熟人社交的流量红利。我们仔细思考后就可以得出结论，此前，微信以及合作伙伴的商业化只是粗暴地导入了微信的流量，而没有考虑微信流量的属性：熟人社交。整个天下，只有黄峥敏锐地发现了这一差异。只要构想出一种模式，巧妙地撬动熟人社交这个属性，就会事半功倍。我用撬动这个词，其含义是指，你必须发明一种工具，在微信团队没有防范时，就开始动手挖人。

前提之二：拼多多独创了社交电商模式。京东在微信的入口只是被动角色，用户导流时，京东完全是被动的，也是一个一个发生的。黄峥想到，能否创造一个玩法，让用户成群结队而来？这样你必须给用户创造一个必须这样做的理由。用户共性的弱点，其实也是人类共同的弱点，就是占便宜的心态。从常识看，一件商品的价格是 100 元，如果只要 1 元即可入手，用户就会觉得占了大便宜，这时候，你很容易对用户提出一些要求，比如，能否和自己的熟人、亲友一起占这个便宜呢？比如，一起拼着买？此时还必须有一个要点——极低的客单价，这样用户的亲友才不会有上当受骗的感觉。

很多人认为，拼多多只是一家拼团网站，怎么就成功了呢？事实并非如此，在我看来，拼多多是一款洞悉人性的产品。我反复琢磨黄峥的一句话：拼多多就是 Costco（开市客）+ 迪士尼。Costco 就是通过预设的低毛利，提供让用户尖叫的低价产品，然后通过会员费赚钱。而迪士尼则是美国家庭娱乐产品的提供者，甚至是梦想的提供者。拼多多在提供低价产品方面，可能和 Costco 有几分相似，但拼多多和迪士尼看上去风马牛不相及，黄峥为何要反复提及呢？我观察拼多多软件良久，发现了二者的一些相似之处：让用户获得让人尖叫的低价产品的同时，整个过程也非常好玩。拼多多自己，正是由游戏团队和电商团队合并而成的。电商团队负责产品，而游戏团队负责好玩、有趣。这样，微信用户中的社交属性就开始发挥作用，能买到便宜货，客单价很低，又好玩，黄峥构思的成群结队的导流就发生了。

前提之三：被淘宝抛弃的低端商户。在中国的大江南北一直潜伏着一个庞大的无所不能的低端制造业产业链。你可以说，这些产业链中的人是制造业的山寨大军。他们极善于用极低的成本，生产出不可思议的低价产品，他们没有研发，没有品牌，也没有销售渠道。随着消费升级，城市化导致的物业成本的增长，以及淘宝因需要摆脱打假不力的阴影而清理门户，这个低端制造业急需一个新兴的平台，来消化已经形成的巨大产能。黄峥看到了这个巨大的机遇。

前提之四：全国人均收入之下的中低收入人群的巨大需求。也许黄峥给张震演示了一个公式：微信用户数（10 亿）– 淘宝用户数（7 亿）=3 亿名拼多多用户。看上去淘宝已经无所不能，但是这个公式至少说明，仍有比美国人口还多的3亿名用户是淘宝并未覆盖上的。这3亿名用户，很有可能就来自中低收入家庭。为这些家庭提供一些价廉物美的低价产品，应该是一个不错的主意。

我猜想，这是黄峥和张震见面时会谈的高潮部分。也许就在这一刻，张震看到了我们看不懂的部分：一个红海当中的蓝海。

在商业院校的教材中，人们将红海和蓝海完全对立起来。而黄峥则发现，如果你观察得足够仔细，可能红海当中就隐藏着一片蓝海。

当我们将上述四个前提串联起来之时，我们就会发现拼多多高速增长的大部分深层原因。黄峥开辟的社交电商这个超级赛道，神奇地避开了阿里巴巴和京东的围追堵截，也神奇地撬动了微信的巨大流量，看上去不可思议的事件就发生了。这些因素共同起作用，就构成了拼多多高速发展的传奇。这样看来，即使放眼全球，拼多多也创造了船票争夺战中最快的财富增长纪录。

现在，我们来看看拼多多的问题。为人所诟病的假货问题，和拼多多的商业实质融合在一起，假货正隐藏在低端制造业的产业链中，黄峥如何解决呢？拼多多的用户量、成交总额和订单数仍在高速增长通道中，但是未来的某一天，一定会遇到天花板。当拼多多的高速增长故事结束之时，这家仍未完全站稳的巨婴该向何处去呢？中高端商户和金融晋升通道都被阿里巴巴或京东把持，拼多多如何构造巴菲特所说的企业护城河呢？很难设想，仅靠价格低、玩法多样，如何能够构造企业的长期壁垒。还有，高速增长通道被对手封死之后，拼多多该向何处去呢？这些都是黄峥和拼多多团队必须回答的严肃问题，事关拼多多能否维持现有的估值，以及能否在此基础上更上一层楼。这是拼多多未来10年之惑。

拼多多可能还有一条增长路径，即巨头谈论多年却未能实现的个性化定制。今日头条实现了资讯领域的个性化定制，那么，在消费领域的个性化定制是否有人可以破冰呢？拼多多已经开始个性化推荐了，它可能拥有消费者数据，也聚集了众多制造业商户，就看黄峥何时可以在此领域突围了。

超百亿美元之移动娱乐之王

与所有超级赛道的船票之争不同的是，娱乐是伴随着人类成长的最古老的行业之一。有趣的是，每一次科技创新都会给娱乐业带来巨大的变革。不变的是，人们仍然会观赏娱乐节目，聆听音乐，改变的只是观看和聆听的渠道和场景罢了。

在 100 多年前甚至更久远的年代，人们通过舞台观赏娱乐节目。就在 20 世纪初，人类相继发明了电影、广播和电视。娱乐业就围绕着新的科技载体进行了进化和创新。

商人为观赏电影的人盖起了电影院，电影制作公司的鼻祖好莱坞则成为电影工业的集大成者，而本书提到的迪士尼和皮克斯，都是好莱坞的杰出代表。广播将音乐推动为一个新的行业，本书提到的五大唱片公司就是音乐工业的集大成者。令人称奇的是，广播在受到电视的巨大冲击时，竟然通过汽车工业的发展而奇迹般地存活下来，就在收音机在家庭里消失的时候，广播设备被安装在汽车当中，成为人们在移动空间中的伴侣。即使在移动互联网高度普及的今天，广播电台的音乐排行榜仍然是音乐产业的晴雨表。

电视对娱乐业的影响更加深远，世界各地的电视台完全主宰了家庭娱乐。那些放在客厅、卧室的电视机，就是每个家庭触达世界娱乐的神奇窗口。电影被 HBO 放进电视平台，电视剧集成为人们的挚爱，电视综艺则提供让人们津津乐道的热门话题。为了让人们更好地观赏电视节目，商人铺设了覆盖全国的有线电视网络。以日本为代表的电视机厂商则做出了长达半个多世纪的持续创新，电视机从黑白到彩色，从使用晶体管到集成电路，从标清到高清。家庭电视机越来越大，越来越清晰，视听效果越来越好，娱乐业的发展也随之水涨船高。

或者可以这样说，近百年以来，电视台成为最大的王者，主宰了整个娱乐业。其中的代表就是美国三大广播公司：哥伦比亚广播公司、美国全国广播公司和美国广播公司，说是广播公司，其主营业务就是电视台。

PC 互联网给娱乐业带来更多可能性。尤其是宽带电信网络的铺设，使得人们在 PC 上可以看到流畅的娱乐节目，收听到更多歌曲。这个时候，称霸半个世纪的电视台受到巨大的挑战，视频网站和音乐网站在世界各地不可遏制地崛起了。

今天，电视机不再是播放电视节目的专属工具，而是采用了中立的立场，既可以播放电视节目，也可以播放互联网娱乐节目。互联网的海量存储，个性化定制手段，以及即时的互动性，正在撕裂电视台花费半个世纪建立起来的巨大优势，电视台单向以及按照节目排期播放的弊端越来越明显。这种技术上的局限性，使电视台需要开设多个频道才能满足客户需求。在数字时代，电视台将数百个电视频道接入客户的机顶盒。但是，一个综合性视频网站就可以满足客户的大部分娱乐需求。像网飞这样的视频网站，不仅仅是 HBO 的替代品，甚至是整个电视台多个娱乐频道的替代品。

就在这个时点，乔布斯创造了一款智能手机 iPhone，而电信运营商铺设了高速数据网 3G、4G，移动互联网不可遏制地到来了。这一次技术创新对娱乐业造成了更大的冲击，电视台的根基被彻底动摇了。

船票争夺战对娱乐业而言意味着什么呢？围绕着影视和音乐，将诞生根植于移动互联网的超级娱乐平台，它们将替代电视台，成为娱乐业的新霸主。原因是，用户将会大规模地从电视端迁徙到移动端。那时人们可以预期的是，在 2010 年前后，围绕着移动娱乐平台的船票争夺战也将打响。

我们几乎都要遗忘的事实是，早期 PC 互联网只能传输图文和音频，这是当时电信网络的带宽带来的限制。2005 年前后，随着电信公司开始铺设宽带网络，一些敏锐的创业者发现了其中的机遇：视频网站。2005 年，视频网站的鼻祖 YouTube 在美国创办，这是一家分享视频短片的网站。很快，YouTube 就发展成为美国播放量以及上传量最大的视频网站。谷歌很快意识到视频网站未来的巨大前景，在 YouTube 成立的第二年就将其收入囊中，对一家上线仅仅一年多的网站而言，谷歌 16.5 亿美元的慷慨开价让人无法拒绝。谷歌从这项收购中获益更多，直到今天，YouTube 依然是全球播放量最大的视频网站之一。

在中国，很快就出现了 YouTube 的复制创新者：优酷网、土豆网、酷 6 网和 56 网等。最后，优酷网和土豆网合并，酷 6 网被盛大收购，56 网则被千橡互动收购。

这是 PC 互联网视频网站的 UGC 时代，从事后结果看，美国的 YouTube 在谷歌的羽翼之下得到了长足发展，而中国这个领域的复制创新者都毫无例外地陨落了。我的观察是，UGC 的合法来源是用户用家庭录像机拍摄的短视频，而家庭录像机在中国的普及率一直不高，这就使中国 UGC 视频网站的合法素材迅速枯竭。皮之不存，毛将焉附？

看上去，短视频只是前菜，长视频才是正餐。在美国，很快出现了 Hulu（葫芦网）和网飞这样的长视频公司，前者是由美国国家广播环球公司、福克斯以及迪士尼联合投资的，出身高贵，版权来源充裕，被认为是最有前途的在线体验电视的新途径；而网飞则是一家 DVD（数字通用光盘）租赁公司，背景有些稀松平常。两者竞争的结果，是网飞取得了压倒性的胜利。这再次证明，多家大公司联盟式的公司很难成功。

在中国，长视频曾经有过一个很长的竞争者清单：包括 PPS、PPTV、东方风行、暴风影音、快播、迅雷、乐视、搜狐视频、转型长视频的优酷、百度系的爱奇艺、腾讯系的腾讯视频以及传统广电出身的芒果 TV 等。

在一个竞争激烈的行业，通常谁最先得到资本市场的认可，谁就可能会成为最终的赢家。因为资本市场只会接受行业领先者，同时有着严格的筛选机制。在 2010 年，长视频领域产生了两个赢家：率先赢利的乐视网在中国创业板上市，尽管乐视的财务和流量数据受到了一些人的质疑，但还是顺利上市；在美国上市的优酷，仍然亏损，但是其流量和财务数据处于行业领先地位。这两家公司一度被资本市场视为中国长视频的领军企业，都得到了资本市场的热烈追捧。

长视频的转折点来自国家对影视版权的高度重视，每家长视频公司，无论其技术原理如何，都必须面对一个共同的问题：寻找合法的版权来源。长视频网站的上游，是国内外大型的电影、电视剧和综艺节目制作公司，它们耗费巨资制作的节目内容，原本是出售给电影院线和电视台的。当长视频网站群雄并起之时，一些公司聪明地利用了一些免责的技术实现路径来降低成本，比如用户上传的视频内容并不在公司服务器上，这样公司就可以豁免版权责任，用户也可以看到免费的视频内容了。但这样一来，那些斥巨资购买版权的视频公司就受到了巨大压力。

政府部门对一些灰色地带的公司采取了严厉的法律措施，影视版权市场开始明朗起来，法外之地的空间越来越小，直到所有渠道的盗版逐渐消失。

我们几乎可以看到，影视版权的正版化和视频网站的移动船票争夺战几乎同时发生。这个时候，视频网站就变成了剧烈烧钱的游戏。国内外的电影、电视剧和综艺节目大作的独播权，成为各大视频网站竞价的对象，版权大战的背后其实是流量大战，得流量者得天下。第一批倒下的视频网站是版权花费为零的公司，接下来是资金实力不足的公司。

就在 2010 年和 2011 年，两个重量级的玩家登场了：爱奇艺和腾讯视频相继上线。这个时点非常有趣：其一，在这段时间，腾讯和百度是中国互联网市值最高、流量最大的两家公司，它们雄厚的资本实力让它们可以拥有最大规模的影视版权采购预算，而其巨大的流量导入能力，可能令它们迅速超越对手；其二，这正是开启船票争夺战的最佳时机，它们可以优先布局移动端的产品，而对手的主要流量都来自 PC 端。

就是在那时，我去拜访了刚刚上线不久的爱奇艺。我了解到，百度要对爱奇艺给予超过 10 年的流量支持，拥有即使烧钱也会长期投入的决心。在这两点之外，我还看到爱奇艺的一个巨大优势，即以龚宇为首的团队的强大能力。此前，我见过很多视频公司的创始人，他们大多是技术背景出身。我认为，从长期看，视频网站更像是网络时代的电视台，需要创始人对行业有极深的见解和良好的综合管理能力。这就可以解释，为何大多数视频网站的创始人都来自搜狐，因为未来的视频网站很像是一个内容平台，其模式和门户网站很像。

遗憾的是，当时我所在的投资基金未能通过这项投资意向。投委会担心这个行业烧钱量巨大，而且胜负难分。后来，爱奇艺的发展完全符合我当初的预期，月活用户和营收规模都处于行业领先地位。

此时，马化腾已经意识到，围绕移动端的内容平台是腾讯的核心战略，而腾讯视频就是内容平台建设的重点之一，公司必须投入巨大的资源参与竞争。

在爱奇艺和腾讯视频巨大投入的压力下，这一行业的领先者优酷有些顶不住了。长袖善舞的优酷创始人古永锵于 2012 年 3 月收购了土豆网，试图巩固其流量的领先地位。事实证明，在百度和腾讯的巨大投入之下，这种合并也只是权宜之计。从中期看，优酷的竞争压力仍未解除，作为一家徘徊于巨头之外的独立上市公司，优酷随时需要披露季度财务报告。随着爱奇艺和腾讯视频的步步紧逼，优酷的领先地位逐渐丧失，甚至开始被对手超越。

在 2015 年，古永锵在重压之下，接受了阿里巴巴的全资收购以及私有化的报价，优酷随即变成了一家阿里巴巴全资拥有的公司。这样一来，BAT 分别持有了一家长视频公司。在这样的格局之下，这个领域的其他公司几乎再也没有生存的可能，其衰落甚至退出市场只是时间的问题。

长视频网站的“优爱腾”（优酷、爱奇艺、腾讯视频），就是“苹安方舟”长视频船票的争夺者。在 2018 年，我见到其中一家视频网站的 CEO，言及白热化的竞争，我提出了一点拙见：从短期看，应对竞争的有效方式是粗暴的独播剧购买，这样能够获得即时的流量，但是，从长期看，要摆脱竞争，则要看自制剧能力。这是我在对娱乐业 10 多年的研究中得出的结论。从今天看，这一结论仍未过时。

长视频网站移动月活用户的数据超过了 5 亿人，爱奇艺和腾讯视频的流量分别位于所有应用软件的第五和第六位，仅次于手机淘宝的流量。这种流量制高点，当然是 BAT 锱铢必较之地。也因此，“优爱腾”虽然都处于长期亏损，但是竞争仍在继续。差别在于，不太擅长运营内容平台的阿里巴巴旗下的优酷市场份额落后，而爱奇艺和腾讯视频则杀得难解难分。对“优爱腾”的母公司而言，它们虽然损失了利润和现金，但是都获得了更加宝贵的流量。

正当 BAT 在长视频领域厮杀得难解难分之时，一个在 PC 互联网消失的市场在移动互联网复活了。2012 年 11 月，一家叫快手的公司转型为短视频社区，成为用户记录和分享生活的平台，在 2015 年，随着智能手机的普及和移动流量成本的下降，快手的用户数不可遏制地爆发了！又过了一年，头条系的抖音上线，凭借其强大的推荐算法，抖音迅速火遍大江南北，甚至反超了快手的用户数据。

2019 年 9 月的移动 App 统计显示，上线仅仅三年的抖音的月活用户数恰好排在腾讯视频之后，处于总排行榜的第七位。这就表明，短视频软件有着令人恐惧的崛起速度，在未来某个时点，抖音的月活用户可能继续攀升，甚至可能超过历史更久的长视频网站！

我曾经对这一现象感到迷惑不解，爱奇艺播放的是由全球领先的影视公司生产的巨作，而抖音播放的则是网友录制的搞笑视频，后者为何会获得如此巨大的增速呢？我们进一步看，抖音这种短视频是长期的用户需求，还是昙花一现呢？结论很可能是，根植于移动端的短视频很可能是用户的长期需求。你看，长视频的收看场景是用户需要大块时间，比如说，一个小时左右，来看视频。但是，现实的需求常常是，用户只有几分钟时间。那么，短视频则是更好的选择。只要短视频公司能够持续不断地迭代和优化其产品，短视频就会延续为用户的长期需求。

假设抖音成为用户的长期需求，那么一个令人震惊的事实是，和长视频相比，短视频的运营成本更低，而且变现手段更多！长视频公司之所以无法赢利，一个最大的难题是其居高不下的内容购买成本。相较之下，短视频的内容获取成本几乎为零！

在商业化端，长视频的营收模式是付费用户和广告。从观看体验看，长视频的贴片广告时长已经太多了，很难再增长了。而短视频公司则可以在瀑布流当中随意插入广告，用户一动手指，就可以滑过广告，因此并不反感。特别是，当推荐算法表明本条广告正是用户感兴趣的内容时，大家反而会兴致勃勃地打开广告。更加可怕的是，短视频的电商带货能力已经得到了验证。

结论是，短视频比长视频成本更低，而且商业化手段更多，空间也更大。这样一来，抖音的商业价值可能就会超过爱奇艺的商业价值。一个更加大胆的设想是，未来，短视频是否会超越长视频，甚至会吃掉长视频呢？腾讯和百度已经意识到问题的严重性，都开始发力短视频领域，但是似乎有些晚了。

这样看来，"优爱腾"获得了长视频船票，而抖音和快手则获得了短视频船票。未来，长短视频又可能挺入彼此的领域。这意味着，视频领域的竞争仍未结束。

现在，让我们换个话题，看看移动娱乐当中的另一张超级船票：移动音乐。早在 PC 互联网时代，就出现了许多数字音乐网站。和长视频网站同步发生的是，数字音乐也面临了移动端转型和版权的合法化问题。过往，

PC 网站的数字音乐大多没有购买音乐版权，他们声称，平台上的音乐都是网友自己上传的。随着国家对版权问题越来越重视，这一模式同样难以维持。

因此，移动音乐平台上所有的音乐版权都必须合法购买，同时，要将用户整体迁移到移动端。对用户而言，在智能手机上聆听音乐是顺理成章的事情，而且比在电脑上更加便捷。

在 2011 年前后，马化腾确立的内容平台战略中必然包括了移动音乐平台。腾讯的策略是，打造自己的移动音乐平台——QQ 音乐，同时，收购市场上领先的音乐平台，组成腾讯音乐集团。当这一策略生效之时，腾讯音乐就必然会成为市场上的领先者，一方面，腾讯会从手机 QQ 给自己的音乐平台输入流量，另一方面，腾讯会安排最大的预算采购音乐版权。如此，腾讯音乐就拿到了移动音乐最大的市场份额，其产品包括 QQ 音乐、酷狗音乐和酷我音乐。

阿里巴巴在这个领域的反应慢了一拍，很难和腾讯叫板了。网易创始人丁磊的一贯策略是不追逐热点，不紧不慢地打造产品。网易云音乐就是这样的匠心之作，但是腾讯的流量支持、收购策略外加超额版权购买预算，还是压倒了网易云音乐。说穿了，用户选择内容平台的标准还是在于内容本身。你的产品体验再好，失去了用户感兴趣的音乐，比如乐坛常青树周杰伦的新歌，用户还是会离你而去。这就是移动音乐平台的本质和在商业上的残酷性。

就我本人而言，我的手机中同时安装了 QQ 音乐和网易云音乐的客户端，我并非最新流行音乐的拥趸。我喜欢古典和流行音乐之间的那个品类，比如雅尼、喜多郎这样的新世纪音乐，我喜欢网易云音乐的品质感，其界面就是一个漂亮的唱片机，云音乐的数据库则可以满足我的大部分需求。有一次，我听丁磊对外说，网易云音乐的曲库拥有上百年来几十万首音乐或歌曲。我突然意识到，我们通过一部智能手机上小小的音乐软件，就能连接到人类百年音乐家们的所有作品，这是一个有史以来个人所能拥有的最大的虚拟音乐宝库，如果转换成 CD，可能需要一个首都图书馆那么大的建筑物方可承载。现在，我们每个人只要轻轻滑动指尖，就可轻松触达，这可是一辈子也听不完的天籁之音啊！

多年前，一位画家朋友总喜欢打开收录机，一边画油画，一边听贝多芬。我不会画画，喜欢写些文字，也养成了边听音乐边写作的习惯。在撰写本书的每一天，我都会打开云音乐软件，找到我喜欢的新古典音乐，将手机连上蓝牙音箱，然后打开电脑，听着，写着。有时，我会瞥一眼云音乐客户端上红黑相间的唱片机，仿佛置身于 20 世纪的上海滩一间寓所里面，眼前是黄浦江静谧的江水和缓缓驶过的邮轮。

我知道，我的行为并不代表大众，QQ 音乐在产品端略逊一筹，但还是拿走了最有价值的移动音乐船票。

这并不妨碍我打开网易云音乐客户端。船票争夺战这些气势磅礴、足以震动世界的中国人的创新故事，就在一款网易云音乐软件上叮叮咚咚的钢琴声中，进入尾声。在移动音频领域，除了 QQ 音乐和云音乐这样的超级软件之外，还出现了一类有趣的音频移动应用，比如喜马拉雅，其专注于音乐以外的音频服务，虽然尚未抵达百亿美元的估值，但潜力不可小觑。

此处我想特别强调的是，就像王兴有一次提到的，我们不应该以成败论英雄的方式来看待那些船票争夺战中的众多失败者。相反，我们应该赞赏这种无畏的创业勇气，正是他们的不断追逐和挑战，才使得浮出水面的成功者更加强大。包容失败，应该是中国创新文化中弥足珍贵的品质。

数百亿美元之安卓手机船票

在我心目中，船票争夺战中还有一张有价值的船票尚未提及：安卓手机硬件船票。按照盖茨的定义，安卓作为标准化的、非 iOS 的操作系统，其目标就是希望苹果以外的所有手机硬件厂商都采用安卓操作系统。

安卓借助三星等手机，打败了塞班和WP这些竞品操作系统后，就成为市场上唯一可以和iOS比肩的智能手机操作系统。但问题是，并非所有的安卓手机都会成功！它们必须经历万物创新模型所描述的竞争历程，才能分出胜负。更加严峻的是，按照摩尔定律魔咒，从长期看，硬件厂商很难建立起真正的竞争壁垒。差不多10年迭代一次的移动通信，从1G、2G、3G发展到4G，只有很少的手机品牌能够横跨两代移动通信而不倒，从2G以来依然位居主流的手机品牌可能只有三星一家而已。而三星制胜的法宝只有一个：综合的供应链技术积累，让它能够抵御摩尔定律魔咒的侵蚀。

对创业家而言，安卓手机是一个非常具有吸引力的大市场，但是，你必须经过万物创新模型所定义的严酷竞争才能最后胜出。即使你成为市场领先者，由于摩尔定律魔咒的作用，你也很难建立起长期竞争壁垒。要进入这个领域，创业者必须要做好一个准备，竞争会伴随着整个企业的存续期而存在。和手机软件厂商相比，硬件厂商几乎享受不到网络效应这种自生长的优势。

除非有一家手机厂商可以做出十倍创新产品，它才能暂时摆脱竞争。但是，十倍创新产品如同日月一样难以企及，更多的手机厂商只有迭代创新和改良创新而已，竞争必然如影相随。

我们看到的事实是，安卓手机厂商的先发优势并不明显，最早采用安卓的HTC和摩托罗拉都已经退出了一线手机厂商的行列。

这个时候，人们发现了一个奇迹：安卓手机的中国军团整体性地崛起了！据我观察，在如狼似虎的中国手机军团中，雷军是最早认识到移动互联网创新风口，以及苹果模式的精髓的人。在离开金山之后的几年中，雷军背着双肩包，到处看项目，他似乎转变为一个成功的天使投资人，并且乐此不疲。

但是，雷军正是张磊所说的那种具有大格局观的企业家。从事后看，这个阶段其实是雷军的蛰伏期。

雷军曾担任金山的CEO，而金山是中国最早成功的软件企业，雷军比所有互联网公司的创始人都更早获得了成功的光环。但是，雷军主导的金山也完整地错过了整个PC互联网时代。雷军的这个经历倒是和乔布斯有几分相似。雷军是软件工程师出身，说穿了，互联网公司不就是免费的软件吗？到了2009年，PC互联网巨头形成，那时已经是BAT的天下了。我相信，雷军一定对金山的过去做过认真的复盘，他做天使投资只是一个表象或者保持其市场嗅觉的一种方式而已，他暗地里一直在寻找一个契机，希望能够通过创业重新回到舞台的中央。

2009年，iPhone和安卓手机所代表的智能手机时代将至的趋势越发清晰了，那年，中国信息产业部颁发3G牌照，可能激发了雷军的创业冲动。雷军最早意识到，安卓版本的3G手机将会导致中国市场上的手机厂商重新洗牌。雷军一直希望找到一个天量市场，并且叠加在一个时代趋势的风口之上，做出可以和BAT比肩的企业。现在，他认为这个历史机遇就是安卓智能手机。

据悉，雷军为了说服晨兴资本作为自己创办企业的A轮投资人，与其合伙人刘芹通了一个通宵的电话。恰好，我和刘芹很熟，就在晨兴投资小米之后的第二年，我还和刘芹在北京一家酒店的大堂专门讨论了他投资小米的逻辑。当时，一方面，我倾向于赞同市场上的主流观点，认为这笔投资可能有问题；另一方面，我又非常好奇，以刘芹的睿智，他立刻就能发现我们大家看到的所谓的风险。那么，他在做出投资小米的决定时，是怎么想的呢？我认为，刘芹是那种非常讲究投资逻辑，甚至是极为理性的投资人。

我们不妨模拟一下，雷军和刘芹通话的那个夜晚，他们究竟聊了些什么呢？

手机是一个红海市场，雷军为何要选择这个艰难的市场开始创业呢？这是刘芹立刻就能发现的问题。

雷军的回答也许是，以苹果和安卓为代表的智能手机会冲垮现有的功能手机巨头，安卓手机将会干掉所有采用其他操作系统的手机，这正是“改朝换代”的时刻。

刘芹的追问依然犀利，这种市场机遇，大家都能看到，并不能为雷军所独享。关键是，雷军做手机有何优势呢？

雷军可能这样回答，市场上的手机厂商大多来自传统的通信企业，并不具备互联网思维。未来的智能手机首先是上网工具，而非通信工具，这种差异一定会体现在手机的软件应用层面，这时小米在软件行业的优势就可以发挥出来。

我记得，当年我和刘芹在酒店里讨论小米投资时，他拿出一款小米手机，给我演示了小米的很多独特功能。他说，对年轻用户而言，这些创新叠加在一起，就能够让他们爱不释手。这表明，雷军兑现了他当时的承诺。

刘芹很快就会发现硬币的另一面，雷军的团队也许可以在安卓的基础上做出成功的二次开发，但是，手机首先是一个硬件啊。雷军此前没有任何硬件背景，由于不懂硬件要交的学费，就可能会耗光A轮投资的所有资本。这个问题似乎是无解的吧？

雷军的答案也许是这样的，从苹果的经验看，手机的供应链几乎都在中国。在制造端，小米可以轻易地找到顶级的代工厂。当然，作为金山的CEO，雷军具有快速组建团队的能力，可以在市场上找到最优秀的硬件合伙人。这些人才，加上中国成熟的手机供应链，就可以弥补小米在硬件制造方面的不足。

这个答案可能有些经不起推敲，但是，刘芹还是相信雷军作为领军人物的个人魅力和凝聚力。投资人常说，投资就是投人，而雷军这个人，当然是市场上极为稀缺的最值得期待的创业家之一。但是，当市场上最值得期待的创业者找到的赛道是自己从未涉足的硬件领域，我相信，几乎所有投资人都会迟疑起来。这就是投资小米的风险所在，也许刘芹私下里也为此迟疑过，但是，最终对人下注的冲动，压倒了他对事情的迟疑。

所谓的手机互联网思维，具体而言，体现在何处呢？刘芹可能想对雷军的具体打法刨根问底，这完全符合他一贯严谨的风格。

雷军可能脱口而出的是他的七字箴言："专注、极致、口碑、快。"也许，专注和极致来自雷军对乔布斯的深入研究，专注于手机，并且将产品做到极致，就是雷军的硬件宣言。但是，雷军不会止步于此，他强调了口碑。从事后看，口碑可能来自雷军对同仁堂这样的老字号的研究，口碑也许是最好的市场营销。在互联网时代，口碑会借助社交媒体迅速发酵和传播，小米会对此加以妥善引导和利用。最后，"快"这个属性，就是互联网思维的精髓。传统的通信厂商对产品的迭代创新没有紧迫性，软件工程师出身的雷军却深知"快"的实质就是持续不断的产品迭代创新，这正是他的长项。

刘芹对这一答案可能十分满意，这是雷军创办小米的方法论，这也是投资就是投人的最佳注脚。厉害的创业者就是能找到一套适合自己的打法，当遇到困境时，他们也会凭借强大的韧性绝处逢生。

后来，市场看清小米的打法之后，就以小米的矛，攻小米的盾，这曾经让高速增长的小米陷入困境。雷军在危机时刻提出小米的新战略——"硬件 + 互联网服务 + 新零售"，并且强力推动执行，成功带领小米走出低谷。

刘芹投资小米再次印证了我另一位朋友贾栋的说法，赚大钱的方法之一是别人看不懂时，你能看懂。刘芹对小米的投资，就创造了中国风险投资领域最高的回报之一。我们继续追问一下，刘芹看懂了，而我们当初看不懂的地方是什么呢？我觉得答案只有一个：雷军。只要雷军看好一个方向，并且决定全力以赴之时，我们就应该下注。即使回到雷军打算创办小米的那个时点，那天夜里，雷军和刘芹彻夜通话，我相信，纸上谈兵的沟通之后仍然问题成堆。我们还会格外担心雷军打算创业的赛道是红海，是他从未涉足的硬件领域，这就是我们对小米看不懂的全部理由。

也许我们太过关注于雷军选择的赛道之艰辛，让问题迷住了双眼。我们没看懂之处其实很简单，我们只要找到雷军这样的创业家，并且相信他们，超额回报就会随之而来。因此，识人才是投资的第一要务。

当然，识人可能比断事更难！在刘芹之后，还有一位厉害人物，DST 基金的创始人尤里，我恰好也和他有一面之缘。我觉得，尤里也是那种识人的超级专家，尤里在小米 B 轮和 C 轮融资时接连大手笔投资，当时有小米手机非常陡峭的高速增长的销售数据作为支撑。但是别忘了，雷军的融资开价也是非常不客气的。我相信，尤里当然立刻就能看到小米必将面对的激烈竞争，但是，他和团队慷慨地开出巨额支票。我相信，他们的投资逻辑和刘芹几乎如出一辙：押注雷军和团队！目前，小米的 CFO周受资就是 DST 投资小米时的投资经理，周受资是我见过的最聪明的青年才俊之一。有一次，我探身窥探周受资的笔记，立刻自叹不如。他在高速问答当中记录的笔记，几乎可以打印出来直接出版，这体现出他超出常人的智商和极为严谨的逻辑思维。同时，周受资还是一位彬彬有礼的极为友善的人。

我们此前已经分析过小米的米聊和腾讯的微信之争。其实，和微信相比，小米在手机硬件领域遭遇的竞争对手甚至有过之而无不及。

第一款小米手机问世的时间是 2011 年。2012 年，中国手机市场竞争格局如下：

第一名：三星，市场份额 17.7%。

第二名：联想，市场份额 13.2%。

第三名：苹果，市场份额 11%。

第四名：华为，市场份额 9.9%。

第五名：酷派，市场份额 9.7%。

我们稍加分析就可以看出，小米的国际对手是席卷了全球市场的

iPhone和安卓机王三星。小米的本土对手同样不可小觑：联想是全球最大的电脑厂商，在主营业务上击败了所有的竞争对手，正在将在个人电脑领域的能力复制到更大的手机品类；而华为在电信领域则击败了全球所有的对手，正在挺进消费终端业务，华为在手机领域的野心显然不是当个跟班，而是成为领导。

只要做一个简单的SWOT分析，我们就可以得出结论：从零起步的小米看上去是在以卵击石。

但是让人大跌眼镜的是，2014年初出茅庐的小米手机居然力压群雄，一举冲到中国手机销量排行榜的顶端，销量高达6 080万部！2015年，小米仍然保持了市场份额第一的位置。

但是对小米而言，在2015年手机领先榜单当中出现了一些不祥之兆：华为手机的销量紧随其后，在之后不远处，OPPO和vivo拔地而起。

果然，接下来的中国手机厂商演变成为华为、OPPO、vivo和小米这四大天王与苹果之争。时间来到2018年时，中国手机厂商排行榜单变成了：

第一名：华为，市场份额26.4%。

第二名：OPPO，市场份额19.8%。

第三名：vivo，市场份额19.1%。

第四名：小米，市场份额13.1%。

第五名：苹果，市场份额9.1%。

我们现在分析一下，短短几年中，造成中国安卓手机厂商"城头变幻大王旗"的内在原因。

小米在2011年至2015年一骑绝尘，高速增长，原因只有一个：雷军最先看懂了苹果代表的智能手机的模式，并且祭出了一个无敌的定价策略——性价比。雷军钦定的"专注、极致、口碑、快"的互联网思维的打法，瞬间引爆了市场的激情。雷军相信，消费者喜欢性价比更高的产品。换句话说，小米的定价主张是，成为年轻用户第一款高性价比的智能手机。在最初几年，小米的这个策略获得了罕见的成功，销量和市场份额都获得了远超所有对手的增速。雷军和董明珠的"10 亿赌局"，就是在这一背景下发生的。在那个时点，雷军可能认为，没有任何力量能够阻止小米的长期高速增长！

几乎所有的危机都出现在企业巅峰之时，这次也不例外，小米迎来了真正强大的本土竞争者！在某种意义上说，这再次证明了摩尔定律魔咒，从长期看，硬件无法建立有效的竞争壁垒。小米的迭代创新，以及雷军团队对互联网思维的深刻理解，随着时间的推移，都会被竞争对手所掌握。

雷军的竞争对手之一是华为消费者业务 CEO余承东。我们也许应该这样描述华为令人恐惧的竞争力，他们在通信主营业务上打败了世界上几乎所有的竞争对手，无论对手是来自北美的思科，还是来自欧洲的爱立信和诺基亚，抑或是来自亚洲的三星。从长期看，世界级的通信公司几乎无法同时兼顾 2B 的通信设备业务和 2C 的消费者业务。此前的摩托罗拉，此后的爱立信，以及最后的诺基亚，似乎都证明了同一件事。但是，华为在通信设备市场获得了领先地位之后，认为自己必须同时涉足消费者业务。在中国的商业史上，从未有过像华为这样强大的跨国公司，他们从 5 万元人民币的注册资本最低起点起步，只用了 30 多年就成长为世界最大的通信设备公司。美国以举国之力，通过控制美国上游供应商，以及游说所有盟国不要购买华为产品的方式，试图彻底扼杀华为。就在此事发生的 2019 年，华为的年收入在 1 000 亿美元的基础上仍然保持了 18% 的中高速增长。

在我看来，华为高屋建瓴的公司战略，渗透到员工血脉中的狼性企业文化，强悍的执行力以及不计成本的研发投入，足以令任何竞争对手望而生畏。

华为通过两条产品线强势侵入手机市场：一是低端品牌荣耀，这条战线直接和小米主力产品对峙；二是高端品牌华为系列，直接对标苹果和三星。我们知道的事实是，华为同时在这两条战线取得了惊人的成功。小米正是在荣耀这样的产品的压制下陷入了困境，这迫使雷军制定了“铁三角”反击策略。

而华为的高端手机品牌策略更加不可思议，凭借一己之力，华为几乎将全球市场份额第一的三星手机逐出了中国市场。

但是，这还不是小米惨烈竞争的全部。在中国消费电子领域，一直蛰伏着一个非常接地气的团队，那就是段永平麾下的步步高团队。过往，他们更多是制造一些流行的电子产品，诸如学习机、影碟机、游戏机和Mp3播放器，这些产品线并非消费电子的主流。但是，源自步步高的两位高管不约而同地盯上了安卓智能手机这个更大的品类。他们先后推出了两个手机品牌：OPPO和vivo。当然，这是师出步步高的两家独立公司。

OPPO公司CEO陈明永为公司建立了“本分”的核心价值观，其在产品上的体现就是以用户为中心，他们坚持做最好的产品，让用户感到惊喜。陈明永说：“不被外在的事物牵动，就可以把你该做的事情做好，做到极致。这时，你就可以触动用户。触动用户的产品，市场上总有你的一席之地。”

而vivo公司CEO沈炜则认为公司应该有超乎利润之上的追求，即vivo人的三个梦想：要有世界一流的文化、产品与品牌。沈炜还睿智地提出了让vivo的利益相关者都“持续Happy（快乐）”的使命。

我相信，华为、OPPO和vivo在产品端做出了和小米有差异的好产品，并且它们很快就掌握了小米的互联网打法，即围绕着产品的流量，为用户提供体验更好的移动应用服务。这充分体现了摩尔定律魔咒的核心思想，硬件无壁垒。

在产品端差异趋同的前提下，华为更多地发挥了其供应链雄厚的技术储备以及狼性营销的能力。任正非曾说，他要感谢特朗普很辛苦地在世界各地游说打压华为，反而让更多人了解了华为品牌。中国的消费者也许会想，美国总统虽然位高权重，但是他管不了我们中国人的钱包。如此一来，华为作为民族品牌就悄然侵入了消费者的心。此时，我听到任正非说，大家不要出于同情而购买华为手机，这反而加强了消费者对华为手机作为国货的信赖感。

OPPO 和 vivo 的打法则如出一辙，中档的产品定价，瞄准二三线城市的消费者，专注于线下渠道深耕，谙熟消费电子的供应链，特别是，卖点精准，以及铺天盖地的精准广告投放。来自步步高的团队是消费电子领域的营销大师，他们熟知如何侵入消费者的心智，在广告媒体选择和投放规模上堪称“稳准狠”，另外，他们洞悉所有的线下渠道门路，知晓如何给根植于全国大街小巷的代理商让利。

小米在互联网营销上的确做得很好，但是在中国零售业的销售占比中，线下仍然占有 80% 以上的份额。线下阵地是苦活儿累活儿，但一旦建立，便固若金汤。OPPO 和 vivo 几乎没有理由不成功。

我无意在安卓手机中国军团中的小米、华为、OPPO 和 vivo 之间选出最优者，套用一句电影台词，它们是“各庄的地道都有各自的高招”，在激烈的竞争当中，这些令人肃然起敬的公司提升了彼此的产品创新能力，而消费者也受惠于此。

当然，安卓手机船票之争中的中国军团有一些特殊的优势，中国是全球最大的单一市场，中国有着最好的手机制造业供应链，也许更重要的是，在手机应用软件船票争夺战中，全球最好的超级应用软件脱颖而出，而它们都来自中国：微信、手机淘宝、支付宝、今日头条、抖音、快手、美团、滴滴、爱奇艺、百度地图、QQ 音乐等。上述优势必然成为安卓手机中国军团攻城略地的制胜法宝。当然，中国军团自己必须经历万物创新模型中所描述的惨烈竞争，才能看到谁能胜出。我们无法忽略的是，在登堂入室的上述四大手机厂商之外，还有一个长长的本土竞争者名单，此处不再赘述。

令人称奇的是，安卓手机中国军团先后挺进国际市场，也取得了傲人的成就。我看到的最新数据是，在 2019 年全球手机市场份额中，中国军团的整体市场份额超过了 50%，这当然是非常了不起的成就。我想这是因为，安卓手机中国军团在本土市场史诗般的竞争中提升了彼此的产品创新能力，这让它们在国际市场上也能脱颖而出。

这个时候，我们必须审视一个常常被人忽略的风险：所有的安卓手机厂商，都架构在谷歌标准化的、非 iOS 的开放操作系统之上，如果出于某种原因，谷歌突然禁用安卓操作系统或配套销售的谷歌移动服务，那么这家手机厂商将会面对怎样的危机呢？也许，这种事件一旦发生，我们就可以将它概括为黑天鹅事件。但是在 2019 年，这样的危机正好发生在华为手机的身上。

2019 年 5 月，谷歌响应美国政府的“实体清单”号召，不再向华为手机提供谷歌移动服务，幸好，安卓操作系统是开源的，并未被谷歌禁用。好消息是，因为早先谷歌退出了中国市场，此后的谷歌移动服务必然也失去了中国市场。这就表明，谷歌移动服务针对华为禁售，不会影响到华为手机在中国市场的销售。坏消息是，华为海外手机用户几乎无法离开谷歌移动服务，包括谷歌邮箱、YouTube、谷歌支付、谷歌导航等，这必然会重挫华为手机的海外销量。

华为的应对方式是推出华为移动服务——HMS，希望它成为谷歌移动服务的替代品，但是这在短期内很难赶上已经非常成熟的谷歌移动服务，这为华为手机的海外销量带来巨大的不确定性。

这一黑天鹅事件对于安卓手机中国军团是一个警醒。此时不得不提到华为一项富有远见的技术储备：自主知识产权的鸿蒙操作系统。鸿蒙的启动研发时间是 2012 年，意在成为危急时刻的安卓替代品，我们不得不佩服华为创始人任正非先生的高瞻远瞩。从短期看，鸿蒙操作系统很难成为安卓的替代品，这是因为在安卓软件应用商店中，已经聚集了天下最优秀的应用软件（包括谷歌移动服务），这一生态的搭建，才是安卓的最高壁垒所在。但是从长期看，鸿蒙的储备则具有巨大的战略价值，未来也有机会搭建属于自己的生态系统，这需要时间，还要看华为是否能够捕捉到未来的创新风口。

关于安卓手机中国军团的资本化，只有小米是在风险投资的逻辑下成长起来的，小米经过了多轮次私募融资，并且于2018年在香港上市。在2019年的最后一天，小米的市值是2 678亿港元，折合美元大约是344亿美元，雷军也许认为这一估值未能反映公司的内在价值。我看了一下，小米的市盈率和苹果的市盈率倒是旗鼓相当，这就是资本市场的估值模式。市场人士可能认为，小米就是产品销售价格更低的苹果公司吧。

而华为手机，以及OPPO、vivo手机是采用自有资本或是产业资本发展起来的，似乎没有追逐资本市场的意图，因此，这里无法为它们寻求一个公允的资本定价。

以上就是安卓手机船票争夺战中中国军团四大赢家的故事。

写在最后的话：未来方舟影像

截至2020年1月3日，我们来看看“苹安方舟”以及超级船票获得者的成果。

“苹安方舟”建造者的市值如下：

苹果公司：1.335万亿美元，全球市值第一，可能是百年资本市场有史以来的最高市值。

谷歌公司：9 439亿美元，全球市值前五。

事实上，自2012年，即在iPhone 4S发布的次年，苹果公司就雄踞全球市值之王，直到今天。按照彭博社的统计，苹果公司已经连续 4 年蝉联全球最赚钱的企业之冠。2018 年，苹果公司的年度利润高达 572 亿美元，这一强悍业绩的背后，是苹果赚取了全球手机行业超过 50% 的利润。

“苹安方舟”超级船票拥有者的市值如下：

亚马逊公司：9 410 亿美元，全球市值前五。

脸书公司：5 982 亿美元，全球市值前十。

阿里巴巴公司：5 919 亿美元，全球市值前十，中国所有上市公司市值第一。

腾讯公司：3.7 万亿港元（约为 4 750 亿美元），全球市值前十，中国所有上市公司市值第二。

本书自序的标题是《创新即财富》，意在创新和财富之间建立一座桥梁。

对一家公司而言，你在桥的这一端完成了一个伟大创新，在桥的另一端，资本市场就会为你的公司完成一次资本增值。

对一个国家而言何尝不是如此？在桥的这一端，一大批公司完成了伟大创新，在桥的另一端，这个国家的 GDP 连同人均收入就会高质量地增加。

本书前言的标题是《百年风口——商业史上罕见的指数增长时代》，这是指在过往的 10 年，围绕着“苹安方舟”创新所产生的新增财富，其速度和规模可能超过了人类历史上最高的纪录。你看，上述上市公司的市值增长，就发生在这个百年创新风口之上。上天在这一点上倒是不偏不倚，方舟创新的主要缔造者苹果公司获得了最大的财富增长，而与方舟创新直接相关的其他 5 家公司都整体进入了全球市值最高的 10 强之列。

我们应该强调的是，上述不可思议的高速度和大规模财富增长的前提是苹果叠加在百年风口之上的十倍创新，谷歌通过复制创新和苹果联手打造了“苹安方舟”，而亚马逊、脸书、阿里巴巴和腾讯等企业则敏锐地捕捉到这个千载难逢的历史机遇，在创新风口的早期，它们就通过应用软件产品创新，获得了最大赛道的超级船票。这才是财富急剧增长背后的故事。

现在的情形是，“苹安方舟”所激发的移动互联网创新风口已过。新的垄断格局已经形成，“苹安方舟”船票窗口似乎已经关闭，大规模、高速财富创造的故事暂时偃旗息鼓，这个阶段的移动互联网很像是高速增长的传统行业。

在数字经济的历史长河中，这种场面似曾相识。在个人电脑时代，在PC互联网时代，以及当下的移动互联网时代，创新风口过后，都会给我们这样的错觉，以为天下已定，垄断者大而不倒，失败者无法翻盘，而新的创新者不见踪影。

这时我们需要打开本书创新工具箱，那些模型和定律可能有助于我们看清未来。回望数字经济的历史，我们会发现，每次将垄断者拉下马，财富座次重新洗牌，皆由风口创新而起。当创新风口到来之时，风口创新模型会引导大家看清未来的险情和机遇。

进一步追问之下，我们应当如何识别导致天下大乱的创新风口呢？本书的临界点定律刚好可以用得上。这就相当于水烧开之前的声音，又或者，在寂静的雪山深处，一颗巨石无声落下。

关于数字经济创新的未来，我看到了以下三个临界点事件：

1. 5G在全球开始商用。

2. 人工智能技术在多个领域出现突破。

3. 正在发生的万物互联。

沿着这些临界点事件，我站在投资人惯常的角度提出了一些值得深思的问题。

第一，从中期看，触屏手机所代表的“苹安方舟”是否仍然是连接的枢纽？如果是，手机本身的十倍创新已经过去 10 年了，库克所做的仍然只是围绕着 iPhone 的迭代创新而已。说穿了，苹果作为世界上市值最高的企业，仍然在享受乔布斯所创造的 iPhone 这一史上最强的十倍创新产品的红利。我们只要将 iPhone 的相关收入从苹果公司的损益表中拿走，苹果将轰然倒塌。那么，手机领域是否会发生新的十倍创新来打破这一格局呢？

第二，从长期看，是否会有新的革命性终端能够代替手机？如果是，它将会是什么，它何时会出现？

第三，人工智能的产品突破点在哪里，智能驾驶、智能音箱？围绕着人工智能，是否会产生像 iPhone 那样的革命性终端？

第四，5G 会有 100 倍于 4G 的超高速率，低延时和千亿级别设备的连接能力。5G 能否像 3G 那样，带来行业变革呢？还是像 4G 那样，只是一种迭代创新呢？

第五，智能驾驶的商用时间表如何？智能驾驶商用之后将对出行行业带来哪些影响呢？

第六，数字经济经过了大型机、小型机、个人电脑、PC 互联网、移动互联网。其实每一个创新风口中都有领先公司出现，当然也有穿越周期，跨越了几个创新风口的公司，这都是经由创新实现的。比如，苹果公司通过创新，跨过了 PC 互联网阶段，成为移动互联网的领导者。微软通过云计算的创新，夺回了移动互联网失去的领地。谷歌通过安卓与苹果公司分享了移动互联网的领导权。它们的经验告诉我们，作为大型企业的领导者，你要看清未来的趋势，同时及早做好准备，就不会被创新风口淘汰！你看，诺基亚、摩托罗拉、黑莓以及柯达，就是一些反面的案例！数字经济的下一个创新风口将来自哪里呢？无疑，下一个创新风口将会是搭建新的数字方舟的最佳时机，中国有机会成为这一轮的赢家吗？

第七，在软件应用端，在硬件制造端，在网络设备端，中国都具有巨大的优势。唯有在原创软件（操作系统）和原创硬件端，即方舟的建造创新方面，中国仍然有较大差距，这种差距，何时可以缩小？甚至，中国何时可以实现超越？我对此表示乐观。

因为我看到了，华为在设备端的技术爬升到世界领先地位，而这正是下一次数字经济创新的源头，我们如何恰当地利用这种优势呢？

阿里巴巴已经在最大的应用市场占据巨大的优势和壁垒，阿里巴巴应该如何利用这种优势呢？

腾讯已经覆盖了中国数字经济的高地：社交和几乎所有的人群。腾讯如何利用这种优势更上一层楼呢？

我看到百度在小度这个产品上的创新尝试，特别是在下一代交互革命——语音交互方面的领先优势。我们还不知道，这种语音交互能否催生一个市场更加宽阔的产品，我们仍需要观察这种可能性。我们不能低估交互革命的影响力，因为个人电脑和手机领域两次伟大创新皆是由交互革命引发的。

尤其是，我看到了大疆，这是中国人在无人机市场实现了原创硬件的全球领先。大疆像智能手机市场中的苹果公司，它成功打造了无人机软件和硬件的端到端产品。能否有人将大疆这种能力扩展到更加广阔的消费电子领域呢？如果我们以专注和专业限制自己的想象力，那么，苹果还只是个人电脑领域一家小公司而已。马库拉在乔布斯临危受命时贡献的那个锦囊就是：重塑苹果，进入更加广阔的消费电子领域。乔布斯远远超出预期地兑现了这个锦囊。既然我们在无人机领域做到了，为何不能在手机，或是下一个革命性消费电子产品中做到同样级别的十倍创新呢？

第八，下一个大事件，也就是数字经济的下一个创新风口会发生在哪个领域呢？

市场上有两个基本共识，一个方向是万物互联，一个方向是人工智能。

我发现，数字经济的市场价值始终与终端数以及终端设备连接数相关。全球桌面互联网终端设备数在 10 亿到 20 亿这个量级，美国领先的互联网公司的市值超过 1 000 亿美元，这个阶段领先的中国互联网公司市值超过 400 亿美元。

全球移动互联网终端设备数在 30 亿到 40 亿这个量级，美国领先的互联网公司市值超过万亿美元，这个阶段领先的中国互联网公司的市值超过 4 000 亿美元。

纵观全球，何为最有价值的创新呢？当然是围绕着方舟的创新，这正是最高级别的创新。因为，在方舟建造好之后，围绕着方舟设置的开放性生态——软件应用商店，就抵达了万物创新模型当中三生万物的“繁衍”这个阶段。“苹安方舟”上的上千万个应用软件，绑定了全球超过 50% 的人口，这些人都成为方舟的数字子民。如此看来，苹果公司和谷歌公司正是这个有史以来最大的数字王国的业主。正因为如此，两家公司才会创造出人类有史以来最大的财富，这也是苹果公司和谷歌公司富可敌国的全部秘密。

上述设备的持有者是人，按照全球 75 亿人口总数看，任何与人相关的终端设备，都不会突破全球人口总数这个边界。

好了，我们看看万物互联的预期终端设备连接数。市场普遍认为，在万物互联发展起来之后，会产生超过 1 000 亿个终端设备连接。显然，万物互联的市场规模会超过移动互联网。

我的问题是，围绕着万物互联，是否会产生一个新的方舟？如果创新者拱手相让，“苹安方舟”可能就会顺藤摸瓜地侵占这一市场。在这个领域，我脑海里形成了一个模糊的未来方舟影像：万物互联的标准化操作系统。

从目前的时点看，人工智能最大的应用市场可能来自智能驾驶，在未来的 10 年，我们将会见证这一技术逐渐普及。谁会是这一市场的领先者呢？在美国，谷歌和特斯拉，以及仍秘而不宣的苹果公司都是这一领域有力的竞争者。而在中国，百度和华为等公司在这一市场都做出了非常有价值的技术积累。但是，科技公司还需要和汽车厂商博弈一番，才能找到自己在智能驾驶领域的定位。特斯拉则没有这样的烦恼，当智能驾驶进入商用之时，特斯拉的地位就相当于智能手机领域的苹果，它是一个端到端的产品。

关于人工智能，我脑海中的未来影像是一个可以和智能手机媲美的硬件。仅仅从交互方式出发，智能音箱有点像。因为，这一人工智能设备的交互方式是语音，它已经完全摆脱了智能手机的触屏交互。但是，智能音箱的局限性是，它的应用场景在家庭内部，它无法担当人工智能枢纽硬件的角色。除了智能驾驶产品和智能音箱，我脑海里人工智能领域的未来产品影像，可能是一个类似于智能眼镜的硬件。

未来，除了数字化率，还会出现一个智能化率吗？如果人工智能大规模商用，这个定义就会起作用，就像数字化率那样。

我写这本书，在对历史做出抽丝剥茧式的分析之后，最终还是希望大家能借此看清未来。现在，我脑海中未来产品的影像包括一个万物互联的标准化操作系统和类似于智能眼镜的新硬件。电信业和计算机行业第一次交会，产生了 PC 互联网。电信业和计算机行业的第二次交会，则诞生了移动互联网。现在，5G 已来，意味着超高的网速以及数以千亿级的万物设备实时在线连接。这是否会导致电信业和计算机行业的第三次交会呢？

显然，整个市场需要一款十倍创新产品，就像当年的 iPhone 一样。这款十倍创新产品的拥有者，可以将其拓展为一艘新的方舟，搭建开放生态，引领全球性的技术创新。我们耐心地等待着伟大的创新者，以及同样重要的投资家慧眼识珠。

此时，我突发奇想，我们能否将正在天堂安眠的乔布斯轻轻唤醒，问他对今天的苹果公司是否满意？从世俗的观点看，乔布斯一定会点头称赞，iPhone 在迭代创新了 11 代之后，仍然在大卖，库克任职苹果公司 CEO 的 8 年中，苹果市值居然增长了 1 万亿美元！这可能是乔布斯做梦也想不到的高度。这就说明，乔布斯钦点的接班人库克正在代替他，完美地驾驭着苹果公司前行。我们如果认真审视 2019 年苹果公司的收入结构，就会发现，iPhone 及苹果软件应用商店的服务收入占到了公司收入的主要部分。这就表明，库克只是乔布斯伟大创新的忠诚守护者。

问题是，iPhone 及相关收入可以永续吗？

当乔布斯了解到，除了 iPhone，苹果 10 多年来再也没有发明任何伟大的产品时，甚至连他的爱将，苹果首席设计师艾夫也已经挂靴离去之时，他一定会勃然大怒。乔布斯最大的梦想是创造改变世界的伟大产品，而非积累更多的个人财富。

我确信，乔布斯立刻会将艾夫叫到自己的家中，微笑地问他，最近有什么有趣的想法吗？而艾夫可能立刻讲到人工智能，以及这个领域可能产生新硬件的机会。而且，iPhone 的触屏交互技术也落后了，应该考虑下一代交互技术了。乔布斯可能会拿起一款艾夫新设计的硬件模型，喃喃自语道："这个想法不错，让我们一起看看能否将它发展为下一代 iPhone，一台更加聪明的机器……"

当然，我知道，我们谁也没办法将乔布斯唤醒。我们生活在一个没有乔布斯的世界，这也许对中国的创业家来说是件好事。因为，我们可以像乔布斯那样思考。不妨就从未来的影像开始，当脑海中的未来影像清晰起来，我们就能播种下一粒伟大产品的种子。

5G 已来，但是承载这个高速数据网络的硬件依然是上一代智能手机。这和当年 3G 领域的困境何其相似，这难道不是上天赐给中国的良机吗？中国这一代创业家，在他人的方舟之上创建了世界级的应用软件，同时创造出了不起的巨额财富，这当然是足以载入史册的伟大成就。

这时我就想，我们是否有可能再进一步，为这个世界创造一艘新的方舟呢？

谢谢耐心读完本书的每一位读者。

搭建一套中国人的创新分析模型

最初激发我写作冲动的，是速度、规模和戏剧性这三个词。过往的十余年，我们周遭创新企业的崛起速度，以及积累财富的规模，可能超越了人类商业史上的任何时期。而颇具戏剧性的是，我仿佛听到两种迥然不同的钟声：一种是创业者在纳斯达克敲响的希望的钟声，另一种则是一些百年跨国企业的丧钟。我们有足够的证据表明，这些百年老店的丧钟，正是由那些手握着纳斯达克钟锤的人敲响的。这两种钟声交相辉映，构成了整个商业世界奇妙的交响曲。

几乎可以断定，过往十余年商业世界发生的有关速度、规模和戏剧性的创新故事，在之前的商业史中从未发生过。这些故事的源头，正是绵延百年的数字经济创新史。

我曾经在中国顶级的股权投资机构担任高管。作为投资者，我们如何理解创新？如何评估企业价值？如何分析未来趋势？如何看待企业兴衰？本书试图建立一套创新分析工具，用投资人的视角审视这段波澜壮阔的数字经济创新史。

这就是本书的缘起。

本书构建了两大创新分析模型：风口创新模型和万物创新模型，以及与此相关的互联网+、数字化率、临界点、创新分级、摩尔定律魔咒、1–99法则和乔布斯产品创新法则等七大数字经济创新定律。反复应用这些模型和定律分析过往的案例，在史料面前，本书得到了自己的独立观点。我发现，应用这些创新工具，可以轻松解读数字经济创新史当中，为何具有“速度、规模和戏剧性”这些商业史上前所未有的特质。

今天，创新的重要性无须赘言。但是，市场上的创新著作不多。我们言及创新，总是喜欢引用克里斯坦森的理论。

在我看来，克里斯坦森的颠覆式创新，只是指出了伟大创新带来的可怕后果。但是，颠覆式创新是如何发生的？哪种创新才可以称得上颠覆式创新？我们如何才能捕捉到颠覆式创新？克里斯坦森并未给出答案。经过反复推演，本书采用第一章创新工具箱中的理论，才揭开了所谓颠覆式创新的全部谜底。我认为，颠覆式创新发生的条件极为苛刻，只有当创新风口和十倍创新叠加在一起时才会发生。你看，在移动互联网创新风口上，乔布斯完成了十倍创新大作——iPhone，这才形成了对整个商业体系的颠覆。反过来看，当创新风口停歇时，颠覆式创新就不会发生。

我们进一步推演，还会发现，颠覆式创新只是果，而十倍创新才是因。构建一套可以还原、分析和推演历史的创新工具，也许本书还是第一次，这算是中国人自己搭建的创新分析模型吧。

这是一本耗费了我数十载心力的书，这里面有我持续不断的行业研究，作为记者的冷静观察与提问，以及股权投资真刀真枪的实践。

我必须感谢汉能投资集团的创始人兼 CEO 陈宏，他独具慧眼地将我引入投资圈，我在汉能学到了投资和投行的基本知识，也完成了一些颇具影响的并购交易。

达晨财智的董事长刘昼和总裁肖冰也是我的伯乐，他们邀请我担任达晨财智的董事十余年，曾让我主管一只价值 30 亿元的文化基金的投资，幸运的是，我主导投资的吉比特，成为达晨财智历史上回报最高的项目之一。

我要特别感谢高瓴资本的创始人兼 CEO 张磊，我在他的盛情邀请下加盟高瓴，从而为自己的投资生涯画上完美的句号。在高瓴，我曾如饥似渴地学习张磊独树一帜的投资理念和方法论，这必将让我终身受益。

这里还要感谢我的同学刘东华，他先后创办并运营了久负盛名的中国企业家领袖俱乐部和正和岛，每天日理万机，东华得知我撰写本书后，欣然写了推荐语。

关于如何写一本书，我其实没有太多经验。非常感谢中信出版集团王斌董事长的举荐。尤为重要的是，非常感谢中信出版集团阅读事业部的蒋永军总经理、张英洁编辑，以及未及谋面的终审老师的悉心帮助。

谢谢我的儿子睿笙，在本书撰写的早期，他帮助搜集了很多重要资料。谢谢我的前同事，现在华兴资本任职的何牧，他帮助我测算了 1–99 法则中，国内相关投资项目的投资回报。

最后，非常感谢我的妻子王璎，她陪伴我度过了撰写本书的无数个日日夜夜，作为本书的第一个读者，她提出了很多宝贵的修改意见。

本书作为一部数字经济创新史，涉及的案例林林总总、浩如烟海，我无法直接采访当事人，唯有借助已有的著作、文章和研究报告。对此，我亦充满感激之情。尽管我尽力去甄别史料，尽力去核实每一个创新人物和事件，但是百密一疏，难免有疏漏和错误之处，我期待读者提出，以便有机会时逐一改正。

这些重要参考资料包括如下内容。

第一章资料来源：风口创新模型中，“风口”一词最早出自雷军，互联网 + 定律则是马化腾最早提出的。我只是在他们的定义基础上补充完善，并且将其放进本书的创新工具箱。万物创新模型的灵感来自老子的《道德经》，我将其用于一个创新模型，只是借鉴了其对新事物形成的阶段性描述，并未完全遵从《道德经》原意。摩尔定律魔咒定律的灵感来自摩尔定律，但是，我将其延伸为一个新的概念时，并未完全遵从摩尔定律的原意。我在本章引用了克里斯坦森的《创新者的窘境》和彼得·蒂尔的《从 0 到 1》，并对他们的创新模型做出了一些评价和分析。

第二章资料来源：在 IBM 的案例中，我重点参阅了理查德·S. 泰德洛撰写的《沃森家族》、郭士纳撰写的《谁说大象不能跳舞？》和哈罗德·埃文斯等撰写的《他们创造了美国》等著作。在英特尔的案例中，我重点参考了迈克尔·马隆撰写的《三位一体：英特尔传奇》和安迪·格鲁夫撰写的《只有偏执狂才能生存》等著作。在微软公司的案例中，参阅了保罗·艾伦的《我用微软改变世界》、迈克尔·科索马罗等的《微软的秘密》以及哈罗德·埃文斯的《他们创造了美国》等著作。同时，我还参阅了杰弗里·扬的《福布斯电脑革命史》。在苹果公司的案例中，我参阅了沃尔特·艾萨克森的《史蒂夫·乔布斯传》和布伦特·施兰德等撰写的《成为乔布斯》，事实上，在本书的很多其他章节中，我都参考了这两部乔布斯的重要传记。我还参阅了苹果创始人之一沃兹的《沃兹传》以及利恩德·卡尼撰写的《乔纳森传》。

第三章资料来源：第三章在苹果公司案例部分继续参阅了《乔布斯传》、《成为乔布斯》、利恩德·卡尼的《蒂姆·库克传》以及苹果公司的年报。在谷歌案例中，我参阅了埃里克·施密特等撰写的《重新定义公司：谷歌是如何运营的》以及谷歌公司的年报。在摩托罗拉的案例中，我主要参考了《商务周刊》的相关报道。本章还参阅了王毓婵和龚方毅的《应用商店十年，苹果和谷歌重新定义的软件业经历了怎样的十年》，以及好奇心日报的《iPhone 今天十岁了，它是怎样诞生的，又改变了什么》等文章。安卓案例参阅了硅兔赛跑的《乔布斯宿敌：安卓之父的苦情创业史》，《商业内幕》的《从濒临倒闭到统治全球，这是安卓的最真实故事》和 SanjiFeng 的《回头看看谷歌手机十年的进化史》。

第四章资料来源：摩托罗拉的案例，参阅了《商务周刊》相关报道，李开复解析摩托并购案，以及没有找到署名人的《史上最全最详细的手机发展史》等文章。

第五章资料来源：腾讯案例主要参考了吴晓波的大作《腾讯传》，腾讯年报和潘乱的《腾讯没有梦想》，冯仑风马牛的《花儿一样的你，刺一样活着》，张小龙历次微信公开课的演讲等文章。在阿里巴巴的案例中，主要参阅了波特·埃里斯曼的《阿里传》，曾鸣的《智能商业》，阿里巴巴的招股书、年报和未找到作者的《从 PC 到移动：阿里的 All in 赌局》等文章。在美团的案例中，我主要参阅了界面新闻的《美团简史》，沈南鹏发给美团上市的贺信《既往不恋，纵情向前》，尹生的《王兴的大脑：50 个思考片段》等文章。在拼多多的案例中，我主要参考了聪聪说零售的《拼多多爆红背后的真相》，腾讯深网孙宏超的《拼多多创始人黄峥全面回应拼多多质疑，两小时对话汇总》，《财经》杂志的《拼多多黄峥：我们的核心就是五环内的人理解不了》等文章。今日头条的案例，主要参考了魏武挥的《估值 750 亿美元的“头条系”和几个值得一提的问题》，看理想的《次元壁的形成：使用抖音时，抖音也正在定义你》，虎嗅网的《福建创业帮的 2018：王兴的负重上市，张一鸣的倔强前行》。此外，我还重点参阅了玛丽·米克尔历年的互联网研究报告。

可能仍有一些参阅资料的出处未能列举，在此一并致谢！

赵小兵

2020 年 1 月 5 日